编撰总指导 》 赵启正　　主编 》 高　钢　万　里

新闻发布

新闻发言人的使命与智慧

实训

NEWS RELEASE: PRACTICAL TRAINING COURSE

中国人民大学出版社
·北京·

信息公开：推动中国社会进步的探索

高　钢

自古登堡印刷术在中世纪的漫漫长夜里投下一抹晨光，事实与知识的公共传播开始萌动，人类终于挣脱思想禁锢之下的蒙昧与窒息，开启理性复兴的历史征程之际，公共信息传播对人类文明进程的作用与影响就开始日益深刻地被感知、被思考、被尊重。

在各种偶然与必然因素酿造出的波澜起伏的近代文明史上，信息传播一直作为一种强大的伴随力量，呈现在整个历史的演进之中，并且在改变历史走向的各个关键节点发挥着启迪民众、引导民众和呼唤民众的重要作用。

中国改革开放四十年来，新闻信息和公共信息的传播与社会发展更是形成了相互作用的依存关联。新闻机构、政府机构、社会各种专业组织机构向社会各界传递着发展成就的信息、政策解读的信息、问题预警的信息、实用方法的信息、专业知识的信息、文明理念的信息，为社会提供着形成认知的信息滋养，为人民提供着行动抉择的信息根据。

人们日益深切地感受到，信息传播已经构成社会进步的强大推动力量，信息环境已经成为人民生存与社会发展的基础环境要素。

中国改革开放的社会变迁不只是社会经济运行方式变革推动的物质财富的创造和积累过程，还是人民为谋取物质生活的富庶和精神生活的自由而重新定义并重新获取生存权与发展权的重大历史变迁。这个过程开掘着巨大潜能，激发着多元创造，也酝酿着复杂矛盾，触发着激烈冲突，然而就是在这种遍布艰辛的探索与奋争之间，民众锤炼着自身的智慧，社会完成着自身的进化。

中国新闻发言人制度的建立，就是这个历史变迁过程的产物。把政府的决策意图和决策过程告诉人民，把社会的发展和存在的问题告诉人民，让人民在对自身生存环境准确认知的基础上，判断自身利益与环境变化的关系，从而为维护自身利益做出理性的选择。与此同时，政府将自身运行置于公众视野之中，让公众审视其执政的意图及能力，实现政府与民众之间的认知交流，最终形成推动社会发展的行为互动。

中国新闻发言人制度和中国的改革开放一样，打破了中国社会的旧式运行逻辑，开启了把信息权利给予人民的新路径。

信息权利是人的基本社会权利，是现代文明社会得以存在和运行的基础支撑条件之一。中国的改革开放推动着社会对信息权利的理解和对信息权利的探索。

人民的知情权是人民信息权利的基础，也是人民赢得生存权与发展权的前提。人民只有获得对生存环境存在状态与变动状况的全方位的信息，才能获得理性的认知、利弊的判断、价值的共识。只有人民的知情权得以实现，人民的更高层次的权利，诸如表达权、参与权、监督权以及公共协商的权利才有其实现的基础。

中国的改革开放，推动着整个社会对于这一现代文明社会运行规律的常识性知识的了解与接纳。一个以"富强、民主、文明、和谐"为国家建设目标的国度，不仅应该尊重人民的知情权，而且需要为保证人民知情权的实现设定有效的路径。

中国新闻发言人制度建立的意义，就关联在这样剧烈的社会变革进程之中。因此，或许不能将这一制度仅仅看作国家管理层面的工作规制的设计，而且可以将其视为社会文明变革的成果。

这部以教材属性定位的读本，讲授新闻发布方法与技巧的初衷，就是为把信息权利给予人民这一历史进程尽专业之责、助一臂之力。

今天的公共信息传播已经面对全新的环境。与中国社会变革造成的改变同时呈现的还有互联网技术应用造成的改变。

非凡的历史变迁往往伴随着特别的奇迹。中国的改革开放走到第16个年头，中国接入国际互联网，由此开启了信息传播方式和社会生活方式全方位改变的互联网时代。

互联网改变了人类信息传播的基础结构和传统方式，极大推动着人民的信息知晓、信息共享、信息创造和信息利用，把人民的信息权利以全新的方式赋予人民。互联网引发的信息传播的革命，再次成为推动社会深层变革的前导力量。

在充满矛盾与冲突的信息革命与社会变革的交叠演进中，我们看到：

● 公众知情范围不断扩大。互联网信息传播技术的发展，为各种信息的社会传播与全民通达提供了技术上的可能性。各种新技术支撑的多元信息传播平台向公众提供着各个领域的信息。

● 公众表达空间不断拓展。互联网为民众个人意见表达提供了多元化平台。民众的意见表达获得了比前互联网时代更为便捷的技术通道。

● 公众监督权利不断加强。互联网推动公众的监督范围不断扩大，途径不断增多，效力不断加强。全领域、全天候、全进程的公众监督已经在中国的社会生活中初见端倪。

● 公众参与机会不断增多。在互联网技术的支撑下，人民依照维护自身利益的原则，正在参与所在生存环境中的经济建设、文化建设、政治建设和社会建设的全过程。

● 公众协商机制呈现在社会生活中。今天，凡是引起公众质疑和困惑的事情，都可能在互联网平台上进行讨论、争辩，进行各种形式的公共协商。这种公共协商在交织着各式冲突的当代社会的运行中，作为保证现代社会良性运行的基础机制变得日益重要。

这些改变伴随着各种障碍与坎坷、冲突和迂回，但是，社会的走向与面貌由此发生着改变。

和科技事物具有正负双重效应一样，互联网在给人们带来巨大兴奋的同时也带来了新的困惑。

第一，个体信息的公共传播平台普及，公民媒体时代到来。这意味着今天任何政府机构、媒体机构和社会上各种专业组织机构连对自己工作领域视野之中发生的重大变动都未必拥有第一定义权、第一传播权了。

第二，信息的网状传播结构形成，信息传播影响力的立体效应呈现。这意味着今天在任何区域、行业甚至机构之中发生的具有公共震荡效应的事态，影响力瞬间就会超出区域和行业的边界，作用于整个社会。

第三，信息传播能量迅速转换为社会变动状态。信息传播能量转换为社会变动状态的时间间隔越来越短、频率越来越高，而影响效应却越来越大。互联网把两个能量体之间的能量转换统一为一体过程。

随着移动网络技术、智能终端技术、人工智能技术、数据分析技术的快速发展和普及应用，信息传播和社会运行呈现的种种新变化正在日益加剧。

在这种完全改变的信息环境和社会环境中，公共信息传播的社会责任就更为重大。特别是政府机构和社会各类机构需要向人民告知社会生活各个领域的基础情状信息、事态变动信息、领导决策信息、专业知识信息、实用方法信息和文明理念信息，提供理性认知，推动社会前行。

本书特别注重为处在这种变局之中的新闻发言人提供专业理论解析和专业方法讲述。编撰团队中有曾经担任过政府机构和企业部门新闻发言人的知名人士，他们根据自己的专业实践经验，讲述新闻发布的原则与方法；也有来自中国著名高校的知名学者，他们根据多年的专业研究，提供前沿观察与分析。

作为编撰本书的倡议者和组织者，我希望能够借本书为从事新闻发布工作的人们提供一个获取专业知识与方法的路径。但是我深信：新闻发布领域的智慧不只是随机应变的敏锐，妙语连珠的机智，而且是对人民意愿的真切感知，对时代趋势的深刻洞察，对社会文明进步的热忱渴望与执着追求。拥有这种理想、品格和修养，才能有对多元文化形态的包容，对多元价值观念的理解，对人民生存权与发展权的珍视，进而在纷繁的社会现象之间透视人类的理想本质和社会的发展趋势，知晓新闻发布在今天社会运行中的功能与作用，做出具有专业智慧的方法与技术层面的选择。

中国新闻发言人制度化建设已经走过十五年，如今，新闻发布制度已经在各个地区、各个领域、各个机构普遍建立，新闻发言人正在形成一种特定的工作职业，政府信息公开也开始步入法制轨道，政府信息发布被视为一种基于对人民信息权利尊重的执政责任日益成为社会共识，中国社会的一番新的改变就由此启动。

一个民族需要有自己的记忆，记忆可以促进反省，也可以生成激励。我们编撰团队也想通过这本书的出版，记录中国新闻发言人制度建设的进程片段，记录中国改革开放沧桑之变中的一方景观。

2019 年 1 月

目　录

来自实践的经验与方法

新闻发言人的使命与智慧

| 赵启正

Ⓘ 2012 年 3 月 2 日下午，赵启正在全国政协
  十一届五次会议新闻发布会上。

赵启正

中国人民大学新闻学院院长。1963 年毕业于中国科学技术大学核物理专业，后从事科研、设计工作 20 年，是教授级高级工程师。1984 年起历任中国共产党上海市委常委、市委组织部部长、副市长兼任浦东新区管委会首任主任。

1998 年起任中国国务院新闻办公室主任和中国人民政治协商会议全国委员会外事委员会主任。中国共产党第十六届中央委员会委员。

著有《向世界说明中国》《江边对话——一位无神论者和一位基督徒的友好交流》《公共外交与跨文化交流》《跨国对话——公共外交的智慧》《浦东逻辑——浦东开发与经济全球化》《浦东奇迹》等十余种著作，有的被国内外译为多种外文版本。

2003 年起积极倡导、组织并推动了中国新闻发言人制度化建设，是中国新闻发言人制度化建设的示范者、推动者。

2003 年，一场突如其来的"非典"灾难降临，让北京市政府，乃至于中央政府遭遇了严峻的考验。在面对这种公共危机的管理过程中，信息发布和信息公开的重要性第一次广泛深刻地为社会各界所认知。

为适应改革开放形势的需要，适应新的信息舆论传播环境，做好信息公开与舆论引导工作，国务院新闻办公室审时度势，及时提出并积极推动在国务院相关部委进行试点，设立新闻发言人，由此开始了中国新闻发言人制度化建设的征程。

中国新闻发言人制度化建设经历了从试点到推广，从个别到普遍的过程。如今，从中央到地方，从政府机关到企事业单位，都普遍建立起了新闻发言人制度。

近年来，中办、国办持续就政务公开、回应社会关切、新闻发布等事项颁布相关条例、办法、意见、通知等，从政务公开、新闻发布的原则、程序、形式、内容，乃至发布的平台渠道、方式方法等都有了相应的规定和要求。可以说，今天中国新闻发言人制度化的建设，已经逐步走向健全、规范和完善。

多年来，政府通过新闻发布，在政务公开、加强服务型政府的建设、保障群众的知情权和监督权方面做了很多工作，对中国社会的改革与进步起到了特有的推进作用。通过新闻发布，我们也及时对外国公众和政府发出了中国声音，在复杂多变的国际舆论环境中表达立场、解疑释惑，发挥了公共外交和政府外交双重的积极作用。

我国的新闻发言人制度是随着中国改革开放的潮流同步发展的。今天虽然还有不少需要进行改革之处，但是应该承认已经取得了巨大的进步，进入了更高水平的发展阶段。

回顾一下我国关于新闻发言人的专门规定，只有两个：一个是 1983 年 2 月的《关于实施〈设立新闻发言人制度〉和加强对外国记者工作的意见》；另一个是 1983 年 11 月的《新闻发言人工作暂行条例》，暂行到如今。此后一直没有更新的文件发布，其他有些重要文件虽然涉及新闻发言人的工作，但都不是专门的文件。新闻发言人制度要与时俱进，新闻发布制度还需要进一步的发展规范，现在到了制定一个新的新闻发言人制度的时候了。

新闻发言人制度，不仅使国内民众扩大了知情权，使政府更贴近人民群众，使人们了解政策制定的缘由及执行中的问题，而且是中国政府向世界最快捷、最有效的表述立场的方式。

随着时代的发展，每天发生的事情特别多，老百姓关心的问题也特别多。如果政府机构、社会的各种专业机构不主动发布新闻，就会引发各种猜测，甚至引起误解。

新闻发言人只是一个机构的代表，日常表达由他负责，实际上，他所说的是他所代表机构的各部门、各部局科室的共同观点。他说的话，虽然有个人的风格，但绝不是个人的观点或评论。

如果公务员都不能给发言人提供一个好的信息基础——没有明确的观点、足够的资料、精确的数据，那么新闻发言人肯定也表达不好。新闻素养不只是发言人的个人素养，而且应当是更多公务员的素养。

我国的干部序列当中并没有发言人的位置，任用标准也是各单位自行决定的。重要机构的新闻发言人应该是专职的。新闻发言人不是"养兵千日用兵一时"，而是"养兵千日用兵千日"。他要随时观察国内外舆论，观察本领域有关的动态，研究相关政策，与时俱进地进行"议程设置"。有这些准备，才能保证新闻发布的成功。

一个机构不能只是孤立地任命一位发言人，还要有常设的新闻发布团队做支撑，否则一个人再优秀也孤掌难鸣。我在担任全国政协大会新闻发言人时，就请由政协的干部、主流媒体的编辑和中国人民大学新闻学院的博士生组成的小团队帮助我收集各方信息，同时设计可能的答问要点。

我在国外做过很多调查，一个新闻发言人手下是有一群人在忙碌的。成员一定要专业化、专职化。突然发生一个事件，没有经过训练的新闻发言人是必然应对不好的。要有工作团队，大家协同工作。

新闻发言人也应当能够列席所在机构的重要会议。法国总统的一位资深发言人跟我说过，他作为发言人最重要的工作是跟着总统走，总统到哪儿，他到哪儿。他只有了解总统的思想、观点和决策，才能做好他的发言人。

单位领导对新闻发言人要有足够的体贴、足够的宽宏，不能因为新闻发言人偶尔的失误就苛责。令我和许多发言人印象最深的例子是，"7·23"甬温动车事故后，没有给发言人了解情况的时间，就让他仓促上阵，结果有两句非政治性的"失言"，就将其免职，这样的处理方式值得探讨。政府各部门的领导必须为发言人提供更多的支持和保护。

与此同时，很多新闻发言人表现优秀，职位要提拔，岗位会变动。成熟的发言人走了，新手来了。然而，新闻发言人更换得太快，对新闻发布工作是有损失的。

为什么要召开新闻发布会

召开新闻发布会的目的对内是沟通公众、保证监督、争取理解，对外是沟通世界、说明中国、解疑释惑。政府机构的新闻发布是请媒体把政府的政策主张向公众做传达、做解释、做说明。同时，向公众报告后，还要请公众监督。因此领导干部有两重心理：一方面欢迎记者采访，以表达政府的主张，获得民意的支持；但是另一方面提到监督，被追问可能就有人感觉不舒服。究其原因，还是部分人的新闻素养不够。

领导干部的新闻素养已经是执政能力的要素之一，不善于和媒体沟通，执政能力就不完整。我们所处的是信息时代，信息就如同空气，每天都要接触，须臾不可离。一个现代人不可能不关注信息，特别是领导干部，每天要有一定的时间阅读信息、思考信息、发出信息，那就必须重视媒体，要利用媒体做桥梁和接力棒。你如果做不到，就给小道消息留了空间和时间，再去辟谣则事倍功半了。

如何应对公共危机事态

国家对突发事件的报道已有明确规定，要及时、要准确。经验告诉我们，每当遇到突发事件，不及时说明事实、我们的立场和处置办法，常常就会失去最好时机，给事业造成很大伤害。

当事情发生时，你不及时地讲真故事，别人就会讲假故事，因为假故事离奇和制造者别有用心，它"跑"得快，真故事往往"追"不上它。

"先入为主"在各国都是一样的。不能因还没有调查清楚就不去发言，并且以"后发制人"来遮掩自己的迟钝。这是不对的，很多事实证明后发制人往往会失败。了解到多少情况就先说多少情况，以后可以再补充。这样公众就能接受和理解，知道你尽了责任。

突发事件有复杂性，要做到迅速、准确地发布，就得讲究效率。所以，报道好突发事件，首先必须建立起有效的责任系统，这个系统要极其高效才行。

所谓新闻发布，不是有了紧急事态和突发事件才发布，而是在日常就要建立本机构新闻发布的机制，随时发布应当让公众知道的信息。

这里包括几个方面的工作。

第一，要有新闻发布工作的小组，他们平时要关心与本机构有关的社会动态，包括民意，包括政策变动，包括自己同类的其他城市或其他机构的动态。这样就有一个观察和了解，知道国情，知道政策，知道本行业行情。

第二，平常要有充分的准备，要有"议程设置"。比如医院，如果发生严重的医患冲突甚至聚众闹事，怎么办？有预案的话，一步一步执行起来不会有大的闪失。

第三，发生危机事件的时候，新闻发布只是危机处理中的环节之一，还要顾及其他工作环节的进展。比如灾难事故，要考虑如何让损失减少到最小，如何救治伤员，如何恢复交通等的应急处置。

第四，在新闻发布当中，人比财产更重要。不能在发布会上说了很多事情，最后再说人员伤亡，甚至对伤亡情况含糊其词。这是不对的，首先是人的安危，然后再是其他。

如何面对尖锐问题

敏感问题往往是社会尤其是国际社会特别关注的问题，越是敏感的问题越有回答的必要。回答这些问题，必须是清楚的回答，而不是含混的回答。含混的回答，会使敏感的问题更加敏感，延续对问题疑惑的时间。

对于敏感问题的背景、发展的过程、国内外主要媒体的报道、国际舆论以及本国政府的态度、本国的民意，所有这些情况我们都要做仔细研究，有所储备。

每天都有新的问题出现，不能用几年以前的见解或情况来对付今天的问题，新闻发言人自己要随时了解这些敏感问题的进展。

在发布会现场，新闻发言人应该有怎样的表述风格？

要　领

越是敏感的问题越有回答的必要

敏感问题往往是社会尤其是国际社会特别关注的问题，越是敏感的问题越有回答的必要。回答这些问题，必须是清楚的回答，而不是含混的回答。含混的回答，会使敏感的问题更加敏感，延续对问题疑惑的时间。

对于敏感问题的背景、发展的过程、国内外主要媒体的报道、国际舆论以及本国政府的态度、本国的民意，所有这些情况我们都要做仔细研究，有所储备。

要 领

新闻发言人的语言风格

要表达正确，事实准确，表述严谨，留有余地。

简化语言，突出核心观点，避免节外生枝。

要口语化，少念稿，少用术语。当记者听不懂的时候，你的话没有任何作用。

碰到尖锐的问题要心平气和，要在逻辑上说服提问者。

不要为幽默而幽默，不可意气用事，不必卖弄聪明。

第一，要表达正确，事实准确，表述严谨，留有余地。

第二，简化语言，突出核心观点，避免节外生枝。

第三，要口语化，少念稿，少用术语。当记者听不懂的时候，你的话没有任何作用。

第四，碰到尖锐的问题要心平气和，不要做出吵架的姿态，进行严厉的指责，要在逻辑上说服提问者。

政府各部门的发言人在台上时不是代表自己，而是代表政府讲话，不能感情用事。他一定是表达政府的立场，而不是表达个人的情绪与好恶。

在发布会现场不必过于刻意追求所谓的"技巧"，技巧不是最重要的要求，有几点要提起注意：

其一，不要为幽默而幽默，生动往往不一定准确，容易出节外生枝的麻烦。

其二，不可意气用事，不必"怼人"，那容易说错话。理直气壮在胸，心平气和在外。

其三，不必卖弄聪明，倘若你卖弄聪明，那记者们会表现得更"聪明"，非"打倒"你不可。

如何提高新闻发言人的素质

中国的全面深化改革带来了更深层次、更大范围的变革，社会的发展变化之快速与剧烈远远超出了人们的预期。与此同时，中国日益融入国际社会，中国面对的国际环境日益复杂。在这样的变革时代，新闻发言人需要加强理论、政策、法律等方面知识的学习和积累，充分认识和了解当代全新舆论传播格局下的新闻传播规律，扩展知识领域，增进品格修养，提高专业能力，使新闻发言人的工作适应中国改革开放和社会发展的需要。

新闻发言人只有努力提高自身专业素养、专业能力和专业水平，才能适应新形势、迎接新挑战。

新闻发言人应当具备什么样的素质？我在 2003 年 9 月国务院新闻办公室举办的两次全国新闻发言人培训班上，把新闻发言人的素质概括为三句话：

> 政治成熟，立场正确，勇于负责。
> 内知国情，外知世界，兼修文化。
> 讲究逻辑，有理有节，善待记者。

第一句话中，"政治成熟"就是对中国特色的社会主义理论有深刻的理解，对党和国家的政策，包括新闻发言人所代表的政府部门的政策有融会贯通的知晓和掌握，能够在政治上很纯熟地把握和应对局面。"立场正确"就是要维护国家和人民的根本利益。"勇于负责"是指有时我们遇到临时发生的问题，如果不予回答就会引起不良的后果，那时候容不得你去请示，能答的还得答。因为你维护的是国家的利益和荣誉。

第二句话中，"内知国情"是指要有关于我国国情的基本的知识储备和本机构工作领域的知识储备，还包括对一些随时发生的时政性问题的了解。"外知世界"包括两个方面：一方面必须知道你所回答的问题在国际社会上是一种什么情况；另一方面应该对不同国家的文化背景有所了解，同时对他们理解我们话语的能力有所估计。了解外国人与中国人的文化差异，这样有助于准确地表达我们希望他们了解的信息，也就比较容易有好的效果。"兼修文化"指的是新闻发言人应该有丰富的知识积累，有较深厚的文化修养，特别是要认可人类文明的多元形态，了解不同的文化构成，了解不同的价值体系，在此基础上为促进多元社会群体和多元文化群落之间的相互理解、和谐共生进行有效的信息传播工作。

第三句话中，"讲究逻辑"和"有理有节"的基础就是实事求是。我们如果碰到尚不了解的情况、不知道的问题，或涉及国家机密的问题，那么可以说"下次告诉你"，或"这个问题我不能回答"。绝不可以说假话或胡乱应付，破坏新闻发布的权威性。"善待记者"说的是要理性看待新闻发言人与记者之间的关系。记者是新闻人，他追求的是新闻。他不是你的学生，不是你的部下，也不是你的"敌人"，甚至不是你的朋友（作为个人关系当然可以是朋友，这里是就新闻发布的场合而言的）。他是你的挑战者。记住这点很重要！这会使你随时处于发言人状态中，不会松懈。记者不是你的学生，所以你没有必要像讲课一样长篇大论；记者不是你的部下，所以你不能以做指示的口吻讲话；记者也不是你的朋友，不能说我只告诉你们，千万别说出去；他们更不是你的"敌人"，虽然有时他们会提一些尖刻的问题，但这多数是因为职业的需要。记者是新闻传播链上不可缺少的一环，你希望他们传播你的立场和消息，而他们要逼你说出惊人的消息，希望你说出你本不想说的话。记者是新闻发言人的挑战者。

经过了 40 年的改革开放，中国已经成为世界上举足轻重的国家，中国的一举一动都关系到世界的利益。而新闻发言人是向世界讲中国故事效率最高、传播最快的一个岗位。归根结底，新闻发言人的职责是讲中国故事。讲中国故事最重要的成功要素是充满自信，特别是文化自信。有了这份自信，加之自己的努力就会成为一个卓越的新闻发言人，为这个时代做出贡献。

参考文献

赵启正. 新闻发言人的使命和智慧. 全国新闻发言人研讨班演讲，2018 - 03 - 19.

赵启正. 在首届中国新闻发言人论坛上的演讲. 2016 - 11 - 05.

赵启正. 赵启正：应尽快制定专门法规，保障政府新闻发言人制度. 澎湃新闻，2016 - 11 - 06.

赵启正. 在坦桑尼亚新闻部的演讲. 2016 - 08 - 10.

赵启正. 赵启正：作为新闻发言人，问题越敏感我认为越有必要回答. 澎湃新闻，2015 - 10 - 30.

附　赵启正新闻发布的经典案例

文化的理解是最重要的基础

（2001 年 9 月 14 日在柏林"亚太周"记者招待会上答记者问）

赵启正（以下简称赵）：我们这次来柏林的主要任务是参加"亚太周"活动，它包括许多内容，其中大量的节目是文化类的，也有一些经济座谈会。德国是中国在欧洲最大的贸易伙伴，我们希望利用这次机会加强两国的相互了解，而文化的理解是最重要的基础。

德国是一个历史文化悠久的国家，产生过许多伟大的哲学家、思想家、音乐家、文学家、科学家。对这样的国家，我们从哪个角度来介绍中国都是个新的课题。有一位日本老人告诉我，他总觉得每个中国人都像是他的文字老师。从这个意义上来讲，中国人总觉得每个德国人都像是哲学家。（笑声）现在我愿意回答大家的问题。

德国记者：目前有一个现实的问题是美国遭到恐怖分子的袭击，世界上许多国家都表示了对美国的同情与支持。据说，中国年轻人则表现出幸灾乐祸的情绪，请问是否有这种现象？

赵：事件发生之后，我也在思考，这次恐怖事件对我们会带来什么样的影响？可能我比其他中国人感觉更敏感之处在于，我本人在上海工作时，在那里建造了一座与纽约的世贸中心几乎一样高的大楼——金茂大厦，属世界第三高度。金茂大厦在设计、管理等方面与世贸中心有着良好的关系，现在它失去了一个好姐妹。由此我想到，这样的恐怖活动不仅对美国，事实上对所有国家都具有威胁性。

至于你刚才所说的中国某些年轻人的反应，我相信是有的。但中国人口很多，光是在校大学生就有 1 000 多万人。而真正在网上表达这种情绪的人，在 1 000 人中不会超过 1 人。他们显然联想到了中国驻南斯拉夫联盟大使馆被炸和中美撞机这样的事件，因此这只是他们一时的感情表达，而不是哲学的思考。（笑声、掌声）在东方和西方一样，成年人需要和年轻人交朋友，经常交流思想。

事件发生之后，江泽民主席很快给布什总统发了电报，又与他通了电话，充分表达了中国政府和中国人民的立场。中国人民和德国人民一样，强烈谴责这种恐怖活动，并提出愿意提供援助。

"德国之声"电台记者：我们注意到，江主席向美国表达了深切的哀悼，并表示予以援助。中国是否认为这次恐怖事件是伊斯兰极端恐怖分子所为？另外，中亚五国合作机制也有共同遏制伊斯兰激进主义的责任，因为它对中国的西北也是一个威胁。请问中国是不是也面临着伊斯兰激进主义挑战和扩张的问题？中国将如何与之斗争？

赵：这次恐怖活动是不是伊斯兰激进主义者所为，应该由美国的中央情报局和联邦调查局回答。似乎他们已发现了很多线索，我相信美国会很快将真相公之于众。

上海五国组织，实际上已有六国，明确提出共同打击恐怖活动，不管来自何方，包括极端的宗教主义派别的恐怖活动，都要坚决打击。对危害中国西北地区的恐怖活动，中国政府当然将严厉打击。我认为打击国际恐怖主义活动更应加强国际的合作。

德国记者：我有两个问题：中国将在哪些方面给美国以支持，包括在具体打击恐怖活动方面？美中两国贸易已经受到美国国内经济疲软的影响，是否会受这次恐怖袭击事件的影响？

赵：第一个问题我没法具体回答你，这要看美国的要求。顺便说一下，中国的医疗水平和生产药品的能力比一般人估计的要好。（笑声）至于在打击恐怖活动方面的国际合作，具体内容需要细致讨论才能决定。中国政府的意愿是明确的。

美国是中国第二大贸易伙伴，去年双边贸易额为 740 亿美元。美国经济的不景气对中美贸易会有影响，在这次事件之前中国已进行了多方面的研究和应对。今年前几个月，中美贸易还是有所增长，但和去年相比，增长得较少。顺便说一下，中国在美国的贸易公司有 18 家在纽约的世贸中心设有办公室。我们对他们的生命安危非常关注。

《法兰克福快报》记者：现在已确定中美双边贸易额将低于去年，中国有没有考虑在此情况下提前启动"经济景气计划"或扩大建设规模？

赵：我们的具体措施就是：加强基础设施建设和政府投资；加强西部开发建设；进一步开发国内市场，对于东部发达城市促进消费，如以银行贷款方式鼓励购买住房等。

欧盟是中国第三大贸易伙伴，去年对华贸易额为 690 亿美元，和美国、日本差距不大，加强和欧盟的贸易也是促进国内经济发展的一条重要渠道。

《光明日报》记者：赵部长，刚才您坦率、全面地回答了有关 WTC[1] 事件的相关问题。我的问题是有关这次"亚太周"活动的，中国政府组织了这样一个庞大的代表团来柏林，是想给德国人带来什么？是以经济为主，还是以文化为主，或者是文化搭台、经济唱戏？

赵： 主要是文化的内容，包括传统的和现代的。其中有刚刚出现的先锋派艺术，它能否长久生存下去，还需要时间的考验。现在想请德国人也看看，不知他们有什么见解。另外，中国民间的社火、腰鼓、戏剧也都是最传统和最朴素的。

在经济方面，我们组织了中欧经济论坛，中德双方都有不少重要人物出席。希望以此来帮助那些还没有和中国建立联系的欧洲公司能够明白中国市场的潜力。去年欧盟 15 国对中国的投资只有 44.7 亿美元，只相当于欧盟对世界各地投资的 1%。在德国的对外贸易中，对华贸易只占 2%。而中国是一个有 13 亿人口的大国，美国人会计算，如果每人每天喝一瓶可口可乐，这是多大的数量。柯达公司和富士公司曾计算过，中国有 3 亿家庭，如果每个家庭每年用一盒胶卷，一年销量将达 3 亿卷。而爱克发（Agfa）没有计算过，所以丢掉了中国这块市场。（笑声）

德国《经济周刊》记者： 这次在柏林举办的文化活动规模很大，选择德国是偶然的，还是另有深意？中国通过这次活动有什么样的愿望？对中德经济关系有什么期望？

赵： 选择德国当然不是偶然的。世界上国家很多，排排顺序，德国是排在中国人的视线前列的。中国人知道德国是欧洲最大的经济发动机，德国在中国的投资项目都取得了成功。听一位德国朋友说，世界上吊车最多的城市是上海、北京和柏林，但大众轿车最多的城市是上海，（笑声）它的成功是众所周知的事实。此外，西门子、德国电信也都很成功。上海磁悬浮列车工程已经开工，这也是德国地铁在中国的成功的延续结果。还有很多案例可以留待晚上的经济研讨会继续讨论。

英国《金融时报》记者： 中国政府是否纵容和包庇阿富汗和巴基斯坦政府？与他们之间有何联系和接触，比如和塔利班政权？

赵： 中国政府已于 1993 年撤走了驻阿富汗大使馆，因此目前和阿富汗处于非正常的外交关系，更谈不上与塔利班政权有什么联系。巴基斯坦是中国的友好邻邦，两国关系正常。

在和各国的接触中，我们坚决反对恐怖主义的立场在许多方面是一致的，也是一贯的。和其他国家一样，我们对各种形式的恐怖活动也怀有警惕。

凤凰卫视记者： 美国遭受恐怖分子袭击已成为全世界的焦点所在，对世界造成了巨大的影响，这次"亚太周"活动可以说是"天时不利"。赵部长，您如何评价这次活动的意义与效果？另外，是否可以透露一下中德两国领导人的题词？

赵：这次"亚太周"活动筹划了近一年，不幸赶上了恐怖分子袭击美国的事件。所以经过研究，我们取消了少量过于有热烈喜庆色彩的活动，有一部名叫《紧急迫降》的电影也被取消了。但总体来说，对这次活动的影响不会太大，日程目前没有什么大的变化。

此次"亚太周"活动的意义之一在于促进中德乃至亚欧的联系，增加相互间的了解和友谊。我想这样的活动符合贝多芬《第九交响曲》最后合唱"欢乐颂"的主题，（笑声）应当提倡全人类相互团结，亲如兄弟姐妹。（掌声）

在活动的开幕式上，我们会表达对美国遭受恐怖袭击的同情和慰问。既然恐怖主义已成为全人类的公害，我们就应该坚决地反对它，并把它从地球上驱逐掉。

中德两国领导人对"亚太周"活动写了富有感情的贺信，都表达了对对方文化的敬意。例如，江主席在贺词中说：中德两国都具有悠久的文化传统。中国人民为中华民族古老而辉煌的文明骄傲，也对产生了举世闻名的伟大音乐家、科学家、文学家、哲学家的德国人民怀有敬意。

德国记者：据最近的统计说，中国艾滋病人数大增。部长先生，您对此有何看法？

赵：你说的是艾滋病在中国蔓延的情况，中国政府非常重视。目前这种情况多集中在云南边境的吸毒地区，还有河南省的一个村庄，那里有人从事非法血液买卖活动。中国感染艾滋病的实际人数有多少，像许多国家一样，很难统计准确，尽管卫生部门公布了统计数字。当然我们会争取尽量准确。

在东方文化中，对涉及性的话题以前往往不愿公开讨论。有人如果患了性病，就不愿去医院。现在这种情况有所改变，政府也拨出一定的费用用于医疗补贴和全民防病教育。许多村庄、学校和居民区都加强了预防艾滋病的宣传，在北京街头可以看到预防艾滋病的宣传画。

中央电视台记者：这次柏林"亚太周"活动将耗资多少？和1999年巴黎"中国文化周"以及去年的"中华文化美国行"相比，最大的不同点是什么？

赵：这次活动的成本是600万马克，其中包括柏林市政府的投入。（问身边的柏林市政府代表）不知德方是否愿意公布？（柏林市政府代表说：这次德国对整个文化活动将花费300万马克，目前德方投入的精确数字不好估算，大概还有40万马克。除此之外，柏林还提供了一些博物馆、剧院等场地，以及其他人力物力上的投入。）

这次"亚太周"相比前两次在法国和美国的活动，内容与种类有所不同。德方选择节目的标准很高，要求也十分细致。有时幽默很难翻译，让我试一试：德国人在文化艺术上是很挑剔的，不好伺候。（笑声）换句话说，我们的交响乐队就不能来，因为德国人的耳朵早已被（德国的乐队）惯坏了。（笑声）

注释

　　［1］WTC 为世界贸易中心（World Trade Center）的英文简称。WTC 事件即 "9·11" 事件。

在全国政协十一届二次会议新闻发布会上答记者问（节录）

（2009 年 3 月 2 日）

文化的核心表现为价值观是什么样的

中央电视台记者：第一，从今天现场看到您的简历，您的外交经验非常丰富。作为政协外事委员会的主任，您会给政协在拓展外交活动当中带来怎样新的特点？第二，我们最近非常关注有关法国拍卖中国"兔首""鼠首"一事，今天上午有了最新进展，您认为政协应该发出怎样的声音？

赵：谢谢你还费时间看我的简历。（众笑）

政协对外交往有一个特色，就是它有官方色彩，也有民间色彩，这样在对外交往中的面就很广泛。通过一些高层访问以及与外国企业家或民间知名人士的交流，我们在很多方面容易达成谅解，能够促进友好关系。

在政协之下我们还有几个国际交流平台，大家可能不知道它是属于政协系统的，这包括 21 世纪论坛，这是一个高层论坛。还有中国经济社会理事会、中国宗教界和平委员会，这些都是在国际上很活跃的机构。我们经常举行圆桌会议或论坛，讨论双方感兴趣的问题。

我们政协外事委员会里面分了三个小组：一个是国际关系小组，可以说是国际政治小组；一个是国际经济小组；还有一个是公共外交小组。国际政治和国际经济的意义大家都很明白，我们的公共外交是指政府外交之外的其他外交往来。政府外交，比如说外交部对外交部、领导人的互访，而公共外交则是民众间以及民间与官方的交往，这种往来很重要。中国现在每年出国人数是 4 000 万人次，可以说这些人都有进行公共外交的机会，所以我们外事委员会曾经开过公共外交的研讨会，决定加强公共外交并推广公共外交知识。

关于你问的法国法院驳回了要求佳士得停止拍卖由圆明园盗窃的"兽首"这件事情，在国内影响很大，委员们也很关心。有的中国网友在网上问："我们一向很崇敬法国文化，这次怎么了？法国文化生病了吗？法国法院是什么样的价值观？"

我们知道，法国是一个文化悠久的国家，文化的核心就表现为价值观是什么样的。我想，我们应该这样看：法国的价值观并不是由少数法国人来承载的，而是由全体法国人来承载的。

大作家雨果这样写过，有两个强盗走进了圆明园，一个叫英吉利，一个叫法兰西。我希望有一天法国解放并涤清了自己，会把这抢来的东西送还给中国。

有一个现在还健在的法国作家叫贝尔纳·布里泽，他写了一本书叫《第二次鸦片战争：洗劫圆明园》。这本书有中译版，我记得在2005年图书展览时看到过，是一本热门书。他说，圆明园的洗劫给中国人造成的心灵创伤，就好像是如果1871年普法战争的时候普鲁士的士兵把卢浮宫、凡尔赛宫，再加上国家图书馆一起摧毁给法国人造成的心灵创伤一样。

希拉克读了这本书，他说感谢这位作家。他说，我欣慰地看到，是由法国作家写清楚了这段历史。

还有一个法国人，他叫波曼德·高美斯，他是欧洲保护中华艺术协会主席，他也提出来要制止佳士得的拍卖。所以政协委员们跟我说，不能够把佳士得强行拍卖圆明园的"兽首"看成是这次事件的失败，它教育了世界上所有人，包括法国人自己。

在全国政协十一届三次会议新闻发布会上答记者问（节录）

（2010 年 3 月 2 日）

政协的协商民主是"立体的民主"

美国之音记者：发言人您最近表示，政协最大的权力是话语权。我想知道，在政协的讨论会议上有没有讨论禁区？是否实行温家宝总理最近强调的"知无不言，言无不尽，言者无罪，闻者足戒"的原则？再有，政协在社会上和在国外，往往被称为"清谈馆"，在此向您请教，您所说的话语权跟"清谈馆"有什么区别？

赵：我的确说过，政协有最大的话语权。话语权的定义，不只是发言权，而且是它的发言能有权威性，能有效果。否则不能说有强大的话语权。

随便聊天不是话语权，那是聊天权。政协委员在会上的发言都是经过了一年或者几个月或者几个星期的调查研究，经过深刻思考后才提出的，并且他在了解情况的过程中是得到支持和保护的。比如说，我们对粮食生产关心，我们就可以到那里去视察，对边境贸易中存在的某些可能会引起一些混乱的现象，我们也可以去调查，并且我们调查的结果可以以书面的形式向执政党也就是中国共产党中央和国务院正式提出意见或建议，并且可以保证得到一个严肃的回答。如果单用"发言自由"来描述政协委员的活动就太弱了，他们视察自由，监督有关的公务人员也自由，所以说政协的会议不仅形式上生动活泼，内容也是十分深刻的，并且结果是有效的。

中国的政治协商会议是中国政治生活的一个重要组成部分，它体现了中国民主的一种特色，从界别上看，是横向广泛的，并且由于他们（政协委员）的身份，他们对上、下的协商也是充分的，不妨说这个民主是立体的。如果你理解我的"立体的民主"有困难的话，会后我们再交流一下。

中美关系要多些合作，少些遏制

凤凰卫视和凤凰网记者：中国的全国政协是一个多党合作的组织，全国政协委员当中也有很多精英分子，请问全国政协如何看待 2010 年中美关系的走向？谢谢。

赵：一个人提了三个问题，有两个问题一两句话就可以回答，比较难的就是关于中美关系问题，我选择这个难的问题吧。从 1979 年到现在，中美建交 30 多年了，整体地看，中美关系发展迅速，其中贸易最为明显，可以说比当年增加了差不多一百多倍，其他的文化、政治、经济也都有许多交流，中美关系的发展对双方都有利，这是中美双方都承认的。

奥巴马当政之后，似乎感到他对中美关系的思维有新的进展，但是今年年初，二十天内就发生了两件事情，似乎有点"春寒"的感觉。一个是不顾中方的严重抗议，执意会见达赖喇嘛，严重干扰了中美关系；随后又宣布对台出售武器，严重违反"三个联合公报"，特别是"8·17公报"，这损害了中国的国家安全和台海的和平稳定。这两件事情都损害中国的核心利益，让人感到中美关系的风云有变幻，像天气一样，时晴时阴，这引起了广大中国人民的注意。这种倒退的责任是在美方，这就像打网球一样，发球的是美方，中国不过是"backhand"，一个反手打回去。

关于中美关系，不仅中美两国的媒体有许多评论，在座的很多中外记者也是中美关系问题的专家，你们都写过很多文章，我就引用一个美国著名智库在几年前关于中美关系的说法。这个美国智库说，经过他的研究，美国对中国的政策是有两手交替使用，一个叫作"containment"，一个叫作"engagement"。"containment"就是遏制，就像汽车一踩就刹车；很多人都有自动挡汽车，一踩，遏制！"engagement"就是接触，一抬脚就接触了，或者翻译成合作。也就是遏制加接触，这两手。这个智库还创造了一个新的美国单词，"containment"＋"engagement"，等于"congagement"，字典上没有，你们得记下来，翻译成中文也很困难，就翻译成汽车的那个"闸"吧。但是也有美国人不这样描述，佐利克说中美是相互的"利益攸关者"，他原来是美国副国务卿，现在是世界银行的行长。斯坦博格到中国来了，他曾经提出，中美关系的新概念是战略性保证，我想这是互相保证，应当是平等的。我对这三种美国说法的评论就是，今后为了双方的利益，应该多一点合作，少一点遏制。美国人应该明白，假如中美关系是一辆汽车的话，它不是一个驾驶者，它是两个驾驶者。除了美国，还有一个是中国。他也有一个方向盘、油门和刹车，两个人必须商量着做，中美关系这辆车才走得正常，否则会原地打转。

希望国企和民企比翼齐飞

中央电视台和央视网记者：我们注意到目前有不少文章说去年是"国进民退"的一年，也就是说，国企的发展挤占了民企的生存空间，不知道这样的一个事情是由于政府的政策造成的还是由于其他的原因？希望您给我们解释一下，谢谢。

赵：我的确注意到，国内外媒体都有说中国存在着"国进民退"这个现象。我就在想，这个印象是怎么来的？我觉得可能是由于去年在我们克服国际金融危机影响的时候，由大量兼并、重组和关闭一些不符合安全规定的厂矿引起的。山西是一个小煤矿、大煤矿都很多的地方，山西的煤矿去年由 2 600 座减少到 1 053 座，企业的主体由 2 200 多家减少到 130 家。这样一看，这不是"国进民退"了吗？印象就是这么来的。印象不是判断的最可靠的手段，最可靠的手段是数据。可以说，改革开放 30 年来，国有经济、非公有经济比翼齐飞，在这个很特殊的 2009 年，并不是"国进民退"。我们来比较"私营企业"与"国有和国有控股企业"的几组主要数据：它们的同比（今年比去年），工业增加值，私营企业是 18.7%，国有和国有控股企业是 6.9%；总资产或者说资产合计，私营企业增长 20.1%，国有和国有控股企业增加 14%；从业人数，私营企业增加 5.3%，国有和国有控股企业增加 0.8%；主业务收入，私营企业增加 18.7%，国有和国有控股企业降低 0.2%。最重要的是利润，这最有说服力，私营企业的总利润增加 17.4%，而国有和国有控股企业为负 4.5%。

市场经济是有内在规律的，但是政府要尽量创造好的宏观条件。政府曾经发布过《国务院关于鼓励支持和引导个体私营等非公有制经济发展的若干意见》，全国政协也有贡献，我们向中央报送过关于新形势下民营企业发展问题的调研报告，我们政协委员中有很多私营企业家，因此报告十分地触及实际，反映了他们内心的利益诉求。

顺便我也想谈一个我们思考经济的判据或者方法论的问题，是不是每年都用"国进民进"或"国退民退"这样的一个尺子来衡量，这样恐怕不太能够描述我们中国的经济发展状态，因为不同的行业、不同的年头，可能会有变化，但是我们希望它们比翼齐飞就是了。

中国的军费是这样花的

道琼斯通讯社记者：关于国防方面的问题向您请教，首先您能否透露一下今年国防预算的安排？这个预算跟去年实际情况相比，增速是多少？中国为什么觉得有必要每年都增加国防支出预算？谢谢。

赵：你再稍微忍耐两天，全国人民代表大会开会的时候，要有我们财政的预算和决算报告，报告将有很精确的数据。我提前宣布，好像表现得我太性急了。但是大体上说，近年来，中国国防开支大体上占 GDP 的 1.4％ 到 1.5％ 左右，这在全世界来看是一个中等的程度。贵国，也就是美国是超过 4％，何况你们的 GDP 是我们三倍以上。中国是一个领土面积很大的国家，并且边界线还特别长，海岸线是 1.8万公里，陆地边界线是 2.28 万公里，有 20 多个邻国和近国，那么当然我们有保卫国家的任务。我也请教过我在部队中的朋友，他们都是高级将领，我说能不能给我透露一点，这些钱都干什么用了。他说，你们的工资这么多年来涨了没有？我们的军官和战士的待遇也要提高吧？这大概用了三分之一。我们的军衣破了、设备旧了，打靶要消耗炮弹和子弹，要补充吧？这大概要三分之一。剩下的三分之一，除去做点科研、添点新武器等种种开销，所余大概不够买一架 B2 轰炸机的。

中国于 2007 年正式参加联合国军费透明制度，每年向联合国提交军事开支报告。中国有限的军事力量完全是为了维护国家的主权和领土完整，不会对任何国家造成威胁，请你放心。

"回头吃好草的马是聪明马"

《人民日报》记者：请问您对"谷歌事件"的看法，因为它本来是一个商业公司的商业行为，最近有评论认为，它已经成为一个"外交事件"，您对这个事件怎么看？

赵：关于"谷歌事件"，国内外的媒体大量报道，提出了很多我们原来不很清楚的背景，也提出了大量的评论。2005 年的时候，我还在国务院新闻办公室，所以我确切地知道，2005 年，他们来中国考察互联网的市场和投资环境，做得很仔细。一个大的外国企业，无论是哪个行业的，到中国来都要考察投资环境，谷歌特别地对法律环境做了逐字逐句了解。2006 年正式进入中国的时候，他们对这些法律都有郑重的承诺。现在他们说中国的黑客攻击了他们，并影射是中国政府的攻击，这是毫无根据、毫无道理的。因为中国法律也是严禁任何黑客攻击行为的，并对黑客有法律的惩罚。我们在座的每天用计算机，我本人也让黑客黑过屏，丢过东西，对黑客我深恶痛绝。

任何网络企业，它的经营环境都有一个值得注意的方面，就是黑客的存在。相当于我们普通人的生活环境当中有诸如 H1N1 病毒存在一样，谷歌这样高科技的公司，对这些病毒的抵抗似乎是不在话下，没有问题的。

达尔文进化论告诉我们，物种的进化首先就要求物种适应环境，没有听说要环境去适应物种的。

　　有些外国和中国媒体说，如果谷歌真走了，那么百度就"独霸天下"了，一定很高兴。我认为百度未必这样看。王濛在跑道上滑冰，如果没有强劲的对手在旁边，她很难创造新纪录。所以，好的企业需要有对手一块儿跑。

　　中国民间有个谚语，"好马不吃回头草"。这句话有毛病，如果有好的草为什么放弃？好马要吃好草，所以"回头吃好草的马是聪明马"。中国的互联网是开放的，中国继续为外商创造良好的投资环境，保护其合法利益。中国欢迎包括国际互联网企业在内的各国投资者在中国展开业务，也希望外国投资者尊重中国的公众利益、文化传统和法律，承担相应的社会责任。

在全国政协十一届四次会议新闻发布会上答记者问（节录）

（2011 年 3 月 2 日）

每年开"两会"花多少钱

美国之音记者：我想请问发言人，每年开"两会"花多少钱？谢谢。

赵：我很少在这个会议上被别人难住过，花多少钱我还真不确定，既要保持大会顺利进行，够满足会议需要，又要尽量节约，我想钱还是不少的。请允许我会后一两天内给您发个邮件告知您。

中央人民广播电台记者：请问新闻发言人，近些年来我国的食品安全问题相对比较突出，从牛奶、面条，再到鸡蛋、大米等等，给广大人民群众制造了一定的恐慌，甚至给某些产业带来了一定的影响，这种局面什么时候能控制，老百姓吃得放心这种愿望什么时候能够实现？谢谢。

赵：最近全国人民代表大会出台了一项很引人注目的法律，也就是关于法律的修改，废除了十几种死刑罪，但是增加了一种大家十分支持的死刑，食品犯罪最严厉的可处死刑，说明中国政府各部门越来越重视食品安全，必须在法律情节上更加严厉。

食品安全犯罪可处死刑是一种威慑，更重要的是和食品安全有关的各部委更要加强日常工作，它们正在这样做。卫生部、国家质检总局和工商部门正在加快完善相关的配套法律，加大执法力度，对打假和对消费品质量监督力度也在加强，加强食品流通环节监管。但是也会有少数不讲诚信、丧尽天良的、不惧怕法律的那些奸商，还需要强有力的舆论监督，在座的各位也都有监督的责任。

在全国政协十一届五次会议新闻发布会上答记者问（节录）

(2012 年 3 月 2 日)

你采访他就是了

路透社记者：我们最近都听说了在成都发生的事件，也就是重庆市前副市长王立军试图向美国驻成都领事馆寻求庇护。请问中央政府对薄熙来、对重庆的领导是否仍有信心？王立军事件是否会影响今年晚些时候将进行的十八大换届？谢谢。

赵：据我所知，王立军目前正在接受有关部门的调查，调查工作也取得了进展。他是全国人民代表大会的代表，他已经请假不出席这次会议。王立军事件发生后，一些媒体进行了报道。这些报道都是"拼图式"的，由于资料并不全面，缺的地方就靠想象绘制了，因此这些"拼图"都是不准确的，甚至是荒唐的。王立军事件是一个孤立发生的事件，建议你不要做过多的想象。

近年来，重庆的经济建设、社会发展取得了很多成就。你如果有兴趣，在全国人大开幕的时候，你可能会遇到薄熙来，你采访他就是了。

那么达赖是个两面派

香港卫视记者：请问发言人，根据媒体的报道，过去这一年多来，在西藏，四川的藏区甘孜、阿坝，以及青海玉树连续发生了一些僧侣自焚事件，一共有 20 多起。中国政府认为这是境外的分裂势力策动所为，但是也有分析认为，地方维稳官员以及政府的宗教政策某些粗暴的做法或者高压的做法才是造成僧侣自焚的原因，您对此怎么评论？

赵：近来藏区连续发生僧侣自焚事件，其中多数僧侣很年轻，最小的只有 18 岁。"老吾老以及人之老，幼吾幼以及人之幼"，对此我们深感痛心。我想提醒各位记者注意，这些不幸的事件发生之前，有人预告时间地点，有人准备好摄像机拍摄，阻碍别人去抢救自焚者。事情发生后，达赖说了什么？你的版本是他劝他们不要自焚。我知道的是他公开赞扬自焚者有很大的勇气。如果你听到的和我听到的都存在的话，那么达赖是个两面派。

有位大和尚告诉我，佛门一向敬畏生命，反对杀生。十四根本戒，不杀生，不杀一切生命为第一戒，破戒杀人罪孽重重，自杀之罪仅次于杀人。任何人都应该珍惜生命，无视生命的自杀，既不慈悲也不智慧。我想说，有话好说，不要受人蛊惑，一时错念采取极端方式，失去生命会追悔莫及。

一直以来，西藏自治区为了改善寺庙僧侣的修行和生活条件，出台了一系列措施，包括统一为寺庙解决路、水、电等基础设施，提供一些文化服务，改善生活条件，丰富业余生活。自治区这些措施受到了当地僧侣的欢迎。

政治体制改革和经济改革并没有截然分开

美国之音记者：刚才发言人谈到中国深化改革的时机到了，会坚定地前进。我想问得具体一点，就是关于政治体制改革，我们知道中国政府和执政党一直提议要积极稳妥地推进政治体制改革。请问发言人，中国进行政治体制改革的内容、路径和目标是什么？现在是否已经具有足够的政治意愿和动力来推动政治体制改革？谢谢。

赵：政治体制改革的必要性和它的艰巨性，邓小平先生做过很详细的论述。中国自从实行改革开放以来，政治体制改革和经济改革并没有截然分开，如果截然分开，经济改革不会进展得那样顺利。关于政治体制改革，委员们虽然有很多讨论，但最后要成为政策，这由中共中央和国务院去做部署。但无论怎样改革，都要在中国共产党领导下的中国特色社会主义这个框架内进行。政治体制改革是要在深思熟虑、征求各方面意见之后才能进行的，所以你可以指望中国政治体制改革方面会有新的进展。

多包容、多协商，总会解决的

中央电视台记者：我们注意到近期部分香港居民对内地人的一些行为是有一些不满情绪的，比如内地的孕妇赴港生子被看作挤占了香港的医疗服务资源，内地游客去香港大采购也被看作提高了当地的物价水平。在最近甚至出现了大规模的口水战。不知道您对这些现象有何看法？另外，在这次会议期间，您是否会和来自香港的委员就这些问题进行讨论？

赵：本来内陆公众到香港去采购是受到香港欢迎的，现在大概买得太多了，供不应求了，就出了问题。这不是大问题，它改善供应，买得越多，他们的利润越大。政协有很多来自香港的委员，对于"双非婴儿"的事情早就有过讨论，内地有关部门也采取了许多措施，配合香港特区政府做了许多工作。内地公安部门不断加强力度，打击组织内地孕妇赴港生育的非法活动。兄弟姐妹彼此往来难免有磕磕碰碰的时候，一则极端广告不能代表整个香港社会的看法，一句极端的话语也不能代表内地人的意见，口水战有害无益。我们要看到两地的绝大多数公众在交往中是融洽的、友善的，彼此也都有很多朋友。至于某些问题或者说是临时问题引起的摩擦，只要大家多交流意见、多包容、多协商，总会解决的。

孔子学院在发展中会更加成长和更加完美

中国国际广播电台记者：近年来，中国在海外多个国家建立了上百所孔子学院，引发了一些国家的质疑，美国认为中国此举会引起美国语言输出的逆差。请问发言人，您是怎么看待这个问题的？

赵：中国在 100 多个国家建立了大约 350 所孔子学院，这都是经外方邀请后成立的，现在还有很多邀请，但是一时不能够完全满足。中国派去的教师，许多是志愿者，他们在当地受到了欢迎。汉语是使用人口最多的语言，但是使用国家却很少，只有中国和新加坡。而一些语言，比如英语，有 170 多个国家流行，西班牙语有 30 多个国家流行。所以中国语言的国际传播是为了沟通中国和世界，也呼应国际上学习汉语的需求。你说的美国参议院的这篇报告是去年提出的，这是美国资深议员提的。他说到，中国在美国有 70 多所孔子学院，而美国在中国只有 5 所文化中心，这就是公共外交的逆差了。为此，我在美国会见了他，和他讨论了这个问题。我对他说，你没有必要焦虑在美国学汉语的人这么多，中国的小学、中学、大学有 2.4 亿人在学英语，还需要你在中国建立美国语言学校吗？他说，哦，是这样吗？孔子学院受到各国的欢迎，现在还有大量积累的邀请。孔子学院是一个新生事物，是在成长中，我也给孔子学院的老师们上过课，他们多数是富有激情的大学毕业生，我相信孔子学院在发展中会更加成长和更加完美。

新闻发言人的使命庄严、责任重大、压力重重

新华社记者：作为中国新闻发布制度的倡导者和推动者之一，您对此有什么看法？谢谢。

赵：中国的新闻发言制度几年来已经逐渐普及了，去年中央部委以及地方省市以上的新闻发布会就有 2 000 多次，它已经成为中国政治生活和社会生活的一部分

了。新闻发布会的效果就是对内政务公开、透明，扩大了公众的知情权，也有助于公众监督政府。对外就是向世界说明中国的真实情况，解疑释惑。我深知新闻发言人的使命庄严、责任重大、压力重重。

随着国际国内形势的发展，新的问题不断出现，加之互联网带动的舆论传播线路的现代化，我们新闻发言制度以及新闻发言人本身都要与时俱进。发言人应该走向职业化，要专职化，少用兼职的岗位。他们需要经常性的培训才能进步，需要一个成长的过程，也需要社会的支持，也希望记者们爱护他们。

这篇报告还要细读才能判断

《经济日报》记者：不知道发言人注意到没有，最近世界银行发布了一份研究报告，名字叫作《2030 年的中国》。这里面对中国的改革提出了一些建议和意见，但是我们有网民和学者对此提出了很激烈的批评，认为这是要把我们的国企私有化，认为这是在给中国投毒，不知道发言人对此有什么评价？谢谢。

赵：这篇报告是对中国今后 20 年经济社会发展做了综合性的研究。有的学者和网友认为，这篇报告是要将国有企业私有化，由此引起更多网民的质疑，他们表示强烈反对国有企业私有化。我的理解，他们是担心国有资产的流失。这篇报告的全文在世界银行的网站上有，我下载了，有 400 多页，我只能看它的摘要。对这400 多页我用 Word 的检索功能做了检索，我没有查到国有企业私有化的建议。因此，这篇报告还要细读才能判断。

这篇报告是两家合作的，世界银行和我们中国的国务院发展研究中心，50 多位专家做了一年多。报告中提到了国有企业股份多元化的问题，提出国有企业占有较多的公共资源，理应承担更大的公共责任。国有企业的股权多元化是我国十五大以来的国家重要政策。实际上我国现有国有大企业中的多数已经上市，已经实现了股权多元化，这样可以改善管理、提高效率。我注意到的是，股权多元化还不等于私有制，这点请大家在研究这篇文章时细心一点。

准备发布会，我都像高考前那样用功

(2012 年 3 月 8 日在北京接受凤凰卫视资讯台总编辑兼首席评论员阮次山采访)

阮次山（以下简称阮）：部长，您从第十一届政协第二次会议一直到第五次，现在是已经结束的这场会议，每次发言人在发言的过程当中，记者会的过程当中，都很出彩，尤其是这次，八十几分钟，二十几个问题，翻译每一个问题后，您顶多回答两分多钟，在这两三分钟里面，您回答的这种精彩，大家有目共睹。从现在看，马上要交棒了。往回看一看在您的记忆中，您看到了一些什么东西？

赵：看到时代的进步。这四五年，网络的发展，新生了新媒体的力量，民众关心国家、关心世界的热情高涨，所以我们的透明度是要增加的。那么政府的发言人，我是政协的发言人，但也算官方的发言人了，那么这个发言人有什么意义？我老在想，不是一场应付。既然不是一场应付，花这么多时间，五六百个记者在那里听着，我要做什么呢？我觉得我要告诉人们政协做了什么，想了什么，增加透明度，满足公众的知情权，从而（使公众）支持政府或支持我们，同时监督我们。那么对国际来说呢？对中国的崛起各国的看法有很大的变化，那么会有疑问，有误解甚至有攻击。我做什么？解疑释惑，对一些攻击要给以说明，这样这个发布会才有意义。我是按照这方面努力的，至于做得好不好，也蒙您夸奖，可能不那么好。

阮：十年前您在国新办当主任的时候，那个就是政府发言人，整个政府的发言人，那个经历跟您现在这次的政协发言人的经历有什么不同吗？

赵：有不同，因为政协做什么，政协是政治协商，民主监督，参政议政，那么记者的问题没有边界。哪个问题不是国家的问题？不是政治协商的问题？政治、经济、文化没有边界，这个对我来说呢，是十分吃力的。这样一次发布会，我的准备工作是很长的，平时用功到了如同考大学的时候，时间至少是三个星期，上午、下午、晚上。我还有一个小组帮助我，哪些问题是（记者）可能有兴趣的，有长期的问题，有国际、民生、公众关注的问题，有临时发生的问题。当然我们也知道，好的记者，往往找最近发生的一些事情来挖掘身后的东西。所以我每天很用功，做相当的准备。

阮：换句话说，您预演了自己？

赵：有，都有，都有预演，可以说（应对）二三百个问题是没有问题的。

阮：其实从我们近代的过程当中，您是这个各种发言人的祖师爷了。第一届的我们省部级的发言人，就是您发起的。从那个时候起您怎么想到要培训发言人，建立各级机关的发言人的制度？

赵：您都知道，是这样做的，这个发言人不是会说话就行，特别是你的发言不是简单的应对，不是马马虎虎的过程，而是要告诉民众你所代表的机构，做什么，向公众公开什么向国际回答什么。那么这里呢，一你要掌握本领域的进展，要知道国际这类问题的比较，公众的关切，所以呢，我一向赞成发言人的制度要普及，不是出了问题再发言，而是随时发言，不要积累问题。这样对于化解社会的矛盾，解除人民心里的抱怨有很大的好处，特别是请公众监督我们。公务员呢有些人不太适应，他躲着记者，为什么呢？他没有训练，他不知道应该如何对待记者。一方面你有责任向记者提供信息，这是好事，另一方面记者给你传播了，但是你又被监督。这两个身份有的人感觉为难，所以老跑，老躲开。我想不行，要培训。我在的时候，也是七八年前十几年前开始的，一个省一个省地培训，不停地培训，因为新闻的进步，新闻的环境在变，所以我们的培训是不停的。

阮：我们很多各级政府官员，尤其涉外的，最怕的就是应付外国记者。从您这十几年的经验来看，现在的外国记者跟您当初接触的外国记者有什么不同？

赵：现在的外国记者对中国的研究比以前深了。他在提问的时候往往先讲三五句背景，然后他说"我的问题是……"，说明他用功了。他为了提这个问题，他有很多思考，看了很多的信息，他用功了，他提的问题往往比较尖锐。

阮：所以您必须事先要？

赵：我也得用功，我比他还要用功，我要下苦功才行。

阮：我们现在撇开这些不谈。在您看来，浦东开发区是您从筹备一直到开始，从那个时候开始，也就是中国改革开放后期的过程，如果没有后期的非要，我们改革还没那么快。所以从您的眼下，您看到中国改革开放的成果，现在回头一想，您心里的感受是？

赵：心里感觉很有历史感，很有冲动。因为浦东开发是 1990 年宣布的，那时候中国的处境不太好，所谓国际上，包围和制裁。邓小平先生说开发浦东，向世界表达中国改革开放的道路不变，在这种背景下要向世界表明。浦东开发区，我们做了很多国际上的这种宣讲。浦东在哪里，人家不知道，我们得说清楚，浦东是上海的一部分。开发浦东的目的是振兴上海，振兴上海的目的呢，是为全国服务。因为国际对话，往往分两种：政治对话，是首都来进行的；经济对话，是两个国家之间重要的经济城市来进行的。中国在当时，缺少这样的城市。有一个香港，最初还没回归呢，回归之后呢，它是"一国两制"下的香港，那么内地是不是还得要有几个候选人。那当然很多了，比如说上海、北京、天津、广州都是候选人，但是比较快的，比较眼前的，上海的资格当时比较成熟一些，但是它不够强，所以开发浦东是振兴上海，振兴上海是为全国服务，增加一个国际经济对话的城市。所谓经济对话就是信息的对话，资金流的对话，物流的对话，技术的对话，资本的对话。是这样，所以当时开发浦东，在这种背景下，就进展很快。小平同志，中央同志直接指挥，上海市委花了很大力量，所以您看，隔江一望那儿原来是一片黄土，现在都起来了。

阮：我们再往前看，您在开始的时候，您是研究核物理工程的。在您 41 岁的时候，您当选我们中国改革开放以来第一批高级工程师。如果照以前的规矩来看，您没有换跑道，一直遵循科研的路线，迟早也是国家工程院的院士。

赵：那不是，做得不错就是了，到不了那么高。

阮：后来怎么转跑道了，是谁在突然之间，请您从这个科研的路子转入政途？

赵：这个问题在 80 年代就有人问我，因为我是 1984 年由技术岗位转入公务员岗位的。我的回答呢，的确是时代的呼唤，因为当时是"文革"之后老同志都出来工作，工作到 80 年代初他们年纪实在太大了，实在是需要有人接班了。从哪儿去找接班人，当时提得很清楚，新的接班人队伍，应该叫革命化、年轻化、专业化、知识化，那么专业化、知识化，自然是从优秀知识分子中产生，小平说知识分子是一部分。在这种背景下，我们就被选中了，因为当时我有研究所的经历，还有在工厂当工程师和当厂长的经历，大概认为这个人接触面还可以吧，所以就把我选中了，很快就转变了，所以我说是时代的呼唤，但是我到哪一行，变来变去，都是一个外行人转变来的，真要努力变成内行还得花点力量的。

阮：是，可是两个不同的概念，一个是管人，另一个完全是科技的领域，您面对新工作，那个时候的心情怎么样？

赵：您问了一个非常重要的问题。原来我是学物理的，我们的研究对象简单地说是物质的结构——原子、中子、质子、原子核，物质的运动。大的来说，一个导弹飞出去，一个卫星围着转，小的来说一个中子打到原子上去了，叫作相互作用。那么现在面对的是人，物质你怎么做实验，怎么做它对你没有成见，它不会说，明天不理我了。但是人，你做不好，你怎么回事，为什么这么对我，非常复杂，所以人的思想，人群的这种思维，我很生疏、很生疏，所以当时老同志有些指导，我也谦虚地多交流，这个转换也花了好几年。当时老同志说，你要经过几个转换：一个你原来是专才，你不是研究物理嘛，现在是通才；一个你微观物质观察那么细，现在你得宏观看社会；另外你负的责任原来是局部，现在是全局，整个浦东至少是全局。三个转变我很注意，一定要完成三个转变，这就是历史。

阮：当初这个在过程当中，有没有一个特殊的老前辈提拔您？

赵：我觉得应该说是有的。当时呢，我在上海市呢，是第一批高级工程师，因为"文革"那时候不提拔工程师，所以是第一批，又是上海市连续两年的劳动模范。作为青年知识分子好像领导注意到了，十二大的代表，所以上海几位老同志，都很了解我，所以可以说是一个，他们集体的一个见解，就是让我入选后备干部。很短的后备期后我就上来工作了。这些老同志对我有很多期望，多数人也过世了。

阮：我记得我跟您认识是经由汪道涵老先生推荐的。

赵：他是其中之一了。

阮：他也是？

赵：他是其中之一。

阮：您在回忆当中，他的指导有什么特殊？

赵：很有意思的，我最初不知道他是学什么的，他让我猜，我说您是学物理的，他问为什么，我说您说的话当中有物理词汇，这样好像一见如故的样子。他有几点指导，一个是读书，他读书很有名。他问我读什么书，说完了他说很好，他说我告诉你一个选书的方法，当时有一个杂志叫《世界图书》，里面都是一些新出的书的书评和摘要，他说你看这个呢，比读一本书要快，摘要中必有最新观点，你半小时就读完了，需要就去找那本书，这是其一。再一个他经常给我提一些问题，让我回答。比如说现在你认为国内什么问题、国际什么问题最重要，思考题，都有点哲理，我回答完之后，如果他觉得不完整或者不对，他就会立刻指出。

阮：那手把手地教了？

赵：可以这么说，是父辈，因为他跟我父亲的年龄一样。不止他一位，还有几位老同志呢。

阮：您从这个上海市的经历还有您在国新办的经历，接触过无数个外国的政要，有没有让您觉得特别钦佩的人？

赵：这些领袖人物中可能有很多令我钦佩的，比如说这个法国总统，原来是巴黎市长，他叫希拉克。

阮：希拉克。

赵：希拉克，他是这样说的，中国长城是历史，浦东也是历史，大运河是历史，上海也是历史，这样一种历史感。他是个大人物，记者照相了，那时候还不流行数字照相机呢，正好胶卷是最后一张，他说我重说你再照再重新录像，很平易近人。在浦东也说，他说在中国的浦东，这里是东方太阳升起的地方。你看现在我还记得。那时时间很紧啊，我说你坐上车，我带你浦东转一转。那是开发初期呢，那是 1994 年，我说这是一个中学，非常好的中学。他说都有什么课，我说什么课都有，就是缺法文课。他立刻跟大使说，派两个法文教师来，果然派来了，那时开法文课（的中学）很少。

阮：说到做到。

赵：说到做到。叶利钦他也问开发细节等等，他说你们的这个政策是英明的，计划是周密的，办法是聪明的。我说为什么说我办法聪明呢，他说你一开始外国投资两年免税、三年半税，到第六年你全收了，你这不很聪明吗？

阮：您在担任国新办主任的过程当中，我知道您有一个很大的愿望，就是促成对外宣传，尤其对美国的宣传。在这个方面，您觉得回头一看，您做的，现在有没有已经加强了或者解决了您当初的困难？

赵：当时我们用"对外宣传"这个词很普遍，后来我觉得呢，propaganda，不管哪本字典，都注上了这是一个负面词，有点强词夺理的意思。那么我觉得我们是善意地表达中国，所以我就改成"向世界说明中国"，说明中国的历史和今天，说明中国的国情和政策，解疑释惑，所以后来就用"向世界说明中国"，逐渐地来代替"对外宣传"，这个还是好的。美国《领袖》杂志来访问我，做的标题就是"向世界说明中国"，讲我的故事。那么"向世界说明中国"谁来说，当然政府要说，媒体要说。那么民间说不说？要说。民间凡是与外国有机会接触的群众团体、社会组织，以及一些人物，他们有机会接触，他们讲自己的故事，生动，能够说明一个生动的中国，人家容易听懂。那么发言人是很重要的，政府发言人和机构发言人，我们那个时候不太普及，外交部是很好的，其他地方不太多。后来我想这个要做一个普及的教育，我们一个省一个省地接着办，办发言人培训班。我们去讲课，也请一些大学的老师，比方说清华大学、人民大学、北京大学，去讲课，讲怎么来表达中国，效果也不错。这个新闻方面，您是做新闻的，如果是新闻学，更多的是思考和实践，绝不是我碰到一件事情想方法论，不是，自然是个综合的，所以在这方面下了很大的功夫。如何把发布会变成对人民的政策的透明，让人民理解政策，从而支持政府，了解我们的实践，从而监督政府，请公务员的各位要做两件事，一主动沟通，二敞开胸怀，接受监督，这个还是不容易。

阮：您觉得这些记者，外国记者，美国记者，应付起来困难吗？

赵：美国记者还是比较刁的，但是我想呢，有一条，他说的问题，首先事实如何，我先做个判断。然后我要讲明他的事实是否对，他不见得全错，但他的结论却可能错了。为什么呢，他以局部代替全局，有这种可能性。可以说呢应对时一定要事实清楚，逻辑清晰，同时我要尊重对方。我听他说，您是不是有一点有理的地方，有理的地方我承认，因为我不是说我们绝无缺点，是我们有缺点我要退一步，你说得很对，但是你看得是不是很片面呢，我再告诉你点别的事实。是这样的，虽然很简单的对话，但您看这次发布会，您刚才说了，真正有效的时间是八十多分钟，约二十个题目，提问题翻译、回答问题翻译英文要比中文长，所以每个回答呢，我字斟句酌，我脑子里要很清楚，我要把这个逻辑展开，我希望他能接受我的一部分，我不指望他能全部接受，只要部分共识，我已经觉得成功了，我绝不指望一个发布会能解决什么大量的问题，不是，但至少小问题能够解决。

阮：好，谢谢部长。

风高浪急，"吴越"如何同舟？

（2012 年 7 月 3 日在东京接受《朝日新闻》记者若宫启文采访）

若宫启文（以下简称若宫）：非常感谢您在百忙之中接受采访。刚刚结束了这个论坛（言论 IPO 论坛），两位就是我们都说的论坛的中心人物。在中日恢复邦交四十周年之际，好像我们所面临的风波也是比较大的，赵先生还说了希望"吴越同舟"。那么，我请两位和我一起分析一下目前的这种状态以及怎样来克服这种状态。关键是怎样会有建设性的成果？两位之间也会有不同的见解，我希望能坦率地讨论。

四十年前那个时候是我做新闻记者的第三年，是通过电视了解到了当时情况的，而且是非常感动的。请您回顾一下，那个时候您在哪里，是什么样的立场？

赵：1972 年，我在北京工作。当时，基辛格和尼克松已经到北京来了，是个很轰动的事情，我就感觉日本是落后了。但日本追得很快，正式的建交比美国还提前了，我很惊奇！日本也敢超越美国走在前面吗？

若宫：那我就想问一下宫本先生，是不是已经在外务省工作了？

宫本雄二（前日本驻华大使，以下简称宫本）：我是 1969 年进入外务省的，尼克松在中国访问的时候我正在台湾学习汉语。田中访问的时候我就在美国，而且美国只有少量的报道。到底出现了什么事情呢，我并不太清楚。1973 年回到日本在外务省工作，就面对中国了。在这样的历史变化当中，在日本国内，在自民党里面，也有各种各样的争论，就是做日中友好条约本身也是非常辛苦的工作。1992年也实现了天皇访华，虽然一直还有一些复杂问题存在，如靖国神社的问题，但是我感觉过去一段时间内两国还是处于比较好的状态。

若宫：可是现在民意调查的结果呢，从对对方的好感度来看，双方都出现了最低的数字。四十应该是不惑的，但是好像四十倒"大惑"了似的。那我就想再讨论一下，尖阁列岛或钓鱼岛，两国之间有了这样严重的问题，以及大量的误解。但这并不是单独的领土问题，它有各种各样的变化背景。比如说，中国经济的高速发展，还有军事方面的动向，还有一些历史问题还没有得到解决等，所以使这个热点更加复杂化了。那么，站在四十年的这一时刻，您怎样看待这些问题呢，请宫本先生回答一下吧！

宫本：1972 年的《日中联合声明》是非常大的、非常积极的事情，必须重视这个出发点。今天日中分歧越来越加深，民意调查的结果也越来越不好。四十周年这个时候出现这样的民意调查结果，最大的原因是，世界现在也发生了很大的变化。在这种情况之下，中国也发生了变化，日本也发生了变化，现在 GDP 中国已经超过了日本，当然也就很大地影响了日本对中国的看法，这是一个客观的事实。所以问题是，面对日中两国之间位置发生的一些变化，出现的各种各样的问题，双方从各自的立场出发，就是最大的背景吧！

赵：1972 年中日建交的时候我并没有在政界。那么以后呢我有幸跟二阶堂进先生[1]见过三次面，他向我追述过一些在中日双方都没有发表过的跟钓鱼岛有关的内容。当时在谈判中日恢复邦交的过程当中，田中角荣先生说一定要谈钓鱼岛的事情，如果不谈，他回到日本对国民没有办法交代。周恩来总理说，如果要谈钓鱼岛，我们这次就完不成恢复邦交的任务，并且拖到什么时候也是不知道的，这个问题可以放一放，我们先完成主要的任务。田中角荣先生同意了。那么这个谈话，参加的人还有大平正芳先生。二阶堂先生特别解释说，当时这件事很敏感，田中首相没让日本外务省参加，是个内部的小范围的谈话，日本方面的翻译没有参加。二阶堂先生跟我说话的时候上海市的总领事也在场，他对总领事说，你不知道此事，外务省的记录里也是没有的。

宫本：田中提的有关这个尖阁列岛的问题，周总理说这次不谈这个问题，这件事，实际上外务省也有当天的这个会谈记录。

赵：那好，一致了就非常好。

宫本：那么田中呢？继续谈下去了，也就是同意的意思。

赵：但是事实上是这样做的，就是把这个问题放在一边了，集中精力把恢复邦交的协议谈成了。也就是说我们上一代人，上一代政治家完成了中日邦交正常化，而没有被钓鱼岛或尖阁列岛绊住。我们回顾历史，他们的勇气、智慧和担当是值得我们记住和钦佩的。今天就好像有根绳子把我们拴在这个岛上了，于是中日关系不能随着世界的潮流前进。日本和其他国家的关系都在前进，最后只有中日关系不前进，这不是一件很令人遗憾的事情吗？

解决钓鱼岛或尖阁列岛的办法在于我们的耐心和长远的智慧，一定是在沟通中逐步解决的。如果不加沟通，而采取一种强力的做法，那是有害无益的。中国民间包括大陆和香港，都有志愿者要登钓鱼岛，中国的政府是采取劝告和阻止的态度，而日本的一些政治家要亲自去登岛，双方的态度是很不相同的！

宫本：刚才赵启正主任呢已经谈及了有关解决的方法，就现状呢我就想再谈一下。我听田中角荣、周总理也是为了把问题留给将来的人去解决这个事情，目前是个搁置的状态。日本政府呢一贯主张领土问题是不存在的，也就是不承认搁置这个事情本身。我四十年来一直在外务省，而且二十年来一直从事跟中国有关的工作，实际上我们工作当中很多时间都遇到尖阁列岛这个领土问题，实际上这个问题是存在的。但是对这个问题怎样解决比较合适呢？邓小平先生说这是将来的问题，当时不强调这个问题。但是最近这个问题越来越突出，好像双方都有责任，最近中国的渔船撞了海上保安厅的船只，然后这个船长被拘留逮捕。好多日本人认为这个船长好像在中国成为了英雄，许多日本人认为这个船长并不是个人行为，甚至他背后有其他的事情，这个事情您是怎样看待的呢？

赵：日本的新闻说他撞日本船，我就很不明白，他为什么要用一个小船去撞日本保安厅的大船？但是我一定相信，这个船长并没有很高的教育程度，他不懂国际问题，也不懂对日的敏感性。中国官员如果布置他让他去撞一个船，这也足以表现这个官员的愚蠢，没有这样的事情。但是他被日本政府逮捕之后，中国政府永远是他的后台，中国政府必须和日本进行紧急的和坚决的交涉。这并不仅仅是逮捕了那个船长的问题，而且（日方）声明要按日本国内法来处理，那就是不容商量地认为那是日本的领土。中国政府和中国人是敏感的，怎么能按日本国内法去处理？涉及渔船的冲突，以前也发生过，日本政府也从来没做过这样的处理。

宫本：在 90 年代初的时候，我们的基本立场是维持现状，和中国外交当局好像有默契似的，但是 90 年代的后半时期开始呢，有几次危及现状的挑战了，好像两边出现了对这样维持现状的挑战了。有些人士就要在那里弄什么灯塔，有这样的行动，我们也是阻止的，日本的外务省和中国的外交部，也都做过努力去维持现状，但是它们往往被批评为态度柔软。

若宫：从我们日方来看，战后一段，这个岛屿首先是到了美国那里去了，然后又恢复了日本的主权。中国的周总理说了不能让步，从中方来看呢，这个岛屿就是自己的领土，这是绝对不可能改变的一个主张吗？

赵：我看是这样的。中国专家都有历史的细节和证据，其实完全可以让双方专家公开讨论，我觉得这是一个比较诚恳的、面对实际的态度。

若宫：《朝日新闻》会参加这个讨论的，那时会影响比较好吧。

赵：那样的话你们的报纸会卖得很多。（众笑）

若宫：也许日本有人会寄子弹给《朝日新闻》的！

另外据说，周总理也对田中首相说过如果有石油的话可以共同开发。

赵：邓小平同志提出过搁置争议、共同开发，是和平解决领土争端的一个新的思路。1978 年 10 月，邓小平作为副总理访问日本，在同日本首相福田赳夫会谈和平友好条约的时候，也约定不涉及钓鱼岛问题，所以也谈成了这个友好条约。1979年5月，邓小平会见来访的自民党议员铃木善幸时表示，可以在不涉及主权的情况下，共同开发钓鱼岛附近的资源。同年6月，通过外交途径向日方提出共同开发钓鱼岛的设想，首次表明以搁置争议共同开发的方式解决领土争端和海洋权益的立场。邓小平对中日关系是最为重视的，从1977年到卸去领导职务的1990年，14年间他总共会见日本政要和民间的朋友97次，2次访日，6次为中日友好题词。

宫本：日本方面现在感觉中国海军的力量也加强了，还有地下资源勘探的问题也出现了。有了军事上的需要，还有资源上的需要，所以就出现了很多中国调查船。在日本国内，也就是东京都石原知事说国家太软弱，他要买岛，他接到了很多募捐，中国方面对这反应很强烈。

赵：石原慎太郎是很会表演的，很会制作节目，像电视剧一样，一集一集地演下去，这是他演出的节目之一，下集还有什么？不知道。

若宫：驻中国的丹羽大使，说出了如果真是这样买岛的话对日中关系有不利影响这个话。日本政府就对他说了："要注意了！"那么宫本先生您作为前任大使，有些话可能不好说，他说的是非常诚实的话，但是作为大使谈这些好像不太合适。

宫本：这个还真是很难说明的问题。作为新任的大使，会感觉到各种各样的问题。自己的发言，对于国内外会产生什么样的影响，应该要有所考虑。他在中国平时会听到各种各样的事情，他说这个话我也比较同情。作为大使还是要慎重。

赵：丹羽大使，我知道，这个话绝不是他一个人这样想的，日本的精英人士当中，或知识分子当中，或者是外交界，也有人有类似的想法。虽然丹羽大使不是像宫本大使这样资深的、专业的外交家，但是他和中国经济的往来，功底是很深厚的，资格是很老的，也得承认他对中日关系有深刻的了解。他说这个话，也是站在日本的立场上，维护日本的利益。

他并不会为某件事讨好中国的舆论，他是很成熟的人。

宫本：我刚才讲了，我这二十年一直从事有关中国的工作，而且是我们把好多时间花在尖阁列岛的问题处理上。所以这个问题是应该讨论的，也就是说互相承认领土问题的存在，希望日本的国民也要认识到这个事情。

从日本方面来看，好像中国已经超过了日本，好像心理上有些受到了冲击压力。不仅仅是这个问题，又比如说中国方面停止稀土的出口，原来日本没有想到过会有这种措施。那么当然了，并不是中方单方面的问题，日本政府方面采取的部分措施也有不妥当之处。总的来说，好像中国方面对稀土采取的措施也不一定是非常妥当的，有可能赵主任对这方面有所了解？

赵：我既不是外贸界也不是稀土界的人士，但是我知道原来世界和中国自己都认为中国的稀土储备非常丰富，现在知道并非如此，但是却一直负担了全世界90％以上的稀土供应。这样下去会有两个问题：第一，中国应当给自己留一点资源储备。第二，现在开采不得法，方法不够先进，污染非常厉害，土地资源也破坏很多。那么刚好是在中日发生这些问题的时候宣布的，倒不能确认这是只对日本的，对其他国家也是一样的。我觉得还是可以继续对话，它不是像领土主权那样艰巨的问题。

中国GDP超过日本，在贵国好像是一个很大的问题。中国GDP超过日本的时候，中国的报纸、中国的政府、中国的知识界并没有特别兴奋，因为我们非常明白，中国跟日本相比差距还很大。不仅人均GDP排在全世界90名左右，而且日本是用高科技换来的，中国是加班流汗换来的。iPad、iPhone是中国做的，美国人设计的。全球前100个名牌，日本有很多个，中国却一个也没有。中国的经济结构也远远不如日本合理，中国的科学技术发展在大多数方面也不如日本。中国并没有拿日本作为一个目标，而是要在本世纪中期先达到中等国家的发展水平。

若宫：宫本先生，您刚才听了赵主任的话，有什么感想吗？

宫本：我感觉中国越来越发达，但也面临各种各样的问题，而且并非对日本产生威胁。我回到日本却感到媒体充满着这方面的报道。我再回到中国，又感到好像不是这样的。这是实际情况。日本说，他们所感觉到的威胁是人民解放军，比如说中国军舰经过日本冲绳的海域啊，也需要在太平洋进行演习啊。为什么在太平洋上演习，为什么要这样做呢？它到底意味着什么呢？由日本的新闻也光听到这些消息，也就是说希望能够听到中国的说明，如果能做说明，我们也会放心了。

若宫：今后要解决这个问题好像更不容易了，尖阁列岛问题好像已经进入更加危险的水位了。在日本国内也有意见，认为政府在这件事情上是软弱的，应该要采取强硬的态度；中国方面也有这种类似的舆论。所以，如果一方面采取措施的话，对方就有可能还要采取进一步的对抗措施，我认为为了防止这样的事情，大家应该还要拿出智慧。所以我很赞同这次这个论坛对此问题的相关讨论。

赵：政府领袖对于民众过激的民族主义态度是有所制约呢，还是为了争取民意，进一步激发民意呢？这是对政府的考验。

宫本：领土问题，还可能涉及历史问题，这样问题就越来越复杂了。石原是不承认日本过去对中国有过侵略这样的立场的人，这样的人说了要买尖阁列岛，所以从中方来看，不是其他的人，而是石原说了这样的话，就更容易联系到他过去讲过的历史问题的发言，反应会更加强烈，这一来就不一定是单纯的领土问题了。所以日本方面也要注意，这次的论坛当中我们也讨论了有关民族主义，还有迎合主义，还有我们双边都应该注意到这样的势力的抬头。名古屋的市长河村说过那样的话之后，领土问题好像是越来越复杂化了。

若宫： 9 月 30 日真正的四十周年将要来临，我们也应该考虑积极的话题，在这四十年当中，贸易量增加到了 300 倍以上，人员往来也是 500 倍了。可是交流多了出现的问题也多了。两位是怎样考虑的呢？

宫本： 我们一定要看到大的脉络，日本和中国确实现在有很大的共同利益，庞大的共同利益。以个别的问题对整个的问题产生影响，这一做法本身是错误的。所以今后的外交要考虑的是不要以个别的问题影响全局，民意调查也显示，80% 以上的人认为日中关系是非常重要的。这四十年当中，日中关系确实得到了长足的发展，地方政府和地方政府之间的交流这十年也得到了很大的发展，也是支撑着日中关系的。

赵： 中日关系虽然目前很困难，也许还要延迟很长时间，但是我们都承认，中国和日本都是伟大的民族，也是很善于思考、很有智慧的，不会在目前这个问题上纠缠不清而停止前进。毛泽东和邓小平两位都说过日本是伟大的民族，至于周恩来，他在日本留学过，对日本更了解。现在日本有大量的中国留学生，在中国也有大量的日本留学生，这些人都会成为知华派和知日派，他们的作用不可低估。中日关系的发展虽然有困难，有很大的困难，但是最终还是会前进的，还是会达到一个改善了的新的水平。

宫本： 世界上作为邻国，真正关系好的国家也不多。日本人有一句话，如果做好朋友的话，应该是彻底的好朋友，真正的朋友可以吵架，吵架也是朋友。最近我就听到了，法国人和德国人他们现在也互相骂对方，但是在重要的场合上他们合作得非常好，也不是谁要领导整个欧洲，也就是他们就像车的两根履带。所以将来的日中关系就像是这样，有时候也会互相吵架，但是为了大的方向就要合作，这是比较现实的应有的日中关系。要做好朋友的话所有的事情都要全部好，世界上也没有这样的两个国家。

赵： 求大同存小异是对的，不要求小同存大异，不要大小事情本末倒置，因小事吵架会耽误大事。吵架是耽误事的。中国古代有一个故事，有一只大雁从天上飞过去，两位猎手争论起来了：如果这个大雁射下来，怎么吃？一位说红烧啊，另一位说清炖啊，争吵不停，大雁已经飞走了。大雁飞来了就是机会来了，中日争吵，共同的机会稍纵即逝，就让给别的国家了，或者别的国家也没得到，中日韩自贸区谈不成就是一个例子。

宫本：过了四十年，国际的大环境确实是发生了很大的变化。过去有苏联存在，能使美国和中国靠近了，结果日本和中国也就实现了邦交正常化。现在我们回顾田中首相啊、周总理啊，知道这些历史的人也不多了，现在日本的大臣是1961年出生的、1972年出生的也已做了大臣的时代了。但是有时候我们比较担心的是中国方面可能要重犯日本以前犯过的某些错误，像战后的日本在取得经济疯长的时候呢，也出现了公害问题，或力量强了则民族主义也上升了等。日本确实有了这方面各种各样的经验教训，我们日中双方都要注意这个事情，就是向历史学习。

赵：民族主义是普遍存在的，美国人欧洲人也是一样，WASP（White Anglo-Saxon Protestant，盎格鲁-撒克逊系的白人新教徒）他们瞧不起少数民族，但是在中国、日本没有这个问题，这就是我们的优点。但是中国电视台和日本电视台一样，有的时候让外国人做广告，我特别不喜欢。中国和日本的产品，让一个外国人来做广告，我这也是另一种民族主义吧，是自卑心理吧！

若宫：今天的采访是一场深入的讨论了，收益良多。十分感谢！

注释

[1] 二阶堂进（1909年10月16日—2000年2月3日），日本政治家，曾在田中角荣内阁担任官房长官，并于1972年陪同田中角荣及外相大平正芳访问过中国。此后，二阶堂进也多次访问中国。曾于1991年获得联合国和平奖。

请到中国列车上来

(2013 年 6 月 13 日接受新华社记者采访)

新华社记者（以下简称记者）：今年二季度，中国 GDP 超过日本跃升世界第二后，国际上关于中国已不是发展中国家的声音甚嚣尘上，您对此有何看法？

赵：中国的 GDP 增长是中国经济发展的自然结果，但我们要冷静看待这种增长。中国人口众多，从人均水平来看，中国的人均 GDP 水平目前仅相当于安哥拉、突尼斯等国的水平；从经济结构看，中国的经济结构远未达到发达国家水平，投入产出比相对较低；从科技对经济的贡献率来看，日本主要依靠高技术、高附加值推动经济发展，而中国在很大程度上还是靠劳动力密集型产业的粗放型经济增长模式，高新技术对经济的贡献率不足。通俗点说，我们挣的是"辛苦钱"，日本挣的钱是"智力钱"。

记者：中国和日本这样的发达国家，差距还体现在哪些方面？

赵：从国民素质和受教育程度看，日本成年人或为本科或高中学历，而中国的国民平均受教育年限还不高。从长远看，中国的发展潜力要寄托在国民整体素质的提高上，那么还需要很长时间。到本世纪中叶，中国的人均国内生产总值才有望达到中等发达国家水平。

此外，中国的 GDP 增长也与人民币升值有关。这样在折合成美元进行比较时，GDP 也会增高。

记者：一些西方国家对中国总有各种各样的论调，从最初的"中国崩溃论"到后来的"中国威胁论"，再到现在的"中国责任论"，为什么会出现这些论调？

赵：西方关于中国的几种论调不是一种取代另一种，而是并存的，只是在某个阶段会出现一种声调比较高的论调。造成这些论调此起彼伏的原因，既包括意识形态的隔阂，也包括经济利益的冲突，还有外国传媒的商业利益。

我愿意把中国比作一辆疾驶的列车，"中国列车"不仅很长——有 30 多个省区市的车厢，而且乘客很多——56 个民族 13 亿人。站在路边，甚至站在万里之外观察列车，是看不清楚的，遑论较准确地评论。

事实上，即使身在中国列车上考察中国也非易事，面对中国 30 多个省级行政区发展的不平衡、13 亿人口的贫富不均、各地区地缘文化的差异，要想认识到中国的本质并不容易。然而，一些人只是远远地举着望远镜，或者戴着有色眼镜观察这列火车，还有人甚至只听到火车的声音，就对中国说三道四。不论西方对中国的观察是否准确、是否客观，中国列车还是在呼啸前进，这就证明了中国文化的力量、中国人民的力量和中国制度的力量。

记者：那么面对这些声音，中国该如何应对？

赵：首先，中国应该坚持走自己认为正确的道路。中国道路的目标是建立一个和谐的、共同富裕的社会，这是方向。为了实现这个目标，已经证明的正确方法只有"摸着石头过河"，也即需要将谨慎与大胆相结合。如果只有谨慎，就不敢前进；如果只有大胆，就是盲动。

其次，中国要主动改善国际舆论环境，增强中国在国际社会的话语影响力，在国际舆论中增加对中国评价的正面因素。开展公共外交是一个重要途径。公共外交是指政府外交以外的各种形式的、面对外国公众表达本国国情的、意在提高外国公众对本国的认知度的国际交流。良好的公共外交可以间接促进外国政府改进对本国的政策。

全国政协正在举行的"21世纪论坛"就是一个重要的公共外交舞台，与会者有来自中国各界的精英，他们能够代表中国的主流民意，能够向外界说明一个真实的中国；论坛也吸引了多位外国政要和知名专家学者参加，我们很愿意倾听他们对当前世界的形势和中国作用的期望的分析，这有助于我国和国际社会的相互理解。我想对外国朋友说，在列车下观察中国是看不清中国的，请上车来看！尤其是拜托对中国有研究兴趣的专家学者和媒体记者，取下"望远镜"，摘掉"有色眼镜"，亲自到列车上来感受中国。我相信，中国列车的轨道是和平发展的轨道，中国在建设和谐社会的过程中也必对世界的和谐有所贡献。

记者：中国的发展令世界瞩目，国外有人将中国的发展道路归结为不同版本的"中国模式"，您对此怎么看？

赵：现在全世界的媒体都在评议"中国模式"，"中国模式"到底是指什么？说法有数种之多，定义也相当不一致，甚至有的带有明显的意识形态倾向。这个词原本不是中国人提出的，那么，你在谈"中国模式"的时候，是在谈哪个定义的"中国模式"呢？如果是指三十多年来或六十年来，特别是三十多年来我们改革开放的理念、思想、实践和实践结果，也包括发展中出现的问题的总括，那我认为叫作"中国案例"也许更准确，不容易有歧义。

实际上，"中国模式"或"中国案例"是处于"现在进行时"，还在发展中，有很长的路要走。国际形势在变化，中国国内形势也在变化，中国在发展道路上必然也要有新的改革和新的实践，因此并不存在固化的、不变的模式。

中国有许多需要继续改革的问题，诸如东西发展不平衡，南北发展不平衡，贫富不均，教育体制、医疗体制、社会保障不够全面和公正，腐败现象的存在等。中国政府与人民已经看到这些挑战，但应对这些挑战既需要勇气，也需要时间。要解决这些问题，我们只有并行的两条路：一是学习，一是创新。

记者：一些国家担心中国输出自己的发展模式，您怎么看？

赵："模式"一词确有示范或样本的含义，但是我们绝没有推广"中国模式"的打算。至于有的发展中国家参考了中国的某些做法，就像中国参考外国的某些做法一样，在经济全球化的时代也是再自然不过的了，但不是照搬。学习任何国家的做法都要结合本国国情。

记者：人们把中国的发展看成是一个圆梦的过程，那么"中国梦"究竟是什么？

赵：一个国家的梦必须由全体民众的梦组成，脱离了多数民众的梦，国家的梦就成了空中楼阁，必然是不能实现的梦。20 世纪前 50 年，中国人的梦就是推翻"三座大山"，建立新中国。1949 年新中国成立后，中国在国际地位、政治地位上与其他国家是平等的，但由于在科学、技术、经济上的落后，中国仍然是一个相对贫穷的国家，这时候的"中国梦"是尽快实现现代化，使人民的生活得到改善。今天，"中国梦"可以被描述得更加具体，就是要在本世纪中叶实现社会的全面小康，同时要力所能及地承担应尽的国际义务。

记者："中国梦"引领着我们走到了世界舞台的中心，中国应如何向世界说明自己？

赵：我借用一位研究中国的外国学者的比喻来回答。这位学者把世界比作一个大社区，中国原来住在郊区，人们并没有太关注它。突然间，发现中国进入了社区的中心地带，不仅如此，中国这个新邻居还逐渐提高了生活水平，于是这个街区里的邻居就会有种种猜疑，种种流言就会四处流传。在这种情况下，中国作为一个新来的邻居，就应该敞开大门，邀请周边的邻居来参观，通过和邻居的对话，也许能够帮助这些邻居更好地了解中国。

的确，中国走到世界舞台中心之后，应当向世界说明我们将在家里做什么，将对周围环境做什么。1978 年以前，中国政府的各部门和地方政府没有经常性的新闻发布，现在已经进行了改革。以往我们不太愿意讲故事，或者是讲不好故事；现在我们也开始经常讲故事了，并且要讲真实的故事，人家听得明白的故事。

中蒙合作应该是多面的

（2013 年 12 月 24 日在乌兰巴托答记者问）

此次采访是在赵启正率中国代表团访问蒙古国时，在蒙古科学院，以题为《中国的新一轮经济起飞》的演说介绍中共十八届四中全会情况后的答问。在现场的蒙古国媒体有蒙古国国家电视台、乌兰巴托电视台、《今日报》、《日报》、《世纪新闻报》等。

主持人：赵启正先生刚才介绍了中国开始的新一轮全面和深化的改革。赵启正先生说提问题没有什么限制，现在请大家提问。

记者：您认为今后蒙中的经济合作在哪些领域会有新的发展？

赵：我想在公共基础设施建设方面，如铁路和高速公路，可能有新的发展机会，那种合作是更高级的合作，也是更深入的合作。也可以指望，在服务贸易上有新的发展。在服务贸易中，双方互相吸收的不仅是资金，而且包括技术服务、管理服务，这也是很重要的深入的合作。

记者：刚才您介绍中国 GDP 大概占世界的 10%，但是中国对外投资才占全球直接投资的 3%，以后是要进一步地增加对外投资，您能不能介绍一下具体是如何增加，想投资在哪些领域？

赵：中国对外投资的动力有国家方面和企业自身两种。国家方面，是外汇储备充分，有 3.6 万亿美元，必须要多样地、灵活地使用，能够支持国有和民间企业对外投资所需的外汇。其次，中国的产业结构过度地依靠国外市场，有些行业有过度的产能，如光伏发电、风电等等，它们希望向国外转移。企业对外投资的出发点是多种多样的：劳动附加值小的企业为了降低土地和劳动成本，它们会到成本相对低的国家去；有些企业是为了利用国际销售渠道而和外国企业兼并，在兼并过程中可以获得技术专利。可以说，只要是外国希望的某一种投资，而中国又能做到的，那就没有问题，符合双方利益就能进行。

记者：您刚才也说了要加强对外合作的质量，您可否比较一下西方对蒙古的投资和中国对蒙古的投资还有什么差别，如何继续提升双方经济合作的质量？

赵：经济合作的质量可以有几个角度去看：第一是否双方都获得合理的利润；第二是否符合当地公众的利益，比如就业人数的多少，对环境保护的承担和必要的社会责任。我们不如西方的地方，主要在高科技方面。中国的科技水平只是中等的，比如说手机、计算机，中国做中等产品还是没有问题的，但是高级产品的发源地还是在美国和欧洲。但是在基础设施方面中国处于国际先进水平，比如说修铁路、公路、桥梁，这些方面因为我们一直没有停止运行，所以设计和施工队伍一直处在运行当中，就好像奥林匹克运动员一样，每天都在热身中，所以他们的施工水平和速度是国际先进的。

记者：中国提出一个丝绸之路经济带项目，我们了解到现在路线是从中国一直到欧洲，还有没有其他路线？

赵：中国提出陆上丝绸之路和海上丝绸之路的战略构想，是建立符合沿线国家的需求、促进沿线国家经济优势互补的新平台。陆路可经过中亚、西亚直至欧洲，海路可经东南亚到欧洲乃至非洲。并且可以有支线，就好像树枝一样，干线之外可以有支线，支线的人可以很快地进入这个通道。丝绸之路经济带涉及的总人口是44亿，市场规模和潜力是空前的。这是经济繁荣地区人民友好的一个途径。蒙古是中国近邻，是友好之邦。我们不必等待丝绸之路，只要双方的铁路和高速公路通顺和高效连接就行。

记者：蒙古已有的铁路是俄国标准的。您认为蒙古再修新铁路是应该修俄国标准的，还是修中国标准的？

赵：这得由你们决定。

记者：如果两种都修呢？因为我们的矿产品如果出口到中国以外的地区，就需要由我们的矿区用铁路运到中国的一个海港。

赵：好哇！那么，中俄的一部分货流就可以由你们这儿转运了！也有一大笔收入呢！

记者：中国的钢铁行业是蒙古煤炭的主要客户。因为中国钢铁行业产能过剩，我们的煤炭业会失去中国政府的支持，我们比较担心。

赵：中国的钢铁业虽有所压缩，但是总需求量还是很大的。中国处于城镇化过程中，还有几十年的大量住宅和基础设施建设任务。由贵国购买的原煤只占我们进口量的一小部分，只要价格合理，我们不会舍近求远的，而应该优先由你们这儿购买。你们发展煤制气经管道输送中国也是一个好的出路，我知道双方对此都很有兴趣。

记者：刚才您提到中国要加快城市化的进程，在蒙古也有这个需要。比如，蒙古现在的棚户区也需要改造。在城市规划方面，中国在类似的进程中有没有遇到什么困难，有哪些好的经验？

赵：改造棚户区对政府来说是很艰巨的又是义不容辞的工作，我们改革开放35

年了，一直没有停顿过。我先说资金的来源。市中心区的棚户区地价很高，可以批租给开发商；政府由此得到的土地收入，再加上政府的财政补贴，就可以在城郊建设较原来好得多的新住房补偿给这些家庭。不同的城市动迁的政策会有些不同，要多征求他们的意见，取得尽量多的支持才能实施。对郊区农民要给他们的子女提供好的教育机会，对他们本人要提供就业培训，帮助他们变成城市人。再有城市改造和如何规划的原则方案也是必需的……

一个真实的中国，美国无须畏惧

（2018 年 4 月 10 日在上海公共外交协会接受上海美国问题研究所采访）

采访组：您原来是学核物理的，最开始如何接触到美国？对美国的认知又是怎样的？

赵：中美建交之初，我是一名高级工程师。当时美国是国际上核物理研究最发达的国家，所以我对美国的了解最初就是通过阅读他们的科技文献开始的，了解到美国是个科技强国。中美建交后，我得到了和美国科学技术界交流的机会。我在上海广播器材厂工作期间，研发出了彩色摄像机里面的一个关键器件，即偏转聚焦系统。这个器件此前一直依赖进口，而且只有少数国家能生产卖给我们。虽然我攻克了研发，但却遇到了一个困难：因为性能指标很高，国内还没有一家能够进行品质鉴定的机构。幸而当时中美之间已经可以互相访问，所以在 1981 年，我得以访问了美国无线电（RCA）公司和安培（Ampex）公司。美方对我的产品做了鉴定，证明其已经达到了国际先进水平，甚至还有某些突破——这就是国际交流带来的好处！由原来的文献交流变成科技工作者之间面对面的交流，最后还实现了双方互利共赢：他们的设备弥补了我们的不足，而我们的产品不但能够解决本国自用，还能够出口，因为质量好、价钱便宜，也使美国得到一些好处。所以，我最早是从技术人员的角度，体会到了中美建交对两国科学技术的发展是大有好处的。

采访组：您第一次去美国的时候，看到的美国和想象中的有什么异同？

赵：在中美建交之前，即使是电影、电视上也很少看到美国。我第一次到美国时，看到那里的高速公路、高架桥、超市，还有自助餐厅……当时在中国是都没有的，我们那时到食堂吃饭还要用粮票呢。我感觉到那时两国的差距是很大的。但是对我们也是一种"刺激"，美国能做好，我们也能做好。现在再去美国，我发现他们的高速公路没有我们的那么平整通畅，他们的立交桥没有我们的那么宽大，造型也没我们复杂。中国和美国在基础设施方面的差距已经大幅缩小，甚至我们在高铁等方面还有所超越，但这并不意味着中国的高科技已经全面赶超美国，总体上我们和他们还有差距。

采访组：美国对中国在科技领域的开放、合作态度是否也经历过一些波折？

赵：实际上，在中美建交前后的最初几年，在科技领域美国对中国采取了遏制的政策。例如，在核电方面，中美很长一段时间是没有合作的。改革开放之后，中国与法国、英国、加拿大等国都展开了核电站设计建造等合作，但就是没有美国。美国国会禁止西屋公司等几家大的核电公司与中国合作，但这实际上有损中美两国的利益。

美国国内曾经出现一股反核电倾向，有些地区的居民不赞成在其住所附近建造核电站，因此有些核电公司的设计虽然已经进行了一半，但是不能落实；已经制造了一些设备，但也不能使用。后来，美国发现中国和世界各国都合作，唯独美国无法参与其中，很吃亏，终于转而愿意合作，而且拿出最好的却不能在美国实践的设计方案与中国合作。这就是双赢的合作：中国可以接触到美国的设计，获得了技术上的捷径，并在中国工程师的参与和试验下进行改造；美国则获得了经济效益上的收获，这种合作在美国工业界得到广泛认可。所以，中美就"最惠国待遇"进行磋商时，美国国内凡是和中国有过合作的大公司都举双手赞成。因为中国在享受了"最惠国待遇"后，对美国也大有好处。

采访组： 90年代您曾经担任过上海市委常委、副市长，浦东新区首任党工委书记、管委会主任等职务，被人们亲切地称为"浦东赵"。在浦东开发建设的过程中，是否有些和美国人打交道的有意思的故事？

赵： 这一时期我和美国有大量的接触，并从中体会到美国的复杂性。美国并非全然上下一致，政府、企业和国民对中国的态度也是不一致的。在浦东开发初期，大量的美国人，特别是美国政界领袖、跨国企业总裁来到浦东，我在接触中发现美国人对浦东开发的看法很不一致。

1994年，美国前总统老布什到访浦东，我向他展示浦东规划的模型，拿着激光笔告诉他哪里要建摩天大楼，哪里要建公园。那时的激光笔是个大块头，还没普及，老布什指着它对我说，这个高科技的东西他见过，鲍威尔将军向他汇报海湾战争局势时，也是拿着激光笔指来指去。我说："有重要区别。鲍威尔将军的激光笔指到哪里，哪里就被轰炸了，而我的笔点到哪里，哪里的高楼就建起来了。"老布什点头道："高科技可以用于战争，也可以用于和平。"他非常看好浦东发展的前景，临别前还说："如果我再年轻几岁，我也要来浦东投资。"

采访组： 基辛格也来过浦东很多次，您和他有接触吗？

赵： 基辛格卸任国务卿之后，曾担任过几个跨国公司的中国问题顾问，对中国的改革开放、发展形势和投资环境仍十分关心。他只要来中国，往往要抽空到访上海，我和他经常见面交流。在浦东新区初建期，西方舆论对于浦东乃至中国的发展褒贬不一，但基辛格多次对我说："西方报纸说你们的浦东开发只是一句口号，你们中国只是做个姿态，只是一种政治宣传。但我看了浦东的规划，觉得你们是实际行动，不是空话。"若干年后，基辛格在见我时总要得意地说："你看，我当时说对了吧？中国的改革开放不是一句口号！"

不过，也不是所有大人物的理解都正确。诺贝尔经济学奖获得者弗里德曼是著名的货币学家，他90年代也到上海来过，说浦东就是"波将金村"，意指中国弄虚作假。弗里德曼很有学问，但是他看得懂货币，却看不懂中国，看不懂浦东，看不懂中国改革开放的政策，更难以理解中国特色社会主义。我很想请他回来看一看，可惜他去世了。不过他的传记助手曾说，如果老先生还在世，他会改变当初的判断。

我在上海期间还接触了大量的美国企业家，比如通用汽车、福特汽车公司的高管，他们都非常看好上海的商业市场，事实证明进驻上海也确实给他们带来了商业利益。从某种程度上说，美国的企业家比政治家、国会议员更懂中国。

我始终认为美国是个复杂的国家，对中国的态度是多样的。某一种言论并不能代表美国全部的看法。现在中美之间存在矛盾分歧，但我们要看到美国国内并非铁板一块，我们有机会也需要向美国说明中国，说明中国的改革开放政策，说明新时代中国特色社会主义思想等。

采访组：您长期以来被誉为我国"第一新闻官"，您觉得怎样才能向美国更好地说明中国呢？

赵：我们和美国的交往是多渠道的。除了国家层面的政府外交外，还有城市外交、民间外交，或者说更广泛意义上的公共外交，即政府和公众（包括社会组织、企业、媒体和个人等等）从各自角度，向外国公众（包括公职人员）表达本国国情，说明本国政策，回答关于本国的问题，同时了解对方的国际交流活动。我觉得中美之间的公共外交已经开始进行了并且有足够深度，但还要继续做下去。

采访组：上海在这方面是否起到了比较好的带头作用？

赵：上海是全国第一个成立公共外交协会的城市。上海的开放包容和舒适便捷吸引了大批外国人前来生活工作。每一个和外国人接触的上海居民都有责任展现良好的中国形象。有一次，基辛格告诉我他某天中午躲过了警卫，自己上南京路逛去了。他说看到马路上的人都面带微笑，像佛的微笑，印象太好了。微笑象征着友谊，即使不会英文，也可以发挥公共外交的作用。

采访组：在塑造良好的国家形象方面，我们还能做什么？

赵：任何一个国家的形象，都由几个因素构成。第一，是一个国家的实际国情。大清帝国虽经历了康乾盛世，但终因封建统治阶级的夜郎自大而闭关锁国，走向衰亡。而现在的中国，作为一个社会主义国家，发展蒸蒸日上，我们对自己的形象应充满信心。

第二，是传播媒介。其中，专业媒体的作用非常重要。中国媒体要加强克服文化障碍的本领，增强对外国的了解和对外国观众心态的理解。不仅人要走出去，作品也要走出去。对于外国媒体，我们要帮助他们了解真实的中国，多和他们接触，解疑释惑。我在国务院新闻办任职时，每年的新闻发布会我都有意多给外国媒体发言提问的机会。越是敏感的问题，我越不回避，越得答清楚。因为有些问题涉及他们的利益，所以他们也非常愿意听。对于存在较大误解的问题，我也特别愿意创造机会解释清楚，不会因为被某家媒体骂过就视之为敌。

第三，就是受众。这与教育程度、判断能力、立场角度、年龄阅历紧密相关。不能外媒说中国好就好，说中国坏就坏，我们要有自己的判断。如果受众永远不假思索跟着媒体的话，国家的真实形象就很难得到完整的体现。

所以，政府外交要坚持不懈地维护国家利益，公共外交则要不断地表达一个真实的中国，那我们中国的形象就更接近真实了。

采访组：2005 年，您的著作《中国人眼中的美国和美国人》出版，您提出中美之间相互了解还很不平衡。十多年过去了，您认为这种"不平衡"还存在吗？

赵：中美之间彼此了解仍旧不对称。我们对他们了解更多，而他们对我们了解要少。这并不奇怪，任何一个先进的国家都更容易被人了解、被学习、被重视。而现在愿意了解中国的人也越来越多了，因为中国重要了，中国的产品走遍世界了，中国的政策变化不仅影响中国也影响外国了。也因为中国的发展涉及很多外国人的利益，如果他们利用好了中国的发展机会，就能获得巨大的利益；如果他们不重视中国的发展，就失去了搭乘中国便车的机会。目前是一个让外国人了解中国的好时机，在这种情况下，我们也不应错过机会好好地表达中国。

我们和美国公众交流交往的规模和数字太大了，我相信美国对中国的了解也在与日俱增。我希望我们的出国旅客都能展现文明友好的形象，我们的企业家都能展现诚实精干的素养，大家一起努力加强交往。加强沟通是必要的，减少误会是可能的。

采访组：西方媒体一度热炒"锐实力"一词。您怎么看？

赵：随着中国的发展，美国对中国越来越警惕，"中国威胁论"也不断翻出新花样。我们要清楚地表达中国对美国不是威胁，要拿出更多的事实，讲出更多的道理，表达清楚。我们表达多了，美方吸收 10％也好，20％也好，逐渐能产生影响；不能不表达，不能就认了。

此外，世界不只是一个美国，还有亚洲、拉丁美洲、非洲等等，对这些地区我们都要做工作。我们的工作做好了，美国人也会思考：为什么只有我们跟中国对立呢？为什么非洲和拉丁美洲不和中国对立呢？因此，要孤立"反华派"，就要多培养我们的朋友，这是一项长远的战略考虑，不能急于求成。

采访组：回顾历史，您怎样看待中美关系的未来发展？

赵：中美关系发展到今天是不容易的。像这样两个大国必然有利益冲突，需要通过对话、通过彼此让步，来达到一个共同接受的结果。这个过程是必然的，不必大惊小怪。

我在北京担任国务院新闻办主任的时候，有美国记者问中美关系怎么走。我说，中美关系假如是一辆车的话，我希望美国人不要忘记，驾驶员不只你一个人。这辆车有两套驾驶系统，两个方向盘，两个车闸和两个油门，两人要向前走必须商量着开车。不商量着开，这车就停了，原地打转了。

美国在对华战略上长期采用"遏制＋接触"政策。实际上，任何两个国家之间都有利益的共同点，也都会有利益的冲突点；都有斗争的一面，也都有让步的一面。中美关系发生冲突的时候，务必要冷静分析、弄清情况。美国国内意见并不一定一致，也会变化，我们用中国人的智慧完全能够应对。

采访组：您认为中美会陷入"修昔底德陷阱"吗？

赵：我们要承认中美在意识形态上的差异，减少差异给我们带来的利益损害。我们要改善我们的舆论环境。但必须指出，我们和美国不同。中国的对外交往不会为了本国利益而损人利己。"中国梦"不是自私自利的梦。中国发展好了，对美国也有好处。并不是说一个新兴国家强大了，守成国家就要吃亏，不要掉进这样的陷阱里去。这不是必然规律。处理好了，可以回避这个问题。中美之间出现了问题，要脚踏实地解决具体问题；出现矛盾，要认真调研，提出解决方案，这需要政府的领导、智库的贡献、企业家的实践等多方共同努力。

更早以前，亨廷顿提出了"文明冲突论"，我并不完全同意。不能否认存在文明的冲突，但我不认为文明的冲突会如此激烈以至于完全影响国际秩序，成为一个不可克服的障碍。我们中国的文化相信"和为贵"，相信我们能克服文明的冲突，达到文明的和谐交融。

与《学习时报》记者的问答

（2018 年 10 月 10 日接受《学习时报》记者闫书华、邱然的采访）

浦东赵的名号，我非常不敢当

《学习时报》记者（以下简称记者）：赵主任，您好！从 1990 年宣布浦东开发开始，您的名字就跟浦东联系在了一起，"浦东赵"因此而得名，请您回忆一下当时的背景。

赵：好的。上海在浦东开发之前，它在全国的地位是逐步下降的，它原来是全国最大的纳税大户，全国税收的七分之一是上海纳的，工业也是全国最强的。但后来广州、深圳突飞猛进，后来居上，上海地位相对下降，加之上海的基础设施长期没有加强建设，居民住宅很少，民居面积在全国大城市中几乎是最低的。交通十分拥挤，当时有人统计公共汽车上一平方米有十一双零一只鞋子，就挤到这个程度。上海人自己感觉是比较沉闷的。浦东开发宣布之后，把上海人心里的干劲点燃了，像火山爆发一样，全市人民都非常兴奋，都有一种蓄势待发的热情，想把浦东开发好，加入全国改革开放的行列。

我当时是组织部部长，着手为浦东开发筹备班子。当时我们地图上规划出来的只有三个区两个县的面积，并没有准确意义上浦东新区的行政区。在这种情况下，只能成立一个浦东开发办公室。邓小平提出，胆子更大一点，步子更快一点。在这种背景下，上海市委决定提前成立浦东新区，具体时间定在 1993 年 1 月 1 日。从 1992 年下半年秋天开始，筹备新区就作为我的主要工作了。我们当时选了八百位新的浦东开发区的公务员，舆论上说这是八百壮士，是个新的征程。

记者：当时大家可能被您的干劲感动了，所以亲切地称您为"浦东赵"。

赵："浦东赵"的说法我现在回忆起来，最初应该是外国人先说的，后来中国媒体也说了。我自己非常不敢当。因为浦东开发最重要的是小平同志的决策；浦东开发是上海市委的大事，市委历任领导筹划很多年，为浦东开发做出了重要贡献。大的决策都是市委做出的，我只是执行层。在执行过程中考虑如何开发得好、如何开发得快、如何开发得质量高，我是跟着市委领导的步伐前进的。

从当时中国的形势来看，浦东开发是继深圳开发进行的，没有深圳开发的成功，中央不会下决心开发浦东。很多的做法是深圳带的头，压力也是深圳承担了，所以我觉得深圳是披荆斩棘的先锋，我们是跟着深圳的步伐前进的。

记者：当初您是"在地球仪边思考浦东开发"的，设定预定开发目标时，首先思考浦东在上海应处于什么位置，上海在世界经济格局中应处于怎样的位置。这种眼光在当时是很难能可贵的。

赵：谢谢你。当时浦东开发宣布之后，国内外都在问浦东开发的目标是什么。当时我就一再表达，党的十四大报告中说得很清楚：以上海浦东开发开放为龙头，进一步开放长江沿岸城市，尽快把上海建成国际经济、金融、贸易中心之一，带动长江三角洲和整个长江流域地区经济的新飞跃。那么这里面就提出了是国际经济、金融、贸易中心之一，这句话我看得是很重的。当时经济全球化这个说法在国际上已经有了，还不热。我们注意到了全球化的趋势。所以再三强调浦东开发不是一个经济技术开发区，也不是一个科技园区，它是一个现代经济城市的一个市区，是一个全面发展的新市区。外国人就不明白这龙头是什么意思：龙头是表示引擎、领导人？还是带头羊？或是特别聪明、很有智慧？每个外国人理解得不太一致，但这些理解都不错。

我是这么解释的，在经济全球化的环境下，各国的政治对话当然是由首都承担的，但是经济对话一定是由最大的经济城市来承担的，如纽约、巴黎、伦敦、东京、新加坡等。而中国能够承担经济对话最有资格的后备城市，是上海，但是上海当时和这些城市相比差距很大。因此，希望通过浦东开发开放，使上海成为有资格与伦敦、纽约、巴黎、东京平等对话的城市。所谓对话就是经济的交流，包括资金的流动，科学技术的流动，还包括贸易、信息、人才，特别是金融的畅通，这都是国际经济城市所必需的。除了动员大家努力外，我也经常查阅国内外的一些文献。因为我原来是一个科技工作者，养成了查阅文献的习惯。我英文说得不好，但是看看资料还是可以的。通过查阅资料我了解到一些情况，在当时，也就是1993年，如果在纽约打100个国际电话，95个以上可以一次接通，在上海打100个国际电话，恐怕九十几次接不通。这就说明了我们跟国际最大的经济城市之间，不仅有通信的差距，还有航空交通上的差距。所以我们就在通信、航空等方面，都按照国际先进经济城市的标准来谋划。

当时亚洲存在一个经济走廊，由日本开始，东京、神户到汉城（那时候还叫汉城）、上海、台北、香港、新加坡等，这一系列的城市连成线，它们都是亚洲经济相对比较发达的地方，GDP总值在1996年年底已占全世界的25.6%。上海在这个经济走廊中的位置是居中的，向北可以向韩国、日本发展，向南可以向东南亚发展，所以当时请大家特别注意上海的地理位置，对经济发展是很有效的。

记者：对，所以您当时对上海的定位还是非常准确的。

赵：当时还没有"一带一路"的说法，就是经济走廊这个说法。

记者：现在回想起来，在浦东开发的过程中，最艰难的是什么？

赵：最艰难的是关于人的。第一是缺少人才。比如，国际经济合作的人才。加上当时我们国内还没有关于国际贸易方面的法律，给我们跟外国人谈判造成了很大的困难。再就是城市规划方面的人才，上海市原来的建筑是半殖民地时期遗留下来的，杂乱无章，很多街道过窄、弯曲，甚至有死胡同，规划设计就是一个难题。当时的国际交往，可以说首先是国际人才的交往。我们怎么办呢？加强和国外的交流，除了派我们的人出去学习，也请外国人到这里讲讲课，办一些国际会议。每年一次的会议，外国专家提出了很多新的见解，对浦东开发很有帮助。我们不但吸收外国的资金、吸收外国的经验，也吸收外国的智慧。

第二是人的思想问题。几十万农民迅速地城市化，他们没有做好思想准备，到工厂不适应八小时工作制；开出租汽车，给他们培训，他们都不愿意开，觉得比较难，不如种田省事。当时，费孝通先生到浦东来考察，我们俩一块儿讨论。我提出一个观点：浦东开发呼唤社会学。他听了以后非常振奋，让我解释一下。我说中国城市化是要几代人才能完成的，需要一个过程。比如，我的祖父是清朝末年剪辫子的汉人，到我的父亲就是大学毕业生，开始穿西服了。但是他们也缺少跟外国在经济方面直接合作的机会，因为那时候没有。而我这一代就赶上了浦东开发，如果以此推算上海城市化的进程，按 30 年一代的话，至少四五代才能达到城市化。如今15 年到 20 年，浦东的农民基本上就要实现城市化，他们如何适应？这就需要社会学家考察城市化，而现代社会学家能够有幸在十几年、二十年内考察城市化的进程。他非常高兴，派了他的一个学生，专门来考察浦东的农民问题，最后这个人我们留下了，现在是上海大学副校长。

浦东开发的过程是一个城市化的过程，如何对待农民，如何让他们生活好，让他们不失落，是我们当时关注的大问题。

浦东开发交响乐的总谱是邓小平同志谱写的

记者：如今的浦东，乃至整个上海日新月异，是大家非常向往的地方。回想起浦东新区开发的过程，您觉得获得成功最重要的原因是什么？

赵：总的来说，归结于我们党的伟大政策，这是最重要的。其次是法规规划先行。1990 年，宣布浦东开发以后，上海市人大和市政府为浦东新区开发开放先后颁布了约 20 项有关吸引投资的法律法规。在最为国际所关注的维护知识产权方面，浦东新区亦走在前列。1996 年，新区率先发布了保护知识产权白皮书，并率先成立了知识产权保护法庭。经上海市高院授权，浦东新区法院正式建立了"知识产权案件立体审判模式"，即由知识产权庭按照我国民事、行政、刑事诉讼法规定的程序，统一审理辖区范围内的各类知识产权案件。这一能够对知识产权提供如此全方位立体式保护的模式一经推出，立即传播到了国内外。完善的基础设施、健全的法律政策环境，愈来愈吸引前来投资的人们。可见，硬件软件的配套完善是确保开发区充分发挥示范、带动、辐射的功能，持续、快速、健康发展的前提。

强调法规和规划先行，顾及了不要换一届领导班子就随意改动已经确认的规划。所以，我们去上海人大汇报浦东陆家嘴的规划图。按照当时的规定，陆家嘴的规划图不是必须汇报的，而我们坚持要汇报。这是考虑，经过上海人大的认可，就要严肃对待，就不能轻易改动了。浦东开发的"三个先行"策略，即基础设施先行、金融贸易先行、高新技术产业化先行，是 1990 年浦东开发起步之时就提出的。

还有一个是简政精兵。简政就是减少政府的功能，首先要厘清哪些是政府必须要管的，比如规划、财政、社会保障体系、教育等。还要厘清哪些是不要管的，比如，有许多只属于备案性质的手续，就不用再经审查过程了。还有的事务可以让民间组织去管，如投资咨询、人才介绍所、行业守则等等。"小政府、大社会"就是相对于以前政府要小，但对社会的依靠更多。如果不先简政而后精兵，是很难长期坚持下去的。

记者：通过你们的努力，浦东新区发展为中国改革开放的一个样板。通俗地理解，改革开放是对旧规矩的冲破和推翻，一不小心就可能导致被追责问责。联系当年浦东新区的经历，如何能平衡敢于担当与不违反规定之间的关系？

赵：既然是改革，必然是改掉旧的习惯和旧的一些条条框框的约束。我觉得改革旧的习惯，要开放，要跟外国交往，这都没什么问题。但是，改革规则还是有难度的。比如说，土地问题，根据原来的宪法，土地是国有的，明确规定不允许出售、出租。浦东新区的几个同志在市委领导下到香港去考察他们的土地制度，之后做了一个上海市土地使用权转化的办法。土地使用权转化，当时的宪法里是没有的，只是市里通过的一条市一级的规则。通过我们的探索及论证，第二年咱们宪法就把这条改了。我们突破旧的规则，完全是从国家利益和人民利益出发，这样就没有什么顾虑。如果你是破了规矩，从个人腐败这个方向来突破，那当然就是害怕的，就没有这个勇气。

所以，我们提出"廉政也是重要的投资环境"，当然也是浦东开发的重要环境。这个思想来自我们对邓小平"两个文明一起抓"的论述，也来自世界各国和全国各地经济发展中的经验教训。时任中央政治局常委、中央纪委书记的尉健行对这句话很赞同。他说，如何为经济发展服务是纪委要回答的重要问题。有人说，既然是改革，当然会冲破旧规矩，那么纪委就查我们，这不是阻碍经济发展吗？这是一种误解。勤政廉政是重要的投资环境，是社会主义建设的环境，纪委的工作和经济建设工作联系起来了！他还让我以此题目写篇文章在中央纪委的杂志上登一下。

勤政廉政的事情我多讲两句。部队有一个养成教育，我们浦东也有养成教育，养成勤政廉政的好习惯。有没有具体措施？有，规定了三条高压线。第一条高压线，土地批租是最容易引起腐败的，我是主任又是书记，一个人担任两个职务。我本人和副主任是不参加土地批租的具体过程的。如果不这样投资者就会找我们，请我们吃饭，到我们家里来拜访。我们只管土地批租的合法性、正确性，我们不要知道标底，我们不知道这个批租一亩地多少钱。这样投资者不会包围我们，第一个就是我们不参与土地批租的具体过程。第二条，工程承包，工程承包就是发标底，这个楼谁盖，各个公司来投标。我们不了解这个标底是多少，不参加整个过程。但是如果他们做得不合理，我们要主持公道，要按照纪律来处理。第三条，不给亲戚、朋友、战友、同学开条子，因为当时动迁量很大，有人要好房、多要房，或者是工作分配什么的。这三条高压线就可以保护我们很多人，这在当时是比较新鲜的一个做法，市委非常支持。

记者：您如何定位自己在浦东开发中的角色？有哪些遗憾？

赵：回顾过去自有无限的感慨，展望今后更有无限的热望。如果我们把浦东开发比作一支交响曲的话，那么这个交响曲的总谱就是我们伟大的改革开放的总设计师邓小平谱写的，而党中央历届领导就是这个乐队的指挥，我有幸成为在上海的这支乐队的一名演奏员。我们的任务就是按照小平同志的乐谱努力地演奏它和发挥它。

说到遗憾，就是我们的保税区没有做到更好的高度。有个背景，当时我们考察了德国、新加坡的自由贸易区，都觉得上海应该有自由贸易区，于是就有了外高桥，这是当时全国第一个保税区。其实我们当时也叫自由贸易区，但是在审批的过程中，由于思想还不够解放而没有通过。在西方，自由贸易区简称自由区，这很容易引起误会。我们就把英文的自由贸易区翻译成中文的保税区。翻译成贸易区国外人就懂，翻译成保税区别人就不懂，某种程度上影响了它的发展。

在我看来，我们的任务就是向世界说明中国

记者：您是在一种什么样的环境下被调任国务院新闻办公室工作的？

赵：这个我不是很清楚。我推测跟在浦东工作时的接待有关。一般说来当时重要的外国贵宾如总理、总统等，到北京访问至少有 70% 还要到上海。可能先由上海入境，再到北京；也可能北京访问完了由上海出境。到上海来，由于接待的关系，我跟他们的交流话题除了浦东外，也涉及一些国际问题。他们到北京之后会谈起我们交流的过程，或许是有一些影响的。

另外还有一件事情，1996 年 1 月 7 日的《波士顿环球报》用三分之二的版面，发表了一篇题为《我们该怕中国吗？》的文章，虽然用的是问句，但配了一张图——一双筷子正要夹起美国国旗当作小菜。文章里提到了我，说我坐在一张破沙发上，操纵着新式的多媒体，讲述了一个野心勃勃的浦东开发计划。作者还说，这个计划如果在我有生之年能够实现的话，那么，中国将不仅是一个政治大国、军事大国，也将会是一个经济大国，那时，我们该怕它吗？我给总编写了一封信说，尊敬的总编先生，您的文章和漫画，我都不赞成，中国没有拿美国当小菜吃，恰恰是中国，在 1840 年后被西方列强当小菜吃过。1995 年是反法西斯战争胜利 50 周年，中美是盟国，我们理应多做一些提升两国关系的事，而你们却发表这样的文章，我很不满，希望你们把我的不满刊登出来。不久他们全文发表了我这封信，题目是《中国不喜欢弱肉强食》，跟这个大概也有一些关系吧。

记者：从浦东到国务院新闻办公室，这完全是一个全新的领域，接受任命时的心情是什么样的？

赵：我从来没在宣传口担任过任何职务，一下当部长，当时是有点紧张的。到了北京的前三个月我只是观察，萧规曹随，三个月之后才开始慢慢提出我的一些观点。

当时对外宣传的目的是什么？在我看来，我们的任务，就是向世界说明中国。美国有一个很有名的杂志《领袖》采访我的时候，问我应该叫什么题目，我说"向世界说明中国"，他们翻译得很雅致，"Present China to World"，我觉得用 present 比较准确，即呈现。

记者：当时的中国需要向外界呈现什么？外界希望中国呈现什么？

赵：我认为我们要做的是如何使世界更了解中国，更喜欢中国，更信任中国，首先要喜欢你的文化。中国文化精神最简明的表达就是北京奥运会开幕式上展现的

那个巨大的"和"字。汉字"和"对应英语多个词语的意义——和平、和谐、和气、和睦、和顺、和解等等，其中较接近的英语是"和谐"，但还远不是它的完整意义。如果我们的传播能力够强的话，也许若干年后，汉字"和"的音译和意译组合的"hehism"（和主义、和思想）也能传播出去。

记者：现在有越来越多的国际友人喜欢中国文化，也渴望更加了解中国，习近平总书记提出我们应该树立"文化自信"。当国务院新闻办公室主任时，您也曾提出"文化的理解是最重要的基础"，如何能把中国文化更好地传播出去？

赵：所谓文化自信事实上是民族自信，自信的理由是什么，是基于中国的真实国情，包括社会进展、人民生活、国内外政策等，我们现在是有理由自信的。

文化得有好的载体和表达的途径，其中最重要的载体是人，文化与人如影随形。要改善世界对中国和对中国人的认知，显然不是政府或者某个单独的社会群体能够独立做到的，公众承担的文化传播责任不容小觑。中国每年有几千万人到外国旅游或开拓业务，他们的言行就是中国文化活的表达，通过一举一动为外国公众提供了了解中国的窗口。显而易见，这些携带着中国名片的出国者能够在公共外交中发挥出巨大的力量。中国的公共外交事业的兴旺，必是功在国家，利在公众。

值得一提的是，我们需要厘清"真实国情-国家形象-世界舆论"之间的关系。从本源上看，真实国情是客观实在，是国家形象的基础。作为一个国家真实情况的再现，国家形象有赖于各种形式的媒体进行传播。越接近真实的描述，越经得起时间和实践的检验。任何粉饰性的描绘，都不可能具有持久的影响力。而关于一个国家的舆论或声誉，则是国家形象在特定人群中获得的评价的总和，它与人的主观判断、价值取向有关。因此我们说，一个国家的形象决定于国家的实际情况，而优秀的媒体会有助于真实形象的传播。普通大众对文化的传播可以克服过度依靠媒体传播的局限性，是传播国家真实形象的有效途径。那么，一个普通中国人怎样才能更好地通过公共外交为国家声誉做贡献呢？这并不是一个很为难的问题，他们只需在对外交往中用恰当的言行讲述自己和自己身边的真实故事——这些故事源于日常生活，真实、丰满、自然、生动、鲜活、易懂，不需要豪言壮语和华丽的辞藻，但能打动人，中国和中国人的形象自在其中。

新闻发布实践的 "233456"

| 黄　毅

① 2015 年 4 月，黄毅做客新华网解读新修订的
《中华人民共和国安全生产法》并回答记者和
网友的提问。

黄　毅 ─────────────────────────────

国务院参事室特约研究员、中国煤矿尘肺病防治基金会理事长。曾任国家煤矿安全监察局副局长、原国家安全生产监督管理总局党组成员兼总工程师、新闻发言人。党的十六大代表，博士生导师。

长期从事煤炭工业和安全生产领域理论、法制、政策研究以及新闻宣传工作。参与多部相关法律法规的制订修订和重要文件的起草。作为国家部委首批新闻发言人之一，在任15个年头，为建立安全生产新闻发布制度、重大事故快速报道机制等做出重要贡献。2011年被人民网评为"十大最受欢迎嘉宾"之一。

多次应邀为中央党校、国家行政学院、省部委以及中央企业做安全发展、法治建设、舆论引导等方面的专题报告。

我是 2001 年起兼任国家安全生产监管局（2005 年 3 月调整为国家安全生产监管总局）新闻发言人的，2013 年退休后，又留任两年，2016 年年初正式卸任，历时 15 个年头。这个阶段正是我国新闻发言人制度化建设从初创到逐步健全的历史过程，我亲眼见证了这个过程，也亲身感受了新闻发言人的酸甜苦辣。

从事发言人工作十几年来，我从未停止过发声，先后举办各种发布会 100 多场次、到主流媒体做客访谈 100 多次，接受媒体记者采访近千次，没有出现一次失误。2011 年被人民网网民评为全国"十大最受欢迎嘉宾"之一，还有幸在这个岗位上当选党的十六大代表，荣获中央国家机关"五一劳动奖章"。

我从事新闻发言人工作十几年，体会、感悟、经验、教训都有，可以用数字概括为"233456"。

一、把握定位，担当"两个角色"

把握好新闻发言人的角色定位，这是发言人为人处世、履职尽责的首要前提。有人讲新闻发言人是一种制度设计，这话没错。但是这种制度是由自然人承载的，而人是有思想感情的。不论你过去是干什么工作的，担任什么职务，一旦走上新闻发言人这个岗位，你就不再是原来的你。身处这个岗位，背负方方面面的压力，其一言一行都令人关注。比如：你在正规场合不经意说的一句话，人家就认为代表了所在部门的立场观点；你在非正式场合开的一个玩笑，别人就可能认为是一个新闻点或爆料；你随便与媒体记者的电话交谈，就有可能成为电话采访的记录。所以新闻发言人必须具有岗位意识，时刻保持好自身的形象，知道自己是干什么的，脑子里始终有这根弦。

对于如何把握新闻发言人的角色定位，我的体会是，自觉担当"两个角色"，避免陷入另外"两个角色"。

（一）新闻发言人要当好代言人

新闻发言人要时刻牢记，自己是党和政府的喉舌，代表的是一个政府部门，面对的是整个公众，传递的是正能量。所以必须恪守新闻发言人的职业操守，严格遵守政治纪律和政治规矩。什么该说什么不该说，什么话说到什么分寸，都要把握好度，自觉维护所代表部门的形象和声誉。当好代言人，要有宏观思维，强化政治意识、大局意识、核心意识、看齐意识。要坚持用习近平新时代中国特色社会主义思想武装头脑，指导实践。要深入学习领会党中央国务院关于本部门工作的一系列决策部署，牢牢把握正确的方向，绝对不能出现政治上的问题。新闻发言人还要努力成为知情人。新闻发布面对众多媒体的记者，你不知道记者要问什么，所以要加强平时的积累，通过多种途径了解掌握各方面的情况，特别是相关的一些重要法律法规标准和政策措施出台的背景，基本的规范要求，一些重要工作、重大活动的进展，以及必要的相关业务知识等。做到底数清楚，成竹在胸，这样才能应对自如。我向来主张，要允许新闻发言人参加相关的会议，阅读相关的文件，这不是什么特权，而是工作需要。

从事发言人工作多年来，我养成了一个习惯，每天早上至少提前一个小时到办公室，打开电脑，将几个主流网站浏览一遍，看一看有没有涉及安全生产的信息，想一想哪些是记者关心的问题，今天面对媒体记者应该说什么。记得 2012 年 8 月 24 日，是我们预定的上午在国新办举办新闻发布会的日子。早上我在浏览新华网时，发现一则消息，说刚刚运行不到一年的哈尔滨阳明滩大桥（实际是匝道）今天凌晨垮塌，三辆载重大货车坠入桥下，已造成 4 人死亡。我马上询问总局值班室是否接到事故报告，他们说还没有。于是就让他们赶紧了解，在我离开机关前把最新情况告诉我。结果在发布会的记者提问环节，先后有两位港澳记者都提出这个问题。幸好我提前了解了相关的情况，思想有准备，不然就会陷入十分尴尬的境地。

（二）新闻发言人要做个新闻人

我过去在企业当过矿工报的记者，比较了解记者的心态。新闻发言人虽然不是专门从事新闻业务工作的，但是整天要与媒体记者打交道，必须具备相应的新闻素质，熟悉新闻业务，掌握新闻传播技能，把握遵循新闻规律。只有这样才能与媒体记者有共同语境，交流起来容易沟通，才能为媒体记者提供他们所需要的信息。如果发言人总是摆出一副当官的架势，满嘴官腔，人家就不会买你的账，也不愿和你打交道。尤其是在新媒体广泛运用，"人人都有麦克风，人人都是发言人，人人都可当记者"的舆论环境中，发言人更要增强新闻敏感性，及时掌握社会关注的涉及本部门的热点问题，善于运用新媒体做好新闻发布工作，善于策划新闻选题，主动回应社会关切，把握舆论引导的主动权。

（三）新闻发言人要避免陷入另外"两个角色"

第一，不要刻意模仿节目主持人。好的综艺节目主持人，学识渊博，爱好广泛，随机应变，出口成章，现场驾驭能力很强，值得我们学习借鉴。有的节目主持人现场来句调侃、开个玩笑、玩点幽默，以此活跃气氛，这都不过分。但是新闻发布不是搭台演戏，发言人也不是逢场作秀，没有必要去刻意模仿节目主持人。允许发言人有个性化语言，说一两句幽默的话，甚至打个比方，都无可非议，但必须做到精准，绝不能让人产生任何误解和歧义。新闻发言人偶尔的个性张扬，只能是锦上添花，不需要过多展示，尤其不要故意玩幽默。我作为安全生产方面的新闻发言人，很多时候面对的是事故、是死人，发布会充满肃穆的气氛，我也幽默不起来。我始终认为发言人不是明星，假若新闻发言人把追求明星化作为一种努力方向，就有点喧宾夺主，甚至本末倒置了。当然，新闻发言人谨言慎行、庄重得体，并不是呆滞古板、被动应付，要充满自信、落落大方。回答问题要切中要害、言简意赅，不要拖泥带水。总之，新闻发言人要在公众面前展示良好的素质和修养。

第二，避免成为新闻当事人。新闻发言人的职责是要把新闻事实准确告诉大家，并通过媒体正确传递给社会公众。从某种意义上讲，新闻发言人也是媒介，是沟通政府与公众信息的桥梁纽带。发言人不要给人一种花言巧语、巧舌如簧的外在形象。回答记者提问时态度坦诚，并不意味着什么都可以说。特别是涉及一些敏感

要 领

新闻发言人要自觉担当"两个角色"，避免陷入另外"两个角色"

把握好新闻发言人的角色定位，这是发言人为人处世、履职尽责的首要前提。新闻发言人要当好代言人，自觉维护所代表部门的形象和声誉。当好代言人，要有宏观思维，强化政治意识、大局意识、核心意识、看齐意识。新闻发言人要做个新闻人，熟悉新闻业务，掌握新闻传播技能，把握遵循新闻规律。只有这样才能与媒体记者有共同语境，交流起来容易沟通，才能为媒体记者提供他们所需要的信息。

新闻发言人要避免陷入另外"两个角色"。第一，不要刻意模仿节目主持人。第二，避免成为新闻当事人。

问题，要坚守基本原则。当回答一些暂时还没有定论的问题时，必须严格按照既定的口径，不能随意表态，尤其不能把个人感情因素掺杂到新闻发布中去，更不能信口开河，避免陷入舆论旋涡。如果一次新闻发布会，你所发布的信息没有成为新闻，反而你说的某一句话被记者当成新闻炒来炒去，这就说明发布会没有达到预期的效果。

二、认清舆论环境"三变化"

随着现代传媒的快速发展和广泛运用，社会舆论环境与十几年前相比，已不可同日而语。当代大众传媒所拥有的发达的高科技手段，具有极强的延展力和渗透力，它的触角伸向了人类社会生活的各个领域。大众传媒交织而成的新闻信息网络，其影响力几乎控制着社会生活的方方面面。在这种舆论环境中，信息传播出现了三个新情况，应引起我们的高度关注。

（一）互联网成为信息集散地和放大器

据统计，截至2018年6月全国互联网普及率已达到57.7%，网民达到8.02亿人，其中手机网民7.88亿人。可以说一机在手，纵览天下。"秀才不出门，遍知天下闻"，已不是什么天方夜谭。中国社会科学院的一个权威机构分析，全国有七成社会事件是网络媒体推动政府解决的，有七成社会热点问题是网络媒体炒热的。互联网的广泛运用，使人们获取资讯的渠道既畅通又透明。如果说十几年前我们对事故的新闻报道还可以把控一下，现在根本控制不了。每一起事故发生后，往往是上边还没有接到事故报告，网上就有了事故现场的画面和视频。网民就开始分析事故原因，甚至对责任的认定乃至处理议论纷纷了。在这种情况下，我们如果对网络出现的敏感问题熟视无睹，不去及时回应，就有可能发酵成舆论事件，甚至给一个部门带来负面影响。不能指望靠"删帖"来消除负面的舆论，重在及时引导。所以，有必要建立网络舆论监控系统，或者设立网络新闻发言人。

（二）信息传播呈现过度媒体化倾向

自媒体时代，新闻传播已经不再是媒体记者的专利。"人人都有麦克风，人人都是发言人，人人都可当记者。"想说什么，随手写篇东西就发到网上；想拍什么，随手拍张照片或拍段录像就传到网上。这种过度媒体化的倾向，给舆论引导工作带来许多不确定因素，提出许多新的挑战。往往是说者无心，听者有意。有些不经意上网的东西，经过网民炒来炒去，甚至进行人肉搜索，就有可能逐步演化成大的新闻事件。这些年，网上出现的"被搜索""被炒作""被死亡""被离婚"，甚至"表哥""被下属背过河"等新闻事件，不胜枚举。这种局面目前不可能根本改变，也不可能一概封杀，只能主动适应，防患于未然。

（三）鱼龙混杂、先入为主

网络媒体不仅信息传递便利快捷，而且没有那么多繁杂的审批环节。特别是微信群的广泛运用，使得各种信息可以在群里自由散布，互相转发，其中良莠不分，真假难辨。在信息共享的同时，也给那些别有用心的人，提供了可乘之机。记得2011年"7·23"动车事故发生后，各种小道消息满天飞，其中86%的负面信息来自微博。当时网上广为流传的《温州南站电务班致安监总局的公开信》，就是个别人背地里蓄意策划的带有煽动性的微博，并利用铁路电子办公系统传到网上，企图通过网络制造舆论混乱，呼吁铁路系统职工声援他们，给国务院事故调查组施加压力，以逃脱责任追究。虽然最后没有得逞，责任者依法受到惩处，但是这件事提醒我们，言如剑出，剑入人耳，如果虚假的信息一旦形成先入为主的传播效果，再去澄清纠正就困难得多。所以，要先发制人、先声夺人。

三、危机舆情应对"三要素"

美国危机管理的权威顾问劳伦斯·巴顿曾提出在每一次危机中公众都会关心的三个问题："发生了什么？""事情是怎样发生的？""为了确保类似事件不再发生，政府将采取什么措施？"如果政府部门第一时间能够回答这三个问题，既可以成为抚慰公众恐慌心理的第一服镇静剂，也占领了舆论引导的制高点。多年来我们在实践中总结出事故灾难状态下舆论应对的"三要素"，就是"快报事实、慎报原因、重表态度"。"快报事实"，就是对已经发生的事故灾难，要快速报道出去，让大家知道发生了什么，最新的情况如何，千万不要等待观望、坐失良机。"慎报原因"，就是对事故发生的直接原因不要轻易披露，一定要慎重，而且要选择适当时机。即使凭主观经验认定可能是什么原因，也不宜过早说出去，以免引起各种非议。"重表态度"，就是政府主管部门对事故调查处理的态度，一定要明确表达，旗帜鲜明，不含糊其词，不模棱两可。记得2011年"7·23"动车事故发生后，当时有一种舆论说是由于雷击造成的，故意往自然灾害方面引导，企图干扰事故的定性问题。对此，我在新闻发布会上明确表示，这起事故绝不是什么不可抗拒的自然灾害，而是一起特大的责任事故。主管部门一锤定音，各种杂音也就没有了市场。

要 领

事故灾难状态下舆情应对"三要素"

事故灾难状态下舆情应对的"三要素",就是"快报事实、慎报原因、重表态度"。"快报事实",就是对已经发生的事故灾难,要快速报道出去,让大家知道发生了什么,最新的情况如何。"慎报原因",就是对事故发生的直接原因不要轻易披露,一定要慎重,而且要选择适当时机。"重表态度",就是政府主管部门对事故调查处理的态度,一定要明确表达,旗帜鲜明,不含糊其词,不模棱两可。

对于如何运用好这"三要素",我认为需要注意把握好三个环节。

(一)建立事故灾难的快速报道机制,先声夺人

事故灾难发生后,新闻发言人首先应该想到的是如何在第一时间发布准确、权威信息,把最新的情况告诉大家,稳定公众情绪,最大限度地避免或减少公众猜疑。这时候如果权威信息"缺位",主流媒体就会"失语",最终的结果就是把舆论引导的主导权拱手让给小道消息或者不负责任的小报小刊,最终使政府部门失去权威性和公信力。为了尽快让媒体了解真实的信息,并通过它们及时向社会披露,通常的做法是,接到事故报告后,要及时通知主流媒体,请它们派记者到现场。这样做本身就体现了对媒体的尊重和信赖,使它们感到没有把它们当外人,这已经占据了主动。到现场后,要设立临时新闻中心,能够召开现场新闻发布会的,要抓紧召开,这么做的简单意图就是要把记者拢在身边,避免他们到处挖"新闻",找"爆料"。暂时不能开的,要选择主流媒体统一对外发布事故信息,或通过散发书面新闻通稿、书面答问等多种方式,以引导舆论。同时,要允许主流媒体记者参与有关事故抢险救援和事故调查的过程,并通过他们及时发布相关信息。这样就把信息发布的主动权把握在了手里。十几年前我们就与央视、新华社签订了建立重特大事故快速报道机制的协议。每次接到事故报告后,及时通知它们派记者到现场。有的新闻通稿,就是与记者去现场途中发出的。"7·23"动车事故调查历时3个多月,其间有多次模拟实验和专家论证,新华社记者、中央电视台的记者始终参与,及时掌握事故调查进展情况,及时跟踪对外报道。在事故调查结束,国务院常务会议审议

通过调查报告的当天晚上，央视新闻联播即推出新闻通稿和答记者问，同时我们将近3万字的事故调查报告全文在总局网站公布。这么大的信息量，一下子就占据了舆论引导的制高点。所以，这起特大事故结案后，社会舆论总体平稳。

（二）勇于公开事实真相，但要把握事故原因发布的时机

任何事故发生的原因都具有复杂性、关联性，而且直接关系对事故性质以及事故责任的认定，所以公布事故原因必须慎重，经得住检验，切忌草率。有的人为了逃脱责任追究，或是为减轻责任，往往人为制造舆论，甚至故意往自然灾害或客观原因上引导，误导事故调查。其实这是很愚蠢的。有这样一种说法，一个开放的社会刻意对付记者，尤其是隐瞒事实，其结果往往是引火烧身。在这个问题上，不要低估社会公众的承受能力，不要低估社会公众的觉悟。真实是新闻的生命。谣言止于公开，信任来自透明。在一个突发公共事件中，瞒报、谎报、误报比其他任何行为都可怕，比其他任何行为可能造成的损害都要大。所以政府迅速地处理并且及时向公众公布可靠信息，对危机的处理有着决定性作用。我们在重特大事故发生后的新闻发布中，对媒体和公众所关心的问题，及时提供真实可靠的信息，但是对事故原因的新闻发布、公开报道，则非常慎重。

2015年6月1日发生在长江监利段的"东方之星"游轮沉没事故灾难，造成442人遇难。当时国内外舆论非常关注。事故调查组在初步勘察分析和专家论证后，认为当时极端天气占的因素较大，倾向于直接原因就是自然灾害。调查组主要负责人把我从外地叫到现场，让我抓紧举行新闻发布会，公布事故灾难的直接原因。当时我考虑再三，认为发布的时机不适宜。一是事故直接原因归结于不可抗拒的自然灾害，恐怕公众现在难以接受这个结论；二是事故调查刚刚全面展开，有些细节问题，还缺乏确凿的证据支撑，说出去容易引发炒作。不如循序渐进，先做些舆论铺垫，让民众逐步接受现实，适时再公布直接原因。领导最后采纳了我的意见。直到调查全部结束，在多次模拟实验、专家广泛论证的基础上，经国务院审批同意后，才正式对外公布事故直接原因和处理结果。公布后社会反响比较平稳。事实说明，我的意见是稳妥的。

（三）发挥主流媒体舆论引导主渠道作用，建立常态化的信息发布机制

媒体尤其是中央主流媒体，是舆论引导所依靠的骨干力量。我当新闻发言人的十几年来，一些重要的新闻发布基本上都是依靠中央主流媒体来做的。另外，安全生产事关人民群众生命财产安全，涉及这方面的信息，始终都是社会关注的热点问

题，不能等出了事故才去发布，要形成常态化发布机制，及时把一些社会公众想知道的信息，通过正常渠道公布出去。原安监总局十几年来一直坚持，每个季度至少在国新办举办一次新闻发布会，总局领导轮流参加。近年来又建立了总局月度例行发布会制度。我每月都主动设置议题轮流到央视、新华网、中央政府网、人民网等网络媒体做客访谈，与网友互动交流。同时，原总局也较早设立了政府微博、微信群，建立了网上舆情监控系统，及时发布相关信息，及时回应社会关切。有一次我到人民网"强国论坛"做客访谈，在浏览网民提出的问题时，我猛然发现一个敏感话题，说我国在事故分级上有一条不成文的所谓"35人红线"。就是说死亡超过了35人，就要由国务院调查处理。很显然这是不了解我国关于事故分级的相关法规规定导致的，如果不及时澄清，就会引起误解。于是我及时回应，介绍了我国对事故分级的相关法规规定，以及事故调查处理的相关要求。这样主动发声，释疑解惑，防止了炒作。原安监总局在近些年的政府信息透明度问卷调查中，排序都在前四名，被媒体称为不爱捂事的部门。

四、正确处理关系"四原则"

在现代社会里，媒体的作用越来越重要，政府也越来越重视媒体，并积极利用媒体沟通政府与公众的关系。马克思有一段著名的论述："报刊按其使命来说，是社会的捍卫者，是针对当权者的孜孜不倦的揭露者，是无处不在的耳目，是热情维护自己自由的人民精神的千呼万应的喉舌。"美国建国初期的著名政治家托马斯·杰斐逊有一句名言："如果让我在没有媒体的政府和没有政府的媒体之间做出选择，我宁愿选择后者。"这位把新闻自由看得比政府还重要的美国前总统，对媒体与政府之间关系的认识，孰重孰轻不言而喻。美国媒体的一个重大责任，就是监督政府和官员的言行。这方面的例子很多。最典型的大概要数导致尼克松下台的"水门事件"了。还有，约翰逊由于其糟糕的越南政策被媒体披露而失去了公众的支持；克林顿由于其与莱温斯基的绯闻事件被曝光而在全国人民面前丢尽了面子；小布什也因为美军在伊拉克战争中虐待俘虏事件的曝光，一时间被社会舆论折磨得疲惫不堪，毫无总统的尊贵可言。

不能设想，社会一旦发生重大事件并极大影响公众利益时，新闻媒体会保持沉默。就拿安全生产来说，每当发生一起重大生产安全事故时，许多媒体记者往往会在第一时间赶到现场，其反应快捷是许多政府部门和事故调查组所不及的。在这种情况下，我们如果不能从正常渠道及时为他们提供信息，他们就会自己去寻找信息，甚至会凭借自己的猜想或者种种的道听途说去编造信息。一旦不切实际的信息传递到社会上，形成"先入为主"的舆论导向，我们再去引导就困难得多，麻烦得多。

一般讲，主流媒体作为党报党刊，在新闻报道中还是能够把握正确导向的，是可以依靠和放心的。但是，危机传播中政府与媒体之间存在的紧张关系可以说是古今中外概莫能外。美国白宫著名发言人弗莱舍曾经做过一个生动的比喻："平日里媒体仿佛一群嗡嗡作响的蚊子，每个政府官员都避之唯恐不及，恨不能把它们都赶走；而一旦危机发生，媒体就成了一头 20 吨重的大象，向你直扑过来。这时候你想躲都躲不开了。"这就清楚地表明了在危机处理过程中，新闻媒体所处的特殊位置。这是必须勇于面对的现实。关系处理得好，媒体会帮助你做宣传工作，替你分担压力，甚至化解风险；处理得不好，媒体就会添乱，误导舆论，甚至干扰你的工作，分散你的精力。所以，在突发事件面前，不要害怕媒体、躲避媒体，更不能"捂、掖、盖"。新闻发言人举办发布会，回答记者提问，接受记者采访，实质上是一种双向互动的交流。这个过程中，既有信息的沟通，也有情感的交融。日常处理好与媒体记者的关系是当好新闻发言人的首要前提条件。

（一）善待记者，与人为善

2006 年 10 月，我随国新办组织的新闻发言人考察团去美国访问，在与联合国新闻发言人座谈时，他感触最深的就是，对记者要友好相处，以诚相待。我的体会也是这样，不要把记者当成对手，当成"敌人"，而应该当作朋友。事实上绝大多数媒体记者是能够客观地反映你所提供的事实真相的，成心刁难、恶意炒作的只是极个别。我当发言人的十几年还真没有碰到这样的记者。在许多跑口记者中，他们的职业精神和工作作风令人钦佩。有的为了弄清事故的真相，废寝忘食到现场采访，甚至冒着生命危险去实地调查，最终使得一些被瞒报的事故大白于天下，责任者受到应有的惩处。我记得 2006 年 5 月 18 日，山西大同左云县一家个体煤矿发生透水事故，当时矿上报给我们的是井下有 4 人被困。可是央视跑口记者王克生，凭他多年的职业习惯，对此数字很是怀疑。于是他专程跑去现场，而且特意买了一身旧工作服混进农民工群体里打探消息。经过深入调查，了解到井下有 58 人被困，这个数字已经达到特大事故的标准。于是他在现场给时任安监总局局长李毅中打电话举报，我们连夜赶赴事故现场，并联系省委主要负责同志一起到现场，采取断然措施控制矿主，采用侦破手段摸清实情，最后确认 58 人被困。由于瞒报而错失了抢救的最佳时机，矿主依法受到法律制裁。类似这种事情还很多。在西方国家，几乎所有的新闻发言人在面对媒体时都尽量保持微笑，害怕得罪这些"无冕之王"。何况我们国家是党掌握舆论工具的。因此，发言人在发布新闻时，对事件的陈述、评析要客观、真实、公正、全面又有立场，让媒体感到坦诚的态度。这不仅表明发言人具有优秀的品质，也是发言人驾驭新闻规律能力的表现。

（二）有宽容的态度和胸襟

新闻发言人在应对媒体时代表的是所在的部门或机构，而不是个人。因此，对媒体或记者的任何反应，包括攻击性的言辞做出回应，都不再是个人行为，而是体现了所在部门的立场。因此，对任何新闻报道，尤其是负面报道，发表言论时应该格外慎重。世界著名刊物《财富》杂志主编谢尔曼说得好，"向媒体宣战，虽然听上去很诱人，但实际上却是一场无法打赢的战争"。李毅中同志任安监总局局长时经常说，媒体不是中纪委、不是审计署、不是事故调查组，不能过于苛求它们讲的百分之百正确。对媒体的一些负面报道，应该妥善处理，不要形成对峙的局面。尤其对其细节上的出入，最好不去理它，让其自生自灭。如果在一些枝节问题上与媒体争论不休，实际上正好强化了媒体"放大异见"的功效。记得2011年年底，我们召开新闻发布会，公布对年内五起特大事故的调查处理情况。在回答完记者的所有问题之后，我最后结合吸取事故教训，讲了所谓"三句硬话"：谁敢以身试法，我们就叫他身败名裂；谁让职工家破人亡，我们就叫他的企业声名狼藉；谁对安全生产不负责任，我们就对他的乌纱帽不负责任。这"三句话"主要想表达安监总局的一种态度。当天央视几个新闻栏目的报道都引用了这"三句话"。几天后我在百度搜索，忽然发现一篇微博，说"黄毅讲的所谓三句硬话都是错话"。我打开仔细阅读，觉得并不是作者成心找碴儿刁难，而是他看问题的角度不一样。他认为安监总局不是司法机关，对触犯刑律的无权干涉；认为安监总局不是组织人事部门，对领导干部无权处置。事实上不是这样的，尤其是安监总局作为法定的调查处理特大事故的牵头部门，完全有权力依据相关规定，提出对事故单位和责任人的处理意见。因为作者是针对我个人的，而且也不涉及原则性问题，我也没必要出面反驳。如果当时在网上争来辩去，反而把他的名气给抬高了。

当然，宽宏大度并非无原则地保持一团和气，在涉及原则问题时也绝不能让步，丧失基本立场。记得2014年8月2日，江苏昆山开发区中荣金属制品有限公司汽车轮毂抛光车间发生一起特大粉尘爆炸事故，在场的260名员工无一人幸免。这起事故伤亡惨重，性质恶劣，社会反响很大，中外媒体都非常关注事故调查处理结果，一些小道消息也到处散布。就在国务院事故调查组刚成立没几天，凤凰卫视

《新闻资讯》就播出一条重磅消息，说江苏省委书记、省长因昆山事故受到党纪政纪处分。新闻一播，一片哗然。江苏省委宣传部、省安监局都找我们询问。我们也不知消息从何而来。于是询问凤凰卫视总编室，最后给出的答复是，记者是听你们新闻发言人黄毅说的。我就更纳闷了。后来我回忆分析，就在事故发生后不久，凤凰卫视的同志来总局机关洽谈业务，开会之前有一位年轻记者聊天时问我，江苏省委书记、省长会不会因为这起事故受到处分。我当时跟她讲，问这个问题现在还为时过早，因为刚刚开始调查，书记、省长有没有责任、应负什么责任，现在还没有定论。这位记者就凭自己的思维逻辑，认为我没有否认，书记、省长就有可能挨处分，加之道听途说的小道消息，蓄意编造了这则新闻，抢了个头条。弄清真相后，我们要求凤凰卫视给省里公开道歉，挽回影响，但对方就是顶着不办。于是我们在总局网站特意发出公告，指出这条新闻报道是记者凭主观臆断蓄意编造的假消息，并保留追究责任的权利。公告一出，许多网站纷纷转载，最后凤凰卫视不得不公开道歉。

（三）尊重媒体记者的劳动，换位思考

媒体记者总是希望通过新闻发布会或采访，来获取他们需要的信息以支撑他们的观点。应该理解记者采访任务的需求，千方百计为记者提供采访的便利条件，尽可能回答记者提出的所有问题，提供所需的文字材料，甚至满足摄影记者、电视采访对镜头画面的要求。事发之后控制事故现场，并非一概排斥记者现场采访。可以在不影响救援、不危及记者安全、不破坏现场的情况下，尽量安排记者进行实地采访。记者的亲眼所见，更能增强其报道的感染力、公信力。记得 2007 年 8 月 17 日，山东新泰市华源煤矿发生特大溃水淹井事故，172 名矿工被困井下。事发后我们连夜赶往现场。在抢险救援的同时，立即展开事故调查。经过勘察分析和专家论证，初步认定这是一起由特大洪水灾害引发的事故灾难。对于这个结论媒体记者能否接受，我们心里没底。于是经请示国务院领导同志同意，专门组织中外记者分批到事故灾难现场考察。不看不知道，一看吓一跳。记者看到矿井口附近的一条河流决口处近二百多米宽，被洪水冲开的地表因巨大漩涡形成几十米深的大洞，掺杂泥沙的洪水就是瞬间从这里灌入井下巷道的。在井下底层作业的工人确实猝不及防，根本来不及撤离升井。通过现场考察，记者确信是不可抗拒的自然灾害引发的事故灾难，因此写出的新闻报道稿件，也让人心服口服。

（四）善于引导媒体记者的报道方向

作为新闻发言人，应该成为本单位新闻官，主动参与组织协调新闻宣传工作。

在满足公众知情权的同时，还要正确引导社会舆论，实现政府部门的意图。从新闻记者的角度来说，在媒体市场竞争激烈的强大压力下，有的不自觉接受了西方新闻商业化运作的一些理念，比如："狗咬人不是新闻，人咬狗才是新闻。""坏消息才是新闻。""流血事件才能上头条。"这就导致了有的记者喜欢渲染事故的惨烈，容易将一些负面因素加以放大，人为制造新闻轰动效应，提高所谓的新闻"卖点"。记得有一次几乎同一天，山东淄博、河北邢台有两家煤矿相继发生特大事故，分别有四五十人被困井下。我第一时间通知央视某栏目的记者到现场采访。两起事故最后的结果截然不同。一家煤矿积极抢险救援，最后被困人员全部获救；而另一家煤矿因种种原因，被困人员全部遇难。我建议该栏目组，可否将这两起事故一并报道，以形成强烈对比效应。但是制作人却半开玩笑地讲，老黄你就不懂新闻传播规律了，那起事故一个人没死，群众怎么会关心，你说有什么新闻价值？最后只是报道了死人的那起事故。在这种情况下，我们也不能放任不管，要有意识地加以引导。以后的做法，就是小范围经常开一些吹风会、通气会，尽可能为媒体记者提供较多的新闻素材，满足他们的信息需求。同时围绕一些重大的新闻选题，提前请媒体记者一起讨论会商，达成共识，并尊重媒体的特点来确定报道的重点，把握正确的报道方向，从而达到正面宣传的效果。

五、回答记者提问"五小招"

举办各类新闻发布会，回答记者提问是其中重要的一个环节，也是衡量新闻发布会成功与否、发言人应对能力如何的关键所在。回答好记者提问，首要的是应保持一种良好的心态，真诚地面对记者，坦诚地回答记者提出的每一个问题。正如赵启正同志讲过的，"技巧确实需要，但我们不过分强调技巧。我们不是靠辞令获得影响力，而是靠正确性获得影响力"。当然回答提问也有一些小技巧值得借鉴。我列举几个与大家分享。

（一）单刀直入，开门见山

有数字统计，美国政府新闻发言人回答每个问题的时间平均是 38 秒。相比之下，我们一些人回答问题的时间就显得冗长。有时讲了十几分钟，也没把问题说清楚，最后记者能够采用的不过一两句。因为记者对新闻发布感兴趣的，是发言人能够给他们提供有报道价值的新闻点，至于新闻素材，他们完全可以通过各种方式搜集到。所以，回答记者的提问要直奔主题，切中要害，力争在 30 秒之内用 100 字左右把核心内容讲清楚，给记者留下深刻印象。比如2012年8月24日哈尔滨阳明滩大桥匝道垮塌事故，因为我提前掌握了相关的信息，有心理准备。当两位记者都提问，这座大桥运行不到一年就垮塌，请问这里有没有问题？我当时这样回答：大桥（匝道）垮塌肯定有问题。究竟是设计标准问题，还是施工质量问题，或是交通管理问题，需要通过调查得出结论。我们将对这起事故的调查处理挂牌督办，不论涉及哪些单位哪些人，都要依法依规严肃查处，也请媒体记者监督。这百字至少传递了五个方面的信息：一是肯定有问题，态度很明确，绝不回避问题；二是要尊重事实，以事实为依据，任何结论都产生于调查之后；三是将这起事故提级挂牌督办，彰显总局重视；四是一定严肃查处，绝不袒护，绝不姑息；五是请媒体记者监督，大家都有责任，都有义务。这样表述，谁也无话可说。

（二）移花接木，顺水推舟

有时记者提出的问题比较刁钻，不好直接回答，但又不能不回答，这时就可以把问题引到自己容易回答的问题上。把握这一技巧的关键，是要顺畅自然，衔接有序，不露痕迹。记得一次新闻发布会上，美国《纽约时报》的一位记者提出，据了解，西方一些国家正在联手抵制中国煤炭出口，说是带血的煤炭，你怎么看待这个"带血的煤炭"？很明显，他是在变相指责中国的人权问题。我当时想到，记者在这里给我设了一个套，就是"带血的煤炭"，如果钻进这个圈子，怎么解释都说不圆满，因为当时我国煤矿伤亡事故确实比较多，不能完全否认。于是我话题一转，说你这个问题无非是想说中国煤矿的人权问题。我可以这样讲，中国共产党和中央政府对煤矿安全生产始终高度重视，近年来采取一系列重大举措加强安全生产工作，已经见到明显成效，煤矿安全状况呈现总体向好的发展态势，彰显我们党和政府对维护人权的高度关注。煤矿是高危行业，特别是中国煤矿自然灾害比较严重，煤层赋存条件远比美国复杂得多。美国现代化程度这么高，也保证不了煤矿不出一起死亡事故。这样回答，绵里藏针，他也挑不出什么毛病。

（三）借题发挥，释疑解惑

举办新闻发布会，有时会遇到一直想对外讲的内容却没有机会说出去。碰到这种情况，就可以借助记者提问，选择相近的问题，借题发挥，把想说的话说出去。比如，对PX项目，社会上一直存在恐慌心理，一些地方甚至公开抵制上这种项目，其实是宣传不够。我通过了解，知道PX就是化工原料"对二甲苯"的英文缩写，不属于高危高毒产品。对二甲苯主要用于生产塑料、聚酯纤维，是人们日常生活中不可缺少的原料。在某种意义上说，PX解决了自然纤维与粮食争地的矛盾。我国目前PX项目总产能与实际需求差距很大，是附加值很高、效益很好的化工项目。大型PX项目安全性很高，排放物可以循环利用，污染也很小。发达国家或地区很多PX项目都建在市区附近。这些情况怎么说出去，结果有了一次机会。2015年4月6日，位于福建漳州古雷开发区的腾龙芳烃公司二甲苯装置发生漏油着火事故，引发装置附近罐区三个储罐爆裂燃烧，导致6人受伤。这个项目就是在厦门没有落地后被迫转移到这里的。事发后当地乃至整个社会对此非常关注。在一次新闻发布会上，有几个记者问起这起事故的调查处理情况，我在讲完事故性质、直接原因后，话锋一转，就围绕PX项目的有关情况，如实向大家做了一番介绍，并特意说到，目前在国内运转的PX项目，不论是安全状况还是经济效益都非常好。这起事故发生的原因，不在项目本身，主要是管道焊接没有按标准施工，没达到质量要求而出现断裂。通过这么一解释，大家消除了一些误解。这么"借题发挥"，竟收到意想不到的效果。

（四）坦诚面对，直言不讳

回答记者提问时，发言人绝对不能欺骗或故意误导记者。有些时候宁可不说，也不能胡说；宁可回答不知道，也不要故意撒谎，甚至所谓"善意的谎言"都不能撒。有时会碰到记者的提问超出了发言人的关注范围，或者是暂时还没有统一口径，不宜对外公布。此时，坦率地讲出原因公众是可以理解的，记者也会接受，相信绝大多数记者是通情达理的。我在举办新闻发布会时遇到过几次这种情况，记者提问说刚刚在哪儿发生了一起重大事故，请问安监总局如何处置，事故情况如何。当时我还没有接到报告，对事故情况一无所知。所以只能回答，很抱歉，我目前还没有接到这起事故的相关报告。如果你关心的话，待发布会后了解了相关情况，再告诉你。新闻发言人不是万能的，回答不了某个问题是很正常的事情，没有什么丢人的。知之为知之，不知为不知。没有必要玩什么外交辞令，更不可拿一句"无可奉告"来搪塞媒体。这是新闻发言人的大忌。

（五）以情感人，情理交融

人是有感情的，要相信情感的力量。有时记者提出的问题，正好触碰了自身的情感神经，此时把自己的感受讲出来，能够与记者形成共鸣，会起到意想不到的效果。记得2002年6月20日，黑龙江鸡西矿业集团城子河煤矿发生一起特大瓦斯爆炸事故，124人遇难，其中就有时任总经理不到一年的赵文林同志。当时鸡西矿业集团经营非常困难，连工人工资都发不起。他到任后，几乎天天下井，查实情、找良策，企业经营状况刚刚出现转机。矿工对他的工作非常认可，口碑很好。听说他遇难了，一些矿工在路边自设灵堂悼念他，为他送行。我看了感动得落泪。发布会上有的记者提出，如果赵文林没有遇难，会不会撤他的职，甚至法办？这种问题不能回避，感情代替不了原则。于是我讲，他作为煤矿安全生产第一责任人，面对这么大的事故，肯定难辞其咎。但他是新中国成立以来，唯一一位死在采煤工作面的最高级别的领导干部，这本身就说明他的作风是多么深入，工作是多么勤勉。你们可以到街上看看工人自发为他设立的灵堂，就可以感受到他在职工群众心目中的位置。对这样的好干部，我们还能说什么呢？话音一落，底下鸦雀无声，没人再提类似问题。

六、牢记新闻发布"六大忌"

经过多年的实践，新闻发布会从选题到筹备、组织、召开，以至于会后的宣传报道，都已经形成一套比较规范的程序，也有些约定俗成的规矩。比如，围绕发布的主题，提前征求媒体记者的意见，有针对性拟定回答口径，或事前选择一两个记者，有意识安排提哪几个问题，做到有备无患，都是允许的。但是，也有一些确实需要注意的问题，算是大忌吧。

（一）不要做报告

新闻发布会不是工作会，也不是座谈会，发言人与媒体记者也不存在上下级关系。所以不论是发布新闻，还是回答记者提问，都应站在平等的立场上，互相尊重，坦诚相见。新闻发布不是布置工作，不能像领导做报告，长篇大论，时间也不宜拉得太长。答记者问是有问才答，不问不答。虽有时也可借题发挥，但不可太多。常见的毛病是不管人家问什么，只管念自己事先准备好的稿子。有的答非所问，不着边际，离题千里，口若悬河，让人觉得发言人有故意占用时间之嫌。

（二）不要居高临下

举办新闻发布会，你虽然坐在台上，但不是领导，台下也不是你的属下，不要摆出一副当官的架势。答记者问，首先对提问者要尊重、客气，要感谢人家的提问，体现了对你所在部门工作的关心。态度要诚恳，不要王顾左右而言他。这样不礼貌，人家觉得你不诚实。回答问题也不要使用外交辞令，更不要应付差事，敷衍了事，这样会给人一种"油滑"的感觉，有损发言人的形象。

（三）不要有对抗心理

记者这个群体，因人生阅历不同，脾气秉性各异，语言表达方式也不尽相同。有的记者提问直来直去、锋芒毕露；有的提问含蓄隐晦、锋芒不露；有的提问绕来绕去、声东击西；有的提问绵里藏针、暗藏杀机。对此要有心理准备，因人而异。尤其对比较尖锐的问题，甚至带有某些指责性、攻击性的言辞，也不必太介意，不要立即摆出一副对抗防范的架势，更不要向记者发脾气、甩脸子。即使你看出对方是在故意设套让你钻，这时也要很有风度地绕过去。

（四）不要念稿子

回答记者提问，是双向互动交流，照本宣科，就有其心不诚、其人无能之嫌。试想你与亲人、朋友谈话聊天也要念稿子吗？我当发言人时，不论是发布新闻，还是回答提问，从未照稿念过。不是没稿子，许多问题提前都做了准备，都有统一口径，但是要把功夫花在场外。把需要知道的情况，烂熟于心，临场不要依赖稿子，要用自己的话说出来。这样显得自然贴切，效果才好。

（五）不要上专业课

举办新闻发布会，回答记者提问，无非是想通过记者的宣传报道来扩大你讲的观点，传递你提供的信息。如果你说的连记者都听不明白，就等于白说。所以要把想说的东西，深入浅出地讲出来。我举办新闻发布会，很多时候要面对各类事故。我是搞煤矿出身，煤矿的一些事情还算明白一些，但是对危化品事故、对高压油气井喷失控事故，以及对其他行业的一些事故，就缺乏专业知识。对此，我拜专家为师，虚心求教，直到把事故原因，尤其是技术问题弄懂弄通，最后用自己的话讲出来。

（六）不要借机捧上级

不论是发布新闻，还是回答提问，除非涉及某位领导同志不得不说，此外都要尽量少说领导，包括介绍突发事件和事故灾难的抢险救援情况，更不要把各级领导都表扬个遍，恐怕漏掉谁。其实记者关心的不是各级领导，而是被困人员怎么样，正在采取什么措施救他们。一些大型记者招待会，有时是各级领导出场，常有人借答记者问，吹捧上级，让人肉麻，也有溜须拍马之嫌。

温故知新，砥砺前行。站在新时代的历史起点上，展望我国新闻发言人制度化建设的发展前景，我们充满着信心。尽管前进的道路上还会有困难和挑战，但是"长风破浪会有时，直挂云帆济沧海"。以此共勉。

功夫尽在发布外 只因发布见功夫

| 王 惠

① 2015 年 3 月 21 日，国际奥委会考察团来北京考察申办冬奥会工作。北京冬奥申委新闻发言人王惠在北京新闻中心出席新闻发布会，向中外媒体介绍北京申办冬奥会的工作。

王　惠

　　曾任北京市政府新闻发言人，北京市政府新闻办公室主任。先后从事过广播、报纸和电视工作20余年。北京申办2008年奥运会期间，任北京奥申委新闻宣传部副部长。北京奥运会筹办和举办期间任北京奥组委新闻宣传部部长，北京奥运新闻中心主任，北京奥运会新闻发言人办公室主任。北京申办冬奥会期间任北京冬奥申委副秘书长、新闻宣传部部长。组建我国第一个突发事件新闻中心，组织过"非典"、密云踩踏、央视大火、北京暴雨等突发事件舆论引导工作，开设全国第一个政务微博发布厅，个人微博多年被评为全国公务员十大微博。曾任建国60周年新闻中心副主任，党的十八大新闻中心副主任，APEC新闻中心主任，杭州G20新闻顾问。

无论是媒体人，还是新闻官，都是党和政府与民众沟通的重要桥梁。只不过一个靠近民众这一端，一个靠近政府那一端。这个桥梁的名字叫信息传播。

我曾有 22 年媒体生涯，16 年新闻官经历，有机会从桥的这一端，走到了那一端。

事非经过不知难。在经历了申办、筹备、举办北京奥运会和申办冬奥会等重大国际赛事的大密度媒体沟通，参与了 APEC、G20 等重大国际活动的高频次新闻宣传，应对过"非典"、密云踩踏、北京暴雨等重大突发事件的复杂舆论后，我对政府新闻发言人这一角色有了不一样的认知，知道他们需要的不仅是勇气和担当、能力和智慧，更需要从容面对、迎刃而解的可用之方法。

回望出席过的数百场发布会，接受记者采访回答的上百个问题，向 540 多万粉丝发送的 4 200 多条博文，我从中梳理出一些在实践中沉淀、淬炼过的方法。再从桥的两端、相对的角度审视再三，确认这些方法都是发言人应该揣在心里、握在手中的。

一、建立机制，责任到人，领导干部面对舆情才能不"裸奔"

2018 年初冬的一个夜晚，北京气温骤降。我裹着棉被在灯下捧读，手机响了。担任了十多年政府新闻官，对深夜来电十分敏感。一个略微急促的声音从电话的那一端传过来，是一个城市的宣传部副部长。他所在的地方出事了，部长让他问我该不该对外说话。

这样的电话我经常接到，打来的多数是地方的领导或是发言人，通常是在出现突发舆情的时候。他们问的都是："媒体已经来采访，网民也在关注，我们该不该说话？如果说话，该让谁说？说什么为好？"或者是打电话的宣传部门领导认为应该第一时间发布事实、表明态度，但是他的领导不同意，问我该怎么办。

其实，他们问的问题中央有关文件早已写得清清楚楚，规定得明明白白。为什么出现舆情时，领导干部还是不知道该怎么办呢？因为很多地方和部门的领导干部对经济工作很熟悉，对管理工作也很熟悉，对舆论引导工作却不够熟悉。往往出现问题并被媒体和网民关注时，就不知道该怎么面对了。这时候，党委和政府的主要领导做什么决定非常重要，这对他们的政治智慧和驾驭能力无疑是一次严峻的考量。一旦做错一个决定，说错一句话，就会被质疑、猜测甚至攻击，还可能被上级追责。但是非常遗憾，并不是所有的领导干部在这一考量面前都能及格。

我认为，这对必须在高风险、重压力的情况下做出决定的那个主要领导干部或领导班子是不公平的。这时候的他们被置于公众的高度关注下，全然没有保护屏障，如同在"裸奔"。只能靠经验在瞬间判断、做出决定。情急之中，难免失当。

那么，靠什么保证领导干部的决定是正确的呢？回答很简单：机制。

十八大以来，中办国办多次下发信息公开的有关规定和实施意见，要求各级党委和政府建立相关机制，以保证把信息公开的要求落到实处。

哪些机制？2016年11月15日中办国办下发的有关信息公开实施意见中明确规定，要建立舆情监测机制、沟通协调机制、口径制定机制、精准解读机制、回应关切机制。这些机制是推进信息公开、提高新闻发布工作水平的关键。

（一）舆情研判机制是信息发布之前置

说到舆情研判机制，很多人会说我们有，我们已经和哪些媒体或是舆情公司合作多年，每年投入多少经费让它们帮我们收集舆情。我说很好，但是不够。收集来的舆情就像是买来的一筐菜，能直接吃吗？不能。舆情收集来，还有三项非常重要的工作要做：

一是分析。为什么会出现这样的舆情？表象原因和深层原因是什么？这个分析必须是清醒的，不能有任何主观推断和幻想。

二是研判。这一舆情的走势将会如何？最好会怎样？最坏会如何？如果扩散和发酵会带来哪些问题和影响？是不是我们可以掌控的？研判要冷静，是在分析的基础上做出的舆论走势判断，依据事实而不是期望。

三是做预案。做预案要考虑好四个度：围度、高度、深度和梯度。围度就是确定应对范围，哪些说哪些不说。高度就是在什么层面回应，哪一级领导来说。深度就是说到什么程度，底线在哪里。梯度就是说几回，先说什么，后说什么。这四个度是舆情公司无法把握和建议的，也是领导干部很难独立完成的，不是水平问题，而是站位。被舆论高度关注的时候，领导干部不管水平多高，身在其中，都很难看清舆论的态势和走向。需要在研究舆情的时候，用会商的方式，集纳多方智慧，加入第三只眼睛的客观视角和专业人士的清醒分析、精准研判和预警，帮助领导干部做出可操作、有效果的预案。舆情研判的参与者不能只是宣传部门。分管领导要参与，责任单位要参与，相关部门要参与，专业人士也要参与。

要　领

舆情研判做预案的四个度

做预案要考虑好四个度：围度、高度、深度和梯度。围度就是确定应对范围，说不说，哪些说哪些不说。高度就是在什么层面回应，哪一级领导来说。深度就是说到什么程度，底线在哪里。梯度就是说几回，先说什么，后说什么。

我担任北京市政府新闻办公室主任期间，我所在的办公室每天早晨都要向市委市政府主要领导报送两页纸。这两页纸就是在舆情收集的基础上进行分析研判后提出的建议，成为市领导在短时间内做出舆论处置决定的重要参考。

这一做法源于北京筹办奥运会。当时国内外舆论高度关注，前来采访的境内外记者越来越多。为了借助媒体关注传播北京形象，我们聘请了国际公关公司为我们收集、分析、研判舆情。我每天有一项必做的工作就是和他们一起研究舆论热点，分析舆情走势，提出引导对策，并根据国际国内舆论的关切重点，向主要领导提出建议，适时发布可以引发媒体关注并被广泛传播的核心信息。这样的工作机制为营造北京奥运会的良好舆论环境提供了重要保障。

（二）沟通协调机制是有效发布之保障

面对舆论关注，对于领导干部来说，最难拿捏的就是到底该谁负责，到底该听谁的。由于没有明确规定，于是各部门你推我，我推你，谁也不愿担责，不敢说话，怕把责任揽到自己身上，最终把舆论引导权交给了谣言。原因就是没有建立沟通协调机制，或是有机制没有落实。

沟通协调机制就是要明确哪类事情谁是主责单位，谁是牵头部门，谁是协作部门，确定领导体系；明确哪一类事情哪个层级负责，哪个部门说话，甚至具体到负责人的职务。谁在这个岗位，谁就要负责，除非不担任这个职务。

2003 年，北京暴发了"非典"。一时间，北京几乎变成了空城，但是冒着风险飞到北京的人却多是记者。他们的到来，标志着北京的疫情已成为国际舆论关注的焦点，我们新闻中心成了北京人气最旺的地方。当时，世界卫生组织和我们都在大密度地召开发布会，用这一方式传播权威信息，告知世界在肆虐的病魔面前北京的作为。有些找碴儿的记者经常在世界卫生组织和我们的发布会上问一些尖锐的问题，希望听到世界卫生组织发出和北京不一样的声音。

世界卫生组织非常清楚这一点，他们到北京后，立即与北京建立了沟通协调机制，要求北京市成立两个工作组配合他们工作，一个是医疗救治组，一个是舆论引导组。我被市领导指定为舆论引导组与世界卫生组织沟通的负责人。

我记得第一次见到世界卫生组织总干事贝汉卫时，他就强调沟通协调机制的重要性，要求北京市发布的任何信息必须与他们沟通，以保持一致。北京建立了抗击"非典"领导小组，并设立了新闻中心，由我担任新闻中心主任。

我们连续召开九场发布会，七位市领导先后出席。我们还组织记者进医院、社区等地采访十余次，释放的信息和世界卫生组织高度一致。由于沟通协调机制到位，内外沟通，上下协力，世界卫生组织对北京的疫区和旅游禁区给予了双解除，舆论也很快从被动转为了主动。

（三）口径制定机制是精准发布之必需

对于发言人来说，口径最最重要。有口径，就可以一锤定音；没口径就可能说错话，陷入被动。经常让发言人尴尬的是，记者已经堵在门口，我们还没有口径。为什么口径总是迟迟出不来呢？应该由谁来提供口径呢？这是很多领导干部和发言人长存心中的疑问。

有一次，某地发生了突发事件，他们请我去帮助处置舆情。我到了现场就问，情况清楚了吗？回答清楚了。口径有了吗？回答还没有。为什么不赶紧制定口径呢？当地的领导你看我，我看你，然后问我：应该由谁提供口径呢？出了事情不知道由谁提供口径，这种情况十分普遍，已经困扰领导干部很长时间了。

到底应该由谁提供口径？当然不是一个人。口径怎么制定？应该有规范的流程。这个流程是：责任单位根据真实情况，迅速拿出第一口径，交给负责宣传的部门。宣传部门从新闻和传播的角度修改后，征求相关部门尤其是专业人士的意见，然后报主要领导。领导批准后，发给需要对外说话或者可能被记者问到的每个人。或是宣传部门和责任单位共同制定第一口径，征求各方意见后报主要领导审阅确定。这个过程越快越好，不能由于各部门的扯皮和层层报批让谣言抢了先。

制定口径要关注三个重点。第一个是需要对外传播的核心信息，包括事实和态度。第二个是根据舆情研判确定的关注点并给予回应。第三个是每一次信息发布的衔接要连贯，不能不一致，更不能彼此矛盾。

要 领

口径制定的规范流程

口径制定有规范的流程。这个流程是：责任单位根据真实情况，迅速拿出第一口径，交给负责宣传的部门。宣传部门从新闻和传播的角度修改后，征求相关部门尤其是专业人士的意见，然后报主要领导。领导批准后，发给需要对外说话或者可能被记者问到的每个人。这个过程越快越好，不能由于各部门的扯皮和层层报批让谣言抢了先。制定口径要关注三个重点。第一个是需要对外传播的核心信息，包括事实和态度。第二个是根据舆情研判确定的关注点并给予回应。第三个是每一次信息发布的衔接要连贯，不能不一致，更不能彼此矛盾。

北京举办奥运会期间，国际奥委会也经常在北京召开发布会。他们知道，记者在发布会上会问到有关北京的问题。为了保持一致，他们常邀请北京奥组委的领导出席发布会，有时候也会邀请我和他们的发言人共同主持发布会。在没有参与国际奥委会的发布会之前，看他们的官员在发布会上谈笑风生，十分轻松，以为他们水平高，或是不在乎。等到我介入他们的发布会准备工作后才知道，根本不是这样。他们对发布会非常重视，尤其是重要问题的口径。在发布会前，国际奥委会一定会召开协调会，要求每个出席发布会的人针对可能被问到的问题，说出自己准备的口径，包括我。如果几个人的口径有不一致的地方，就会停下来反复研究，直至形成一致的说法。然后请每个人再复述一遍，谁记不住，一定要求他写下来，反复念，直到记住。在发布会上，各自用自己习惯的表达方式把口径说出去，不允许任何人念稿子。看似轻松，实则重要信息不管谁说，全都严丝合缝。

（四）精准解读机制是发布到位之通道

相对于口径，可能会有人觉得解读不是很重要，实则错了。精准解读既是发布工作的重要组成部分，也是信息发布前后不可或缺的重要步骤。我们常会听到一项政令发布后，引发一片质疑，不得不收回；一个重要工程刚开工，导致民众不满，又停工。这个政令发布得不对吗？当然对。这个工程有问题吗？当然没问题。那为什么舆论不支持呢？因为在政令发布前后，工程开工前后没有向民众解读清楚，民众不理解。不理解，就不认同；不认同，就不支持。

所以，要让民众支持并参与，先要让他们理解，让他们理解，就必须先精准解读。解读清楚为什么，怎么做，预期目标是什么，对社会和百姓有什么好处，需要他们怎么配合。都说清楚了，民众怎会抵触？那么谁来解读呢？当然是谁说的话民众信、谁说得最清楚就让谁解读。有时候是制定政令的权威部门，有时候是责任单位，有时候是专家，有时候是参与其中的普通人。

我担任北京市政府新闻发言人时，组织了一个专家团队，吸收了上百名专家。这些专家都是我请各个委办局推荐的。有新的政令发布的时候，我们监测到舆论关注度很高，且有质疑猜测，便在政令发布前后请专家来解读。一项重要工作刚启动，我们也立即组织专家进行解读。一次不行，就解读多次。让民众心中不存质疑，确保我们发布的信息到达率高，效果好。

前几年，国家实施南水北调工程，解决中国北方缺水的问题。这是多么好的事情啊！但是，利国利民的好事如果不解读清楚，收获的也可能不是掌声。我注意到网上出现了不一致的声音，对南水北调工程质疑。如果置之不理，质疑声就会不断扩大，形成负面舆论，给南水北调工程带来阻力。我决定用我们北京政务微博发布厅的"微解读"对民众关注的南水北调工程进行解读。我们先后三次请水利专家和负责南水北调的部门就网民关注的南水北调问题进行解读，使网民了解到，只有南水北调才能解决中国北方缺水的长久困难。当网民知道南水北调对解决北京的缺水问题这么重要时，他们认同了，质疑声变成了支持声。

（五）为民解读、回应关切机制是发布反馈之手段

实际上，新闻发布工作由三部曲组成：一是信息发布，二是精准解读，三是回应关切。三者缺一不可。习总书记在2016年"4·19"讲话中，要求领导干部到网上去回应民众关切，解疑释惑。为民解读，也是发言人应该担当的责任。但是目前，当民众希望政府对他们关切的问题给予回应时，却不知该找谁，代替我们回应的常常是网上的意见领袖、维权人士们。很多领导干部和发言人还没有意识到这是自己不应该回避的责任。但是谁来回应？什么时候回应？怎么回应？这些重要环节目前在新闻发布工作中依然很不清晰，需要进一步明确。发言人重发布、轻解读、零回应的状况非常普遍，也需要改进和完善。

对于新闻发言人来说，走下发布台并不是信息发布的结束，而是刚刚开始。除精准解读外，回应媒体和民众的关切也是非常重要的。如果不及时回应关切，发布的信息就会大打折扣。尤其是互联网时代，网民已经习惯用网络问政，政府的信息

刚发布，网民的各种关切和质询已经出现在网上了。对此，我们不能视而不见，必须给予必要的回应。

北京的空气质量一直备受关注。有一天，北京出现了重度雾霾，身在其中的人无不忧心忡忡。有网民到我的微博上来骂娘，质问北京市政府何时能把雾霾治理好。作为北京市政府发言人，我觉得对网民如此关切的问题是不能回避的。在请示市领导并得到批准后，我写了这样一条微博：

> 我和每一个在北京的网友一样关注北京的空气质量，也一样期盼呼吸到好的空气。但是，我们想得更多的是怎么能把北京的空气治理好。为了治理好空气，北京市政府已经断下决心，采取了极端的措施，制定了三个阶段的治理计划。虽然不容易，但我们会全力以赴，力争 2020 年达到世界卫生组织的空气指标。这个目标的实现不仅要靠政府，也要靠企业和全社会的参与支持。各位亲，请支持我们吧！

这条微博发出后，被网友纷纷转发，虽然也有人骂，但更多的网民说，看到政府发言人的回应，了解了政府治理雾霾的决心，他们被重度雾霾挤压的心情多了一丝丝清新、一点点希望和踏实感。当天下午，技术公司给了我一组数据：我的这条微博被 178 万人阅读并转发，更多的人又阅读并转发，更多更多的人再阅读并转发。当天下午已经转发至 1.7 亿人。

二、精心策划，设置议题，权威信息发布才能不走样

2018 年 12 月 19 日傍晚，北京长安街华灯璀璨，坐落在天安门广场东侧的国家博物馆被温暖的灯光照耀着，明亮而又庄严。五层白玉厅人头攒动，洋溢着欢乐的气氛，国务院新闻办公室在这里举行 2019 年新年招待会。我们第一代发言人虽已退休了，依然被邀请出席，我把写有我名字的小牌别在胸前，感觉到内心的暖流。

这个场面对我来说太熟悉了，每年的这个时候，我们都会在这样的招待会上与中外记者进行一年中最轻松的交流。走进大厅，里面已经站满了人。其中有很多以往在发布会上经常见到的熟悉的记者面孔。路透社记者先看见了我，惊喜地过来与我拥抱："好久不见了，你现在做什么工作，是不是又回来当发言人了？"我说："没有，只是来见见老朋友。"日本《读卖新闻》和美联社的记者也过来了："我们都很想念你。"我一脸不信："真的吗？你们是因为少了一个回答刁难问题的人不开心吧？"他们笑了，笑容与他们在各类发布会上用一副"死磕"的表情不断向我扔

出各种刁钻问题的模样完全判若两人。

（一）借助媒体关注，对外传播北京形象

我和外国记者打交道是从 2000 年开始的。那一年，北京正在申办 2008 年奥运会。这是北京在 1993 年申办 2000 年奥运会失败后，又一次申办奥运会，竞争对手有巴黎、多伦多、大阪和伊斯坦布尔。在五个申办城市中，北京最受关注。当时的一份调查显示，国际媒体对北京的报道占五个申办城市的 70%，其中又有 70% 的报道是负面的。

国际奥委会规定，所有的投票委员都不能到申办城市考察，这对北京非常不利。巴黎和多伦多国际奥委会委员全都去过，大阪和伊斯坦布尔大部分委员去过，可是北京，115 个国际奥委会委员中只有 15 人来过，而且都是很多年以前来的。也就是说，他们根本不了解改革开放以后的北京。在这个认知基础上投票，北京显然处于劣势。

有关领导知道，上一次我们失败，不懂与国际社会沟通是重要的原因之一，这次我们不能再吃这样的亏了。要改变这一状况，让国际奥委会委员了解北京，需要一个桥梁，这个桥梁就是国际媒体。而要让这个桥梁为我所用，需要有专业人员做大量细致的工作。于是，时任北京电视台副总编辑、负责对海外宣传的我被调任北京市政府新闻办公室常务副主任，同时兼任北京奥申委新闻宣传部副部长。

从那时起，通过国际媒体塑造北京形象，就成为了我的一项重要工作。申办时间有限，我们任重道远，必须主动策划、设置议题，全方位、大密度、高频次地组织国际媒体采访报道北京。10 个月间，我们从境外邀请到 334 个主流媒体的记者来北京采访，准备了七套不同的采访计划供他们选择。因为来采访的记者很多，工作人员有限，我也经常带领记者去采访。有一天，我带着几个欧洲记者行走在北京的街头上，向他们介绍北京老城区的保护与改造。北京电视台的一个摄像师看见了我，他从马路的那一边跑过来问我："王总编，你改行当导游了？"我心里咯噔一下，不知怎么回答他。转念一想，只要能让这些记者客观报道北京，当导游也值。

（二）占据记者时间，换取媒体报道空间

2008 年，北京奥运会吸引了全世界 32 278 个记者云集北京。当时我在北京奥组委担任新闻宣传部部长、新闻中心主任。也就意味着，这三万多名记者都是我的工作对象。在他们来之前，我先了解了一下他们的情况，90% 以上的人没来过中国，他们的背包里装着一份厚厚的材料，是他们的总编辑给他们的报道提纲。我从

三个不同的渠道找来三份报道提纲，看完之后，我睡不着觉了。他们的报道提纲里根本没写打算报道北京奥运会什么精彩之处，中国发展多么快速。每个报道提纲里都有三四十条准备报道的内容，排在前面的都一样：人权、环境、官员腐败、食品安全、两极分化、矿难事故、群体事件、网络管理、新闻自由、贫困等等。我们是想让他们宣传中国，他们却要来打击我们。

我们意识到，挑战空前。经过认真研究、反复斟酌，我们拿出了一个策略。这个策略是，用占据记者时间的方式，占据媒体的报道空间。这个策略报到中央并得到批准，我们立即开始行动，做了 200 场发布会的方案。奥运会结束了，我们一盘点，奥运会期间我们一共召开了 391 场发布会。当时的奥运会新闻中心有五个发布厅，每天早晨 9 点，各个发布厅的发布会就开始了，一直开到半夜。当时，北京市各委办局的发言人都奔走在奥运会新闻中心的各个发布厅，每个人都揣着各种媒体关注的核心信息，出席完发布会，又去接受采访。

奥运会前几天，负责北京奥运工作的中央领导到了奥组委，他问了我们这样一个问题："你们估计奥运会的时候，国际媒体对中国的报道正面率能达到多少？"当时我们回答说："我们争取百分之七十到八十。""能做到吗？"他非常了解当时的国际舆论，知道西方媒体正在联合起来打击我们，不断炮制诋毁妖魔化中国的新闻。我们回答说："我们努力！"

奥运会结束了，美国尼尔森调查公司的老总从纽约飞到北京，他递给我一个信封："王女士，你打开吧，这是我专程给你送来的礼物。"我打开了，里面只有一张纸，就是那个调查结果。我看完眼泪都掉下来了。按照他们的调查，奥运会的时候，国际媒体对中国的报道正面率达到了 92％。因为我们不断地、不断地给记者提供信息，他们刚写完一个，我们又送上一个，刚写完这个，我们又送来了那个，他们根本没时间自己去找食，写的报道都是我们给他们提供的信息，能不是正面的吗？

如果不是这样呢？记者从我们这里拿到的信息有限，不能满足他们的工作需求，就会东挖西找，捕风捉影，道听途说，以偏概全。可想而知，北京奥运会能被报道好吗？这个故事说出一个非常简单的道理：记者的帮忙和添乱听谁的？不是听他自己的，而是听我们的。想让他帮忙就在他关注我们的时候，大密度、高频次、不间断地给他信息；不给，他为了获取信息，就会去找谣言，给我们添乱。

（三）用心服务媒体，就是服务国家形象

针对境外媒体不断炮制打击中国的报道计划，筹办奥运会期间，我们沿用申奥时的方法，主动邀请境外主流媒体的资深记者来北京采访，先后邀请了 17 批 181 个媒体人。

这些媒体人不是从没来过北京却写过有关北京负面报道的记者，就是写的深度报道可以影响半个世界的撰稿人或是拥有发稿权的总编辑。不管他们揣着什么疑问来，我们都让他们带着真实的北京走。

为了全方位回应他们的关切，北京市委市政府主要领导带头接受这些记者的专访，全市各级领导干部和各部门发言人也积极接受他们的采访，我自己更是用多种方式和他们深入交流。这些记者看到的、听到的和感受到的与他们没来北京时想象的完全不一样，受到了震动，对北京的态度改变了。回去后发表的报道和文章明显客观公正。2008 年北京奥运火炬传递在有些国家遇阻时，他们中的记者站出来说，你们没去过中国，不了解中国，不应该这样对待中国。他们中一些有影响的撰稿人还发表文章，号召新闻媒体报道真实的中国。

为了借助媒体的关注传播好中国的形象，中央和北京市各级各部门不仅在传播内容上下气力策划，也围绕创新工作方式大胆突破。

北京奥运新闻领导小组提出了"善待媒体，善用媒体，善管媒体""服务媒体就是服务奥运会"的理念和"四有四不"的要求。

"四有"：有问必答，有答必备，有备必给，有给必快。

"四不"：不拒绝，不回避，不拖延，不耽误。

北京市和北京奥组委共同建立了新闻中心和一站式服务办公室，邀请国家部委和北京市 24 个部门的工作人员一起办公。记者走进一站式服务办公室，就可以解决他们在北京采访所需要的通关、驾照、银行卡、住宿、租设备等所有的问题，这些创新的媒体服务方法受到国际舆论的普遍赞誉，成为对外传播中国的典范。

北京奥运会的最后一场发布会也是我主持的。那场发布会结束后，记者们纷纷走过来和我们合影留念，发布会结束快半个小时了，发布厅依然有很多记者在等待与我们告别。当我送走所有的记者走出发布厅时，看见美联社、法新社和路透社三大通讯社的首席记者还站在门外。

他们为什么没走呢？我走向他们："你们还没走啊？""我们在等你。"等我？为什么要等我呢？但我还是微笑着走向他们："有什么需要我帮助的吗？"这句话我几乎每天都会对记者说。他们说："没有。我们等你是有句话想告诉你，你们的信息服务做得太好了！如果有一枚媒体工作勋章，我们就挂在你胸前。"他们的话太让我意外了。

在筹办和举办奥运会期间，我天天面对这几个大记者，他们在发布会和采访中不知道问过我多少艰难刁钻的问题，不管他们问什么，我都没有失语过。可是这一刻，我语塞了，不知道该说什么。对于负责北京奥运新闻宣传的工作人员来说，在完成这项重要工作后，听到国际媒体的资深记者这样评价我们的工作，欣慰中不无感慨。

实践证明，好的舆论引导都是议题设置的结果，好的发布效果都是精心策划的产物。议题设置，一定是发言人不可忽视的工作；精心策划，也一定是发言人必须具备的能力。北京奥运新闻宣传工作一系列主动设置议题，精心策划核心信息，通过服务媒体引导舆论的做法，得到了中央领导的高度评价。此后我们国家举办的重大活动和国际赛事都采用了北京奥运会的做法。

（四）主动设置议题，策划贯穿工作始终

除了重大活动的新闻宣传需要策划，平常的政务信息发布也同样需要策划。中央文件明确规定，要把信息发布与重要工作同步安排。这个同步安排是什么意思？怎么落实？我认为就是要把策划的含量体现出来。在研究工作的时候，同时研究信息发布的策划方案；在部署工作的时候，同时确定核心信息传播计划。确保政府需要被民众知晓的信息得到及时、广泛传播，并让民众听得懂，记得住，愿接受，被跟随，想参与。

如果发生了不利的舆情，被媒体和网民关注了，更需要策划。但是目前领导干部和发言人在遭遇不利舆论关注时，都很害怕，想的是赶紧藏起来不被关注。殊不知，如果藏起来，就只能是一个结果：被炒作、被指责。因此，出现负面舆论，不能怕，更不能藏起来不说话，要知道被关注是难得的机会，应该抓住这个机会立即策划，策划的重点是怎么尽快形成舆论拐点。

前年，浙江一个游客在日本干了一件很丢中国人脸的事，拿回一个日本酒店的备用马桶盖。这件事在网上被传播后，引起广泛关注，当地的形象也被抹黑。当晚，当地宣传部门的领导给我打电话，问我该怎么办，这是个人行为，政府对这事应不应该表态。当我了解到当地就是高智能马桶盖的生产地时，建议他们立即起草一个当地生产的高质量马桶盖出口创汇的新闻，同时在网上发一篇博文，题目叫《马桶盖自述》：

> 我是一个马桶盖，大家都以为我是日本的，其实我是浙江的。我们这里每天都生产很多马桶盖，但是全都出口到别的国家了。昨天听说有个老乡把我的一个兄弟从日本带回来了。我想跟这个老乡说，你带回它干吗？咱家有的是。你要想了解咱家生产的马桶盖，我给你一个电话，你找他，他可以带你到展厅

看看有多少种马桶盖供你挑选。如果你想体验，你找他，他可以带你到体验馆体验一下。如果你想买，你找他，他负责销售，目前正在打折……

他们按我说的分别在媒体和网上发了新闻稿和博文，舆论走势立即形成了拐点。大家都开始关注马桶盖是不是该买，如果买，应该买谁的。当地网信部门趁势宣传他们高质量的马桶盖以及优越的功能。网民发现，其实买浙江的马桶盖比买日本的优势还要多，于是当地的马桶盖销量大大提升。

三、充分准备，心中有数，发言人面对记者才能不失语

2018 年 12 月 22 日，中国农历冬至。这天晚上，在家人们围坐在一起吃饺子的时候，中央电视台著名主持人白岩松主持的《新闻周刊》播出了一期特别节目：《走向公开》。国务院新闻办公室原主任赵启正、国务院新闻办公室原副主任王国庆、原卫生部发言人毛群安、原铁道部发言人王勇平和我在这期特别节目中讲述了一代发言人在中国走向信息公开中的故事。这个夜晚，我的手机微信不断有人发来节目的节选和图片，让没有机会守坐在电视机前观看这期节目的我看到了北京奥运会第一场发布会上的自己，记忆瞬间将我带回到 10 年前。那是我一生中出席发布会密度最大的时期，也是我学习国际传播能力的大课堂。那时的我，一天数次走向发布厅，一次又一次仔细地更换着手中的发布信息，一个又一个认真地准备着各种备答口径。因为我知道，充分准备至关重要，不管时间多么有限，不管工作多么繁忙。

新闻发言人一出场，无论你愿意不愿意，与媒体的较量就已经开始了。较量什么？最重要的就是准备的程度。谁准备得充足，谁主动；谁准备得不够，谁被动。记者都是有备而来的，他们在出席发布会或是采访发言人之前已经做了大量的案头工作，也可能进行了深入调查，对要报道的相关情况、背景过程已经非常清楚了。他来出席发布会，只是为了确认，或是就他感兴趣的信息再挖一些深入的内容。也可能在来之前，已经把稿子写好了，就差官方的一句话。他问了，发言人答了，填上就发了。甚至他连发言人的话都写好了，只问是不是这样。发言人说是，他立即发稿。

如果记者就某个问题对领导干部或是发言人提出采访请求，他的准备工作会做得更扎实。要问的问题都已经拉出了单子，甚至带着已经调查过的情况、故事、数字前来。面对有备而来的记者，领导干部和发言人也必须对已经发生的事情、记者关注的问题、我们打算传递的主信息了然于胸。不仅要清醒，还要在出席发布会和见记者前做大量的准备工作。准备什么？

（一）了解舆情，确定媒体关注点

发言人需要了解发布信息的报道引发了民众什么情绪和评价，媒体现在正在关注什么，还可能报道什么，网民正在猜测什么，对什么质疑最多，可能对什么进行深挖或人肉搜索。了解清楚了，将舆论关注的问题按照严重程度排列出来，拉个单子。

2014 年，与北京奥运会时隔 6 年，北京启动了申办 2022 年冬奥会的工作。消息传出，引发了国际媒体的高度关注。它们再次聚焦北京，报道北京的数量始终比竞争对手高 8 倍之多。当时我担任北京冬奥申委副秘书长兼新闻宣传部部长，我知道，有限的申办时间和国际奥委会的严格规定给我们留下的营造舆论的时间和渠道都非常少，绝不能出错，出一点错，就会给申办工作造成巨大阻力，且没有时间弥补和挽回不良影响。为了确保每一次发声都精准有效，零失误，广传播，我们对国际媒体进行了分类，锁定了影响国际奥委会委员的几个关键媒体和网站，侧重对它们有关北京和竞争对手的报道跟踪分析，研究它们的报道对国际奥委会委员产生的影响，并根据舆情变化调整我们的宣传策略，精心策划，将我们希望国际奥委会获得的信息精准传递出去。

（二）预测问题，做到心中有数

发言人不仅要知道发布什么，而且要根据舆情判断媒体关注点，尤其是舆情表达的民众情绪。这些情绪便是民众心中的问号，也是记者始终在找寻的报道点。要在发布前围绕每一个舆情点，列出记者可能设问的范围，也拉出单子。如果舆情单子是一条竖线，那么预测问题的单子就是多条横线，每一个关注点都要列出若干问题。

预测问题要注意四点：其一，宁多勿少。一般要准备六到八倍于实际回答的问题，甚至更多。其二，宁难勿易。一定要预测出艰难和刁钻的问题是哪些，最难回答的问题是什么。其三，宁细勿粗。记者可能会对某个关注的问题不断追问，甚至已经掌握了一些情况，尤其是数字、细节，必须有充分准备。其四，宁疑勿信。记者经常会以写正面报道为由找到发言人，其实关注的通常是正在被公众质疑的热点，或是政府与舆论不一致的说法，并追问原因和背景。如果预测不到这些问题，一旦被问到，就很被动。

申办冬奥会期间，按照国际奥委会的要求，申办城市要在规定的时间召开发布会。发布会的顺序是抓阄而定的，我们的竞争对手阿拉木图先于我们开发布会。

我拿着已经预测到的重点问题参加了他们的发布会。一边听，一边调整重点。他们的发布会结束了，15 分钟后就是我们的发布会。我急忙跑出发布厅，召唤各

要领

预测记者问题的"四宁"

预测问题要注意四点。其一,宁多勿少。一般要准备六到八倍于实际回答的问题,甚至更多。其二,宁难勿易。一定要预测出艰难和刁钻的问题是哪些,最难回答的问题是什么。其三,宁细勿粗。尤其是数字、细节,必须有充分准备。其四,宁疑勿信。

位正在准备出场的领导们。

我说:"有几个重要问题一会儿被问的可能性非常大,请大家重点准备。阿拉木图的市长一直在强调他们有雪,而且是真的,还强调他们的空气洁净,暗指北京缺雪而且有污染。记者一定会问我们缺雪的问题和空气问题。阿拉木图的市长还强调他们有冬季运动的传统,从孩童到老叟都会滑雪。记者肯定会提及我们中国冬季运动目前水平不高这个问题。阿拉木图的市长说他们的优势之一是场馆离得近,记者一定会问我们三个赛区离得那么远怎么办。记者问他们的发言人,没有奥运会的经验怎么确保成功举办冬奥会。记者就会问我们,北京举办过奥运会,如何继承2008年奥运的遗产。记者问了他们兴奋剂的问题,也一定会问我们。"

领导们根据我说的重点问题,按照分工迅速阅读各自的口径,发布会上这些问题果真都被问到了,每位领导的回答都完美无缺,发布会开得非常成功。

(三)收集情况,扩展有利信息

在出席发布会和见记者前,发言人要尽可能全方位了解情况,扩大有利信息的储备。信息储备就像是八爪鱼,核心信息是中间那个部分,但也必须了解与之相关、延伸到各个方面的情况,并尽可能多地掌握,为核心信息服务。

申办冬奥会时,我们的竞争对手阿拉木图为了取得2022年冬奥会的举办权,竭尽全力,不惜一切代价,花重金聘请了高端的国际公关公司为他们做策划。国际公关公司帮他们确定了很有亮点的核心信息,制定了无懈可击的答问口径。这些策划都有效地吸引了国际奥委会和媒体的关注及认同。一度,国际舆论看好阿拉木图,认为它是一匹黑马。尤其是在距投票还有四十天的洛桑陈述后,阿拉木图的形象大为提升,一直认定北京能赢的几个国际奥委会委员对我们说,原来北京是一棵大树，阿拉木图是一株小草。现在，阿拉木图也把自己包装成大树了，你们的竞争结果如何，很难说了。

一些和我关系很好的外国记者也悄悄对我说，你们北京中规中矩，可是阿拉木图不按常规出牌，用了奇招，而且很有效。针对这一情况，我们列出了几个以前没有传播的北京申办冬奥会亮点：请到长城来滑雪，北京举办冬奥会将扩大世界冬季运动的版图，北京三个赛区的冬奥场馆规划更有利于赛后利用，北京计划举办一届节俭的冬奥会，北京举办冬奥会将给世界留下独特遗产，北京将向冬奥会贡献五千年的传统节日春节，等等。在申办的关键期有计划、分阶段、抓重点地推出，吸引国际奥委会和媒体的关注与认同。

2015 年 7 月，申办工作到了决战时刻。阿拉木图为了取胜，不顾国际奥委会有关投票前三周不允许申办城市进行宣传的静默期规定，一直在国际媒体上进行宣传。在到达吉隆坡后，也不顾国际奥委会的提醒，高调召开由哈萨克斯坦总理出席的盛大发布会。这时候距离投票只有两天了，如果北京还没有声音，就意味着投票前的舆论空间全部让阿拉木图占据了，这绝不可以。但是我们也不能违反国际奥委会的规定呀！怎么办？我们换了一种方式，用接受记者采访的方法，对外释放北京的强信息。

2015 年 6 月，北美职业冰球联盟（NHL）吸收了一个名叫宋安东的中国青年人。这是北美职业冰球联盟史上第一次吸收中国籍运动员。这对北京申办冬奥会绝对是利好的消息，我们把宋安东带到了吉隆坡。媒体记者一直想采访他，也想采访姚明，我们没有安排，一直在等时机。现在时机到了！

那一天，我们通知记者姚明和宋安东将在新闻中心接受记者采访，新闻中心立即被记者围得水泄不通，一间房子都坐不下，只好将记者分成两批，我和我的同事徐济成各负责一批，同时进行采访。我对记者们说："我知道大家一直想采访两个人。但是申办工作到了关键时刻，他们都很忙。今天，他们终于抽出时间来见大家，很难得。现在有请！"我手指之处，姚明拉着宋安东走进了采访室，就像一个大哥哥领着一个小弟弟。记者们沸腾了！这个场面实在是太具新闻性了！一个夏季运动员，一个冬季运动员；一个刚从 NBA 退役，一个刚进 NHL；一个大家熟悉的，一个新面孔；夏季加冬季，一代又一代呀！闪光灯狂闪一片，姚明和宋安东摆出各种 pose，脸上全是自信的笑容。

之后，他们又分别用汉语和英语回答了记者的问题，诙谐幽默，谈笑风生，场面令人难忘。第二天，国际媒体都用大篇幅报道了姚明、宋安东的故事和他们对北京申办冬奥会的支持。媒体报道称，谁说中国没有冬季运动的实力？而对阿拉木图的发布会只做了简单的报道，因为他们说的还是大家已经知道的那些内容，在新闻性上输给了我们。

第二天，阿拉木图感觉他们的目的没有达到，照方抓药，又高调组织了一场由总理出席的发布会，我们也不能没有声音。我向领导建议，我们能否用国际舆论一直关切但我们却从没有正面回应的问题来吸引国际舆论的关注呢？这个问题就是冬奥会的预算。领导同意了。

于是我们通知记者，今天，中国发改委和北京冬奥申委的领导一起来回应你们一直关注的北京冬奥会的预算问题。记者们又把新闻中心围得水泄不通了。之前，阿拉木图的预算比我们高，在国际奥委会去考察的时候，他们缩减了四分之一的预算，但是北京没有缩减。当时这件事引发了国际媒体的高度关注，问我们为什么不缩减。我们说，因为我们的预算是合理、科学的。但是我们一直没有对媒体说过为什么合理、怎么科学。

这一天，我们请国家发改委的领导、普华永道会计师事务所的专家和我们一起向媒体解读了我们的预算。记者们听到合情合理的解读，心服口服。有记者问："从预算上看，你们椅子的数量应该不够，是不是不科学？"普华永道会计师事务所的专家回答说："谢谢你的慧眼！看出了我们独具的匠心。我们的椅子预算确实不多，因为我们要用北京2008奥运会留下的椅子，这样的安排在预赛中还有很多处，我们将最大化地推行再利用和节俭，目标是办一届真正节俭的冬奥会。"

第二天，"北京如果举办冬奥会，将是一届真正节俭的冬奥会"成了各大媒体的标题句，媒体又大篇幅报道了北京。而阿拉木图的发布会又是一条简讯。因为他们给媒体的还是原来说过的信息，没有新闻性。

(四) 准备口径，强化核心信息

了解舆情、预测问题都是为了制定口径。也就是说，预测了多少问题，就要有多少口径。制定口径与预测问题一样，一是多多益善，二是确定重点。

申办冬奥会时，我们先后预测了200多个记者关注的问题，也做了200多个备答口径，发给每一位参与陈述和出席发布会的领导和专家，让他们提前熟悉和准备。我对工作团队的要求是，有关注就有回应，有疑问就有解答，有解答就有口径。当时，从刘延东副总理到每一位陈述人都回答了记者问题。我的任务就是确保每个领导和专家回答的每个问题都有口径不出错。

为了确保领导干部对记者的问题不陌生，答问不出错，我们不仅要求领导干部拿到口径反复阅读熟知，还请来记者对他们进行模拟演练，从各个角度对他们提问，让他们不管面对什么刁钻艰难的问题都能回到口径中，从容对答。正因为各级领导高度重视口径的准备，申办冬奥会的新闻宣传工作才实现了高标准、零失误，受到了中央的表扬。

从奥运会筹办时起，我们就给北京市各部门出席发布会的领导干部和发言人准备了四个保护伞：第一个是根据舆情的严重程度告诉他们最大的风险是什么；第二个是帮助他们预测可能被记者问到的艰难问题；第三个是和他们一起研究答问口径；第四个是帮助他们制定能被媒体采用的标题句。

其中，我们每年为领导干部和发言人制作的答问口径册最受欢迎。口径册只有手机那么大，里面有 100 多个记者关注的有关北京的答问口径。我把口径册送给市领导和各部门发言人，对他们说："不要小看这个小册子，它是确保你站在记者面前心不慌、话不乱、语不失、错不犯的护身符。把这个口径册揣在口袋里，再把与你工作相关的那几页折好，在记者出现的时候，迅速拿出来翻阅一下，就能确保你接受记者采访时，有可参考和遵循的依据，说应该说的话，精准答问，全身而退。"大家都很欢迎。

（五）准备金句，为媒体提供标题

要让领导干部和发言人口出金句，并成为媒体的标题，很不容易，但却是非常必要和重要的。什么是金句？就是概括力强、形象生动、能抓住受众、被传播、有一语道破之感的语言。需要用心琢磨。

2012 年春天，北非发生动乱，一些西方势力试图把这一动乱引到中国，搞颜色革命。他们费尽心机，通过互联网在北京组织所谓的"茉莉花革命"。这一复杂的政治气氛给春寒料峭的北京加了一层寒气。驻京的外国记者涌向王府井，希望在那里看到所谓的"茉莉花革命"。一天又一天，他们的愿望不断落空，但仍然不甘心。没有"茉莉花革命"，就去找执勤警察的茬儿，气氛越来越紧张，舆论也越来越不利。

3 月初的一天晚上，我接到市领导的通知，要求我办第二天下午召开发布会，吸引外国记者去发布厅不去王府井聚集。这无疑是一场舆论引导的硬仗，风险和挑战都非常大。我认为，这场发布会的成败，关键看媒体的报道能不能形成拐点，关键的关键看媒体的新闻标题是不是对我们有利。要让它们的标题对我们有利，我们的话就必须占据媒体的标题句。我把准备的重点放在了标题句上，我觉得准备一个标题句不够，可能不被采用；两个也不够，不能保证采用；必须准备三个。

第二天下午两点，发布厅坐满了各国媒体的首席记者，气氛与平时的发布会很是不同。他们对出席发布会领导介绍的"两会"期间交通安排根本不关心，憋着劲儿要问"茉莉花革命"的事。

我刚说完"现在请记者提问"，CNN 的首席记者就站起来了，声色俱厉地问道："北京是不是发生了'茉莉花革命'？你们为什么不敢承认？刚才我从王府井过来，那里警察林立，请你给我们解释，到底发生了什么？"我一听，果然问了。发布会现场的气氛顿时凝结，记者们全都拿起了笔，睁大眼睛等着答案。

我略微压低了语调，用比平时慢一倍的语速回答了他的问题："确如你所说，有一些别有用心的人，想在北京搞所谓的'茉莉花革命'。"这时，我心里想的不是紧张和害怕，而是我的三个标题句："但是，北京没有也不可能发生他们希望看到的事情。任何一个头脑清醒的人都能看出来，他们打错了主意，选错了地方。中国不是中东，北京不是北非。中国改革开放三十年，经济发展，社会进步，人心思稳。如果有谁想在中国搞所谓的'茉莉花革命'，只能是竹篮打水一场空。"我的三个标题句一个没剩，全都说出去了。一个是打错了主意，选错了地方；一个是中国不是中东，北京不是北非；还有一个是竹篮打水一场空。

因为我是第一个回答外国记者有关所谓"茉莉花革命"问题的发言人，所以第二天国际媒体都报道了我的话，我的三个标题句全部被采用了。从此，在西方媒体对中国的报道中，再没出现过"茉莉花革命"的内容。

2017 年，浦东干部学院周光凡教授在收集新闻发布资料时，找到了我当时回答这个问题的录像片段，并发给了我，让我有机会时隔五年审视自己当年回答这个问题时的状态。录像中的我确实可以用从容淡定来形容。之所以能在环境复杂、责任重大、挑战和压力均超乎寻常的情况下保持镇定，是因为我已经准备好了让记者做标题的金句，并坚信媒体一定会用，所以才任你东西南北风，我自从容淡定中。

四、认真研究，技高一筹，面对尖锐问题才能不走调

2014 年 10 月 27 日，新华社报道称：

> 金秋十月本来是北京一年中风景最秀丽的时候，但今年却连续遭到雾霾的袭击，北京马拉松也受到了严重的影响。北京冬奥申委新闻宣传部部长王惠今年十月数次接受新华社记者的专访。她说："北京马拉松遭遇雾霾天气，谁也不愿意看到。雾霾是北京人心中的痛，成因很复杂，治理难度很大，这是对北京市和周边省区市的严峻考验。很多人问，北京这样的空气质量还要申办冬奥会啊？我认为，申办冬奥会和治理空气污染目标是一致的。申办冬奥会可以促

进治理污染，受益的不仅是冬奥会，更会让老百姓长期受益。从这个角度来讲，申办冬奥会对于北京治理大气污染也有推动作用。"

如新华社的报道所言，我在一个月中接受了他们数次采访，回应的都是关注度和质疑声很高的问题，每篇报道都被上百家媒体和网站转发。要保证接受采访后传播不走调，发言人不仅要关注信息发布的第一落点——给了记者什么信息，更要重视第二落点——记者向民众传递了什么信息。要让第二落点精准，仅靠准备信息显然不够，还需要认真研究。研究的重点是守住六个底线。

（一）不能把不该说的说出去，最大追求：准直播

很多领导干部说错话，都是因为不知道哪些该说哪些不该说而凭感觉去说，结果三句话还没说完，已经闯祸了。因为记者只用了你说错的话，说对的一句都没用。所以，在说话前，一定要先把能说的和不能说的一刀切开，不能混在一起。召开重要的发布会之前，我都会问每一位和我一起出席发布会的领导：知道哪些是不能说的了吗？每个人都知道了，拦住了不能说的，发布会就不会出大的纰漏了。

十多年来，我一直奉行"有限信息，不生枝节，实话实说，不是全说"的十六字方针。为什么呢？因为不管你说多少，记者用你的话都十分有限，经常不超过三句话，30秒。有的领导说，这件事情很复杂，30秒说不完，我需要解释。解释难免说多，很容易洒汤漏水。最佳的传播效果是被"准直播"。什么叫准直播？就是你说话的时候没人直播，但播出的时候，一个字都没改，这是发言人追求的最高境界。怎么做到呢？当然得少说。有的领导很委屈：记者把我的话断章取义了！可是他没想过，为什么要给记者断章取义的机会呢？如果只说30秒，怎么可能被断章取义呢？所以，对记者说得多并不好，说准确，被准直播了，才是真的好。

要 领

"准直播"

最佳的传播效果是被"准直播"。什么叫准直播？就是你说话的时候没人直播，但播出的时候，一个字都没改，这是发言人追求的最高境界。怎么做到呢？当然得少说。对记者说得多并不好，说准确，被准直播了，才是真的好。

(二) 不能让记者知道的比你多, 最要紧的: 竭泽而渔

一旦记者掌握了我们不了解的情况, 并对这些情况设问, 发言人就会陷入被动, 有可能招架不了, 说错话。如果发言人知道媒体近期在关注什么, 一定要了解与之相关的所有情况。尤其是核心情况、重要环节和数字, 因为记者可能已经掌握了, 会拿来质问发言人。他们也会挖出以往与此事有关联的事情, 作为背景设问, 这些情况发言人要全部掌握, 了解的情况一定要比记者多, 竭泽而渔。

北京市有个部门的领导被中央电视台的记者堵在了办公室, 他怕说错话, 报告了市领导。市领导让我去帮他。我到了他的办公室, 采访已经开始了, 是关于水污染的内容, 我只好站在摄像机后观察。记者显然已经在北京郊区做了大量的调查, 才来采访这位领导。记者问: "据我们了解, 北京某区未处理的污水每天向河流直排 10 万立方, 你们监管部门知道吗?"这位领导说: "真实情况并不是你了解的这样。"记者问: "真实情况是什么?"这位领导说: "我们需要调查。"记者说: "我们已经调查过了, 真实情况就是每天直排污水 10 万立方。那么一年就是直排污水 3 650 万立方, 对吗?"

这位领导没有回答, 在他沉默的时候, 我从摄像机寻像器里看到, 电视镜头已经将他从中景推到了近景。记者又问: "每年向河流直排 3 650 万立方的污水, 这个责任应该由谁来负?"这位领导还是没有回答, 这时候电视镜头又将他从近景推到了特写, 镜头里的领导目光闪烁, 额头出汗都看得清清楚楚。不要认为没回答就是什么都没说, 镜头语言已经告诉受众你说了什么。也不要认为不说话就是否认, 没答案就是默认。显然, 如果记者知道的情况比你多, 就等于把你逼到了死角。一定要尽可能多地了解记者正在关注的情况, 否则就很被动。

(三) 不能被记者牵着走, 最低底线: 不出圈

一般来说, 记者的问题都是开始很温和, 后面越来越尖锐。其实他开始的问题都是打场子、跑龙套的, 没打算用。因为他知道你有防备, 说话很谨慎, 先问几个轻松的问题后, 发言人觉得没什么, 说话自然了, 放开了, 真正的问题才开始。结果发言人在不经意间说的洒汤漏水的话都被用了。记者也经常采用吊球的方式提问。他问了一个比较难回答的问题, 你用心接住了; 他接着问一个更难的问题, 你又吃力地接住了; 他再问一个更艰难的问题, 这时候你已经非常费力了, 如果记者再继续问更难的, 你就有可能接不住。

这时候发言人一定要沉着, 事先给自己定好说话的范围, 不要被记者的连环套

唬住，更不能被他牵着走。不管他扔出多少想不到的问题和角度，都不能说出圈的话，也就不会掉进陷阱中。

"挖陷阱"是记者提问的常态：甜言蜜语、虚晃一枪、声东击西、谣言倒逼、故意激怒等都是。有的领导干部抱怨说："他挖陷阱！"他是挖了陷阱，你该干什么呢？回到安全岛。哪里是我们的安全岛呢？口径。从记者挖的陷阱到我们的口径之间可能有点距离，怎么才能用一句话搭过去，毫无痕迹地进入安全岛？这需要一些连接话语，比如：这个问题我注意到了，我想说的是；你说的不是事实，事实是；我还想告诉你的是；等等。这些话如同桥梁，用它迅速将话题接到需要说的核心信息上，你就进了安全岛了。

（四）不能被记者的刁钻问题吓住，最重要的：核心信息

遇到记者艰难刁钻的问题，发言人本能的第一反应是害怕。我想说的是，千万不能怕。一怕，你的智商就会直落90％。就剩下10％的智商了，怎么和高智商的记者过招呢？有领导干部说，不怕是假的，真的是怕。那我教你一个永远也不怕记者问问题的办法。这个办法就是不要去想记者的问题，只想我们有什么可以利用这个问题传播的核心信息。只要你考虑的重点是核心信息，就不害怕记者的问题了。

奥运会之前，有个外国记者在发布会之后要求采访我，说只问我一个问题。我同意了。他说："刚才你在发布会上说，你们要办一个和谐的奥运会？"我说："是的。""那你们为什么在西藏杀人？"

我当时一下就怒了，你在说什么呢！如果当时我不控制情绪，脱口而出："谁杀人了？你见我们杀人了？你净胡说八道！"那个记者身后的摄像机就会把我的动作、表情全部拍下来，卖到全世界。这是北京奥组委的新闻官，凶神恶煞。他们承诺善待媒体，你们看她这样，你们信吗？谁的形象坏了，当然是北京奥运会。

我知道不能生气，但是已经生气了，我赶紧深呼吸，因为我知道在情绪失控时回答问题，一定会说出不该说的雷人之语。我尽量让自己情绪平静，然后说："是的，我们是在办一个和谐的奥运会。"我还没说完，他打断我："那你们为什么在西藏杀人？""先生，你说到西藏，我正要告诉你，我们国家是个和谐的家庭，这个家庭中有56个成员，西藏就是其中之一。""那你们为什么在那儿杀人？"当时我觉得这个记者真讨厌。但是我依然沉住气回答了他的问题："先生，我觉得你有点固执，但是我也不能不说，你对我们中国的问题，尤其是西藏问题有点无知啊。你怎么知道我们在西藏杀人了？显然是听信了谣言。这样吧，你不用问我了，到街上去问100个人同样一个问题，中国政府在西藏杀人了吗？如果有一个人对你说杀了，你

再回来找我。为什么我有这样的信心呢？因为我们中国人比你们外国记者更加了解西藏，我们知道那是一个和谐的地方，是我们和谐家庭中的一员。"他连问了三遍一模一样的问题，不能再问了。就算问，也不能怕。在任何问题面前，只要有核心信息，就不会怕，也不会说错话。

（五）不说记者不感兴趣的内容，吸引记者：靠故事

发言人说的话一定要让记者感兴趣并传播才有价值。如果只说官话套话，记者不感兴趣，就不会写。比起官员来，老百姓更会讲故事，所以记者喜欢去找老百姓。

北京奥运会筹办的时候，路透社一个编辑在没来中国采访的情况下，七拼八凑出一篇报道，题目是《北京奥运会致使150万人流离失所》，这篇完全失实的报道直指北京奥运工程建设。真实的情况是，北京奥运会场馆建设只有1.6万人搬迁，他的报道夸大了将近一百倍。但是这个报道被半个世界的媒体采用，给北京奥运会的形象抹了黑。看到报道后，我们立刻对外澄清事实，说明真相，以正视听。我们感觉到光靠官员去说，可能不被相信。于是，我们策划了一次让老百姓给外国记者讲他们自己故事的发布会，邀请因为修建鸟巢搬迁的大屯乡村民来讲他们的故事。

六个村民和我一起走上了发布台。我对记者们说："各位记者，坐在我身边的这几位都是普普通通的老百姓。他们以前住在鸟巢所在的地方，为建奥运场馆搬迁了居所，是为北京奥运会做出贡献的人，像他们这样的人在北京有1.6万。很多记者都在关心他们现在的生活怎么样，今天我请他们中的6位来讲他们自己的故事，并回答你们的问题。"在场的一百多位记者都非常兴奋，尤其是外国记者，他们希望听到这些村民的抱怨。六个村民每个人用两三分钟讲了自己的一个故事，有的讲居住环境改善，有的讲家庭生活情况，有的讲转型择业过程，有的讲学习提升经历。语言生动形象，故事引人入胜。言谈话语中透出的全都是对生活状态的满足和对奥运会做出贡献的自豪。

到记者提问时间了，法新社驻京记者问："这位老先生，你这个年龄过去住的房子应该是四合院吧，那你告诉我，你的四合院现在哪里去了？你是不是很怀念以前居住的环境呢？"显然他不喜欢刚才村民们讲的故事，想在答问中挖一些负面的内容。这位老者回答说："过去我们住的不是四合院，是大杂院。一个院子住了13户人家。院子里只有一个水龙头，没有厕所，上厕所需要走出院子，去距离300米的公共厕所。当时我妈妈已经80多岁了，她得了半身不遂，自己没能力去厕所，需要我们用自行车驮着她去。我妈看我们都很忙，不好意思说，经常尿在裤子里，

拉在裤子里。我们搬迁以后，用政府给的补贴买了楼房。现在住的房子很大，家里有两个洗手间，我们把其中一个改造成了残疾人的，我妈妈专用。她不用任何人帮忙，就可以自己上洗手间。我妈说，现在我们住的比以前好太多了！"这个故事被很多媒体采用，1.6 万人因建奥运场馆搬迁被做成标题，150 万人流离失所的谣言破灭。

记者也喜欢形象的比喻。2007 年夏天，美国 NBC 制作了一个介绍北京奥运工程的特别节目。他们派了一个庞大的采访团队和一个大牌主持人乘专机从纽约来北京，我接受了采访。采访地点在鸟巢和水立方之间的工地上。

因为我的英语水平有限，事先，奥组委的同事们和我一起准备了答问口径，怕我说不好，这些口径都比较简单笼统。我读了几遍，但没记住。原以为到了现场还有时间准备，没想到主持人梅瑞狄斯·贝拉（Meredith Beira）一见到我，就像见到了老朋友，和我聊上了，我没时间再看一眼材料。开拍了，我和贝拉从远处走进画面。走到轨道处，移动摄像机开始动了。我意识到，我们的镜头已经从大全景切换成了中景，采访的重要部分就要开始了。

果然，主持人认真地问我："鸟巢和水立方的设计是怎么来的？体现了什么设计理念？"当时的现场气氛让我觉得，用口径里概念性的语言"绿色、科技、人文"回答这个问题不太适合，我决定说自己的话。我答道："你看，你的左侧是鸟巢，也就是北京奥运会的主场馆。一年后，北京奥运会的开、闭幕式和田径等竞赛项目就在这里进行。你的右侧是水立方，也是国家游泳馆，将进行奥运会的水上竞赛项目。它们一个是圆的，一个是方的，这和我们中国人讲的天圆地方完全吻合，这个设计充分体现了中国的传统文化。看它们的材料，一个是钢结构，一个用新材料，全部是现代的设计理念。请再看看它们的形象：一个比较雄壮，一个比较柔美；一个像男孩，一个像女孩。它们就是我们北京奥运会的双胞胎。"

这个节目在 NBC 收视率最高的《今日秀》（Today Show）播出了，我的这段话因为比喻形象被采用，也被美国观众记住了。华盛顿肯尼迪艺术中心的艺术总监是我的朋友，这一天我接到了她从大洋彼岸打来的电话，电话里她的声音非常兴奋："我在 NBC 看到你和你们的双胞胎了！那个男孩和女孩我都非常喜欢，不过我的同事们看法不一样，他们正在为哪个更好看争论不休呢！"我的这段话不但被传播，也被受众记住了。

（六）不能在风险问题面前没预案，最后防线：不失语

我相信没有一个发言人想说错话，但是在说话之前，你知道今天说的话有风险吗？有几个风险？哪一个让你再也回不去？面对风险的预案是什么？如果记者问的

就是风险问题，口径是什么？这些都是发言人必须清楚的重要问题。

2012年7月21日，暴雨洪水突降北京，当晚37人死亡。灾难发生后，北京市委市政府面临着两大挑战。一个是灾害，一个是舆论。

灾情发生的第三天，北京市政府新闻办公室按照市领导的要求，举行说明会，向中外记者介绍北京抗洪救灾的有关措施和效果。但是，就在说明会即将召开的时候，突然接到了取消说明会的通知，原定来介绍情况的领导也不来了，我们只能告诉记者们说明会取消了。当时，有人建议让一个处长去告知记者。但我担心现场气氛不好掌控，我是政府发言人，新闻办主任，不能在艰难的时刻把责任推到下属身上。

我走进发布厅，看到记者们期待的目光，心里很不是滋味。我向他们解释，因为一些突然的原因，情况说明会取消。但是我心里非常清楚，记者不管取消不取消，既然来了，就一定会问问题的。果然，我的话音一落，记者们的问题来了，七嘴八舌，所有的问题都集中在一个点上：到底死了多少人？为什么你们不说现在又增加了多少死者？当时的我并不知道死者的人数，更没有口径。如果我不回答，扭头就走，我个人安全了，但是政府的形象呢？一定会爆出一个非常大的负面新闻。

记者们会在洪灾上再加一笔：北京市政府信息不透明，原定的说明会被叫停，新闻官不敢回答问题……后面就会是叫停原因的深挖，这绝不行。我决定回答他们的问题，哪怕明天被免职。我说："不管死多少人，都是我们不愿意看到的。目前我知道死了37个人，如果有新的数字增加，我会第一时间告诉大家，北京市政府绝不会撒谎。"当天晚上，我的话被广播电视全部采用了，第二天报纸也采用了。就连一贯不说我们好话的外国记者也客观地报道了我当时的态度。

《华尔街日报》称："北京市政府发言人王惠连续三天没有睡觉，一直通过网络和民众沟通，并通过电话回答记者的问题。昨天在说明会上记者问到北京的洪灾到底死了多少人的时候，王惠眼中闪着泪光。她坚称，北京市政府没有撒谎。她的回答对记者的重重疑问给出了一个明确的答案。"英国《独立报》等多家西方媒体也用"王惠坚称北京市政府绝不会撒谎"做了标题。

五、突发事件，反应快速有效，引导舆论才能不失控

2009年2月9日，中国传统节日元宵节。那天傍晚，我和其他所有人一样，欢欢喜喜地与家人共度佳节。谁也没想到，位于北京东三环的中央电视台新址着大火了。顿时，火光冲天，京广桥桥上桥下人山人海。虽然当晚中央电视台没有播报这

个消息，《焦点访谈》也没有深度报道火灾背后的故事，但是各大媒体和网上没有沉默，大火的照片和视频在媒体和网上随处可见。

大家看到了大火的蔓延不可阻挡，更关心火灾因何而起。回应民众这一关切的是这个报道："据北京市政府新闻办公室通报，初步查明，火灾原因是违规燃放烟花造成。"虽然网上传播的信息密度非常大，但由于我和我的同事及时发布权威信息，迅速引导网上舆情，有关央视大火的舆论没有出现偏差。

突发事件是所有的领导干部都不愿意看到的，但是中国今天进入了突发事件的高发期。几乎每个星期，我们都能听到山崩地裂、房倒楼塌、车毁人亡、食品安全、矿难事故、爆炸恐袭等。

突发事件发生后，会立刻引发媒体和网民的高度关注。不管你愿意不愿意，媒体和互联网都会传播。责任单位的领导干部和发言人肯定会第一时间到现场，看到熊熊烈火正在燃烧，问的第一句话一定是发生了什么。有人告诉你，电缆老化了；有人说不是，是有人抽烟扔烟头；有人说不是，是有人纵火。到底是怎么回事？不知道。又问死人了吗？死了。几个人？三个。不是，五个。谁说的，六个，刚才又死一个。到底是几个？也不清楚。

这时候在场的领导全都压力山大，焦头烂额，多少事情需要去处理。可是，就在这时，一干人等由远而近，一路小跑，扛着"长枪短炮"来了。他们是谁？记者。不由分说把话筒指向你：为什么会发生这样的情况？之前你们有没有预案？为什么你们的预案不起作用？现在死人没有？死了多少人？谁的责任？你们打算处理谁？这些问题是记者在奔向领导干部和发言人时已经设计好的。

可是，领导干部和发言人却没有一个人能回答。一是情况尚不清楚，二是没有授权，三是没有口径。可是这时候发言人的面前站的是扛着"长枪短炮"、不依不饶的记者，身后是最不愿看到的事故和灾难，怎么办？有些领导干部和发言人选择藏起来，不知道藏起来非但解决不了问题，反而让舆情更加复杂了。

突发事件发生后，舆论环境有三个特点。一是网民的关注度极其高，不管你愿意不愿意；媒体的采访率极其高，不管你喜欢不喜欢；网上网下的传播率极其高，不管是真还是假。二是媒体和网民要消息是为了传播，所以需要的信息量大，可是政府这时候还不清楚发生了什么，能告诉记者和网民的信息非常少。三是政府不说，马上谣言四起。这三个舆论环境的特点和突发事件永远同生同长，从来都没有分开过。

这种舆论环境对领导干部提出了极高的要求，要求领导干部用高水平、高智慧来驾驭处置。但是往往在这个时候，领导干部们陷入了纠结，有三个问题不知道怎么办。一是事情已经发生了，我们是自己说出去，还是不说？至今这个问题依然是领导干部心中的一个结。于是开会研究，只要有一个人说两个字"慎重"，所有的人都不敢说了。二是媒体闻讯而至要求采访，已经把"长枪短炮"架在了门口，我们是去接受采访还是不接受？只要有一个人认为现在不能接受采访，就没人敢去，于是把记者轰出去了。轰出去记者很容易，但是第三个问题来了：网上的谣言出现了，正在迅速传播，怎么办？是回应、辟谣还是找人删帖？这三个问题一直是领导干部心中无解的纠结。

突发事件的舆论引导，考验的是综合能力。要解除心中的纠结，领导干部和发言人需要记住如下八个原则。

（一）准确定性

发生突发事件，准确定性是第一要务，否则无法制定口径、对外说话。天灾比较好定性，地震就是地震，洪水就是洪水，把严重程度说准确，迅速发布救灾措施和效果就没问题了。人祸非常难定性。到底是什么？火灾还是爆炸？人为的还是自燃的？要在第一时间确定很不容易。我的体会是，突发事件的定性需要有三种人同时在场，共同研究，绝不能让一个领导凭感觉拍板。

第一种人是知情者。这个人或几个人必须是真的知情，亲眼目击或是掌握全部情况，不能道听途说，也不能掩盖和夸张，必须把真实的情况准确地描述出来。第二种人是专家。发生哪一类的事情，就找哪一类的专家。水灾，找懂水的专家；火灾，找懂火的专家。他们可以对事件的严重程度给出意见，判断是非常严重还是比较严重。第三种人是能拍板的领导。这三种人一起研究，知情者情况清楚，专家分析准确，领导依据可靠，就可以果断定性了。

（二）第一时间

依据定性马上制定出口径，就可以第一时间对外发布了。说到第一时间，常有人问：第一时间是多长？国办 2016 年 11 月 15 日下发的《〈关于全面推进政务公开工作的意见〉实施细则》明确规定，重大突发事件发生，责任单位要在五小时之内对外发布信息。为什么要重视第一时间呢？因为我们不占据第一时间，谣言就会占据，第一时间的重要在于和谣言争夺舆论的引导权。

2004 年元宵节，北京密云发生了重大踩踏事件，37 人死亡。当晚，我正在和家人共度元宵节，接到了市委总机的电话，通知我马上赶往密云。我到密云的工作任务是，根据掌握的情况和专家的判断，撰写对外发布口径和新闻通稿。

那天半夜，工作结束了，我们准备回家。这时接到报告，70多个外国记者从北京市区赶到密云了。市领导对我说："你不能回去了，密云没有经历过这么大的事情，你留下来帮助他们吧。"

领导们刚走，公安局的人来了："谁管记者？"我回答说："我管。""你们赶紧去医院！"原来，记者们到了密云，不知道从哪里获取信息，听说死者都已拉到了医院，于是就将医院包围了。密云医院不大，太平间放不下37具遇难者遗体，只能是哪儿大放哪儿，于是就一路排开，37具遗体都停放在了医院的大堂。这时候半夜三更，外面一团漆黑，里面灯火通明。

记者们透过落地窗，看见了医院大堂停放的遇难者遗体和前来认尸、哭得呼天抢地的家属，场面极其惨烈。记者们要冲进医院采访、拍摄。密云的警察筑起了人墙，不让记者进去。这种情况只能是两种结果：要么记者冲进去，要么被打出来。不管是哪种，都很糟糕。

就在这时我们赶到了，用新闻服务的方式转移了记者的关注：一边是我的同事带着密云县委宣传部副部长上前去，用新闻稿吸引记者，带领他们到酒店发稿；一边是我立即与密云县领导联系，请他们提供场地，设立新闻中心，为媒体提供信息服务。第二天早晨9：00，新闻中心开始受理记者的采访申请。这一做法有效地转移了记者的关注，我们说什么，记者写什么，整个事件处理的过程中，没有出现一句谣言，也避免了次生突发事件的发生。

为什么我们会在那么紧急的情况下，想到设立新闻中心呢？这得益于我们在"非典"期间引导舆论形成的经验，知道新闻中心对处理突发事件舆情的重要。

如果我们不是这样做，那么记者到了密云，找县领导找不到，找公安局找不到，到医院采访也不让进，记者会空手而归吗？绝不会。他的总编辑还在等着他的稿子呢，必须在截稿时间之前把稿子发出去。

如果找不到可以给他们信息的人，记者就会在街上转悠，看见有一个卖红薯的老人正在收摊，立刻过去问："大爷，这个地方是不是出事儿了？"大爷说："嗯。""出什么事儿了？""不太清楚。""死人了吗？""嗯。""死了多少人？""不太知道。""死人都拉到哪里去啦？""拉医院了。""您看见了？""嗯。""是什么车拉的？""大轿子车。""几个车呀？""有那么五六辆。"五六辆？一辆车50人，5辆车250人。记者很会加减乘除。"大爷，您贵姓啊？""我姓张。"于是新闻已经有了：北京密云发生重大事故，据目击者张某称，死者超过250人。如果我们不说话，就等于拱手把发言人的权利让给了卖红薯的老人。密云踩踏事件由于我们第一时间传播了权威信息，有效地阻止了谣言的传播，受到了国务院新闻办公室的表扬。

（三）跟进发布

跟进发布就是不断地说。但是突发事件发生后，可以告诉记者的信息非常有限。如果你手里只有一个馒头，能把这个馒头全给记者吗？你把馒头给了嗷嗷待哺的记者，他们吃完转身就去找谣言了。因为他们没吃饱，谣言对他们来说是包子，比馒头更好吃，而且谣言会不断地出现，他们吃了一个，又来一个，再也不回来了，我们的核心信息让谁来传播呢？正确的做法是把手里的馒头掰成多个小块，先给一个。

记者们拿到就写，写了就发；刚发完，第二个又给出去了，记者们拿到又写，写了再发；第三个又给出去了……一点一点给记者提供信息，尤其是前三次，发布信息的频次一定要密，让记者跟上。第一次只说三句话：发生了什么，我们干了什么和态度。第二次说事故的原因和后果，第三次说我们怎么救援和处理，第四次说现在正在采取什么措施，第五次说已经取得什么进展和效果……

给记者信息的频次多，他就会留下；给记者信息少，他就会被谣言拉走。只要不间断地发消息，就给记者建立了获取信息的行为习惯。让记者习惯来新闻中心要消息，依赖上我们的传播渠道，再逐渐放慢发布频率。只有让记者跟着我们，才能以我为主，为我所用。

（四）集体采访

记者对突发事件关注度非常高，他们总想找到独家新闻，于是东挖西找。让记者自己找消息对发言人来说是非常危险的，他会用找来的谣言质疑政府的工作，给我们信息发布带来很多阻力。最好的办法是，让记者们上一个车，去一个地方，看一种景象，听一种说法，回来写的都一样，就不会有谣言。怎么做到呢？依托新闻中心，从服务记者入手。

"非典"期间，我担任了北京抗击"非典"新闻中心主任，之后的十几年间，也担任过多个新闻中心主任。每次一进新闻中心，我做的第一项工作就是印制媒体采访登记表，这个表上印有媒体名称、记者姓名、联系方法和采访需求。记者拿到这个表格，填得满满当当地交给我们。

这个表格对我们很重要，有四个作用。一是我们知道哪些记者来了，中国记者、外国记者全都数字准确，姓名清楚。二是有了他们的联系方式，可以和记者紧密沟通。通过沟通和服务，让记者知道新闻中心是为他们服务的。三是了解他们的采访需求，他们在采访表上都写明了想看什么，采访谁。四是按照他们的需求安排我们的工作。

新闻中心要有一个大白板，用于写通知。比如：各位记者请注意，按照你们的采访需求，我们准备带你们去事故现场采访，半小时后在新闻中心门口集合，集体乘车前往，车号多少多少，发车时间是……记者们非常兴奋，他们都想到事故现场去采访，不知道怎么去，现在新闻中心要带他们去，怎么能不去呢？大家集体乘车前往，看的一样，听的一样，回来写的也都一样。这篇稿子刚写完发出，新闻中心的第二个通知又出来了：各位记者请注意，根据你们的采访需求，我们准备带你们去医院采访伤者。半小时后在新闻中心门口集合，集体乘车前往，车号多少多少，发车时间是……记者们又都集体前往，看的一样，听的一样，回来写的还是一样，没有谣言。

(五) 一个出口

把已经审核批准的口径发给每一位需要对外说话的人和有可能被记者问到的人。在突发事件发生以后，统一口径非常重要。尤其是死人没有？多少人？谁的责任？怎么处理？这些敏感问题如果没有口径，在记者的反复追问下，极有可能出现纰漏，还有可能被炒作，形成被动的舆论态势。有了口径不能只是主要领导和发言人知道，要让可能被记者问到的每个人都知道，才能保证在记者同时采访多人的情况下不出现说法不一。这时候的发言人不仅要尽快制定口径，还要把口径交给每一个可能被记者问到的人，确保关键信息不出现不一致的说法。

北京奥运会开幕的第一天，一个杭州人在北京鼓楼，一刀捅死一个美国老人，这个老人是美国男排教练的岳父。这是奥运会的第一天比赛，第一场男排比赛就是美国对阿根廷。我接到通知，赶往比赛现场，数十名记者也已经蜂拥而至，教练去处理后事了，他们就包围了副教练："你是不是认为中国是一个不安全的国家，你们是不是后悔来参加这届奥运会了？"副教练回答说："不是，这是一个偶发的刑事案件，这种案件在世界上任何一个地方包括纽约都有可能发生。"记者们又呼啦一下把运动员包围了。我赶紧跑过去，一听又问了这个问题，再一听，所有运动员的回答都和副教练一模一样。我明白了，他们有口径，而且共享了。如果当时有一个运动员没拿到口径，他对中国有偏见，脱口而出"我恨中国"，那就是第二天全世界媒体的标题句了，但是没有。

(六) 坏事自己说

如果坏事发生，只想捂住，自己不说，被别人说了，就会坏到1 000倍。在主动说坏事的同时，要进行切割，设立防火墙，不能让一件坏事把总体工作全部拖进坏事中。

北京鸟巢在施工过程中有两个工人被一股突然刮来的龙卷风卷倒在地而死亡。事情发生后，我们召开发布会。把发布会的主题定在哪里？这是我们研究的重点。如果只是说鸟巢事故，工人死亡，媒体的关注点就会集中在事故上放大渲染，这对奥运工程和奥运会的形象都很不好。我认为，应该抓住记者关注的机遇，把奥运工程推进的情况和安全生产的有关措施传播出去。

于是，我们召开了北京奥运工程安全生产发布会，由北京市负责奥运工程建设的副市长出席，对死亡工人表示哀悼。他说，北京奥运工程虽然采取了严格的安全生产措施，但是依然发生了我们非常不愿意看到的事情，两个工人失去了他们宝贵的生命，对此我们万分痛心。痛定思痛，吸取教训，我们进一步强化了奥运工程安全生产措施，以确保安全生产零失误。这些措施是……一方面说明真相，表达哀悼；另一方面强调北京奥运工程从这个事故中接受了什么教训，严格了哪些规定，强化了什么措施。利用记者的关注有效地把北京奥运工程的进展和安全生产关键信息传播出去了，让记者和民众相信我们正在采取更严格的措施，防止安全事故的再发生。

（七）出现谣言迅速辟谣

如果出现谣言，不要被吓住，也不要只是关注怎么辟谣。实际上在谣言出现时，我们已经被关注了。被关注是机会，一定要抓住这个被关注的机会，在辟谣的同时，把我们最想说的核心信息传播出去，不能浪费被关注的机会。北京鸟巢发生事故后，外媒立即关注，传播了北京鸟巢施工过程中 10 个工人死亡的谣言。当时我们的发布会有两个任务，一个是发布真相，一个是辟谣。如果我们只关注辟谣，就会纠缠在事情发生的过程和细节中，也许记者会抓住一些细节不断深挖，形成新的不利信息。我们把发布的重点放在了强化安全生产措施上，借助辟谣的机会传播了更多安全生产方面的正面信息。

（八）如有伤亡表达同情

发生伤亡事故后，民众会用一把道义的尺子，衡量领导干部和发言人。这时的领导干部和发言人一定要表达人文关怀，不能突破道义底线。

在这个问题上，领导干部和发言人容易出现两个偏差。第一个是在发生伤亡事故后，没有真诚的同情，用语干，表情冷，态度硬，常常因冷漠的态度被民众指

要　领

如有伤亡，一定要表达同情

发生伤亡事故后，民众会用一把道义的尺子，衡量领导干部和发言人。这时的领导干部和发言人一定要表达人文关怀，不能突破道义底线。

在这个问题上，领导干部和发言人容易出现两个偏差。第一个是在发生伤亡事故后，没有真诚的同情，用语干，表情冷，态度硬，常常因冷漠的态度被民众指责。第二个是领导干部和发言人在发生伤亡事故后虽然出面道歉哀悼，但是缺乏真诚，刚刚默哀毕，立刻提高声调，把自己说得完好无缺，已经忘了死亡事故的后果。这样的哀悼无异于贴标签，老百姓是不会接受的。

责。第二个是领导干部和发言人在发生伤亡事故后虽然出面道歉哀悼，但是缺乏真诚，刚刚默哀毕，立刻提高声调，把自己说得完好无缺，已经忘了死亡事故的后果。这样的哀悼无异于贴标签，老百姓是不会接受的。

突发事件的舆论引导始终是领导干部和发言人的工作难点。为了让他们在突发情况下不慌、不乱、有章法，我拟了一个处置突发事件舆情的口诀：

突发事件媒体不请自到，网络抢先微博微信热炒。

第一时间权威信息发布，两条战线并举尤为重要。

重视民意主动策划拐点，制定口径跟进服务味料。

直面处置重塑形象得法，善待善用善管舆论有招。

六、面对新媒体，要有新作为，核心信息才能不被边缘化

2011 年 11 月 17 日，一条消息在多家媒体和网上曝出：北京市建立了全国第一个政务微博发布厅。北京市 12 个部门、区县和七位发言人开通了微博。多家媒体这样报道：北京市政府新闻办主任王惠个人新浪微博"@北京王惠"今天上线，截至今天上午 10：00，粉丝数量超过 7 400。她写的第一条微博，就表达了开通微博的决心："我是北京的新闻官，我开微博的原则是不当僵尸、不作秀，要的就是一个真诚。"随着这条新闻的登载，我有了一个新的名字"北京王惠"，从那天起，我站

在了全国网民的面前。

（一）互联网舆论场，发言人不缺位

2011 年，在中国互联网发展的历史上，是非常重要的一年，被称为微博元年。微博的出现，终结了单向传播的历史，变成了你说、我也可以说的交互性传播状态。这一年，网民拿起了微博这个传播器，不仅及时获取信息，也随时发布信息，发表评论；不仅用微博关注政府的作为，也用微博参政议政。

过去，政府发布信息只要给媒体，媒体就会给受众；发言人说的话只要媒体没写错，就完成了任务。现在，传播方式已经被颠覆，你还没说，网民已经把你说了；你说一句，网民可以骂你一万句。因为互联网就是一个空杯，谁先用就是谁的。你放糖水，就是甜的；你放盐水，就是咸的；你放黄连，就是苦的。在很多时候，有关政府的信息，却不是政府先放的，而是网上所谓的大 V、大咖、网红、意见领袖、不同政见者先放的。他们放的是什么呢？杂音、噪声，五味俱全，甚至是指责、猜测、攻击、谩骂。

这一新的舆论环境对政府的发言人提出了不可回避的巨大挑战。就在那一年，动车事故、郭美美、故宫丢失物品这三件事，使三个国家部委级单位——铁道部、红十字会和故宫顿时陷于被质疑指责的困境中，无一不是被网民炒作导致措手不及、舆论被动。这一系列的网络舆情事件让领导干部和发言人都意识到，政府信息只面对传统媒体，不理互联网，不行。只把功夫下在删除有害信息上，不会在网上发布信息引导舆论，更不行。发言人必须在新媒体中有所作为。

"7·23"甬温线动车事故发生后，看到原铁道部发言人王勇平受到舆论质疑，我的心情很沉重。我对我的同事们说："咱们要马上开微博。"大家说："这是哪儿和哪儿啊？铁道部出事，我们为什么要开微博呢？"我说："你们没看到事故发生后谁先发声的吗？网民。网上 3 分钟就开始发消息，13 分钟就开始视频直播。网上舆论已经一边倒，再优秀的发言人也会被质疑。如果铁道部有微博就可以第一时间发布事故信息，回应网民质疑。第二天的发布会上，发言人的压力就不会那么大。"

我们用了一个月的时间进行调研，又用了一个月的时间研究方案，确定不是一个部门、一个人开微博，而要形成矩阵，建立北京市政府的政务微博发布厅。2011 年 10 月底，市委常委会研究批准，北京推出全国首个政务微博发布厅。11 月 17 日，北京政务微博发布厅正式上线了，北京市政府新闻办公室的"@北京发布"也同步推出。北京市环保局发言人杜少中（微博名"@巴松浪王"）、科委发言人朱世龙（微博名"@龙舞科技"）、安监局发言人蔡淑敏（微博名"@敏悟人生"）、质监局发言人张巨明（微博名"@张巨明"）、商务局发言人许康（微博名"@以民为本"）、旅游委发言人王粤（微博名"@带你游北京"）和我（微博名"@北京王惠"）一起开通了个人微博，我们七人成为我国第一批开通微博的政府发言人。之后几个月北京市各个部门陆续跟上，一年后全市各区和委办局全部开通微博，两年后全市136位局级发言人也开通了微博，北京政务微博发布厅拥有成员单位2 000多个。

2011年，发言人开通微博还是个新鲜事，我的微博在网上引起了不小的关注：北京市政府发言人开通微博啦！她还敢说不当僵尸、不作秀！被网民关注对我来说，既是新的尝试，也有更多挑战。首先遭遇的是两个"没想到"。第一个是网民对官员的排斥。记得我开微博的第一天，就有网民来问我："你到这儿干什么来了？这不是你该来的地方。"

怎么能让网民接受我、相信我，进而跟随我、支持我，是我开博后思考的第一个问题。面对网民的质询和猜测，我意识到，在网上与网民沟通，不是件容易做的事，是个新课堂，需要用心学习。我认真写了开通微博后的第一条微博："我到这里来，是为了给各位网友提供北京市政府信息服务的，大家有什么问题可以问我。只要我知道的，我就会告诉大家。"有网民在我的微博上跟帖说："好吧，我们听其言，观其行。"显然，我给自己加了不小的压力。但开弓没有回头箭，不能退缩，必须咬牙。

我要求自己做到四个坚持：一是真诚，每句话都真心诚意，用真诚消除网民对我的排拒；二是亲切，把网民当成身边的朋友，用能贴近网民的语言与他们沟通，融在其中；三是低姿态降身段，表达公仆心，不说官话套话；四是不回避，有问就答，关切他们的关切。网民看到我数年如一日，始终真诚地与他们沟通，及时回应他们的关切和质询，不再排斥我了，对我越来越认同，铁粉也越来越多，大家都在网上亲切地叫我惠姐。

第二个没想到是粉丝的迅速增加，一周过百万，很快突破五百万。显然，民众对发言人在网上提供的政府信息服务是需要的，对北京市政府发言人带头开通微博也是欢迎的。

（二）网络全新语境，需要新的表达

语言的转换是新闻发言人在网上与民沟通的第二个要解决的问题。新闻发言人应该熟练掌握几种语言？我认为起码是三种语言。第一种是官方语言，也就是会议语言、文件语言，中规中矩，在会议和行文中使用。第二种是新闻语言，要学会写新闻通稿和口径，用记者可以采用的语言给媒体提供核心信息、标题句。第三种就

要 领

新闻发言人与网民沟通应掌握三种语言

新闻发言人应该熟练掌握几种语言？起码是三种语言。第一种是官方语言，也就是会议语言、文件语言，中规中矩，在会议和行文中使用。第二种是新闻语言，要学会写新闻通稿和口径，用记者可以采用的语言给媒体提供核心信息、标题句。第三种就是与网民沟通使用的语言，网言网语，也可以叫微言微语。

是与网民沟通使用的语言，网言网语，也可以叫微言微语。这种语言对发言人来说，比较陌生，转变也比较困难。

其实，有关领导干部怎么在网上说话，习总书记曾有明确要求。2016 年他在"4·19"讲话中要求各级领导干部到网上去了解百姓的所思所想，解疑释惑，回应关切。领导干部和发言人只会说官话套话是不可能落实好总书记的要求的，必须学会网言网语。网言网语和我们在发布会上说的话完全不一样，和在会议室说的话更不一样。开通微博的刚开始那几个月，我一直在研究，怎么让北京微博发布厅的每个成员都能尽快把自己的语言调整到老百姓愿意看、能听懂、记得住并且为我们传播的语言呢？

有一天，北京市政府下发了一个涉及民生的条例，北京政务微博发布厅当然要迅速对外发布。负责编辑这条微博的同志端着电脑走进了我的办公室："您看一下，我写的这条微博行不行？"她念给我听："关于什么什么的有关规定，昨天下午北京市政府已经研究通过了……"我说："这怎么可以呢？跟网民说这么书面的语言，怎么会被关注、被转发呢？不行，改成老百姓的语言。"她过了一会儿又回来了，读道："昨天下午北京市政府常务会通过了关于什么什么的有关条例。"我说："这不还是一样吗？"她说："我不知道还能怎么改。"我说："你在写这条微博的时候，前面加一个人称试试。你最想和谁说话就把谁写上。"她说："那就和我妈说吧。"我说："那你如果写：妈，关于什么什么，这样跟你妈说话不别扭吗？你妈愿意听吗？这样写：妈，前两天您问我的那个事儿，现在北京市政府出台了一个规定，正好回答了您的问题。这个规定叫什么，说的是什么。发之前，把妈改成亲。以后再写微博的时候心中一定要有人。因为你是在跟网民交流沟通，为他们提供信息服务，不是通知他们，也不是指挥他们。就像在和你的家人、街坊、朋友、同学说话一样。你这么写微博，网民一定爱看、想听，还能帮我们转发。"

为了让北京微博发布厅 2 000 多个成员单位尽快熟悉互联网的山形地貌，风土人情，迅速融入其中，写出老百姓喜欢听、愿意读并且帮我们转发的微博，除进行专门的培训、定期就网言网语进行交流评比外，我还对北京政务微博发布厅的成员单位提出了 16 字方针和 12 忌，发给各部门。

16 字方针如下：真，事实真；快，反应快；新，观点新；实，用语实；高，站位高；深，分析深；智，有智慧；精，论述精；趣，有情趣；近，关系近；低，身段低；活，形式活；前，思考前；巧，角度巧；小，切口小；大，反应大。

12 忌如下：忌空洞无物，忌陈旧无味，忌泛议无神，忌肤浅无根，忌卖萌无形，忌策划无谋，忌布局无序，忌研判无招，忌有盟无联，忌交流无趣，忌大事无语，忌回应无度。

同时下发的还有两条发博刚性要求，要求各部门发微博必须遵循：消灭长句子，赶走书面语；网言网语，与民沟通。北京微博发布厅每季度一次培训，每个月一次评比、经验交流，评比的不仅是转发量、支持率，更多的是对网言网语的驾驭和运用。

(三) 直面网民关注，真诚与之沟通

为了让网民找得到，愿意看，北京政务微博发布厅推行了 12 微：微直播、微访谈、微政务、微解答、微回应、微感动、微话题、微引导、微辟谣、微答疑、微建言、微化解等。要求各部门的微博开设能体现各自服务特点的栏目，比如漫游北京、聚焦北京、直播北京、路况播报、交通资讯等。我自己的微博也开了不同的栏目："惠说北京"，是我每天早晨向网民推送的有关北京市的新闻和政府的政务信息；"惠感言"是我的评论；还有"惠关注""惠提醒""惠生活""惠分享"等等，让网民在这里找到他们感兴趣的内容。

北京是个受网民关注程度非常高的城市，一个小小的质疑就可能形成一个很受关注的舆情。对这样的舆情不能听之任之，也不能敷衍应付，更不能闪烁其词，需要不厌其烦地做网民的工作。

有一天，崔永元到我的微博留言："发言人，我向你反映个情况，你管不管？你们北京每天半夜都有建筑垃圾遗撒，我已经调查一段时间了，你们政府敢跟我一起调查吗？"面对他的叫板，我立即联系市住建委、市政市容委，这些部门的领导都表示愿意接受网民的监督。我立即回复崔永元，我们欢迎你的监督，愿意和你一起调查。这个调查在网上受到极大关注，参与者众多。北京市顺势而为，开展了治理建筑垃圾的行动，借助大 V 和网民的关注推进环境治理，取得了城市管理与网民沟通的双效益。

有一天，一个网民发微博称北京市西城区把鲁迅的故居拆了。这个微博十分受关注，迅速被转发，网上骂声一片。我看到这条微博，感觉不真实。鲁迅先生的故居就是鲁迅博物馆，没有拆呀！我马上与西城区的有关部门联系，请他们迅速调查。他们很快回复我说，这个网民说的不是鲁迅的故居，是 20 世纪 20 年代鲁迅初来北京时的临时居住地。在鲁迅选择了真正的居所搬走后，这里曾被拆过四次，现在是一个大杂院。西城区政务微博把这一实情告诉了网民，网民不信，还在骂。西城区政务微博又到现场拍了照片发到了微博上，网民还是质疑。我建议西城区组织网民去参观。当天下午，数十名网友跟着西城区政务微博的小编们走进这个即将被拆除的大杂院。院里的居民上前来说："原来不让我们拆迁搬新家的是你们这些人呀！我们早想搬迁了，你们不让，那你们来这儿住。"这些参观的网民一看不是他们想象的那样就说："拆吧，拆吧，我们不管了。"

（四）依靠铁粉和专家，用足矩阵力量

在用微博与网民沟通的过程中我体会到，政务微博要有两个翅膀：一个翅膀是铁粉；一个翅膀是专家。铁粉是帮我们转发信息、让更多人看到政府信息的重要渠道。政务微博要追求转发率，转发的越多，政府的信息覆盖面才越广。专家是帮助我们向网民解读政策、措施的重要力量，网民可以在我们政务微博上就他关注的问题和专家对话，解疑释惑。他也许不相信我们的说法，但他相信专家。通过专家解读，网民不但接受了我们的观点，也依赖上了我们政务微博。只要有疑问，就通过我们寻求专家意见，政府的政策、措施也就被网民接受和传播了。

2013 年禽流感在很多省区市爆发，但是北京没有，网民对我们发布的信息将信将疑，网上弥漫着恐慌的情绪。我们找到防治禽流感的专家，请他们到北京政务微博发布厅来向网民解读禽流感流行的现状，告知网民北京确实没有禽流感疫情发生。在安抚网民情绪的同时，普及了预防禽流感的知识，受到网民好评。

培育铁粉，也是发言人开通微博的重要工作。为了和我的"惠粉"们建立良好的关系，我坚持回复他们的评论，鼓励他们转发我的微博，还经常组织他们参加消防、急救、植树、助残、捐赠、扶贫、参观城市建设和博物馆等活动，也会就我的微博内容征求他们的意见。有了这些热心的"惠粉"们，每当我们发布重要的信息时，他们就会迅速转发。尤其是出现谣言的时候，他们是帮助我们辟谣的最直接渠道。

说了这么多,其实想说的就是一句话:发言人代表政府面对媒体和民众,是政府与民众沟通的重要桥梁,不仅需要高超的政策水平,也需要专业的发布能力和有效的沟通方法。我在这里贡献给大家的方法虽然简单,却非常重要,是我在十多年的实践和困顿中,不断体会、感悟、摸索、修正得出的。在数百次走向发布台的路上,我经常会问自己,一个合格的发言人,应该具备什么素养和能力?每一次思考这个问题时,如下四十个字便会跃出脑海:

> 审时度势,掌握政策,
>
> 熟悉情况,通晓专业,
>
> 了解舆情,体察民意,
>
> 敢于担当,善于沟通,
>
> 智慧答问,一锤定音。

新时代对领导干部和发言人提出了新要求。2018 年 8 月 21 日习近平总书记在全国宣传思想工作会议上说:"要把握正确舆论导向,提高新闻舆论的传播力、引导力、影响力、公信力"。我认为习总书记提出的这四个"力"是有特别深意的:没有传播力,就没有引导力、影响力和公信力。一切源自传播力,必须强化传播力。发言人是体现党委政府传播力的重要环节,贯彻落实习总书记的重要指示,在新时期提高传播力,扩大主流思想舆论,还需要不断努力。

要 领

政务微博的两个翅膀

政务微博要有两个翅膀:一个翅膀是铁粉;一个翅膀是专家。铁粉是帮我们转发信息、让更多人看到政府信息的重要渠道。政务微博要追求转发率,转发的越多,政府的信息覆盖面才越广。专家是帮助我们向网民解读政策、措施的重要力量,网民可以在我们政务微博上就他关注的问题和专家对话,解疑释惑。

引导舆论、化解危机的八个实用方法

武和平

↑ 2016 年 12 月，武和平在海口市为参加新闻发言人培训班的学员授课。

武和平

中国传媒大学中国新闻发言人研究中心主任，中国公共关系协会政府公共关系委员会主任委员。

曾任河南省开封市副市长、公安局局长，公安部宣传局副局长，公安部报刊图书出版社党委书记、社长，公安部宣传局局长，中共陕西省委政法委副书记，中国人民公安大学政委，公安部办公厅副主任兼新闻发言人（正司局级），后再次出任公安部宣传局局长、新闻发言人。

出版《打开天窗说亮话——新闻发言人眼中的突发事件》《公开，才有力量——舆论危机化解十法》两部涉及新闻发布工作的作品，被称为"'改革开放与公共关系40年'影响力公共关系著作"。

习近平总书记在党的十九大报告中指出，"建设具有强大凝聚力和引领力的社会主义意识形态……高度重视传播手段建设和创新，提高新闻舆论的传播力、引导力、影响力、公信力"。这里说明了新闻舆论事关党和国家大局、事关社会治理体系现代化与社会治理能力现代化。

政务公开、新闻发布事关百姓的知情权、表达权、参与权和监督权的满足，也是人民美好生活向往的重要前提和内容。同时也给新闻发布、舆论危机管理工作提出了新挑战，倒逼我们必须在原有工作的基础上实现新跨越和新发展。如果将"非典"之后的新闻发布作为新闻发言人制度的开创初期，这十五年来可谓发展成长期，以党的十九大作为新的历史坐标，应当是日臻完善期。

中国新闻发言人的制度化、系统化始于"非典"之后，国务院颁布了《中华人民共和国信息公开条例》，于是有了发言人制度的第一把"尚方宝剑"，有了第一届发言人培训班，有了第一批被媒体称为"三剑客"、由国新办确定的三个部委"定时定点"的新闻发布会。如今，虽然首批发言人中不少已退场，但千万个新闻发言人已站起来，国家多个部委和地方党委政府普遍建立了新闻发言人制度，连国防部的新闻发言人也闪亮登场，三人小合唱变成了万人大合唱。每年的新闻发布会达到了数千场，并且一路走来，历经"非典"、"5·12"汶川地震、"3·14"及"7·5"事件、冰雪灾害和奥运会等一系列重大事件的洗礼与考验，筚路蓝缕，以启山林，磨砺出一支队伍，积累了宝贵经验，培养出一批优秀的发言人，探索建立了一套行之有效的发布机制和制度。

回首既往，新闻发布领域发生了九个可喜的变化：从门虽设而常关的"闭门不出"到发言人群体登场，形成方阵；从不敢说、不善说到占领话语场，掌握定义权，释放正能量；从处置突发事件的应急发布到政务公开的常态发布，并实现了国家顶层设计的制度化；从一般陈述性答问到智慧化解答客难的金句妙语；从简单的追问式发布到议题设置的主动策划；从对国内的信息发布到面对国际传播大舞台讲好中国故事；从专职发言人的表述到党政负责人的发布示范；从单一的发布场到融入新媒体洪流，运用多元话语方式打好全方位舆论战；从被动的舆论引导到主动的引导舆论。

上述最具意义的变化就是新闻发布者提高了媒介素养，善于进行议题设置，通过议题设置主动引导媒体，由媒体设置议题来有效引导受众，从而化解公共舆论危机。

一、议题设置对于引导舆论、凝聚民心具有重要意义

2018年江苏昆山"8·27"街头砍人案的舆论"热点"化解，是议题设置的示范性经典案例。8月28日"新浪江苏"与《新京报》发起话题并视频显示：一辆宝马车在抢道时与一辆电动车发生纠纷，争执中宝马车司机刘海龙从车上拿下砍刀对电动车车主于海明挥砍，途中砍刀掉落被于海明捡起，将刘海龙砍死。至9月3日，视频播放量1 700万次，转发1.7万次，网民认为于海明属正当防卫。

8月28日下午6时，"@昆山公安"、微信公众号"昆山公安微警务"发布警情通报，随即"@江苏网警"转发通报并表示：别以为拿把刀就能吓唬人，要不好，只会给对方送装备。当晚，昆山检察院官微称：该院提前介入该案，犯罪嫌疑人已被控制。

此后凤凰网、澎湃新闻、头条新闻、《新京报》等跟评。《新京报》称：被害人刘海龙多次抢劫盗窃、敲诈获刑，五次被捕，刑期累计九年半。

8月29日微博话题"追砍电动车主遭反杀"阅读量4.3亿次，讨论17万次，当天中午，"@头条新闻"再发微博："宝马男追砍电动车主遭反杀，杀人者是防卫过当吗？"并在下方附了投票链接，超过30万网友投票，官网及多家门户网站聚焦该案，检察院、公安部门官方微博亦发表观点，绝大多数认为"反杀"行为构成正当防卫。舆情发酵中，《法制晚报》等媒体不断追踪涉事双方身份，扒出刘海龙曾举报毒贩被认定见义勇为，其为"天安社成员"经澄清系谣传，但网评已将死者称为"花臂男""文身男"加以嘲讽和批判，戏说为"史上最悲催的恶霸"，大呼"死有余辜""解气"，而将于海明称为"白衣侠士"，老实人都被逼成这样，就这样被砍死吗？

此时，两种对立观点交锋，舆论沸腾。争论焦点在于于海明失手杀死刘海龙，是正当防卫还是防卫过当。正方认为，于海明抢刀后的情况应视为危险情景，《刑法》不能严格要求紧急情况中的人做到完全理性和克制，应该给予最大限度的包容，也符合《刑事诉讼法》"疑点利益归于被告人"的原则。反方认为，该案中的凶器系被害人自己拿出，骑车的于海明持刀反击后，刘海龙已逃窜，但于海明仍持刀追砍，且砍多刀，穷追不舍，已超过正当防卫限度，属防卫过当。考虑死者本身存在重大过错，应减轻刑罚并适用缓刑。在两种观点争论中，网民普遍认为，于海

明不仅属"正当防卫",还是为民除害,而一些法律学者则倾向于防卫过当,甚至构成故意伤害致死、故意杀人致死。两种观点归结到法律的社会效果。正方认为,正当防卫在既往的判例中多为"僵尸条款",导致被害方因防卫成本过高而忍气吞声,放弃反抗防卫,正不压邪;反方认为,此案若以正当防卫定性,则易引发"以暴制暴""以杀止杀",甚至"防卫挑拨"的仿效后果。

9月1日,警方通报案件结论和检方释法说理形成组合拳,有力引导了舆论,并且占据了法治制高点,掌握了定义权。昆山市公安局通报侦查认定事实及定性为正当防卫的理由,并宣布撤销案件;昆山市检察院发布了认定警方撤案决定合法的通报。同时发布检方的释法意见:一是法律优先保护防卫者;二是合法没有必要向不法让步;三是对行凶的暴力行为无防卫限度限制。截至9月4日,"@昆山公安"通报获47万点赞,昆山检察院官微通报被阅读12万余次,转评、点赞7万余次,之后被阅读89万余次,评价为"维护的是公平正义,温暖的是世道人心"。

法学专家们认为,本案公安、检察机关反应快速、调查及时、认定的法律依据充分,对鼓励公民积极同不法侵害行为做斗争具有积极意义,对我国正当防卫制度的适用具有里程碑的意义,有利于在司法实践中全面恢复《刑法》规定的"无限防卫权",纠正"谁伤重,谁有理""能跑不跑就是错"的偏颇迂腐观念。主流媒体和自媒体对此高度评价,引述江苏省检察院官微"合法没有必要向不法让步"的释法金句。有媒体称"反杀案"定音,是舆论油门和司法刹车的精妙配合。

由于司法机关及时回应社会关切,舆论场透明度高形同直播,司法解释兼顾法、理、情,法媒双方信息对称、同步,因此未出现过往的"媒体审判"和充斥极端情绪的"网络暴力",网民理性参与、逻辑推理,在法律框架内进行说理评判。在这一过程中,由于警方积极回应敏感问题,诸如当事人是否涉黑等问题,并及时查处"李嘉臣"造谣称向事件伤者于海明捐款30万,有力消除了网民的焦虑和恐慌,使舆论热点纳入议题设置的轨道,也使该事件成为增进全社会法治信仰、感受公平正义的经典案例。

上述案例说明,在互联网时代,随着社会进步与传播手段的深刻变革,公民以前所未有的深度和广度关注社会敏感事件,并且形成了一个"个人编发、公众交流"的巨型舆论广场。这个舆论场已经成为信息的策源地、舆论的生成地、思想的集散地和司法的评论地。人们几乎把每起敏感的社会事件都拿到这里评判是非曲直,这就要求作为信息公开、新闻发布的主体必须迅速对事件做出事实判断和价值判断。同时积极回应社会关切,不失时机地将具有价值导向的事件真相以及法治思维提供给媒体受众,使之在思想增量、知识解读的过程中,将碎片化、多元化的网络意见形成"最大公约数",引向"党心民心的共鸣"的公共意见,最终导向法治的意志,使全面依法治国的主流意识形态在每起事件的处置中得到具体体现,使广大人民群众感受到公平正义。

由此可见,议题设置对于引导舆论、化解"热点"舆情和更好地"强信心、聚民心、暖人心、筑同心"具有重要意义,议题设置在"人人都是记者,个个都拿麦克风"的众声喧哗时代,能够将主流价值融入信息洪流,与亿万网民近距离对话,平等交流,增信释疑,在解决思想认知中协商共进,在互动博弈中扬弃不足,倒逼改进工作,可谓社会治理体系创新的题中应有之义。

正是由于站在新时代的方位,政务公开和新闻发布,不能仅止于公开,简单回应,更需要说明事实,剖理释疑,明辨是非;不仅要立正竖直干得好,还要提供基础知识和"看法",诠释方针政策,影响并塑造舆论,避免信息的不对称造成舆论胜于法律的"媒体审判"。政治是需要讲的,道理是需要摆的,舆论是需要导的,形象是需要塑的,议题是需要设的。因为"徒法不足以自行",民主法治社会绝不会从天上掉下来,而需要执政执法者深通传播沟通之道,主动有为,占领信息制高点,掌握事态定义权,善于把握导控点,在信息的汪洋大海上,充当引航者的角色,增强舵手意识,决不随波逐流,而要立于潮头,引吭高歌。在突发事件舆论危机的关头,善于因势利导,引水入港,力挽狂澜,在最大限度地满足人民群众知情权、表达权、参与权、监督权的过程中,在向公众提供更多更好的公共信息的前提下,鼓励、引导多元主体的广泛参与,"把服务群众同教育引导群众结合起来,把满足需求同提高素养结合起来"。通过"内容+价值"的议题设置,促进信息的健康有序、成熟理性的传播,为人民美好生活需要的实现创造良好的舆论氛围。

那么何为议题设置,如何在舆论的"热点"乃至舆情的危机中进行议题设置呢?

要 领

新闻发布不能仅止于公开

政务公开和新闻发布,不能仅止于公开,简单回应,更需要说明事实,剖理释疑,明辨是非;不仅要立正竖直干得好,还要提供基础知识和"看法",诠释方针政策,影响并塑造舆论,避免信息的不对称造成舆论胜于法律的"媒体审判"。

简而言之，即新闻媒体对形成公众意见的焦点施加影响。议题设置的这种"影响"不仅能让人们去"想什么"，还能让人们"怎么想"，并在无形之中实现对公众的引导。

具体而言，媒体是怎样用无形之手左右人们思想和行为的呢？这在于媒体拥有得心应手的武器——设置新闻报道框架，对公共事件进行有目的的选择、强调、排列和组合，选取有利于观点的论据，从而突出事件某一方面意义的报道策略。在这个框架内的是一种拟态的新闻事实，即被加工了的事实，是被赋予了情绪和观点的事实。更由于其反复强调的定义或议题，形成了"舆论流"，也称"制造同意""定义新闻"，让你不知不觉参与其中被牵引。

媒体这一特有的强大功能，笔者权且称之为"舆论引导"，即舆论在前，政府及职能部门跟在后面被动应对，形成"被"舆论引导的局面。而我们今天研究解决的恰是"引导舆论"，即以政府为主导，如何善于运用媒体实现自身的议题设置。这是因为政府及社会组织在社会生活中掌握着大量信息，须履职依法公开，是引导舆论的主体，而媒体只是传导中介，客体则是广大受众。由此而言，政府既是信息源，又是影响源，作为信息的第一提供者，理应在突发事件的第一时间就主动设置议题影响媒体，再由媒体设置议题影响受众。这才堪称是"引导舆论"而非被"舆论引导"。

那么，如何坚持主体地位，主动设置议题呢？首先，确定怎么看后决定怎么说。怎么看，即政府组织对突发事件要有准确客观的分析判断，有鲜明的主张观点。然后决定怎么说，即对事件评价站在什么角度说，说什么，怎么说，要导向何方，对此需有定见。其出发点必须是不断满足公众日益增长的知情权，最大限度向人民群众提供国内外重大事件的真实信息，从而不断增强政府组织在人民群众心目中的地位和声望。但是，这也不意味着知无不言，将所有信息毫无选择地和盘托出。在事实真相公开透明的前提下，要确定说什么不说什么（底线原则，如国家秘密、商业秘密、个人隐私等均不宜公开），先说什么后说什么（根据轻重缓急排序，符合传播与认知规律），多说什么少说什么（强调突出或者弱化淡化某些信息，以利于矛盾化解），赋予事件以新的叙事框架，而非原生态的实录或直播，特别是对恐怖袭击和恶性刑事案件，那些令人发指的残暴手段和血腥场面的呈现必须受到严格控制。

其次，议题设置不是一锤子买卖，也绝非一厢情愿，更不能强迫命令，必须遵循传播规律，符合社会学、心理学的要求，审时度势，把握好时、效、度，讲求细节的精准，像外科手术那样将每根神经、每根毛细血管接好，才能将政府的意图与媒体的关注、受众的关心有机统一起来，构成箭、弓和靶心的关系，才能"一箭中的"。因而，应先由政府组织将主导意象转换为议题，再通过媒体转化为新闻话语，这种转化需要在博弈中调整、在变化中引导，并通过新闻内容源源不断地传递，实现政府信息导向与媒体新闻导向的统一。切忌向媒体发号施令，议题不宜生硬直白，而是真诚与媒体合作，尊重新闻传播规律，创新方法手段，寓政府导向于生动新颖的新闻话语中，注重实证以及人性化的话语方式，将政府主张潜移默化为媒体的传播取向，使人们在接受新闻资讯和观点时，不知不觉认同支持政府的决策和意向。

最终，议题设置必须以社会主义核心价值观为最高准则，将公共价值作为议题的灵魂。据此公布真相、判断是非、讲清大局、揭示本质，这才是议题设置的最高原则，即内容＋价值。围绕价值核心，坚信舆论是可以引导的，社会的认知和态度是可以塑造的，从而积极有所作为。须知，在公众知情范围不断扩大、表达空间不断拓展、监督权利日益加强、参与程度不断提高的今天，政府不仅提供信息还要提供服务，不仅提供事实还要提供引领和解读，不仅描述新闻还要肩负法治建设之责，以作用于人们的思想和行为。

更为重要的是，这种引领和解读的方式，不是命令公众，而是真诚与之交流沟通，是平等对话，不是居高临下的讲话。欲让公众成为倾听者，首先要让其成为表达者，成为公共价值议题的共同参与者，构建起新型的"说"与"听"的关系。特别是对于突发事件的诉求者，更应将其纳入对话沟通的范畴，将对立方变为当事方，纳入体制内对话协商。拥护与支持会由参与而自然产生，化解和服从因平等讨论而感召。即使对话未能解决具体问题或全部问题，公众也会因发自内心的理解而接受你。这种议题设置模式正可借助新兴媒体作为得力载体，利用网络互联互通的作用，第一时间占领信息高地，倾听意见呼声，发现不足，纠正偏差，化解矛盾，完善制度；第一时间担负起法治政府引领"影响流"的责任，对占有的信息进行科学分析，以法治思维澄清是非，不仅让人们"睁大眼睛"看清真相，还要引导人们"开动脑筋"理性思考，更要启发人们"张开嘴巴"，形成有序表达、求同存异的和声，从而疏导焦虑情绪，排除误解偏见，驱散传言谣诼，用更高的价值追求释放善政的能量，是教育、引领、沟通、说服、倡导、化解和培育，而不是退让、妥协、被舆论挟裹，当公众的尾巴，甚至牺牲原则换取一时之安。

了解了议题设置的功能和作用，我们就找到了化解舆论危机的钥匙。长期以来，人们对风险管理的误读是，只要在突发事件中能够控制或缩小危机的信源、范围及影响，通过不说、少说的"减法"，就能缓解乃至消除负面效应。事实与教训反复证明其大谬不然，成功的案例一再说明上乘之法只能是正视危机，迎难而上，因势利导，运用议题设置的方式，通过提供、回应、解读、修复的方法，才能最大限度降低事件的负面效应，维护自身的权益和形象。

一言以蔽之，危机公关有技巧、有方法，这就是议题设置的运用，而议题设置的成败，核心在态度。一个负面事件之所以具有"墨点"效应，迅速得以扩散传播，是因为其焦点往往不在事件本身，而在于事件折射的社会问题和情绪反应。因此要善于跳出事件，找准问题，针对问题采用正确的态度和诚恳的处理方法，万勿陷入事件的旋涡而不能自拔。

二、化解公共危机的八个实用方法

根据自己的工作经验和近些年来对社会公共危机事件管理过程的案例观察，我感到有八个方法对公共危机的化解实用有效。这八个方法如下：（1）主导法；（2）阻燃法；（3）抽薪法；（4）切割法；（5）转移法；（6）化解法；（7）缓释法；（8）构建法。

（一）主导法——说出真相，国家才有力量

真正的制度自信源于民心的信任，而民心的信任源于让群众了解国家的一切，包括严重的失误、重大的损失乃至幕后的丑闻。因为只有当群众知晓一切、判断一切的时候，才能坚定地站在自己所归属的制度一边。对自身存在的问题，敢于主动用"自己的刀削自己的把儿"，勇于挺身而出，公布真相，坦承错误，表明态度，这本身就是强有力的舆论引导。因为只有说出了事实真相，才能明辨是非，才能拦截谣言，才能宣示决心，才能挤压负面新闻的空间，才能主导舆论，修复形象，赢得民心凝聚力。

> **例：中纪委网络公布贪腐大案主导舆论走向**
>
> 党的十八大以来，党中央以前所未有的力度肃贪反腐，先后对周永康、徐才厚、令计划、苏荣等多名高官的贪腐问题开展调查，同时通过新闻方式昭告天下。这种主动激浊揭丑、自我曝光的做法非但无损政党声誉，反而显示了新一届党中央集体查处腐败的决心，树立了依法治国不可抗拒的威严，因而赢得了广大人民群众的一致拥护。

自 2013 年 9 月 2 日中央纪委监察部网站正式上线并开通网络举报通道后，中纪委官方网站很快显示出引领网上反腐舆情的引擎作用。此后，全国各地纪委监察部门紧跟中纪委步伐开通官方网站，在全国范围内形成纪委主动发出权威声音，占据舆论高地的舆论氛围。与此同时，之前的网络民间反腐出现断崖式降温。根据中国传媒大学互联网信息研究院统计，2014 年由网络举报而揭露的腐败案件仅 5 件，全年总和不及网络反腐"鼎盛时期"一个季度的案件数。由此可见，反腐"正规军"出击成效显著，网络反腐进入官方主导时代，一改过去"网络爆料纪委介入"这种被舆论引导的状态，转而形成"纪委公布-舆论热议"模式，官方牢牢把握住了舆论话语权。舆论一度总结的"周一拍苍蝇，周五打老虎"纪委工作规律，正印证了反腐的官方节奏深入人心。

同样，这种主导法也适用于社会安全事件。

例：2013 年 "6·7" 厦门公交纵火案

2013 年 6 月 7 日 18 时 22 分，福建省厦门市 BRT 快 1B 线公交车在行驶过程中突然起火，造成 47 人死亡、34 人受伤。事发后，中央领导高度重视，市政府负责人急赴现场启动应急预案，在开展伤员抢救、事件查处的 10 个小时后举行首次新闻发布会。新闻发言人通报：事件共造成 47 人死亡、34 人因伤住院。经勘查发现，起火公交轮胎正常、油箱完整，现场发现的助燃剂为汽油，而该车使用的是柴油发动机，由此可排除安全生产事故。初步认定是一起严重的刑事案件。

在信息高度透明的前提下，厦门市政府进一步主导舆论，由市政府新闻办通报各类证据的科学鉴定结果，确认犯罪嫌疑人陈水总实施了纵火案：一是起火点遗留的折叠式手拉车残留金属架、编织袋残片以及陈水总家中提取到的残留汽油的铁桶；二是幸存者指认陈为纵火人；三是笔迹鉴定证实所提取的绝命书为本人书写；四是 DNA 技术鉴定其被当场烧死。

在主导舆论的同时，政府各职能部门多措并举：公安机关加大警力投入，加强安全隐患排查整治，加强社会面治安防控，切实防范重大刑事案件和各类灾难事故的发生；交通部门次日恢复厦门三条快速公交线路运行，并增设安全监督员，入站秩序井然，同时决定对公交车采取安全员跟班跟车措施，确保行车安全；卫生部门成立医疗救治工作指挥组，国家和部队医院均派专家支援，并开通了伤员信息查询服务，建立了伤员伤情和治疗每日向家属通报制度；因案发当日正值高考第一天，车上有参加考试学生7人受伤、8人遇难，福建省教育部门决定按照考生第一天考试的成绩和平时在校成绩，安排七名考生到相应高校就读；安监、消防部门发出通知，提醒乘客当公交车起火时，如何快速逃生。时任厦门市市长刘可清在对全市安全生产检查中，要求厦门客车厂家尽快在全市165辆BRT车辆上安装自动爆破器，提高客车安全性能，以便在危急情况中能使玻璃迅速裂开，乘客可紧急避险，从而增强市民乘车的安全感。

（二）阻燃法——给信息安上"减压阀"，铺上"隔热层"

祸患常积于忽微，风起于青蘋之末。突发事件多有前兆，在矛盾处在萌芽状态时，解决成本最低。当事件酝酿发酵时，就应动员足够的力量进行说服、化解，阻断信息纵向延伸、横向扩散。因此须牢牢掌控舆论的减压阀和总开关，在社会组织和新闻媒体配合下，主动释放善意，疏导情绪，诠释法意，对燃点降温，让热点冷却，对会给社会带来恐慌和弊害的视频图像进行依法管控，对不实传言采取有效澄清，对谣言进行坚决揭露和抵制。通过对可燃物的转移缓释压力，防止积薪助燃，从而最终熄灭火种，排除引爆点。

换言之，危机管理的目的，是通过对信息的及时导控来遏制事态的恶化，尽量减少社会危害和损失。在危机中，你或许不能改变面临的灾难，但你可以导控危机的走向，缓解事件冲突和防止矛盾激化，通过主动介入和有序管理引导信息的传播，从源头上掌握事件的总开关，将信息闸门转变为"减压阀"，装上"减震器"和铺上"隔热层"，最大限度遏制和降低危机蔓延的范围和损失的程度。

首先是对信息源头的管理，要特别注意信息的"首因效应"，明确"速度就是新闻"，政府和相关部门有必要主动出击，抢占制高点，把握首发权，第一时间尽快释放良性阻燃信号，遏制有害易爆信息，将事件纳入有序的解决轨道。这是因为人们对最先出现的信息格外关注，而第一反应又往往基于情感判断，当第一时间的信息先入为主之后，紧随而来的信息特别是相左的观点往往被排斥和过滤掉，从而很难再进行客观的价值判断。这种状态又很容易在网络作用下形成情绪的沸点，每个分子都成了"信息传递者"和"信息裂变者"，这种极富感染性的舆论环境一旦形成，极端的倾向便会雪崩式爆发，直到宣泄殆尽，带有很大的破坏力。

因此，初始逻辑体系的建立至关重要，它会在很大程度上决定事件走向，起到事半功倍的作用。在应急处置中一定要本着"可化不可激，可散不可聚"的原则，将矛盾化解和舆论导向同步操作，充分发挥各级社会组织优势，采取行政的、法律的、经济的和教育的多种方式，把冲突消解在萌芽阶段，并在这一过程中统一信源，主动释放权威声音，减少无端猜测，切断谣言蛊惑。

例："辽宁"蚁力神"涉众诈骗案件的依法化解

1997年注册的辽宁"蚁力神"公司以高额回报（能14个月连本带利1万元回款1.3万元）、虚假信誉（主犯王奉友以虚假广告获取"国家合格评定质量信得过产品"）诱骗他人参与，共设立46个分公司、一万个销售公司，涉及全国17个省区市113万养殖户，资金额高达数百亿。许多老工业基地的群众将下岗补贴、动迁补助、社保资金、房子抵押贷款一股脑儿投入，最终血本无归。王奉友挥金如土，包养情妇，并在国外一次性被骗资金1.8亿元。事情败露后，王企图嫁祸政府，称自己崩盘是政府打压造成的，并收买公司经理，煽动养殖户闹事。2007年10月19日、20日多名受害群众聚集冲砸党委办公机构，堵塞交通干线和铁路。与此同时，不少地方养殖户四处串联准备聚众上访。境外势力乘机推波助澜。

针对上述情况，当地党委政府组成了由二十多个部门负责同志参加的领导小组，制定了包括矛盾化解、群众工作和舆论引导的全面方案，并要求各级党委政府加强初始信息的研判，在此基础上提出"谁的人谁管，谁的事谁办，谁主管谁负责"，对涉罪主犯王奉友加强侦办的同时，"破产清算、专案侦查、维稳防控"三管齐下。在对沈阳"蚁力神"14万户调查的基础上，由单位、基层组织、社区、民警包人，每日见面做疏导化解工作。针对可能出现的群体聚集，及早发现，及早劝离。通过各级基层组织深入细致的工作，养殖户群众通情达理，由于工作到位，对立情绪大大缓解，最终纳入了依法解决的途径。

在整个工作过程中，网上始终未形成热点。当时"华南虎假照"事件风头正劲，由于舆论上主动因势利导，目标对准了"老虎"，形成了铺天盖地的评论，有关"蚂蚁"的舆论自然由升温到沉寂。当地媒体也对此主动配合，各大主流媒体在抓捕、追赃、清算、补偿阶段，进行了简洁有力的报道，起到了减压阀的作用。信息在分阶段、有限制的释放中得以平衡、对称，群众情绪趋向稳定，激化的矛盾得到有效化解。

（三）抽薪法——网下快解决，网上快回应

柴草是易燃物和引火物，只有抽去锅底下的柴草，才能熄灭火焰；只有"曲突徙薪"，搬走柴草，才不至于由于烟道遭堵被大火烧掉房子。最好的灭火剂是查准起火点，清除可燃物，消解和切断火源，而非顶风扑火，一味压服。因为舆论危机往往是表象，网络社会的风雨云晴，往往是现实社会的矛盾反映。网上起波澜，网下有积怨，网上的情绪高地，往往掩盖着民生洼地，必须关注社会情绪，及时打捞"沉没的声音"。欲解民心，先听民声，再达民意。时下政府的办公楼高了，百姓更难进了。交通通信工具先进了，官员离群众更远了。干部文化程度高了，却听不懂百姓的话了。因为缺乏沟通释放的渠道，民怨就会像甲烷气体，遇火星就会燃烧爆炸。因此，欲要稳定，首先疏导民心，清除燃点，化解热点，排除焦点，才能避免炸点。这就需要面对群众，不要怕群众、怪群众、压群众，重新回到团结服务群众、说服教育群众的优良传统上来，就会找到化解矛盾的灵丹妙药。不敢接触群众，是一种危险；与群众对立，离出事就不远了。须知网络社会的风浪，源于现实社会的波澜。敬畏民心，引导民意，化解民忧，解决民怨，对突发事件要网上快回应，网下快解决，矛盾方可迎刃而解。

然而，对于危害社会制度、祸及稳定的重大突发事件则另当别论，应依法通过对有害信息的删除、谣言制造者的查处和对要闻区、论坛、博客、问吧等互动栏目的行业管理，扶正祛邪，营造风清气正的网络环境。

例：2010年"7·5"福建龙岩出租车司机被杀事件引发罢运

2010年7月5日晚，福建省龙岩市新罗区铁山发生一起持刀抢劫出租车致2人死亡、4人受伤的案件，受害者均为出租车司机。7月7日，《海峡都市报》以《山上遭封喉，五同事救援，一人被杀四人受伤》为题进行报道，呼吁警方早日破案。当日，死者家属及相关人员30余人打着横幅步行到市委、市

政府上访。7月8日8时，少数出租车司机在网上号召，欲组织全市罢运。当晚10时，已有80余部出租车罢运。

当地党委、政府和公安机关于案发第一时间在本市主流媒体头版头条发布新闻稿和悬赏通告。7月6日，市委常委、政法委书记、公安局局长郭韶翔协调出租车公司为困难家属先行垫付医药费10万元，并派干部与受害者家属进行沟通安抚。7月7日23时，郭韶翔得知部分出租车罢运，便只身前往出租车公司与近200名出租车司机座谈。他诚恳地表示："'7·5'抢劫出租车案件的发生，我们跟大家一样，感到很伤心。""龙岩的哥的姐们要信任我，给予我们更多的理解和支持，案件不破我们决不收兵！"淳朴的话语化解了司机们的激愤和怨气，赢得了大家的掌声，也为警方侦破案件创造了条件。与之同步，公安机关因势利导，将网上对出警的质疑引向配合警方提供线索、抓捕犯罪嫌疑人上。7月9日晨，警方成功锁定重庆綦江籍犯罪嫌疑人李某、袁某，并于10日6时在K84次列车上将两名犯罪嫌疑人抓获，另一名犯罪嫌疑人亦在重庆落网。

7月13日凌晨4时，当警方押解数名犯罪嫌疑人乘火车回龙岩时，二三百辆出租车自发到火车站迎接，近千名出租车司机燃放烟花爆竹，掌声雷动，并拉起"的哥的姐谢谢人民警察啦！""破案神速，真牛！"的横幅。7月15日10时，龙岩市公安局召开新闻发布会，通报破案情况，警民共创和谐社会的昂扬正气将此前的阴霾一扫而光。

（四）切割法——切割，无损整体；掩盖，祸及全身

城门失火，殃及池鱼。政府组织出现贪腐丑闻，企业被曝生产伪劣产品，就像肌体发现肿瘤，必须实施外科手术，毫不犹豫地实行快速切割，必要时对病灶区进行化疗，否则癌细胞就会迅速扩散到健康的神经、淋巴系统，甚至危及整个肌体。违纪违法个案、批次劣质产品都可能因人为遮掩波及整体，造成局部影响全局，个体祸及整体，小患不除大病叫苦的后果。因而，一旦出现丑闻要勇于曝光，坦承失误，主动担当，公布举措，并且杜绝今后类似事件的发生。做到不掩饰、不回避和不护短，让社会公众看到你壮士断腕的决心，就会使负面形象与影响最小化。谨记丑闻由自己说出来不丑，由别人揭出来就丑，被别人揭露出来还自我狡辩则更丑，并且越描越黑、愈涂愈乱，最终不可收拾。须知今天这个时代，你不披露就会被揭

露，你怕伤皮偏会被伤骨。只有痛快淋漓切除腐肉，果断革除积弊，才能迅速化危为机，将负能量转化为正能量。

例：河南林州市民警"摔孩子"事件

2013 年 7 月 18 日，河南省林州市民警郭某酗酒后，约几名同行者去歌厅娱乐，路遇居民李某夫妇抱着七个月的女婴遛弯。几个人借酒兴打赌李某所抱的孩子是硅胶玩具还是真人，郭某坚持是硅胶玩具，遭同行者取笑后恼羞成怒，上前将婴儿夺下摔在地上。郭某等人当即受到围观群众的质问和斥责。李某夫妇见孩子摔伤，慌忙抱起到附近医院就诊，因伤情严重医生建议转院。后经诊断，女婴头部三处骨折，留下后遗症的概率很大。

对这样一起情节恶劣、社会角色行为反差巨大的违法犯罪丑闻，当地公安机关领导担心影响整体形象，采取了沉默和回避的态度，希望拖延一段时间从轻处理。事发一个月后方引起舆论广泛关注，此事经《新京报》《法制晚报》先后曝光，一时成为全国的舆论焦点。郭某因涉嫌故意伤害罪获刑，当地公安局局长、政委及主管负责人均受到纪律处分。

例：上海五名法官集体嫖娼案

2013 年 6 月 9 日晚，上海市高级人民法院法官陈某、赵某等一行五人到上海衡山度假村夜总会娱乐，进入最大豪华包房"钻石一号"消费，并有"小姐"相伴左右打情骂俏。至凌晨时分，分别与"小姐"相拥进入房间度过一夜后，于次日早上 9 时 30 分方才离去。

这段集体嫖娼录像被人用微博视频截图，于 8 月 1 日发在互联网上。8 月 2 日相继又爆出 8 分钟视频，立即引起舆论的轩然大波，指责谩骂之声不绝于耳。上海市高级人民法院于第一时间做出回应：经查，帖中所谓陈某为上海高院民一庭庭长，赵某为副庭长。上海市纪委已会同上海高院党组对该事开展调查，将根据查清的事实依纪依法进行处理，并向社会公布结果。8 月 3 日，上海市纪委回应舆论，爆料人已到纪委协助调查，陈、赵等人被停职。8 月 6 日，上海纪委、上海高级人民法院宣布：经调查陈某、赵某等人在上海惠南镇的衡山度假村接受异性陪侍服务，决定给予赵某、陈某开除党籍处分，由上海市高级人民法院提请上海市人大常委会按照法律规定撤销其审判职务，开除公职。给予倪某开除党籍处分，免去其高院纪检组、监察室相关职务……8月7日，最高人民法院发布《关于上海市高级人民法院赵某、陈某等法官违纪违法案件的情况通报》，要求各级人民法院整顿作风，严肃纪律，坚决防止类似事件再次发生。上海市委主要负责同志在此后召开的全市政法干部会议上严肃宣布：今后对政法队伍内部这种违法违纪行为持零容忍态度，一经发现，依法依纪严惩，坚决清除害群之马。就此，负面舆论即止。公众发表大量正面看法，对上海市惩治司法腐败的能力感到有信心。

（五）转移法——后浪推前浪，新闻代旧闻

新闻的时效性来自人们对新闻的"喜新厌旧"，一个新闻事件若无新的爆料，其生命周期一般在五到七天，则渐为明日黄花，不再受人青睐，其命运则由"置顶"到"沉底"乃至被搁置"冷宫"，因为此时受众会被不断涌现的新热点吸引。"新闻时时有，唯有今日奇"，人们关注新闻，放掉旧闻，甚至"弃之如敝屣"的现象屡见不鲜。

2011年6月21日，网络新闻大量发布郭美美炫富事件，一时间成为各大网站的头条新闻。可时隔33天，赖昌星从加拿大遣返回国受审，霎时间对郭美美的口诛笔伐淡出公众视野，代之而起的是对赖昌星案件来龙去脉的追问，猜测高悬十余年的法槌如何重磅落下。

这种随时间的延续和空间的继起所形成的舆论热点的"漂移"，属于新闻传播的重要特征，这一规律完全可以为我所用，可化为以下三种议题设置。

一是在既有的多起负面新闻事件中，两害相权取其轻，以强势新闻挤压弱势新闻出局。

二是植入正能量的新闻事件，冲淡负面事件的影响，营造公众新的关注点。如北京奥运会后发生了"三鹿奶粉""毒饺子"事件。此时正值"神七"上天，在主流媒体引领下，各类媒体以显著版面、重要时段，集中热议"神七"，使其覆盖成为全网议题，扶正祛邪。

三是在危机事件处置过程中，设置新议题，持续不断地将"舆论流"导入理性轨道。

例：广东佛山幼童"小悦悦"被碾压事件

2011年10月15日，广东南方电视台《今日最新闻》栏目播出了一宗令人发指的肇事逃逸的交通事故：监控视频记录了10月13日下午5时30分，一名叫小悦悦的2岁女童在佛山南海黄岐广佛五金城里，被一汽车前轮压过，司机又加油门致使后轮再从女童身上碾压，随后又一辆汽车再从女童下身碾过，女孩倒地后先后18个路人从其身边经过，最后是一拾荒妇女将女童抱至路边呼救。电视台在播出这段惨不忍睹的画面之后发起了"女孩被撞18路人漠然，你怎么看？"的大讨论，呼吁媒体和公众参与。《羊城晚报》立刻到事发地佛山南海采访，舆论顿时呈井喷之势，微博转发逾万次。有关佛山人心冷漠的评论及帖文惊现各大门户网站，各地记者也蜂拥而至，"小悦悦事件"顿成新闻焦点。

佛山警方针对舆情，急令南海交警尽快破案查处，同时跟进舆论，于次日上午10时49分，不断发出微博，通报警方措施，表明态度，号召市民举报相关线索，这些博文如下：

【10月16日10：49】警方已抓获其中一名肇事逃逸者，正全力缉捕另一名肇事逃逸在逃人员。警方要求该肇事逃逸者马上到公安机关投案自首，呼吁知情市民积极举报相关线索！

【10月16日15：13】南海区黄岐五金城交通事故情况通报两肇事司机已归案。民警全力追捕另一名肇事逃逸司机，10月16日下午第一部肇事车辆司机胡某在警方的强大压力下，主动到交警中队投案自首。（附长微博照片，约200字的通稿。）

长微博为官方第一份正式通稿，较详细通报了案件的总体情况和两肇事司机归案的信息，对平稳网民情绪，为媒体跟进报道提供准确的信息，避免了舆情节外生枝。

【10月17日20：34】续报，两肇事逃逸司机被刑拘。10月13日下午，南海区黄岐一五金城内一名2岁多的女童（山东聊城人）先后被两辆汽车碰撞碾压，两肇事车均逃逸。当晚警方传唤第二辆肇事车辆逃逸司机蒋某（1973年生，四川合川人），16日第一辆肇事车辆司机胡某（1987年生，山东泰安人）投案。目前，两人均被警方刑事拘留。

针对网上由于极端情绪所形成的谴责谩骂，警方一边正面回应，主动"供料"，一边对网民注意力过分集中于"冷漠佛山"的议题进行"转移"导控，发出了《路上遇见车祸？除了报警，我们能帮做些什么？》的博文，以理性思考引领舆论升华到公共价值优先的讨论，释放社会的正能量，使"沉默的螺旋"上升为"热旋"，成功转移了这场公共舆论危机。其博文及网上回应如下：

【路上遇见车祸？除了报警，我们能帮做些什么？】

遇见路上发生车祸，我们能帮做些什么？

一、第一时间报警，110和120（如在佛山可只打110），说明发生的具体地点、附近的显著建筑物等，车祸规模、伤情（见到几个人受伤，看上去有多重）。

二、协助保护现场，在车后方竖警告标识，如确实找不到三角形警告牌、雪糕筒（车上一般有备），可现场找颜色鲜明的明显物件如树枝、纸箱等物，防止二次事故发生。

三、如事故车里面仍有惊魂未定的人（非严重受伤），协助其离开，将其安置到路外安全位置。

四、请记下碰撞车辆号牌，在保障自己安全的前提下，用手机拍下事故车辆和当事人影像。

五、如没有专业知识和设备，不要搬动伤重人员，观察伤员情况，与之对话告诉他救援马上就到！可以的话做些急救措施，比如包扎正在流血的伤口，原则是等待专业救援。

六、如车祸当事人意识清醒，适当与他交流你的做法想法，警察到现场后简要告知其你此前的一些措施。

广外法律援助中心：实用小百科，我们不要再当冷漠的路人甲。

平安肇庆：遇见路上发生车祸，我们能帮助做些什么？这个长博文中，较好地回答了这个专业问题。推荐观看学习。民警微博。

形木：可能与其过多谴责那18个路人和司机，我们更需要学下日后如何处理此类问题。

许莉V：这个要转，在这个冷漠的社会，希望多点人能做些力所能及的事，希望以上所做不会赖上流氓。

厚道东莱人：虽然现在最缺少的不是技术而是良心，但还是转发下。等我们都有良心的时候，就用得上了。

鬼斧神医：回复@Zoro17：这个指南最实用。

可可园：多谢警察教咯！！用更好的方法继续宣传吧，现在的人已经不知道该如何见义勇为。

风息神泪：看了半天我也只想转这条。像这种事情，简单易行，对得起良心。不管媒体再炒作什么无良冷漠自私路人，也不用把精力花在指责和痛骂上了。只要对着这条内容，仔细看一次，记下来，然后说："我会做到。"

Higher：有空用那张仁义道德的嘴去喷粪，还不如好好看清这些危急处理方法，改变不是靠嘴，是靠做的。

开心－HG：转这个更有用，而不是媒体为了炒作所谓的道德上升。

风弄：这个值得转。冷漠路人什么的，可能有一部分人不是冷血，而是害怕惹事，不知道恰当的处理方式，下意识选择了逃避。与其去骂，不如大家都学习一下危急处理，以后也好帮帮需要帮助的人。

圃囚团囿田：佛山发生路人漠视被撞女童事件，大家不要只想着谴责和谩骂了，还是学习一下遇见车祸我们可以做些什么吧！

做一个奋斗的巫师师：并不是冷漠，只是有时候不知所措，所以选择了逃避，如果多些应对措施的宣传和教育，悲剧就不会发生。

（六）化解法——放低身段，沟通交流

大量事实证明，舆论危机并不可怕，可怕的倒是对待危机的态度。若态度错了，就会坐失良机，一错到底。因为危机中包含着危险与机遇两个因素，二者之间是可以转换的变量，只要态度正确，方法得当，就往往可以从危困中解脱，走向新的境况。因此对舆论危机要客观分析、理性对待。特别是对待批评和指责要有包容的胸怀，对激烈的反面声音也要"发乎于情，止乎于礼"，只要不是诋毁与诽谤，就要像太极拳一样讲求"以柔克刚""圆润含化""以静御动"，做到避免斗气、争锋和"掰手腕"。须知政府组织的心胸开阔度，决定百姓批评的尺度。政务公开的程度，反作用于突发事件的"裂度"。政府组织说得越多，突发事件发生的概率越小，公众的质疑就会越少。媒体特别是互联网上有一定数量的批评乃至负面信息，

是正常的舆论生态，属于"阴阳平衡"，换一种思路对待网络过激的言辞，就会化害为利，海阔天空。切记：删除不如善用，封堵不如提供，反制不如回应，辩护不如求证。对确系政府及组织的失误、错误应闻过则喜、知错就改，反而会重新赢得尊重，不仅可以收获信任，还可以赢得谅解，转危为机。若能在舆论的倒逼中反躬自省，还能举一反三，完善制度机制建设，更可以化害为益，否极泰来。当然，化解危机的过程中，还要注意讲求细节、推敲用语，妥善把握时、效、度。

例：中石化化解托运物漂浮香港海滩的舆论危机

2012年7月23日，中国石油化工集团公司托递于"永信捷1轮"的聚丙烯胶原料遭遇台风，有六个装有聚丙烯胶的集装箱掉入海中，被吹入香港海域。由于误传有毒，导致渔业销量锐减30%，香港一家媒体遂以《生态灾难市民蒙在鼓里，致癌毒胶粒60亿粒遍港海》为题进行夸张报道，有人遂到中石化驻港公司门前抗议并索赔。中石化新闻发布部门迅速赴港，在公关公司协助下，释放善意，化解疑虑，很快缓释了危机。其做法如下：

一是快速反应，勇于沟通。事件一经发生，中石化新闻发言人次日即率人前往，迅速核查了海滩及漂浮物的实际状况，在心中有数的前提下果断决定召开新闻发布会，以正视听。二是对事件定位表态准确客观，针对运输方造成的漂浮后果，不属于雇佣方的直接责任，在措辞上不便使用"表示遗憾"，而用了"深感焦虑和不安"，分寸把握贴切，不失负责任的国企态度。三是中肯坦诚，对媒体一视同仁。对召开新闻发布会的细节精心研究后，决定坦荡向全港媒体遍发通知，而非人为选择媒体。为保证发布信息的统一，避免不必要的炒作，于上午11时发布会议通知，下午4时开会，中石化新闻发言人吕大鹏真诚表示："第一，不管这个事故责任在谁，我们都来积极地参与清场；第二，不管这个事故责任在谁，我们都愿意先垫付1 000万港币来给大家善后；第三，将来法律责任界定是中石化的，不管多少钱，我们承诺都赔。"紧随其后，中石化又派出专业技术人员参与清场，这样的态度和做法有效遏制了炒作空间。

香港《明报》为此专发了社论，"胶粒事件如同一面镜子，各方承担与取态，中石化这次应对胶粒漂港事件，使人耳目一新。这种与港人同呼吸的事见诸更多国企，有助于消弭内地与本港的隔阂，两地融合将更加和谐"。一下子化解了危机，扭转了形象。据悉，该事件已入选全球社会责任 50 个最佳案例，中石化获得联合国环境基金和香港环境保护的杰出企业社会责任奖。

例：佛山公安将"挑刺者"争取为舆论引导的"正面力量"

2014 年 2 月 23 日下午，佛山市民罗某因与同事高某的借款纠纷到位于禅城区圣堂街的禅城公安经侦大队报案。罗某在报案的同时提供了如下材料：借款人身份证复印件、还款方案、本人写的事情经过等。罗某要求经侦大队帮其查找冯某，追回余下的 5 万余元欠款。经侦大队前台值班民警朱某接到报案，对材料进行了初步审核，认为这是一起民事纠纷，不属于经侦大队管辖范围，遂向罗某等两人做出说明。为了慎重起见，朱某要罗某将相关材料留下，罗某等两人要求朱某出具报案回执或接收材料的凭据。但朱某没有答应，双方于是发生争论。两人离开时表示对禅城公安经侦大队的不满，要转去南海公安部门报案，并且要投诉禅城公安经侦大队不作为。出了门口，他们还用手机将经侦大队的门面和牌子拍了下来。原来，罗某是有名的网络达人，微博名为"@佛山大叔"，有粉丝 60 万。罗某曾发博文 35 万余篇，连续两年获当地微博达人第一名。愤愤不平的"大叔"当晚拟就了 800 多字的文章，与照片连在一起，制作成标题为《佛山大叔与警察叔叔的故事》的长微博，以图片形式突破微博140 字的限制，于当晚 10 时 5 分以"佛山大叔"名义发到新浪微博上。

微博详细记录了当天下午到经侦大队报案的经历，并公开了接待民警的警号。博文中描述民警的行为时，使用了"漫不经心""不耐烦""满脸不高兴""反问""来了脾气""等领导决定""尽量啦""死活不肯""绝对没有"等冷漠甚至推诿的词语，但写到事主"佛山大叔"的时候，则使用了"出于好心""百般无奈""求助""忠厚老实""战战兢兢""带着沉重的心情离开""恳请"等无助、弱势的词语。

博文中两种感情色彩，尤其是微博中强调"佛山大叔到经侦大队请立案被警号 182348 的警察叔叔雷倒了""难道 182348 又一个临时工？"明显渲染了警民不和谐气氛，立即引起了各地网民的强烈反响。

紧接着，"佛山大叔"及其微博团队又将信息分层次推送给各种微博博主，请求更多社会人士关注、转发、评论，请教他们："市民上交警察的诉求材料要求回执遭拒，接警人员态度似审犯，你有何看法？"

在不到半小时内，"佛山大叔"及其微博团队将同样的问题通过微博一共推送给100多名较有影响力的微博博主，并不断将微博置顶。同时还就教于公安博主，声称"佛山大叔喜欢'雪中送炭'之人，大叔今日有难，才认清哪些才是真正的朋友"，促使他们对此问题表态，本地不少有影响的微博博主、政府官员、企业高管也参与了讨论，一时间山雨欲来风满楼。

面对事关警队形象的危机，佛山警方首先根据微博投诉核查事实，经过与当事民警朱某及前台值班人员谈话、查看监控录像资料后，于24日上午，禅城警方网络发言人"@永安警长"通过微博私信直接与当事人"佛山大叔"取得联系，从经侦业务、法律法规、办事程序、警员接待群众等多方面进行了解释、交流，双方达成了某些共识，并约在26日星期天上午9时30分在禅城公安分局面谈。

26日星期天早上9时30分，"佛山大叔"与他的同事高某按照约定来到禅城分局。"@公安主持人""@永安警长"与禅城分局指挥中心、法制科和经侦大队负责人及当事民警朱某等共同参加座谈，以诚恳的态度听取二人的意见。

"佛山大叔"开门见山谈了他追还欠款不成前来投案的来龙去脉，然后讲述他那天报案的感受，动情地说："进入公安大门的市民，可以说都是走投无路、求助无门的，有困难、很无奈才会进公安的门。希望你们接到求助或报案，即使不是你职责范围的事，也要给人指个方向，即使你解决不了问题，也要好好接待，态度和蔼一点，至少不要给报案人添加新的烦恼。"

在场警员分别从自己的专业角度向佛山大叔解释了法律法规、办事程序等。当事警员就工作中的不足向网民诚恳道歉，决心整改。此后，"佛山大叔"再未在微博上向佛山警方发难，反而与"@公安主持人"团队就正面报道进行多次积极互动。可谓不打不相识。佛山公安通过真诚沟通，之后把"佛山大叔"变成了警方的朋友。

根据这一经验，佛山公安为获取社会的监督和支持，注意从普通网友中甄选出有潜质的"未来意见领袖"参加"网友走进110报警服务台""网友参与刑事案件侦查"等系列体验活动。这些网民皆有积极的言论表达意愿和能力，通过这些活动，使他们增强了对警队的认同，并用他们的言论影响与警方网络舆论引导相互呼应，形成合力，在"新意见阶层"中形成正面引导的力量。

佛山公安化干戈为玉帛的事例给予我们的启示良多：对当前传播领域中常为他人提供信息、观点并施加影响的"意见领袖"，我们要用全新的视角看待，应采用包容、吸纳、服务和团结的方式，使其转而承担起与之能力相适应的社会责任，发挥"草根领袖"贴近公众诉求并能有效影响民间舆论的优势，进而引导网络公众的价值判断和行为方式。这也包括门户网站编辑、社交媒体编辑、网站管理员、微信的运营者、客户端的运营者和话题网友等。他们对网络全流程各个节点全面接触，都应是我们净化网络空间释放正能量的团结力量。由是，使用得好，可以成为我们网络引导舆论延伸的臂膀。

（七）缓释法——事件处置不止，信息发布不停

缓释法又称阶段披露法和滚动发布法，即在突发事件发生后，按照事件潜在、处置、扩散、善后、修复的发展变化，持续不断地向媒体和公众提供处置进展情况，从而表达政府组织的原则态度、所采取的应急举措，不断释疑解惑，以话语权决定主导权，善始善终，尽到服务政府和公众的职责。做到"事件处置不止，信息发布不停"，并且不拘形式，多媒并用，碎片化地释放信息，这种不间断满足公众对信息需求的方式犹如治水，分段泄洪，导控分流，持续释放，既符合舆论引导的规律，又遵循事件真相由浅入深、信息由少到多的认知过程，从"简说事实，表明态度"到"由简入繁出结论"，缓释渐进，化解公众焦虑，缓解舆论压力，襄助事件由危转机。

例：深圳"5·26"疑似"掉包"重大交通事故

2012年5月26日凌晨，深圳滨海大道一辆高速行驶的红色小车与两辆出租车相撞，致使其中一辆出租车起火，车内3人死亡。警方公布了肇事者为广西籍男子侯某（其事发后7小时向警方自首）。经检测，侯某系酒驾。警方即以涉嫌"危险驾驶罪和交通肇事罪"将其刑事拘留。当日，警方分别于11时43分、17时、18时运用微博三次发出了事故通报及采取的措施。

5月27日，舆论发酵，质疑顿起，因涉及价值百万跑车、醉驾、飙车等敏感字眼，引发社会高度关注。由于开始公布的信息有限，媒体及死者家属怀疑肇事司机替跑车车主许某"顶包"，于是"顶包"说在网络疯传。面对突发而至的舆论压力，警方不避难题，持续不断向网友解疑释惑。

5月28日下午，警方首次召开新闻发布会，公布多个视频证据，证明侯某为肇事者。由于网民质疑视频有PS痕迹，舆论再掀巨澜，其中有"滨河526揭秘"开通的微博，3天就拥有1.4万名粉丝。

5月29日17时，警方召开第二次新闻发布会，公布侯某离开酒吧登上跑车的视频及衣服特征，也公开了车主不在现场的证据（早于此间，警方已掌握了车主不在场的部分证据），有针对性回应了公众的质疑猜测。但由于视频不清晰，网民希望警方公布其DNA比对结果。

5月30日，警方召开第三次新闻发布会，并邀请死者亲属到场，提供了24段新旧视频，公布了DNA检测报告及一系列收集到的视频资料及证据，并通过"微访谈"积极回应网民疑问。当日中午，市检察机关介入该案侦查。

5月31日，警方召开第四次新闻发布会，公布沿途摄像头拍摄的肇事跑车画面，再次证实肇事者的身份。

6月1日18时，深圳交警向检方提请逮捕侯某。当晚，又有一则"肇事车当时的司机为一白衣女子"的传言在网上风传。

6月2日，"@深圳交警"连发6条微博予以澄清。

6月3日，警方再将这名"白衣女子"的录音证据用微博予以公布，误传顿消。随着各种证据的完善，真相大白。不少曾误会警方的网民开始表达歉意。一名女子在福田交警大队门前打出横幅："亲们，对不起！我也是曾质疑你们调查'5·26'飙车案时不公、不正、不廉、不明、造假、顶包的一位小网民，现真诚向你们公开道歉！你们委屈了！你们辛苦了！魅力深圳会因你们的魅力更具魅力！"

同年12月6日，深圳检方通报，认定侯某涉"以危险方法危害公共安全罪"，并对其提起诉讼。

深圳警方在查处交通肇事案的过程中，先后四次召开新闻发布会，五次发布官方微博，不断向媒体和公众解疑释惑，成功引导了舆论，树立了公正执法的形象。

（八）构建法——构建新话语，重塑新形象

在危机管理中，政府及组织要善于在逆境中发现转机的正能量，从负面事件中找到闪光点以利于导控。因为舆论是经媒体拟态化了的事实，真实事件往往有多重含义，可以有不同导向的引申义，这给我们用新的拟态诠释事实提供了广阔空间。同样是灾难发生，既可引起悲痛绝望，亦可导向"多难兴邦，化悲伤为力量"，这就要求我们了解并用好媒体，立足媒体建构新故事，推出新举措，重塑新形象，制造新认同，赋予事件以积极向上的象征意义，培育"嫁接"出新的舆论平台，用"李代桃僵"的方式，走出事件阴影，摆脱舆论危机，占领推送给全社会以新希望的舆论制高点。

例：中石化在诚恳沟通中刷新企业形象

中石化一度被"天价灯""天价茅台""天价名片"等舆论热点搞得声名狼藉。国资委 2012 年度舆情态势统计，中石化负面舆情占央企总数的 18.7%，占到三家石油集团公司负面舆情的 46%。在 2012 年中石化各类媒体总传播量中负面信息高达 42.6%，平均每天负面信息 639 条，一年中由媒体炒作的负面事件 492 件。以至于集团干部职工办事打车，怕遭出租车司机诟病，竟不好意思说出单位名称，以"外交部对门"代指。面对舆论压力，中石化以"滚石上山"的精神，积极与媒体沟通，与公众展开交流，互动开展舆论引导。结果 2013 年的负面信息降低到了 25.7%。2014 年前 10 月统计，又降至 9.1%，企业的公众形象认知发生了变化。其主要做法如下：

一是透明开放，企务公开。中石化全系统 60 多个企业组织"公众开放日"，邀请社区居民、学生、人大政协代表参观企业生产流程，特别是污水处理环节，并且组织社会监督员到企业内部，化解公众疑虑。

二是和谐企媒关系，加强记者沟通。请专家为新闻记者讲解化工专业知识，介绍钻井开采技术、原油价格浮动原理，使媒体在了解石化生产过程的基础上，帮助策划方案，组织"碧水蓝天采访群"，并设置了记者年度最具建设性报道奖和最具影响报道奖，使企媒沟通成为常态机制。

三是放低身段，碎片发声，利用官方微博"@小石头"为企业代言，用富于亲和力的网言网语与网民对话、释疑解惑。两年内发博文 1 500 条，转评互

动 1 320 万人次，阅读量 1.5 亿人次，粉丝数 350 万。

四是在突发事件中领导出面，转危为机，在 2013 年"1·22"青岛中石化输油管道泄漏爆炸特别重大事故发生后，集团董事长勇于承担责任与教训，向全国人民和罹难者亲属道歉，领导班子和系统百万职工集体默哀，网络微博全部设置黑色背景，并举一反三采取善后措施，主动回应社会关注。

例：温岭鞋厂火灾中的"顶梯哥"形象

2014 年 1 月 14 日，浙江台州温岭大东鞋厂发生重大火灾并致 16 人死亡。随后，二十余家媒体近百名记者纷纷介入报道，一时间针对消防工作不到位的负面评论汹涌如潮。

当地公安机关第一时间将火灾情况和调查进展通过新闻通稿、媒体通气会以及"@温岭发布"官方微博等多个渠道对外公布。15 日，官方先后发布了大东鞋厂法人代表林剑锋等人被刑拘及 16 名遇难者身份等信息。之后，官方信息进入一个短暂的真空期。新闻媒体进行深度解读，将质疑指向违章建筑、"三合一"企业、消防设施不全、消防通道不足、员工缺乏消防培训等问题。台州警方在彻查火灾、追责处过的同时，挖掘救火过程中的感人事迹和感动瞬间，有效引导了负面舆论，由悲愤转移到举一反三、亡羊补牢的防火制度建设上。

当地网帖此时获取到一段时长约 6 分钟的宝贵视频。视频内容显示：为营救 3 楼的被困人员，现场救援人员搭起了救援梯，但因为第一段梯子不够，第二段梯子又无处着力，加之时间紧迫，一名参与救援者二话没说，直接用自己的肩膀扛起了第二段梯子，使得 9 名被困人员成功得救。这一凡人之举凝聚了生命大爱，令人动容。网评员就此将其中 9 秒钟的视频，通过微博平台以"@小小微名不足道"的草根小号作为发布主体发出。视频画面中，该男子佝偻着身倾全力像"千斤顶"一样架起了生命之梯——"顶梯哥"一词灵光乍现。后来的传播效果也证明了"顶梯哥"关键词加感叹号的草根式写法的有效："温岭大火现场惊现顶梯哥！强悍！正能量！"帖文发布后，迅速扩散，2 个小时内，阅读量更是高达 6 万余人次。至 16 日 15 时，转发数达到 2 000 余条，"顶梯哥"迅速走红。

1月16日上午，央视新闻、《人民日报》、新华网、中国之声、中国新闻网、凤凰网、网易、新浪、搜狐、腾讯、浙江在线等重量级媒体"蓝V"，先后几乎原文转发"顶梯哥"帖文，在网上掀起了新一轮的舆论热点。17日，央视及北京、天津、河北、安徽、江西、四川等卫视纷纷报道"顶梯哥"，报纸、网站评论版也出现大量正面评价内容。同日中午，央视新闻频道《新闻直播间》栏目播出一期2分38秒的专题《"顶梯哥"：用肩膀托起生命之梯》。几乎同时，央视综合频道《新闻30分》栏目播出一期2分58秒的专题《肩扛起生命之梯：顶梯哥你是谁》。同日晚，央视新闻频道《今日面孔》栏目再次播出一期长达4分11秒的专题《"肩"强不屈"顶梯哥"》。至此，"顶梯哥"正式迎来了一波正面舆论高峰。截至18日，百度搜索关键词"顶梯哥"，共找到相关结果7万余条。

此时，这种媒体"制造"并未结束，而是围绕当事人做新闻背后的故事。"顶梯哥"话题热议成为全国性的新闻事件后，"顶梯哥"是谁，新闻背后还有怎样的故事极具新闻潜质，加之媒体的"胃口"已被吊起，深度挖掘、提炼报道，进而再造一波舆论可谓顺水推舟。为此，新一轮的"顶梯哥"主题宣传——"寻找顶梯哥"正式拉开帷幕，就此"顶梯哥"话题再度登上舆论舞台。23日下午，"@台州公安"官方微博发布题为《顶梯哥，你是谁？你在哪里？》的帖文，文中写道："危急关头，他用肩膀顶起生命之梯下多人，平民英雄，大爱温岭。火灾后，他静静地走开了，不知道他是谁。顶梯哥，你究竟在哪里？我们在找你！"并附上相关视频和特写截图。

在当地公安机关和网友的不懈努力下，一张网上网下的搜索大网正式铺开，"顶梯哥"刘绪也最终被成功"挖出"。

24日，当地公安机关组织《台州日报》、台州电视台等媒体赶赴温岭采访"顶梯哥"刘绪，并利用民警个人微博"@爱尚酱油醋"直播采访全过程。24日晚，央视新闻、新华网、中国之声、《北京青年报》、《钱江晚报》、新浪浙江、交通之声、《贵阳晚报》等媒体官方微博先后发布或转载了关于"顶梯哥"刘绪被找到的帖文。

在媒体的频频聚焦下，关于"顶梯哥"刘绪的更多细节得以披露，除了外来务工人员的身份（贵州籍，曾在当地一鞋厂打工）外，更是被媒体抛出两个极具炒作性的新闻点：一是刘绪曾有盗窃罪前科；二是刘绪想成为一名消防队员。无疑，这又是一对极具反差的信息，正负能量再度碰头。随后，舆论并没有因为刘绪的这个瑕疵而削弱他的正面形象，各种诸如"浪子回头金不换"的评论，让这个凡人英雄更加真实、饱满，更具榜样的力量与价值。而恰恰在这两类信息的彼此交织影响下，媒体的报道迎来了新的高潮，舆论声浪不断推波助澜，"顶梯哥"话题一度持续两周有余。值得注意的是，舆论对火灾本身的关注明显趋弱，负面评论稀释殆尽。一组数据显示，截至 26 日，百度搜索关键词"顶梯哥"，共计找到相关结果 32.7 万余条（相关视频近百条），而关于温岭火灾的搜索结果仅 5 万余条。至此，舆论格局已然发生了颠覆性改变，可谓"正面凸显，负面消退"。在有图有真相的时代，抓住闪光点，进行开掘释放，沉默的良知良言就会浮出水面，这种媒介事件生产出真实动人的故事，而故事的众人传颂又制造认同，反过来又激发了众人，从而打通了整个舆论场，实现了弘扬主旋律和正能量的导引。

在舆论危机中，处置态度决定思路，思路决定方法，最终决定着舆论引导的效果。相对技巧而言，态度永远是第一位的。有了正确的态度指向，就会拥有多种化解危机的方法。

新闻发言人十论

王勇平

◈ 2011 年 6 月，京沪高铁开通，
王勇平在高铁上接受媒体的
集体采访。

王勇平

中国传媒大学中国新闻发言人研究中心共同主任、客座教授，中国新闻智库高级研究员。

中共党员，原铁道部政治部副主任、宣传部部长，中国铁路文联主席兼秘书长，国际铁路合作组织（总部华沙）副主席、中方委员。2003 年至 2011 年为铁道部新闻发言人。在担任铁道部新闻发言人期间，经历了中国铁路第五次、第六次大提速和高铁发展以及甬温线动车事故等历史事件。除经常性召开新闻发布会、频繁接受采访，以嘉宾访谈、连线采访、现场直播等形式与媒体打交道外，还多次在人民网、中国政府网、新华网、经济网、央视网、凤凰网、搜狐网、新浪网等网站与网友互动，形成了敢于担当、直面挑战、正视矛盾、谦恭平和的发言风格。

曾在全国新闻发言人培训班，在中国传媒大学、中国人民大学、复旦大学、清华大学、北京大学、国家行政学院、浙江大学等高校和部委、省市以及企业授课。主讲领导干部如何与媒体打交道、现代管理者的媒介素养、全媒时代的新闻发言人、新闻发布操作实务。

作为一名曾经的新闻发言人，新闻发布台已与我渐行渐远。可是，2003年至2011年八年的铁道部新闻发言人经历还时常在我心头萦绕、挥之不去。于我而言，沧海桑田，历经风光与风波，初心犹在、信念犹在、情怀犹在。

这缘于那是一段融入了中国铁路现代化建设事业的特殊经历。对过往生活进行必要的梳理和归纳，它的意义当然不是让人纠结于历史的烟尘，也不仅仅是还原历史的真相，更大的目的是使中国新闻发言人制度在借鉴过往经验教训的基础上更加完善、更加规范和更加成熟，使后浪推前浪式的发言人队伍在发布台前更加自觉、更加自信和更加自如。

如此，笔者在自己实践和探讨的基础上，从以下十个方面提供引玉之见。

一论：尽担当之责

（一）敢于担当是发言人的职责所在

何谓"担当"？担当就是担负、承当。大事难事有担当，逆境顺境有襟度，临喜临怒有涵养，群行群止有识见。这应是新闻发言人的基本职责、基本素质和基本能力。担任发言人的过程，就是承担责任的过程，就是承受风险的过程，就是承载奉献的过程。媒体和社会关注的任何问题，发言人都必须直面，没有回避的余地，没有松懈的机会，没有放弃的理由。

2003年夏，我调任铁道部宣传部部长，此时正值中国铁路处于深刻的变革时期。党中央、国务院从中国经济社会发展和人民群众出行的需要出发，做出了加快中国铁路发展的重大决策。当时中国铁路的状况不尽如人意，尽管历代铁路人做出了艰苦的努力和不懈的探索，每一代人都做出了自己的贡献，但由于历史的原因，铁路运能与运量的矛盾没有从根本上得以解决。问题突出表现在两个方面：一是铁路运营里程短缺；二是铁路技术装备落后。每当春运期间，旅客更是一票难求。每年春运都释放出中国社会最为焦灼的群体情绪，也成为中国领导人最为牵挂的民生问题。这个问题已到了非解决不可的时候，也到了有条件能够解决的时候。这个时候，中国改革开放已进入第25个年头。改革发展，使我们有了雄厚的国力；对内搞活，使我们有了灵活的政策；对外开放，使我们有了世界的眼光。我们在历史进程中积累的强大能量正待爆发。于是，一场华丽的蜕变出现在中国铁路行业。

作为铁道部宣传部负责人，我最重要的工作就是努力宣传加快中国铁路事业的发展。初始，我组织同志们对这方面的宣传基本上还只限于铁路范围内，宣传载体也主要依靠《人民铁道》报。就在这时，中央领导同志要求我们，对铁路发展的宣传要让全国人民都知道，只在《人民铁道》报上宣传是不够的。这为我们指明了方向。此时，又逢中国新闻发言人制度进入制度化建设元年，于是，我便以铁道部新闻发言人的身份频频亮相于国内外各大媒体，开始了长达八年时间不遗余力地宣传加快铁路发展特别是推介中国高铁的难忘经历。

2008 年 1 月 21 日，我做客新华网。访谈一开始，主持人就说了一段令我热血沸腾的话："站在国旗下、站在讲台上，面对中外媒体记者，新闻发言人的身影频频出现在广大公众的面前。新闻发言人代表中国政府部门的立场，向世人传递着中国政府的声音，为各国媒体提供权威的信息，让世界更加充分地了解中国。在人们眼里，新闻发言人是很有魅力的一群人：有庄重的仪表，有严谨的谈吐，还有娴熟的发布技巧，从容应对中外记者的提问而处变不惊。"当时，我感觉到，这样一群人，是政府部门和企业单位的代言人，是政府、企业和媒体、公众之间沟通信息的桥梁和纽带，表达的是政府部门和本单位的立场、观点和意图，其魅力来自忠诚，来自担当。他们在担当中净化灵魂，在压力中淬炼生命。我庆幸，这当中也有我的参与和实践，而我必须无愧于这个有魅力的称号。

我深知，风光和魅力的背后，是辛勤的劳动和不懈的努力，是一种长期不懈的、自觉自愿的责任担当和价值释放。非经艰难困苦，不能玉汝于成。虽然不是专职，却无时无刻不在思考着、搜集着、奔波着，始终置身于高效率、快节奏、重负荷的工作状态，将责任担当体现于不计代价地投入而无怨无悔。2008 年 1 月 21 日，新华网记者对我进行采访，向我提出这样一个问题："您能告诉我这个周末是怎么过的？都安排了什么事情？"此时，春运已经开始，我这段时间作息的安排，都是"踏"着春运的节律疾行快走，不可能有周末、休息日，更不可能有上下班之分。我如实地回答："为了做好今年的春运工作，我们提前一个月就进入了准备阶段。进入春运后，我每天一进办公室，首先打开电脑，看看网上对春运的有关报道，留心刚刚过去的一天疏散了多少旅客，旅客反映比较集中的问题是什么，哪些矛盾是我今天的工作必须协调的，同时立即与有关业务部门通话，了解对旅客反映的突出问题的报道口径，做好回答媒体朋友提问的准备。比如昨天参与各种媒体活动后，回到部里已经是 18：00，接着是与部新闻处的同志针对今年春运提前以及媒体提出的一些问题开会布置工作，离开部里时已经是 23：30 了。今天上午，接受完您的采访后，马上就是中央电视台一套《焦点访谈》、二套和四套三组电视采访，另外还有《南方周末》的记者采访。凤凰卫视提出要采访，恐怕会顾不上了，这很抱歉。下午还要去中国经济网当嘉宾进行访谈。"这当然仅是这一天的工作写实，实际上就是我在春运中作为铁道部新闻发言人的工作常态。这个采访内容在新华网发出来后，引来很多媒体朋友和网友的关心，我倍感温暖，由衷感激。

那次访谈，记者还向我提了一个问题："您的国际同行不会面对春运这样的问题，这是只有中国的铁道部官员才会面对的问题。您对此有何感想？"面对这个问题，我不掩饰自己内心的情感涌动，回答说："因为春运，让我的工作富有意义；因为春运，让我对人民充满感情；因为春运，推动我精神振奋、忠于职守。或许多年以后，大家像看老电影一样看到今天车站人头攒动的画面，会涌动一种怀旧般的温暖！就像有支歌中唱的，让我们期待明天会更好。"我在这里道出了一个发言人的情怀——担当现实、向往未来，用每天的努力构建成一段特殊的人生经历。

（二）敢于担当是发言人的价值体现

从本质上讲，担当是责任感的洋溢，是正义感的激荡。敢于担当，反映的是人格上的一种价值追求。坦率地说，发言人岗位有风险，有风险才会有担当。因为发言人职务就是职责，担当就是职责所在。发言人只有做到敢担当、能担当、善担当，始终践行担责不误、临难不却、履险不惧、受屈不计，在场而不失职，在线而不失声，在行而不失误，才能对得起自己发言人的称呼。由于发言人是对本部门、本单位乃至是对国家和民族利益的担当，所以当献身一项正义的事业时，个人的利益、名声，都变得不再重要。"苟利国家生死以，岂因祸福避趋之。"当小我遇见大我时，就要学会让路甚至牺牲。

2011 年 7 月 23 日，在浙江温州境内发生了一起重大的铁路动车事故，第二天召开"7·23"动车事故新闻发布会。我是铁道部新闻发言人，一般的发布会由我去发布符合常规。但这次事故影响极大，中外关注，非同小可。多年的发言人经历告诉我，一些媒体潜意识会把发言人当作事故责任人，会把发言人的解答当作狡辩。这次来的记者人数众多，情绪急躁，且中外媒体混杂，发布难度极大。一旦有丝毫的闪失，更会成为人们愤怒的靶标，甚至有可能因此而身败名裂。当时在场的铁道部领导都要全力以赴面对指挥救险、抢通、调查和善后等工作，各有分工，责任重大，事情繁多，不能分散精力。而且当晚还要召开全国铁路电视电话会议，铁道部负责人要在会上讲话，向全国铁路干部职工传达党中央、国务院领导的指示精神，吸取"7·23"事故教训，提出具体措施，稳住安全形势。这是一项刻不容缓的工作！这个时候，于我而言，上与不上，面临选择。选择不上，无可厚非；选择上去，职责所在。虽然明知有风险，还是前去面对。由于各种因素所致，后来这场发布对我个人带来了猛烈而绵长的压力及冲击。之后，有记者采访我："作为一个新闻发言人，在突发事件时被推出来，你会觉得委屈吗？"我回答："那是一种责任，既然愿意承担这种责任，就不应该考虑个人得失。"记者又问我："你觉得自己是个悲剧性人物吗？"我回道："我认为我的人生是很充实、有意义的，有幸为高铁事业做出了微薄的贡献。我从来就没有感觉自己是悲剧人物。今天的高铁已为老百姓带来了便利和福祉，更成为我们引以为豪的中国名片，那么我们所有的付出都是值得的。"我始终认为，发言人应该是有风骨的，遇上风浪不退却，即便是坎坷和不如意袭来之时，也能坦然面对，实际上已经完善了发言人存在的意义。也许正是因为如此，国务院新闻办公室原主任赵启正先生曾经在一次会议上评价我："敢于担当——在关键时刻需要有人站出来时无所畏惧挺身而出，中流砥柱——在舆论浪潮横流时坚持原则讲出真相，心静如水——在身处舆论狂炒时默默承受继续工作。"殷殷之意，倍感鼓舞。谆谆之言，其实难副。与其说这是一位中国新闻发言人制度的重要推进者对我个人的褒奖，不如说更是对新闻发言人的共同要求和勉励。

那次新闻发布会后不久，我离开发言人岗位即将出国时，国务院新闻办公室领导把我及有关部委的发言人召集在一起，国新办一位领导说："我们从事的是一项重要、崇高而又艰巨的事业，我们用辛勤的劳动和汗水，努力推动政务公开、推动国家的进步和人民事业的发展。在社会快速发展和变革时期，我们的工作难免会遇到挑战和挫折，但相信我们的艰辛和付出能得到大多数人的理解。"面对曾经的领导和同道，我心中感慨不已。我向大家表示："八年的发言人生涯，可能是我一生中最有起伏也最为精彩的一段生活。当我要为这段生活画上句号时，我很坦然，因为主观上我尽力了。尽管我已不会再在发布台上亮相，但我会在遥远的别国土地上，深情地关注着中国新闻发布事业的发展！深情地凝视着你们——我亲爱的朋友们在发布台上代表政府部门、代表中国发言的风采！"是的，对于发布台，我自始至终保持着敬畏与赤诚，就在要告别它时，这就是我——一个卸任发言人留下的毫不掩饰的内心表白。

（三）敢于担当是发言人的素质要求

担当有风险，风险能化解，化解靠素质。任何一场新闻发布会尤其是突发事件的新闻发布会，都会面对来自多方面的挑战和考验，都会要求发言人努力表现出自己的素质和能力。作为最早的一批新闻发言人之一，我曾赴美国学习交流新闻发布制度，撰写并出版发行了一部纪实文学《彼岸掠影——一个政府部门发言人在美国的见闻》，成为国新办当时推荐给新闻发言人交流和学习的书籍。我认为，美国媒体发展较早，在新闻发言人职业化以及技巧手法的运用和管理程序的规范上都有独到的地方，许多地方值得借鉴，但中国的新闻发言人不能全盘照搬，我们有我们的国情。如何规避风险，有很多方法和技巧。必须坚持一些基本的原则，比如公开透明的原则、及时迅速的原则、客观真实的原则、真挚诚恳的原则、坚定自信的原则。

把这些原则化解为发言人的具体素质，有五个关键词：信念、勇气、智慧、谨慎、无私。

信念是担当的前提。新闻发言人要有坚定的政治信念和信仰，牢固树立马克思主义新闻观，以辩证唯物主义思想为基本指针，保证新闻发布不偏离方向。在共产党人的新闻观上有两段话。一段话是李大钊同志的"铁肩担道义，妙手著文章"；一段话是朱镕基同志在一次新闻发布会上说的，"不管前面是地雷阵还是万丈深渊，我都将勇往直前，义无反顾，鞠躬尽瘁，死而后已"。这两段话都体现出了一种大襟怀，大担当。在新闻发言人岗位上，我一直把这两段话作为自己的座右铭。

勇气是担当的动力。新闻发言人每一次走上发布台，无论发布正面、负面新闻，都要面临风险，接受挑战。要求发言人有胆有识，有勇有谋，怀着正义必胜的勇气去面对每一次发布会。勇气和自信不仅会让自身有底气、有信心，也会感染媒体、影响社会。

智慧是担当的保证。新闻发言是一门艺术，更是一场以智慧指挥行动的特殊战斗。在掌握大量信息的基础上，还要有对信息背后舆论趋势、走向的科学判断与把握，更要有对不同媒体和公众对信息的关注进行有效的应对和处理，完成主动把控，灵活驾驭，正确引导的发布目标和职责要求。

谨慎是担当的基础。新闻发言必须以安全为前提，要留有一定的安全系数。谨慎与担当并不矛盾。谨慎不是胆怯，不是迟钝，而是一种负责的态度。谨慎的担当是理性而为，不谨慎的担当是鲁莽之举。一个优秀的发言人是用思考来决定他的判断，用理智来决定他的言论，用谨慎来决定他的选择。新闻发言人的谨慎是敢于担当和善于担当的高度融合，"临大事而不乱""临利害之际不失故常"，是新闻发布成功的基础。

无私是担当的底色。新闻发言人作为政府部门和企事业单位与媒体、公众之间的"中间人"，在两方面的要求或诉求之下，坚持正义，不掺私念。胸怀坦荡、光明磊落，保持公私分明、大公无私、先公后私、公而忘私，不以物喜、不以己悲、宠辱不惊、淡然处之。无论做人还是做事，都自觉做到仰不愧于天、俯不愧于地、内不愧于心。突发事件在哪里，新闻记者在哪里，发言人就应该在哪里展开工作。

当然，发言人的责任担当是在良好、宽松的土壤中培育、升华和强化起来的。对于发言人的某些不足表现，社会批评是必要的和必需的，这也是社会政治民主的进步，发言人大可不必耿耿于怀。但社会上有的人过分苛求甚至采取人肉搜索等极端做法，将会使发言人在巨大的社会压力下身心俱疲，淡化和消退责任担当意识，并有可能在整个发言人队伍中产生消极作用。责任担当自然需要发言人的自身素质和努力，同时也需要各界为发言人营造良好的担当氛围，使其自觉担当、能够担当和敢于担当。

习近平同志曾经说过："不要怕采访，不要怕偶尔说错话。有的部门和同志担心说错话，遇到问题不能马上发声，也不愿主动发声。坦率地说，谁都不是神仙。主动做工作，说错一两句话，是可以原谅的。如果遇到重大问题静默失语，不主动做工作，不敢担当，造成更严重的舆论误导，那才是不可原谅的。"从发言人的角度看，要努力争取社会的理解和宽容，呼唤和营造一种对待新闻发言人健康、善意、包容的社会心理和社会态度。与此同时，发言人也应当理直气壮地维护自己合法权益。唯此，发言人才能在国家和人民利益需要时敢于挺身而出，在突发事件发生后敢于直面媒体，在舆论压力下敢于实事求是，在明知前面就是万丈深渊时仍敢于义无反顾。

总之，新闻发言人是一个充满挑战的职业，很多发言人都在担当与历练之中变得坚强起来，变得聪明起来。从不敢担当到敢于担当，从被动担当到主动担当，从无力担当到成功担当，是一个充满挑战、实践、磨砺和积累经验教训的过程。

二论：领传播之先

（一）先声就是引领

以最快的速度传播政府的声音，是新闻发言人的职责使然。随着网络时代的到来，新媒体特别是手机客户端的广泛应用，对新闻发言提出了全新挑战。微博的出现，图片、语言、视频等各种信息形式的传播都出现了质的改变，尤其是在传播速度、传播广度上得到了空前的发展，无论是新闻媒体还是网民个人，都把微博视作

要　领

面对突发事件以先声做引领

新闻发布工作与应急处置工作应成为两条不可或缺的同时推进线。传播就是处置，处置必须传播。要敢于发声，及时发声，科学发声。先声就是引领，引领必须先声。政府发言人在突发事件舆论引导中，必须抢占第一时间和舆论主场，第一时间获取和传播消息。

信息的重要来源。在突发事件面前，每个网民都有可能成为"记者"，不需要由谁进行资格审核，不需要在现场采访由谁同意，不需要在网络上发布信息由谁把关，基本实现话语权"零障碍"，全民记者、全民阅读使各类事件都基本上无法保密和隐瞒。在全媒体时代，贵在早，赢在快。新闻发布工作与应急处置工作应成为两条不可或缺的同时推进线。传播就是处置，处置必须传播。要敢于发声，及时发声，科学发声。先声就是引领，引领必须先声。政府发言人在突发事件舆论引导中，必须抢占第一时间和舆论主场，第一时间获取和传播消息。在对社会舆论进行引领和疏导中，给公众一个令人信服的交代，使其按照预期的方向流动，以利于社会的稳定和保证社会的良性运转。

2011年7月23日，我在下班回家的路上，突然接到铁道部宣传部新闻处处长打来的电话，报告发生了重大行车事故，伤亡人数还在调查中。我立即折返回到办公室，在事发后两个小时内发出了第一篇通稿，半夜里又发出了第二篇通稿。次日上午我分别接受了中央人民广播电台、中央电视台、凤凰卫视的专访。下午前往事故现场，飞机落地，接到上级部门的通知，马上召开了事故新闻发布会。在这次事故资讯的整体发布中，虽然我们自认为发布的速度是迅速的，但较之新媒体和自媒体的快速反应还是相形见绌。我们还未回应，事故现场的幸存者就已通过网络，将现场照片传递到全社会。这件事情再一次提醒我们，先声才会夺人，后发无法制人。政府对于公共事件的发声一定要及时迅速，不能错过回应社会信息需求的黄金时间。在充分尊重公众接收信息"先入为主"的规律中争取公众、争夺公众。

（二）先声必须精准

快与准是一个问题的两个方面，快捷必须准确，准确支撑快捷。快捷而准确，实现时效性与真实性的高度统一，是发言人在信息发布中力求达到的理想效应。任何信息的及时发布都是以信息的及时掌握为条件的，不能为了追求时效性而以偏离真实性为代价。面对复杂繁乱的各种信息，发言人要谋定而后动，调定再出声，以最快的速度准确明晰地整理出需要向媒体公布的内容，包括所有细节和数据。做到情况基本搞准，态度基本搞明，对策基本搞清。在短时间内完成信息采集、信息研判、信息发布、信息对冲、信息阐释和信息主导的全过程。

快中求准，准在"大"与"小"两个方面。"大"指态度。从态度来讲，发言人的态度代表的是政府的态度，发言人的口径代表的是政府的口径，发言人的立场观点应该与政府保持高度的一致，不应夹杂个人的见解。虽然发言人可以适当地灵活表达，但必须要清楚领导的态度、观点乃至底线，表达时观点要鲜明，用词要准确，逻辑要严谨，绝不能偏离准绳，谨防失当。"小"指细节。从细节来讲，则应字斟句酌，保证准确无误。任何数据、事例都应该详细查证，判定确切无误以后才能公布。先说事实，后说原因，多说态度，慎说性质。如果把握不足，可以向媒体做出解释，查实之后再及时回复。千万不可心存侥幸地主观臆测。

(三）先声还须后语

对新闻事件的发布，政府部门用最快的速度发出权威性声音，这对引导社会舆论、安抚社会情绪、塑造政府形象都具有积极意义。但是，最快捷的发布速度往往不可能把事件的全部材料都收集进来，而社会对有关事件的信息需求又是持续性、

要　领

新闻发布的快与准

快与准是一个问题的两个方面，快捷必须准确，准确支撑快捷。快捷而准确，实现时效性与真实性的高度统一，是发言人在信息发布中力求达到的理想效应。快中求准，准在"大"与"小"两个方面。"大"指态度。从态度来讲，发言人的态度代表的是政府的态度，发言人的口径代表的是政府的口径，发言人的立场观点应该与政府保持高度的一致，不应夹杂个人的见解。"小"指细节。从细节来讲，则应字斟句酌，保证准确无误。任何数据、事例都应该详细查证，判定确切无误以后才能公布。先说事实，后说原因，多说态度，慎说性质。

全面性的需求，所以，重大事件一次性发布显然不敷需要。这就要求对整个发布工作进行全面规划、精心组织、分段发布、步步推进、环环相扣、前后呼应，形成一个完整的信息发布链条。

2008 年 5 月 12 日发生的汶川大地震，造成了宝成铁路 109 号隧道坍塌，通往四川地震灾区的"运输生命线"被迫中断。地震发生时，正在隧道内行驶的 21043 次货物列车脱线，并在洞内起火燃烧。社会对此关注十分强烈。经过 12 天紧张抢修，2008 年 5 月 24 日 10 时许宝成铁路 109 号隧道恢复通车后迎来第一辆装满了运往灾区救援物资的列车。铁路部门在组织精兵强将抢修线路的同时，连续进行信息发布。在信息传播工作中，我们采取初始期、进行期和收尾期三个时段的信息报道，通过发通稿、开发布会、组织媒体现场采访以及连线采访等多种形式报道，使全社会对救援工作的全过程始终保持公开透明的信息接收，救援工作和信息传播达到了一并进行、同时完成的深度配合，无缝对接的最佳状态。社会给予了很好的评价。

在铁路行业，一年一度的春运报道，是一场社会接触面广、持续时间长且复杂多变的硬仗。每年春运拉开序幕前一天，铁道部都会照例召开新闻发布会。作为铁道部新闻发言人，我会率领我的团队，对整个春运的指导思想、战略目标、工作措施、力量安排进行广泛的信息采集，在发布会上公布于众并回答记者的各种提问。在后来开展的春运工作中，预测是否准确？计划是否兑现？部署是否落实？推进是否顺畅？这些都是全社会很关注的。于是，我们还会在客流高峰期和节后春运乃至于春运结束后相继召开发布会，利用报纸、电视、广播电台、网站和公众号全方位地进行连续不断的铁路春运资讯报道和传播，为整个春运创造良好的舆论环境。2009 年整个春运期间，铁道部连续召开了三次新闻发布会。在最后一次发布会上，新华社记者提出："今年铁路发送旅客总量比预计的多出 400 万，请问这是哪些因素造成的呢？"记者观察很细致，开始预计 1.88 亿与后来的结果对比确实发生了变化，多出了 400 万。我首先表示承认，我回答："我记得在第一次新闻发布会上提供的今年春运旅客发送预计数字确实是 1.88 亿。"然后我解释为什么预计的数字是 1.88 亿，我说："春运期间，铁路运输的状况是有多少能力就运多少客，叫作'以运能定运量'。去年 12 月，全国铁路调整列车运行图之后，图定客车能力大体增加了 5％，再结合线路通过能力和可提供客车车辆数，采取加强运输组织、充分挖掘潜力的一系列措施，还要考虑到天气变化等对铁路运输的影响等因素，在春运前测算出发送旅客 1.88 亿人。从实际看，虽然超过了这个数字，但大体上与预测目标差不多。"最后我说出变化的原因，我说："之所以能超出，主要是铁路部门开动脑筋，采取各种便民利民措施。停货保客，停短保长，科学调度，周密指挥，尽最大努力挖掘运输潜力。临客开行数量比往年春运更多，比春运前预计的也要多。在确保运输安全的前提下，在满足旅客基本旅行服务的条件下，尽可能让更多的旅客走得了。另外今年春运全国没有出现大范围的极端天气，铁路运输秩序良好，列车正点率比较高。"记者得到满意的答案，在报道中没有批评铁路部门预测不准确，而是从正面肯定铁路部门更大的付出与贡献。

三论：打有备之仗

（一）准备是成功之母

成功常常垂青于有准备的人，有多大准备就有多大胜算。准备决定成败，知情决定话语。对发言人而言，没有回答不了的难题，只有准备不到的议题。每一场精彩发布的背后，都有着大量的积累、细致的预测和充分的准备。人们往往认为发言人天生就聪明，说的是口才，拼的是天赋。其实，真正优秀的发言人，往往是脚踏实地地努力，严肃认真地准备。他们会把每一次发言都当成第一次发言和最后一次发言，慎笃如初、精心准备、有备而来，不会有丝毫的放松和大意。他们知道，掌握的情况比媒体少一分，在媒体面前就会矮一分，胜算的概率就会低一分。在新闻材料的准备上，宁可多一些，宁可细一些，宁可实一些，也不能简单、粗糙和空泛。所以，发言人发布新闻前，必须要争取获得更多信息和真相，掌握全面细致的资料，掌握事态全部真相，而不能仓促上阵，一头雾水，无法表态，无可奉告。

我的自身经历也证明了这一点。每次召开发布会，准备充分，效果则明显；准备仓促，教训则深刻。2011年7月24日，甬温线动车事故发生第二天，铁道部召开了事故新闻发布会。那天，我从北京赶赴温州，一下飞机就接到上级有关部门领导的指令，要求立即召开发布会。当时事故原因正在调查中，很多情况还没有搞清楚，我们提出可否晚一天再开发布会。但是有关部门要求当天晚上必须开，因为当时的舆论出现了很大的偏差，谣言盛行，完全可能引发严重的群体性事件。而且当天要开发布会的消息也传出去了，很多媒体在等候。铁道部领导问我开这个发布会有没有把握。我说刚到，情况不明，没有把握。过了一会儿，领导又问究竟有没有把握。我想，作为新闻发言人，总得有一种担当的精神，这个时候我不去，既没有尽到发言人的责任，也不符合我的性格，于是接受了任务。开发布会时间距离事故发生只有26小时，而此时距离开发布会时间已不到1个小时，只能公布一些当时能够掌握到的事故发生概况，以及铁路部门和当地政府及人民群众抢险的情况，更细致、更深入的情况都还不清楚。当时发布会场面比较混乱，参加发布会的媒体朋友情绪比较激动；加上2011年又是微博元年，我们对如何在那种舆论环境下应对突发事件还没有经验；又由于社会上人们对高铁事业有不同看法，铁路自身也存在许多需要改进的地方，特别是这次事故死伤了那么多人，性质非常严重，媒体反应强烈，甚至有的媒体朋友把新闻发言人当作问责的对象。对这次事故，我也非常痛心，也能够理解记者的情绪。追问真相是记者的责任所在，作为政府部门新闻发言人，我有责任有义务去努力满足他们的知情权，尽快平息社会情绪。总之，发布会开比不开好，早开比晚开好。后来出现了事与愿违的状态，当中情况复杂，原因很多，一个重要原因就是时间十分仓促，准备严重不足，掌握的资讯远远无法满足社会需求的巨大缺口。这是一个深刻的教训。

（二）带着"四张单"走向发布台

发布台是发言人的阵地，能否守好阵地，很关键的一点在于是否掌握了精良的武器。"四张单"就是发言人带上阵地的武器。

第一张单是新闻发布词。在组织新闻发布活动前，发言人应根据实际需要，提前准备发布词。发布词是传递政府部门基本立场和观点、基本事实和细节、基本态度和对策的关键单，对真相的说明、舆论的导向、情绪的稳定有着至关重要的作用。发布词的准备，要有现场、有故事、有细节、有数字，尽可能达到观点鲜明、事实翔实、逻辑性强、简明扼要的要求，忌用太多的修饰语和过渡语，杜绝官话、套话。多一些平实务实切实，少一些过度铺陈渲染。我在发言人任上时，每次拟定发布词，自己都亲自撰写或参与讨论并修改定稿。这样做，会让自己更有底气，更加熟悉发布内容，在发布过程中也会轻松自如。

第二张单是口径单。在召开发布会前，需要做充分答记者问的准备。发言人应广泛收集媒体和社会关切的问题，并就问题做扎实的材料信息收集，将重点问题的答问要点建构好，形成对外的统一说法。尤其是召开突发事件发布会，发言人需要弄清楚突发事件的性质是什么，原因是什么，影响有多大，责任主体是谁，政府部门的基本态度是什么，后续会采取哪些措施。对记者可能提到的问题尽量做多一点的预测，并形成相应的口径。只有这样，发言人才能做到胸有成竹，有问必答。过去我每次召开发布会，都会随身带着一本厚厚的口径本，里面记下各种热点问题的回答口径。当记者提出公众最关注的问题时，大都能给出权威和有说服力的回应。

第三张单是金句单。金句即含金量大的句子，由于金句单往往可以用于新闻标

要 领

新闻发言人的"四张单"

发布台是发言人的阵地，"四张单"就是发言人带上阵地的武器。第一张单是新闻发布词。发布词是传递政府部门基本立场和观点、基本事实和细节、基本态度和对策的关键单，忌用太多的修饰语和过渡语，杜绝官话、套话。多一些平实务实切实，少一些过度铺陈渲染。第二张单是口径单。在召开发布会前，发言人应广泛收集媒体和社会关切的问题，并就问题做扎实的材料信息收集，将重点问题的答问要点建构好，形成对外的统一说法。第三张单是金句单。金句单的作用在于发布新闻时，能够突出重点、增强亮点、聚集焦点。第四张单是要点验收单。要点验收单是在新闻发布过程中需要注意的情况备忘，主要是事先准备好在答问环节需要强调、展开的问题列表及回答时所需的口径资料索引。

题，所以又称标题句。金句单的作用在于发布新闻时，能够突出重点、增强亮点、聚集焦点，使发言更加生动、传播更加快速、效果更加明显。金句的运用，通常看起来是发言人现场信手拈来、脱口而出的临时发挥，其实多数情况下是事先准备好的。各种生动形象而寓意深刻的金句一旦在媒体上出现，特别是在电视或是广播节目中被不断重复，就会在大众传播中留下深刻的印象，并产生积极的影响。

第四张单是要点验收单。要点验收单是在新闻发布过程中需要注意的情况备忘，主要是事先准备好在答问环节需要强调、展开的问题列表及回答时所需的口径资料索引。面对记者的问题，要在回答的同时，重新定义问题，将事先制定的要点内容进行适当转换，借机传递出去。记者问了宏观的问题，可以将问题缩小到自己熟悉的具体点上回答；记者问了不便回答的问题，可以将问题转换到自己能够公开的信息上回答。如果有多位发言人参与，还须对各位发言人回答问题的范围进行分工，从而达到互相配合、口径统一、分工明确的整体效应。

对于这四张单，只要准备充足，使用得当，会完美地展现出每张单都是"秘密武器"，每张单都是"锦囊妙计"。

(三) 做好实际工作是最根本的发布准备

新闻是第一位的，新闻发布是第二位的。实际工作做好了，就会为新闻发布创造坚实的平台和收放自如的空间。如果本身工作没有做好，企求发言人粉饰现实，只能是舍本逐末，适得其反。对发言人而言，最难堪的是发布的新闻却未必是自己内心的真实，在公众场合中从自己嘴里说出的却未必是生活的真实，这不仅会使自己纠结，更会遭到媒体和网友的质疑和反驳。遇到这种情况，就应该把这种似而非的资讯和观点向上级领导如实报告，并提出自己的建议，以期把本部门的意图与媒体、与社会各界的呼声调节到一致的状态。

曾经有一位叫王旭的网友给我发帖："王勇平是个不错的发言人！勇于面对问题。不过我感觉光勇于面对问题还不够，你要把问题带回去深入研究并加以解决。"我知道这是网友对发言人的信任和期待，便回复说："勇于面对问题是发言人的基本素质；把网友的问题带回去供领导和相关部门认真研究，作为制定政策、进行决策的重要依据，这更是发言人需要承担的责任。因此，你的建议非常中肯，也非常有意义。"在实际工作中，我努力不辜负这种信任和期待，总是把社会上合理的呼声和诉求汇报、递送给相关领导和相关部门，促进这些问题的尽快解决。2007 年 1 月 10 日，铁道部召开当年全国铁路工作会议。前一天晚上 11 时，当时的铁道部负责人找到我，要我协调媒体做好会议报道。特别要求我向媒体讲清楚春运票价上浮的道理，希望媒体不要炒作这件事。当时我想，铁路部门在春运高峰期客票上浮的唯一理由是削峰平谷，即通过票价的浮动调整旅客出行秩序，把客流高峰移入低谷，达到均衡运输的目的。可是这个理由怎么说服得了需要掏出额外钱来买票回家过年的旅客？以往我在回答记者对这件事的追问时一直不能理直气壮，这种说法也遭到社会各界的质疑。媒体常有批评，网上炒作不断，"两会"屡有提案，甚至还被告上法院。于是我回答铁道部负责人，这个道理我讲不清楚，媒体炒作我也阻止不了。只有从源头上解决问题，停止这一条款的执行。我说，社会上普遍认为这是一项霸王条款，不管铁路做了多少工作，只要有这一条在，铁路的声誉就好不了。当晚部领导和有关部门负责人立即召开会议，正式做出了春运高峰票价不再上浮的决定。第二天中午，我对参会就餐的中央和首都各级各类媒体记者朋友宣布：现在举行新闻发布会。我向大家发布，铁道部决定，2007 年铁路春运各类旅客列车票价一律不上浮。顿时，餐厅里一片欢呼声。有记者提问，以后春运火车票票价是否都不上浮？我回答，只要是老百姓欢迎的事，我们就一定会坚持做下去。记者们也没心思吃饭了，纷纷忙着发稿。有关这个内容的报道成为当天最抢眼的新闻。新华社当天发了《今年起春运铁路火车票价不再上浮》的通稿：

> 铁道部新闻发言人王勇平 10 日透露，2007 年铁路春运各类旅客列车票价一律不上浮，以后春运也将不再实行票价上浮制度。王勇平说，今年

春运，铁路部门在各类旅客列车中均不再实行票价上浮，这一票价政策实行后将会使数千万旅客直接受益。2006 年春运铁路火车票票价上浮情况为春节前 1 月 21 日至 27 日、春节后 1 月 31 日起，硬座票价上浮 15％，其他席别上浮 20％。但以农民工、高校学生为主要客流的临时旅客列车票价没有上浮。王勇平说，目前铁路运输能力仍很紧张，尤其在春运期间有的线路和方向无法全面满足旅客的出行需求。铁路部门将克服困难，全力挖潜扩能、精心组织调度，尽最大能力缓和运力与需求的矛盾，努力为旅客过一个愉快祥和的春节创造较好的旅行环境。

这次发布会，时间虽短，答问不多，但效果却非常明显。这一年春运，较之往年，媒体和社会再也没有在这件事上进行问责，我的工作和心情也出现了少有的轻松感，因为解决了源头上的问题，流就不再是问题了。

四论：告真实之情

（一）发言人口中只有真相

发布新闻，实际上是将事情的真相告之于众。尊重事实，是新闻发言人必须遵循的最基本、最核心的原则。也就是说，发言人发布的信息必须客观、准确、权威。无论走多远、跑多快，衡量是否行进在正确道路上的唯一标准就是实事求是。

在媒体高速发展的今天，我们已经生活在一个高度媒介化的透明社会，人民群众对关系到自身利益的各类社会事件、社会矛盾关注度空前高涨，这是社会的进步，也是党的宗旨的回归和发扬。想隐瞒、掩饰矛盾和问题，是对人民群众的轻蔑和愚弄，人民群众不会答应，也越来越不现实。一个代表人民群众利益的、有自信力的政府，往往敢于公开透明地面对全社会的审视和监督，根据事实描述事实，根据真相发布真相。由此，"真实"对发言人来说，是最基本的要求，也是最高要求。当然，为了便于问题的处理和考虑国家整体利益，有时需要掌握好事情公开的进度和节奏，什么时候公开，公开到什么程度，不是发言人自己能够决定得了的。优秀的发言人往往会做到，真话不全说，假话全不说。既要实话实说，又不能实话全说。发言人对一个新闻事实可以选择怎么讲、讲什么，但所讲的每句话都必须真实，绝对杜绝谎言和狡辩。说谎和制谎的行为不仅会使发言人本人的人品受到怀疑，还将使政府失去公信力。面对媒体，发言人口中任何语言都要言之有据、言之有理，不信口开河，不驰于空想，不骛于虚声。只有把涉及群众利益的公众事件真

要 领

真话不全说，假话全不说

"真实"对发言人来说，是最基本的要求，也是最高要求。当然，为了便于问题的处理和考虑国家整体利益，有时需要掌握好事情公开的进度和节奏，什么时候公开，公开到什么程度，不是发言人自己能够决定得了的。优秀的发言人往往会做到，真话不全说，假话全不说。既要实话实说，又不能实话全说。发言人对一个新闻事实可以选择怎么讲、讲什么，但所讲的每句话都必须真实，绝对杜绝谎言和狡辩。

相揭示给群众，才能换来享有知情权的民众的理解、谅解和支持。所以说，要确保舆论引导有方、有力、有效，就必须坚持公开、透明、权威、准确。以公开为原则，不公开为例外，并尽可能缩小例外的概率和层面。

新闻发布，真实第一。这不仅是指主要事实要真实，而且情节细节也必须真实，真实不留死角。铁路行业与社会各界关联非常密切，社会对铁路行业关注度特别高。作为铁道部曾经的新闻发言人，我要发布的任何一个信息都会对大众产生最直接的影响，不能有丝毫的虚假成分。我深知，不管是有意还是无意，如果说出了不真实的信息，尤其是在第一个不真实的信息出口之后，就不得不用更多的不真实的辩解来证明它的真实性。不真实的东西越多，漏洞就越大，也就越容易被戳破。回顾八年的发言人生涯，扪心自问，在媒体面前，我可能说过很多不合适、不精到的话，但我从来没有说过假话，至少在主观意识上从来没有过不说真话的丝毫故意。我在担任铁道部发言人期间，铁路正在发生变化，历史正在改写。铁路取得了很多骄人的成绩，但也还存在很多问题：有历史沿袭下来的问题，也有发展中新出现的问题；有客观条件导致的问题，也有人为因素酿成的问题。无论出于何种考虑，这些问题都应该真实地向社会说清楚，不能因为对社会公布后可能会对铁路的工作带来暂时的影响甚至引起炒作，就有意识地用谎言把真相掩盖起来，那就是在制造社会矛盾，是有违新闻发布原则的。不仅是对政府和人民利益的不负责任，也是对发言人自己道德和良心的出卖。今天，我国已经进入发展关键期、改革攻坚期、矛盾凸显期，我们面临的矛盾更加复杂，许多问题躲不了、绕不开、瞒不住，只能正视它、承认它、解决它。这是当今必须面对的现实，发言人说真话的自律也更为重要和严格。

（二）说假话是无法弥补的灾难

讲真话，有时候是一件很辛苦的事，甚至可能承受同步而来的某些压力，但会使自己踏实心安、理直气壮、从容自在。对于发言人来说，不管什么原因、什么背景、什么动机，都不能讲假话。发言人的任何言论都要经受得起时间和空间的严厉叩问和长久检验，没有任何的侥幸和例外。面对突发事件，一味封锁消息，回避媒体，隐瞒真相，甚至以对抗的方式回避舆论监督，则意味着放弃自身职责，放弃公众信任，放弃舆论引导。只能制造表面稳定、虚假稳定、短期稳定，导致更大的不稳定。信息越是公开透明，公众获取的真实信息越多，社会上谣言越少，社会公众对政府和有关部门的信任度就越高。为了国家的利益、政府的声誉、自身的品格，都必须讲真话。这是最佳也是唯一的选择！

我曾有过四年的从警经历，在广州铁路公安局担任党组书记。有一年春运期间，管辖范围内的广州火车站派出所领导面对记者关于打击"黄牛党炒票"的采访，在问到有无铁路内部职工参与倒票的行为时，态度非常坚决地说："绝对没有。"其实这时记者已经掌握了铁路内部个别职工违法参与倒票的案例，于是将案例与派出所负责人的表态在电视上进行比较，反复播放，导致受众纷纷批评铁路警察说假话，铁路警察的形象受到质疑，社会影响很大。作为上级公安机关负责人，我也负有责任。我对这件事的印象十分深刻，从事发言人工作后，我经常以此为鉴。每每提醒和告诫自己在没有掌握确凿事实的基础上，绝不靠拍脑袋想当然，绝不靠拍胸脯做结论。讲话留有余地，不能绝对化，不能自己把自己逼进死胡同，更不能让自己代言的政府部门和行业为自己的失误买单。

（三）巧妙地表达"难言之隐"

新闻发言人担当责任需要勇气，更需要能力。习近平总书记多次强调，领导干部既要有激情、有韧劲，更要办事管用。办事管用讲的就是要有能力、有水平。对新闻发言人来说，就是要在新闻发言中不断摸索规律，积累经验，掌握主动权。要尊重事实，在掌握大量信息的基础上，要有对信息背后舆论趋势、走向的科学分析与判断，更要有对不同媒体和公众对信息的关注侧重点的判断，做到放眼全局，胸有成竹，有的放矢，收放自如。既不能把大事说小，也不能把小事说大。对有"难言之隐"的话题委婉地说，既不能"守口如瓶"，也不能"和盘托出"。发于其所当发，止于其所应止。同时，要处理好"树木和森林"的关系，在保持微观真实的基础上，保持宏观的真实和本质的真实。不能为一味取悦而"失向"，刻意迎合而"失态"，迁就偏激而"失真"。

2008年1月18日下午，铁道部举行新闻发布会。作为铁道部新闻发言人，我介绍了2008年铁路春运情况，并就"买票难""提高临客服务水平""维护旅客权益""保证运输组织安全乘降""严厉打击内外勾结贩票行为""优先学生和农民工运输""春运票价不上浮、打折票价不恢复"等社会热点问题，回答了记者的提问。《人民日报》、新华社、《光明日报》、《经济日报》、《科技日报》、《中国青年报》、《工人日报》、中国新闻社、《人民铁道》报、中央电视台、中央人民广播电台、中国国际广播电台、中国政府网、新华网、人民网、中国网、央视国际等100余家媒体约170名记者到会采访。中国政府网、新华网、人民网、中国网、央视国际、中国经济网等网络媒体对实况进行了图文、视频直播。当时，《人民日报》记者提问："有的普通旅客在售票窗口买不到火车票，可是从票贩子手中可以买到高价票，是否存在铁路内部职工和票贩子勾结的现象？今年铁道部将出台怎样更加严厉的措施防止以票牟私的现象呢？"我知道，这是《人民日报》代表人民在发问，我必须严肃作答。我当然不会犯绝对否认铁路内部职工和票贩子勾结的低级错误，但是我也担心过多回应这件事，将导致媒体对铁路职工和票贩子勾结进行过度炒作，影响铁路队伍整体形象，造成社会情绪更为激烈。当时于我而言，确有"难言之隐"。对此，我选择将回复的重点放在制度管理上，而不多谈具体的人和事。我回答说："我们在这方面的管理制度是非常严格的，力求不留漏洞，以有效防止内外勾结问题的发生。一是严肃售票纪律，要求售票员当班时严格遵守'四不准'作业纪律，即不准代卖代买车票，不准抢票占票，不准带现金手机上岗，不准售票桌内存放个人物品；二是规范退票标准和作业程序，严格执行退票有关规定，对退票过程实施严格监管；三是加大对售票的监控检查力度，及时发现和纠正各种违法违章售票行为；四是对违反规定的售票人员调离岗位，对以票牟私的人员严厉查处，并且要追究相关领导的责任。"说完这层意思后，我接着表示："可能有朋友说，怎么每年春运的时候都没有发现内部职工与票贩子勾结的案例？我们坦率地说，每年我们都处理过个别以票牟私的职工，我们将在这方面继续加大力度。"对这个问题的回答在详略轻重上的处理，后来证明是比较得当的，也是客观实在的，基本达到了媒体、社会和铁路行业三方认可。

五论：绷机敏之弦

（一）不回避挑战性问题

发言人答记者问，实际上是交心论理的过程，是解疑释惑的平台，是知识、能力、谈话技巧的综合运用，也是塑造政府形象的良好机会。发言人举手投足、一言一行，在媒体和网民面前都可能被过度解读而产生不必要的推测、不合理的联想。因此，要随时机智灵敏地觉察、思考和回应表面与潜在、孤立与关联、简单与复杂的各类问题，不要忽视自己在聚光灯下的任何不当思维、不当言语和不当表情。面对复杂局面，要做到敏锐而不迟钝，清醒而不麻木，严谨而不草率。不能静默无语，也不能什么话都说，更不能信口开河。要防止新闻发言人成为新闻当事人，舆论引导者成为舆情制造者。对某些记者的挑衅性提问，应以积极沟通的态度重塑形象，回应关切，阐明道理，疏导情绪。

2008 年，京津城际铁路正式通车运营，引起国内外媒体的高度关注，我在这条线上多次接受和陪同中外记者采访和体验。有一次，外宣部门安排了一个近百人的境外记者采访团来到北京南站采访京津城际铁路。作为铁道部新闻发言人，我回答了记者们的各种提问。有一位日本媒体的记者问我："京津城际铁路是完全套用了日本新干线的技术吗？"我没有立即回答，而是反问："日本新干线最高时速是多少？"他回答是每小时 250 公里。我又问："您知道中国京津城际铁路时速是 350 公里吗？如果完全套用新干线的技术，京津城际铁路最高时速也就只能跑 250 公里了。"我接下来说："中国高铁的发展，在互利互惠基础上，学习和借鉴了包括日本新干线在内的一些国家的先进技术，我们不会忘记。但是，中国高铁更凝聚了中国政府和中国人民的毅力、魄力和创造力。京津城际铁路的正式运营，也是中国对世界高铁业的重大贡献！"我说完后，令人意外的一幕发生了，这位日本记者毕恭毕敬地向我深深地鞠了一躬。我知道，这个躬是向中国高铁、向勤劳智慧的中国人民鞠的。那一刻，我感到特别自豪和提气！

（二）化"陷阱"为"坦途"

发言人面对各类媒体，身处各种环境，各种可能性都会存在。既会有波澜不惊，也会有惊涛骇浪；既会有开诚布公，也会有暗藏玄机。特别是中国的国际影响力日益扩大，对外传播面日益广泛，成为吸引全球媒体眼球的"新闻富矿"，来自不同国家媒体、不同立场专家的采访、评论日益增多。他们带着不同的采访意图，使用不同的采访手段，考验着发言人的机敏和智慧。发言人必须接受这一考验，适应各种采访方式，增强话语主动权，变被动为主动，化"陷阱"为"坦途"。

青藏铁路通车一周年，铁道部在国新办召开新闻发布会，主导这次发布会的信息内容是青藏铁路通车一年来的安全、运输、服务以及对青藏人民带来的便利和福祉。我和青藏铁路公司的领导共同发布了这方面信息，并回答了在场中外记者的提问。在提问中，法国有家媒体记者举手发问："据闻中国正计划修一条从拉萨到林芝的铁路，林芝地区拥有丰富的矿藏资源，请铁道部新闻发言人回应是否属实。"表面上看起来这个提问似乎没有什么不妥。我首先的反应是，我们确实有意向在拉萨至林芝之间建铁路，它属于青藏铁路的延伸线。但这还处于可行性研究阶段，没有对外公布。这位记者的信息来源确实灵敏。接下来我的反应是，她为什么要说林芝地区有丰富的矿藏呢？我马上联想到达赖集团在国外大肆宣扬青藏铁路的开通破坏和掠夺了西藏的自然资源。这位记者显然受到了达赖集团的蛊惑而迎合了他们的论调。如果我稍有不慎，仅仅回答我们有在这里建铁路的意向，就有可能被认为默认了修路的目的是开矿。无疑这是那位记者给我设下了陷阱。我当即回答，我们有意向将青藏铁路由拉萨延伸到林芝，这将有利于林芝地区各族人民出行的便利，有利于林芝地区旅游业的发展，与当地矿藏是否丰富没有任何关系。这位记者似乎并不甘心，接着又问，青藏铁路的开通不正是使得西藏的矿藏资源得到充分的开发和利用吗？面对这个挑衅性提问，我口气坚决地予以否认，并列举事例，说明青藏铁路通车一年来主要是拉动和助推青藏地区的旅游业。就货运来说，进藏物资远远高于出藏物资，而且进藏物资主要是建筑原材料、电子产品和人民生活必需品，出藏物资则集中在矿泉水、青稞酒方面。我很负责任地说，我们没有运走西藏一块矿石。西藏的自然生态得以完好保护。我还特地补充了一句：一切有职业操守的媒体人都会准确地如实地做出判断和报道的。这位记者当即表示，她会真实地予以报道。我当时就意识到，也许这次答记者问，免除了西方媒体再一次的歪曲性报道，在一定程度上维护了国家的形象。

（三）理直气要"和"

发言人和媒体是相互需要、相互依存的关系，需要理解与配合。没有媒体就不需要发言，没有发言人的发言，媒体就会缺失很多信息。媒体与发言人有着良性互动的工作关系。因此，要努力争取媒体多帮忙，少添乱。媒体和发言人在新闻发布过程中，应当力求实现双赢，形成"互补式合力"。所以，在回应媒体关切时，不

要领

媒体与新闻发言人应良性互动

发言人和媒体是相互需要、相互依存的关系，需要理解与配合，没有媒体就不需要发言，没有发言人的发言，媒体会缺失很多信息。媒体与发言人有着良性互动的工作关系。媒体和发言人在新闻发布过程中，应当力求实现双赢，形成"互补式合力"。在回应媒体关切时，不仅要做到敢讲，还要做到善讲。

仅要做到敢讲，还要做到善讲。"每临大事有静气"，以静制动，以柔克刚，以不变应万变。不对记者发脾气、要态度，既是自信，也是教养。聆听提问时眼神专注，回答问题时简短清楚，遇到难题时头脑冷静，面对挑衅时保持克制。心态要平和，口气要平实，语调要平缓。避免针锋相对，不失语也不乱语，温和而坚定地表达原则立场。

对"无理取闹"话题的回应，理要直，气要"和"。在新闻采访的一问一答中，需要坦诚和智慧。面对提问时，既要以理服人，又要以情感人。对于偏见，既要据理力争，又要得理让人。用事实说明情况，用善意弥合差距。保持冷静沉着，不焦躁慌乱。不要被记者激怒。容易被激怒，说明自己修炼不够，自信不够，定力不够。无法想象在被激怒的情况下会做出什么样的判断、做出什么样的回答，而这又会产生什么样的后果、付出什么样的代价。因此要做到你急我不急，你火我不火，不卑不亢，任凭风浪起，稳坐发布台。始终保持心态不乱，思维不乱，语言不乱，表情不乱。沉得住气，压得住火，稳住阵。

我的发言人生涯中，有一个很深刻的教训，发生在2008年春节前夕。当时，我国南方遭遇了一场几十年不遇的重大冰冻雨雪灾害，铁路职工与广州地区军民团结奋战，克服了许多难以想象的困难，成功地疏运了滞留在广州地区的350万旅客，涌现出许多感人的人和事，但也反映出工作中的不少纰漏。广州市"两会"政协小组讨论中，针对广州火车站运营境况，广州市政协一位领导对铁路工作提出尖锐批评，提出了五条质疑，并要求："铁道部的人要撤职！"当时境内外媒体都以此炮轰铁路春运工作。我在做客人民网时，针对这位领导的批评，语气强硬地做出回应。尽管这个回答当中包含了自己对铁路职工的感情和对铁路部门声誉的维护，却极不应该地表现出听不得不同意见，缺乏虚怀若谷的胸襟，造成不好的社会影响。冷静下来后，我也很后悔。春运一结束，我立即从北京赶到广州，当面去向这位领导赔礼道歉。这位领导是一个宽宏大量的人，原谅了我，并说"不打不相识"。当时广州铁路集团公司的董事长兼党委书记也与我同去，他真诚地向这位领导介绍了广东铁路的发展现状和未来规划，并满怀信心地说，等到京深港高铁开通后，京广铁路南端的拥堵现象就将从根本上得以缓解。后来这位领导对铁路工作更加理解和支持了。

六论：显同理之心

（一）发言人是有血有肉有情感的人

回应社会关切，要有同理心，要有好态度，要有公信力。将心比心，换位思考，与当事人感同身受，站在对方受伤情感上想事，站在对方弱势位置上说事，站在对方正当利益上议事，真正代表广大公众的利益和想法。

2008年1月20日，我做客中国政府网，介绍当年铁路春运情况，并就网友关心的热点问题做了回答。当时有一名网友直截了当地问我："你是否经常上网？不知道你有没有排队买票的经历？有没有春节不容易回家的体会？"对这网友的提问，我在回复中既不装腔作势，也不简单敷衍。我态度诚恳地对这位网友说："我经常上网，我看到网友对我有很多评价，有的是鼓励，有的是批评，有的是向我提出建议。无论是从哪个角度，我都对他们怀有感激之情。我认为网友希望我有更好的形象出现在他们面前，希望我面对网友说的话更加准确、更加人性化。对于网友的评价，我觉得更多的是得到了鼓励、智慧。所以说，网友对我提出的任何问题，我都会当作非常有意义的成分来丰富自己、改进自己。"接着，我话题一转，说："至于说到我是否因为买得到票而感受不了像买不到票的旅客一样的难受心情，我告诉这位网友，我也确确实实遇到过那样的情况。当然，这是在过去。现在，春运的时间我用不着买票，因为春运，我已经多年没有回老家过过年。全路200多万职工，有绝大部分像我一样在春运期间不能回家。但我同样能够理解旅客在一票难求时的心情和滋味，正因为我能够理解他们的感受，才会更好地做好自身工作，才会用种更高的标准来要求自己，才会觉得不能对网上的批评有抵触，而应该站在旅客的角度来感受。这就是我的真实心情。"一番话，平息了网友的情绪，也拉近了我与网友的关系。

在一些重大舆情事件发生时，往往涉及重大的是非价值判断和最基本的人文关怀。因而，在进行沟通时，必须要站在道德制高点上，以人类、国家、民族等宏大维度对问题进行审视，了解媒体诉求，了解公众情绪。在道德制高点上，对事件本身进行回应和发布。作为一名发言人，总要被一些事情敲击心灵，总要被一些场景荡涤灵魂。一场灾难发生，发言人不合时宜的表情，将会影响事件整体进程。若人们的悲伤、愤怒、无奈得不到同向回应，就会引发进一步情绪升级和过激的举动。

2011年7月24日的那场新闻发布会，"这是一个奇迹"这个话是回答关于小伊伊的提问。提问说在铁道部停止救援后，在吊车时发现一个活着的小生命，她叫小伊伊。当时消防队员对事故列车已经进行了多次地毯式的搜救，并且生命探测仪也显示没有生命迹象了，在这种情况下才起吊列车。事实上，铁路方面在这个过程中一直没有停止过搜救，即便是起吊列车的时候，也是分层起吊的，这才有可能发现幸存的小伊伊。小伊伊顽强的生命力让我感到是一种奇迹。当时在媒体的质问下，我对这个问题做了简单的答复。媒体对这个答复不满意，我认为主要还是自己没说清楚。小伊伊遇到的伤害是令人心痛的，牵挂了无数人的心，我的心情也同样如此。如果我在当时能够表达出对小伊伊的遭遇是不幸中的万幸，以及对小伊伊的遭遇表示更多的同情，效果可能要好得多。虽然自始至终我一直很真诚，诚心诚意地回答每一个问题，在发布会上多次鞠躬表示道歉，这既是对死者和伤者，也是对全社会表达铁路方面的深深愧歉，包括有一位记者说他本人在车上受到惊吓，行李也找不到了，我也站起来向他深鞠一躬。但是在应对有关小伊伊的提问上，还是存在不完整、不缜密的地方，成为已经无法挽回的既定事实，只能成为留给后来发言人引以为戒的案例。

（二）冷漠永远不会有热情的回应

送人玫瑰，手有余香；待人热情，自留温暖。理解人、帮助人的过程，也是净化灵魂、升华人格、获得慰藉的过程。对待媒体真挚，是为传播打开通道，也是为自己留下路标。真挚发自内心，真挚溢于言表。在处置突发事件时，新闻发言人要尊重公众、尊重媒体。态度要诚实，说话要诚恳，做事要诚信。面对质疑，要注意方法、尺度和艺术，不能冷漠地、粗暴地讲狠话、办狠事、用狠劲，防止因为舆情处理不当而造成舆情次生和舆情失控。

在"7·23"事故新闻发布会上，我的一句"至于你信不信，我反正信了"成为媒体炒作的焦点，虽然这句话的表达是有特殊的语言环境的，但确实存在纰漏。当时网络上盛传埋车头是掩盖证据，掩盖事实。我回答说我下飞机的时候，问接机的同志为什么会发生这样的事。他们给了我一个解释，掩埋车头是为了便于继续抢险，因为当时抢险现场狭窄，有一个泥潭，必须先填埋后才有助于继续救援。事实上，这是举世皆知的事故，任何方式也掩盖不了。其实话说到这里也就可以了，可是为了在比较乱的环境下增强媒体朋友的信任度，我又补充了一句，"至于你信不信，我反正信了"。于是媒体和专家教授们对我的态度和表达方式便产生了各种任意解读的空间，不是冷漠也成了冷漠，不是傲慢也成了傲慢。这句话伴随我走过漫长的舆论炒作过程，甚至成为我的一种标签。我不想再做过多解释，只是真诚地希望此事能成为各位发言人同道的前车之鉴。

（三）用同理心传递政府的关切

在发布台上，发布者发布的立场和内容要符合道德评判，以抢占道德制高点。同时，发布者自身的道德水平或权威形象也会影响信息发布的效果。新闻发言人只有了解受众心理，才能体会和激发受众情感，才能使受众态度朝预期方向发展。只有心怀诚意，与公众和媒体在情感上共鸣，才能接近对方，才能获取对方信任，才能使得对方接收信息、改变态度。发布台不是一个令人轻松的地方，新闻发言人每一次走上发布台，无论发布正面新闻还是负面新闻，无论例行发布还是突发事件发布都会面临挑战，都要求发言人超出常态地有胆有识、有勇有谋、有情有义，怀着正义的情怀和起码的人性去面对。

在"7·23"事故新闻发布会上，有位记者问："事故的赔偿标准，中外会有差别吗？"这个突如其来的问题的确非常棘手。据我所知，以往中外旅客事故伤亡赔偿标准依据的是不同的规章，客观上确实存在外籍旅客的赔偿额度要高于本国旅客的情况。这是历史遗留问题，早就有人对此提过异议。我个人也认为不合理、不公平，应该进行重新修订。但是这些规章并未废止，仍然有效，即使修改也要经过必要的程序，我个人能决定吗？但我又该如何向公众解释这一切呢？此刻，在这个万众聚焦的发布会上，无论是源自我的本意，还是出于顺应民意，我都不能说中外旅客的赔偿标准就是不一样。可是，如果我在没有得到指令的情况下擅自表态，我又要承受多大的风险？会不会挨批评，受处分？犹豫片刻，最终我很坚决地、字斟句酌地回答："我想不会有差别，因为中国人的生命和外国人的生命同样是珍贵的！"我感到十分欣慰的是，我的回答完全符合铁道部领导后来在这起事故中对中外旅客赔偿上一同对待的处理精神，铁路人身事故赔偿标准从此掀开了新的一页。回答这个问题当然需要勇气，但更多的还是因为吃透了领导意图，顺应了民心。

树立并展现对公众的服务意识，同样是发言人传递政府关切的基本素养。在一次发布会上，《北京日报》记者向我提问："春运旅客增长率比往年明显增加，旅客都很想能够顺利出行，铁道部有没有相关的出行建议？"对于这个问题，我觉得正好可以把政府部门对旅客的关心表达出来，越细致、越具体，则越好。于是我说："春节期间准备出行的旅客，一要掌握好出行时间。据我们预测，今年春运节前客流高峰期主要在农历腊月二十六至二十九；节后有两个高峰期，第一个高峰期为正月初六至初十，第二个高峰期为正月十七至二十。高峰期间，旅客流量很大，车站和列车上都比较拥挤。建议旅客朋友，尽量避开这几个高峰期，选择其他时段出行。二要通过正规渠道买票。为方便旅客购票，铁路部门提供了电话订票、网上订票、车站联网售票等多种售票方式，主渠道售票窗口比往年又有增加。旅客朋友购买车票一定要通过铁路正规渠道，防止上当受骗。三要注意候车和乘车安全。旅客朋友出行时要把确保自身和他人的生命财产安全放在第一位，不携带铁路明令禁止的危险品乘车，并配合铁路工作人员进行安全检查。要按照车站指定的区域候车，候车时要看管好个人的行李物品，防止发生意外。特别要提醒旅客朋友，一定要按照铁路工作人员的引导，有秩序地进站上车，防止挤伤摔伤，甚至发生事故悲剧。四是有困难可以请求帮助。大家出行在外，难免会有这样那样的不便和突发的困难。遇到这些情况，大家可以放心地向车站和列车的工作人员求助。一些较大的火车站都在进站大厅或候车室的显著位置设有值班站长的岗位，全天候负责旅客的求助、问询和投诉事宜，随时处置和解决站内突发情况。许多客运站还设有专门问讯处，并配备了票额动态显示屏、自助引导揭示系统、触摸屏信息查询系统和列车正晚点显示系统，大家可以查询各类信息。希望旅客朋友在旅途上平安顺利，新春佳节和谐幸福！"这个回答，媒体认为有针对性，也比较人性化。传播后很受旅客欢迎。

七论：表真诚之意

（一）真诚是新闻发言人最重要的品质

有一种观点，认为发言人只是一个简单的传声筒，只要照本宣科地传递政府的声音即可，不必掺入个人的态度和情感因素。虽说从某个方面讲有一定的道理，但没能体现出发言人的主观能动性及发挥作用的更大空间。在发布台上，从语言、表情、肢体动作等方面所释放出来内心的真诚，既是发言人的基本素养，也是发言人的作用延伸。对发言人而言，真诚能获得最大信任，真诚能获得更多朋友，真诚能化解各种误解，从而给严谨的发布内容添加温度，也给社会带来良性的情感。

作为铁道部曾经的新闻发言人，我担当着做好公众与铁道部之间的桥梁和纽带的责任。我的纽带工作做好了，政府得分；我的纽带工作没做好，就可能给政府造成负面影响。铁路是一个有着两百多万人的庞大的行业，工种复杂，业务专深，发言人不可能对每一个工种、每一项业务都了解透彻，回答记者和网友的问题时表现局促也是常有的事。因为要维护自己的自尊而临时说出些不真实的东西，这可能会不懂装懂，造成误导社会舆论的可怕后果。铁路与生产生活关联非常密切，既是生产物流的大动脉，更是百姓出行的大动脉。当时每年有 13 亿人次通过火车出行，坐火车的每个人都有理由对铁路工作的方方面面提出自己的意见建议。我时刻提醒自己：听到的任何批评，都是珍贵的民情与民意，自己都应该尽可能回应，尽可能面对，尽可能沟通。力求以自己的真诚化解公众的质疑，吸纳公众的建议，获得公众的满意。记得有一次，我在网上与网友互动，网友"mzyhao"发帖："王部长，感觉你是新闻发言人中最开明的一个，铁道部的宣传也是最主动积极的。虽然你们的有些观点我未必赞同，但很欣赏你们的这种开明开放的态度。"我当即表示："尽管我认为自己做的还很不够，但我还是很感谢你的鼓励。我一直认为，开明的发言人很大程度上是由开明的社会环境造就的。在我的诸多发言中，肯定会有对铁道部党组意图把握不准确的地方，也肯定会有对于网友的问题回答不到位的情况。但是，广大网友给了我很大的包容。至于我们之间也会有观点不一致的方面，这很正常。重要的是沟通。在这个平台上，我既带来铁道部的信息，也带走网友的声音，我努力当好这个信使而已。"

2010 年春运前夕，我接受了新华社记者采访。记者问我如何面对旅客的批评，引发了我下面的一段肺腑之言。我很诚恳地说："每年的春运工作，都会有一些突发事件要面对。像今年进入春运后，部分省区的雨雪天气导致高速公路封路、一些航线停运，旅客就不得不转乘火车回家，加剧了火车客运压力。作为我个人，特别理解大家一年在外，此刻归心似箭的急切心情。我带着记者到候车现场或购票口采访时，也听到大家反映：'你们真的很辛苦！可是我们买一张票还是太难了！就不能再多开线多发车吗？'这样的问题我要不断地面对。但是每次回答时，我的心情都不轻松。大道理大原则我可以很容易就讲出来，也都是实情！但是，大家整宿守候在售票口买票的辛苦，就算是发发火，抱怨几句，也是人之常情！我从内心深处理解他们的批评。正因为这样，大家的批评，我当作对我们有更高的要求和期待，我感激地吸取大家的建议。大家的鼓励、批评、监督，是一条条言路。通过这些言路，向政府传递着信任、感情！作为新闻发言人，就是要以平和的心态、虔诚的心情去听，去传递，让言路越来越宽广！我国铁路事业发展的成就是大家有目共睹的，经过历史性成功实施第六次大提速，中国铁路已经进入高速时代。包括京津城际在内的十多条客运专线正在加快推进，到2010年，我国快速客运网将达到20 000公里以上，春运紧张状态将明显缓解。我想把我的信念告诉大家：春运是历史发展进程中的事情，也将伴随历史的发展获得圆满的解决！"我说完了这段话，记者认为很诚恳，发自肺腑，是大实话。于是，把我这段话原汁原味地传播出去。结果社会反响较好，对铁路有了更多的理解和体谅。我认为，这就是以心换心，以诚意换诚意。

2008年5月9日，我应邀又一次做客人民网强国论坛，有一位叫"勇敢的心怀"的网友一上来就很不客气地说："来的话我们欢迎，但是如果打官腔说套话就别来了吧。"我坦率地说："我有很多不足的地方，但我对自己唯一感到满意的是，一般不会打官腔说套话。不仅不会，而且也是我非常讨厌的。正因为对自己有这种起码的估价，我才会有勇气一次一次地来到人民网。"接下来有位叫"璇玑子"的网友直问我："王勇平，意为勇于平乱吧。强坛刁民乱匪无数，屡次提一旅之师，前来平乱，虽然浑身伤如刀刻，然勇气不减，剿灭刁民匪盗无数。"我仍坦率地回答："感谢你对我的关心和肯定。但是我要说明，我父母亲当初给我取这个名字时肯定是没有勇于平乱之意，而且我多次做客人民网强国论坛，从来没有感受到有刁民乱匪的存在。恰恰相反，我在这里结交了许多朋友，他们给了我很多的支持和指导。即便有些观点不一致，我仍然感觉到他们的出发点是善意的，是为了铁路工作有更好的发展，为社会做出更多的贡献。有时有一些误解，也是可以理解的。正因为有误解才需要沟通，有沟通才有共识，有共识才有友谊。这就是我经常来强国论坛的理由。"于是，网友与我拉近了关系，踊跃而友善地参与互动。

有一位网友发帖说："现在网上流行的视频，看到年轻的女列车员被问哭了，看上去好可怜。"他说的这件事正巧我也知道，我立即抓住这个契机，推进社会与铁路员工有更多更深的沟通和理解。我告诉他："我也看到了网上这段视频，后来特意做了了解。那位哭了的姑娘叫朱琳霞，是今年3月份才上任的列车长。故障发生后，她和她的伙伴告诉大家，铁路部门正在紧急抢修，请大家耐心等待，不要惊慌。面对旅客情绪激动的质问，她几度哽咽，流泪了。我能理解旅客长时间滞留的躁动情绪，也能理解小朱列车长的流泪。我想，她心里肯定不仅是委屈，更多的是和旅客一样的着急。请大家相信，经历了许多事情，她会更加成熟、更加坚强。确实，当好一名列车长不容易：既要面对赞扬，又要面对批评甚至责问，更要面对困难的考验。我也很感谢那位上前劝解、为列车长解围的外国朋友。她的爱心、宽容和修养让我肃然起敬。我们更加反省铁路工作的不足，特别是如何在突发事件面前使列车工作人员第一时间掌握真实情况并迅速告知旅客，安抚好大家的情绪。这是我们需要认真改进的，并应该成为一种机制。"我的话引来很多网友的认可和点赞。不料朱琳霞此刻也在网上，她很激动地在网上给我发了一段文字："王部长您好，我今天休班，刚好在人民网强国论坛看到您在与网友交流。我知道，这几天大家都很关心我。我想借这个机会跟网友说几句话：相信通过这次的考验，在今后的工作当中，我处理问题会更加妥当一点，想得更周到一点，更好地为旅客服务，维护铁路形象。我也希望旅客朋友能够给予我们工作人员更多的理解。谢谢！"我很动情地回复她："你好小朱，通过你和你的伙伴在岗位上的表现，我觉得你们的素质还是不错的。至于掉眼泪，我觉得那也不仅仅是你感到委屈，可能更多的是一种着急。有时候眼泪是脆弱的，但是有的时候眼泪是坚强的。所以，很多人看到你掉泪，不是感觉到你的脆弱，而是感觉到你的一种坚强。我相信，你们会在磨炼中不断提高业务素质和服务水平，把工作干得更好，不辜负广大旅客和网友对你们的关爱和理解。"此时此刻，网上充满了人情味和正能量。网友"xiatiandegushi"发来一段话："相比于其他人，同事们都比较喜欢铁道部这个发言人，形象不错，特有亲和力，大话空话少，语言很实在，而且有很高的新闻发言人素养、熟练的铁路行业知识。"我回答："非常惭愧，我一下变得局促了。"

那一年，我被人民网评为最受网友欢迎的十大嘉宾之一。

（二）真诚地把记者当朋友

发言人与记者是互相尊重、互相支持的朋友关系，尽管是富有挑战性的朋友关系。发言人与记者的交往是语言的交往，是信息的交往，也是情感的交往。发言人是信息提供者，记者是信息传播者。二者之间是伙伴关系、合作关系，是在做同一件事情，一起合作及时向社会公众发布准确的信息。虽分工不同，但目的一致。善待记者就是善待自己，尊重记者的采访权利就是尊重自己的职业实践。发言人只是授权发布新闻，只是政策的发布者或诠释者，不是政策的制定者，没有任何理由以政策制定者和先知者的身份来面对媒体和社会公众。在与记者打交道中，千万不要给人以居高临下的感觉，秉持诚实至上，摆正位置，换位思考，将心比心，沉得住气，弯得下腰，抬得起头。用坦诚换取坦诚，用尊重赢得尊重。碰到一追到底的记者，也不能轻易地拒绝和抵触。记者一追到底是一种敬业精神和可贵的工作态度，应予以支持，也许与这样的记者沟通会更加顺畅和深入。遇到有对抗情绪的记者，也要尽力保持冷静，微笑是最好的化解办法。由于出席新闻发布会的记者兴趣各有不同，所提问题涉及面比较广。不管记者提出什么问题，不管这些问题有多么偏激和片面，都要诚恳耐心地予以回答。遇到挑衅性的问题，千万不能被其激怒而做出有失风度的事。对待这类媒体记者，发言人要"软中有硬"。软是平常、实在，硬是立场、道理，就是要"平实理性"，用和风细雨的讲述和富有人情味的故事传播出信息，将外界的质疑转化为传播的机遇。有时对记者某些问题的提出，发言人并不知情，无法当场回答。即便如此，也应坦诚告之，并记下提问者的姓名和电话，事后查问清楚了再告知，或指引其到什么地方可以得到这个问题的明确答案，切不可以敷衍搪塞。

我在担任发言人期间，总是提醒自己要细心地了解记者及其所在媒体的情况。只要是打过交道的，我都可以熟悉地叫出他们的姓名，甚至还会了解到他们很多人的性格脾气及兴趣爱好。在新闻发布会召开时，我会热情地与他们打招呼，完全是一种老朋友见面的感觉。即使在不能表达兴奋的气氛里也会准确地把握表情向他们点头示意，释放出友善的信息，赢得对方的信任和亲近。有一次，我在外地召开一场有关事故的新闻发布会，当时来的记者人数很多，而且大部分记者我不认识，他们都抢着提问，场面一度混乱。这时，我诚恳地对大家说："既然我来了，我就会认真地面对一切问题，不管这些问题如何尖锐，甚至我完全不知情，但是请相信，我会坦诚地对待，如实地回答。"很多熟悉的记者也帮助我做工作。于是，现场很快平静下来，因为他们看到了我的坦诚和真挚。

（三）真诚的道歉能获得真诚的谅解

记得有一次我应邀去一家网站做客聊天室，由于市内公路塞车严重，尽管我出来比较早，但还是迟到了十几分钟。当时一些网友等了很久，在网上对我提出了批评。我一上来，不是去解释，而是表示最真诚的道歉。我说："这次迟到，使我联想到列车晚点给旅客带来的不便。旅客不满意，我们完全能够理解。铁路部门应该尽最大努力保证旅客列车的安全正点。"由于我的态度真挚，很快赢得了网友的理解，网上马上有网友表示这个新闻发言人态度真挚，值得信任，所以那次在线交流也非常成功。2008 年 7 月 25 日，我做客人民网强国论坛谈京津城际铁路。当时，京津城际铁路高铁运行出了一点质量故障，社会议论较多。互动中，一名叫"琴江对语"的网友问我："作为老铁路人，你如何看待世人对高铁的质疑和指责？"我坦诚地回答："作为一个老铁路人，我和铁路所有的职工一样，非常珍惜和维护铁路的声誉。但是，对于工作当中存在的一些问题，我们不能回避。社会对高铁的一些质疑和指责，会督促我们更好地解决问题，从而更好地维护铁路的形象。而且，我并没有感觉到，世人对高铁发出的都是质疑和指责的声音，我更多的是感受到人民群众对高铁发自内心的喜爱。"我的话刚说完，马上另有一个网友接着说："中国高铁长了中国人志气！强烈支持。中国高铁还是一个初生儿，还要经过磨合和锻炼！给予理解。"我的心情顿时激动，我接上他的话说："非常感谢网友的理解。此刻，我的心情跟你一样。我想，一个初生儿要健康成长，是要经历风雨的，每一步都是他成长中无法逾越的。高铁在发展的过程当中，同样会遇到各种各样的问题。但是无论怎样，我想人民群众都会用心爱护它。只是可能爱护的方式、表现形式会不一样。"这时，一位叫"云雨和尚"的网友出来说："嘉宾，我不提问你。我只想对你说，并请你转告铁路人，你们走的是一条探索的路，本来就是在创造，出点问题很正常，千万不可气馁。"此时，我已是心潮难平，我回复他说："我想，此刻上网的所有铁路人，都会因为你这条帖文而感受到一种关爱和温暖。确实，我们在推进中国铁路现代化建设的过程中，经历了甜酸苦辣，创造了不少奇迹。而这一切都是在党中央、国务院的正确领导和全国人民的大力支持下取得的。我们感受到了一种巨大的支持力量。因此，无论在前进的道路上遇到任何困难，两百万铁路职工都会勇往直前，绝不气馁。"事实证明，只要真诚，完全能够聚集更多正义的呼声和善良的情感。

政府部门新闻发言人的出发点就是维护人民群众的利益，包括尊重他们的知情权，以及沟通社会公众与政府部门之间的意向和情感。为了人民群众的利益，坚持好的；为了人民群众的利益，改进错的。铁路是国家重要的基础设施、国民经济发展的大动脉和大众化的交通工具，是社会经济发展中的生产与消费环节的纽带和桥梁，一直以来备受社会公众关注。我国具有国土面积广袤、人口数量庞大、人员流动频繁、资源分布不均衡、经济发展存在着地区间的不平衡等基本国情。这些特殊的基本国情，决定了铁路必然成为社会公众的关注"焦点"。而很长一段时间铁路运输能力又非常紧张，当客流量与运力形成矛盾的时候，致使"一票难求"、有货难运等现象严重存在，这就更加剧了人们对铁路的关注程度。运输能力不足这个最根本的问题会派生出很多其他的问题，比如说炒票、服务不到位等问题。如果发言人只是为本部门进行辩解，只是说"我们现在很困难，请大家站在铁路的角度考虑问题"，显然这是不可能达到目的的，只会加剧社会公众的抵触和不满情绪。铁路部门所能做的是什么呢？第一，努力尽快改变这种运输能力不足的状况。第二，在铁路运力不足的情况下争取把我们的工作做得好一些，也把话说得好一点。

作为铁路发言人，我要做的就是把铁路部门正在做的努力向社会公众说清楚，争取理解与支持。对于铁路工作中的不足之处，也应该代表铁路部门向社会公众表示最诚恳的歉意。有一次我在中央电视台《新闻会客厅》栏目接受专访，主持人一上来就说，王勇平是国家部委新闻发言人当中道歉最多的一个，还把我以前接受采访的镜头都一一列举出来。这样的切入提问，我虽然感到意外，但并不尴尬。对于这个问题，我是这样想的，作为铁路部门的代言人，我的道歉是真挚的，因为铁路部门尽管做了很多工作，但是总有不尽如人意的地方，总会有给旅客在出行当中带来不满意之处，向他们表示歉意这是理所当然的事情。正视存在的问题和矛盾，不回避，不护短，不透过，并加以改进，首先就要有诚恳的态度。道歉是一种诚实，是一种虚心，也是一种境界。现在多点道歉，恰恰是为了今后少道歉或者是不道歉。

当然，道歉是为了更好的服务，而不是对队伍的整体否认。我在接受中央电视台另一次专访时，主持人在节目的最后环节对我说："您一直是在铁路系统工作，这些年您是一个亲历者，是一个见证者，尤其是中国高铁的飞速前进，但是可能有很多旅客朋友也会有些埋怨和不理解。到节目的最后就想您通过我们中央台这个大喇叭向全国的旅客朋友们说一说全国铁路两百万职工共同的心声吧。"既然给我提供了这个机会，我当然应该充分利用。于是，我充满激情地说："铁路职工这支队伍是一支守纪律的队伍，敢打硬仗，甘于奉献，勇于胜利。他们的工作负荷和吃苦精神可能都会超过人们对他们的了解和想象，是无法用市场通用的法则来解释的。我们可以看到恶劣的自然灾害、严重的运输压力、艰难的科技攻关，有哪一个能够阻断我们铁路职工向前的步伐，他们始终是最后的胜利者。而且不管社会如何评价，他们都会有一种平常心，一如既往地坚守自己的信念，无怨无悔地履行自己的职责。正因为这样，党和人民是高度信任这支队伍的。作为这支队伍的发言人，我经常会在心中生发出一种神圣感和自豪感，我觉得如果不能真实准确地表达他们的工作状态和思想情感，我就会愧对他们的信任。我追求的是他们的认可，我报答的是他们的培养。"我的这种表达，自认为是客观的，是由衷的，对实际工作的影响也是积极的。

八论：扬正义之气

（一）让发布台弘扬正能量

做一名合格的新闻发言人，固然要讲究新闻发布的方法和技巧，这是很重要的，但归根结底是要坚持正确的世界观和价值观，这是更重要的。当今，媒体格局、舆论生态、受众对象、传播技术都发生了深刻的变化，但不管如何变化，发言人对社会的正义感、责任感永远不会丧失和改变。舆论有倾向，发布有导向。身处媒体深度融合发展的风口浪尖，发言人需要信念与精神的支撑，洞察时代发展大势，从国家、民族、时代的需要找到自己的定位。把握正确的政治方向、舆论导向、价值取向。在"乱花渐欲迷人眼"时，保持清醒头脑并具有战略定力，"看天气、接地气、聚人气、冒热气"，守土有责、守土负责、守土尽责。使任何一次发言，都传递蓬勃向上的力量，都焕发正气充盈的精神，都守住不容逾越的底线。在更高的思维层面上，建立起强大的精神信念，把维护党和国家的形象、利益落实在发布台上，做党和政府政策主张的传播者、时代风云的记录者、社会进步的推动者、公平正义的守望者。

高铁发展初期，境外媒体流行"中国高铁技术不值得信赖""中国发展高铁决策失误"等说法。我在一系列新闻发言和发布中，态度坚决地维护国家发展高铁的正确决策，关键时刻敢说实话、敢说真话，也敢说硬话。有一次，我在新华网做客访谈时曾说："中国高铁是中国人民在中国共产党领导下创造的人间奇迹，是我们国家实力的象征，每个中国人都为之感到骄傲和自豪。"有人在网络上公开批评我这是对中国高铁宣传进行漫无边际的吹嘘。那么，中国人民创造出来的中国高铁算不算是"人间奇迹"呢？对于这个问题，我后来接受《环球时报》记者采访时表白过我的内心："中国高铁从起步至今天，站在宏观的角度看，是一个完美的过程。中国目前已经拥有全世界营业里程最长、在建规模最大的高速铁路网。日本人、法国人、德国人、美国人没做到或做得还不够的，中国人做到了；中国仅用十余年时间，就跨越了发达国家半个世纪的高速铁路发展历程，成为造福十几亿中国人以及子孙后代的业绩。这样的辉煌成就誉为'人间奇迹'有什么不妥呢？如果这也不配称为奇迹的话，那么什么才配称呢？而且中国高铁早已跨越出铁路行业之外，它属于中华民族，属于中国人民，我们去宣传它为什么要低调？""在高铁发展中，国外一些公司都有成功之处。与之相比，中国高铁虽然起步较晚，但发展较快。这除了中国政府的高度重视、制度优越、全国人民的大力支持外，还有一个重要的原因，就是后发优势。我们在学习借鉴别国的先进技术基础上，结合自身实际进行不断再创新，充分体现了中国人的智慧和创造精神。"对合理的批评，坚决接受，认真改正；对谬误的指责，决不承受，必须澄清。在大是大非面前，发言人没有理由沉默。

（二）原则问题决不让步

发言人掌握话语权要具备语言技巧和传播技巧，更要具备主持社会正义的素养。在关键时刻，需要挺身而出，需要大义凛然，需要在面对原则问题时决不让步、毫不退缩、岿然不动的坚定性和政治立场。对于某些舆论压力，不必低眉垂眼，不必摧眉折腰，事实自会给予正义的力量，时间自会给予公正的答案。

全媒体时代，公众对于事实和观点一开始并不一定能够全面掌握，有时会做出错误判断。如果媒体或公众对某件事态度不明，摇摆不定，那么发言人就必须表明立场，列出事实，合理推断，对一些错误的、失实的舆论进行深入分析，以更加缜密的答案剔除其逻辑错误或失实细节，获取公众理解和支持。2009 年 1 月，英国《金融时报》编发了一篇报道，说世界第二大火车制造商法国阿尔斯通公司的一位高管日前在接受该报采访时，呼吁西方国家不要购买中国产的火车，因为中国"偷窃外国技术"，并指责中国政府"排斥外国厂商，拒绝其参与竞标"。这篇报道一推出，在西方吸引了不少眼球，很多媒体进行了转载。针对这篇报道反映的情况，我立即接受媒体采访，毫不客气地予以反驳，多家媒体及时给予澄清式报道。特别是中新社在 1 月 10 日做了《中国铁道部官员反驳法阿尔斯通公司高管对华指责》报道，报道说：

> 中国铁道部新闻发言人王勇平 10 日在北京表示，法国阿尔斯通公司某高管如果真如媒体报道的那样，对中国进行了指责，这将是极不负责任的行为。中国铁道部的官员王勇平进行了逐一反驳。王勇平指出，"排斥外国厂商，拒绝外国厂商参与竞标"一说，没有事实根据。在经济全球化的大背景下，中国铁路对外开放的大门从来都是敞开的，外国公司可以根据中国的法律法规进入中国市场。中国与许多外国公司已经进行了良好的技术合作，并欢迎它们与中国继续合作。王勇平介绍说，目前，法国阿尔斯通公司和中国公司的合作仍在进行之中。相反，世界主要铁路机车车辆装备市场却没有对中国开放，中国铁路装备制造企业进入欧盟市场一再受阻。坚持引进消化吸收再创新，是中国铁路提高技术装备制造水平、加快实现现代化的正确选择。本着双方自愿、互惠互利的原则，中国利用自己的市场优势，与跨国公司联合设计生产，投入大量人力物力进行再创新，形成中国品牌。王勇平表示，在合作中，外国公司已经拿走了自己应得的商业利益，而中国自主集成开发的整套技术，知识产权属于中国公司。王勇平说，自 2004 年以来，中国与德国、法国、日本、加拿大等国家的公司开展合作，在引进消化吸收时速两百公里动车组技术平台的基础上，自主研发制造出时速三百到三百五十公里"和谐号"动车组，并投入批量生产。这是中国完全拥有自主知识产权的创新成果，根本不存在"偷取了西

方的技术"。中国机车车辆制造业还处在发展阶段，国内需求很大，目前主要着眼于满足国内需求。王勇平介绍说，随着中国铁路装备制造业的发展，中国将按照国际准则，以拥有自主知识产权的中国品牌，参与国际技术合作和市场竞争。

这篇报道在国际上产生了较大反响，发出了真实声音，说明了实际情况，压制了西方一些媒体的蓄意炒作。

2011 年 7 月 7 日，我就中国高铁知识产权与技术创新接受新华网的专访。新华网记者引出话题："我们注意到，京沪高铁成功开通运营后，日本媒体对中国高铁的纠结心态表现得十分明显。"我回答道："并不是所有日本媒体都纠结，也有不少的日本新闻从业人员很客观公允地评价和报道京沪高铁的成功开通运营。比如我就知道日本东京广播公司记者真下淳先生在体验京沪高铁接受采访时说：'京沪高铁科技水平很高，内部设施很豪华，日本的新干线是没有的。日本新干线经常弯曲前行，很难像中国高铁那样保持高速运行。'但确实有相当多的日本媒体不顾事实，说了一些蛊惑人心的话，这是我们不能接受的。"新华网记者问："一些日本媒体说中国高铁'是在日本新干线基础上发展起来的中国版新干线'，日本《产经新闻》则干脆说是'盗版新干线'，您怎么看待这个问题？"我毫不客气地回答："什么叫盗版日本新干线？这有点大言不惭了。可以说，新干线与京沪高铁完全不在一个相提并论的层次。无论速度还是舒适度，无论是线上部分技术还是线下部分技术，差距都很大。例如，我们创新制造的 CRH380A 型车与过去从日本川崎重工引进技术、合作生产的 CRH2 型车相比，功率由原来的 4 800 千瓦增加到 9 600 千瓦；持续时速由原来的 200/250 公里提高到 380 公里；脱轨系数由 0.73 降低为 0.13；头车气动阻力降低 15.4%，尾车升力接近于 0，气动噪声降低了 7%；转向架轮对实现了'踏面接触应力'比欧洲标准降低 10%～12% 的新突破；车体的气密强度从 4 千帕提升至 6 千帕，提升了 50%，保证了列车在时速 350 公里隧道内交会的结构安全可靠性；等等。我认为，打嘴上官司毫无意义，一切靠事实说话，靠数据说话。"记者接着说："您说打嘴上官司毫无意义，可是人家却提出要打官司。据日本《朝日新闻》7 月 5 日报道，'川崎重工的总裁大桥忠晴称，如果中国高铁海外申请专利的内容与中国和川崎重工关于新干线技术出口的契约相抵触，将不得不对中国提起诉讼'。"我告诉记者："我也注意到了这个报道。大桥忠晴先生对记者说，川崎重工当时对中国出口新干线技术时的契约规定技术只能在中国国内使用，目前还不清楚中国就高铁申请海外专利的详细情况，所以无法回应，但如果中国这次申请内容与中国和川崎重工的契约相抵触，将不得不对中国提起诉讼。连中国高铁申报什么专利都还没搞清楚，就反应如此强烈。这种敏感、脆弱的心态，只能说明不自信。至于说要对中国提起诉讼，那我们悉听尊便。他应当了解中华民族的性格：无事不惹事，有事不怕事。但我们还是提醒一下日本某些政治人物和媒体要控制情绪，不要因两国发展现状引起的心理落差而影响对两国关系大局的判断，共同履行维护两国和平友好睦邻关系的责任。"我还说："我们从不回避在发展高铁中我们与别人在合作中受益的话题，我们感谢包括日本在内的世界上一切为中国高铁发展提供许多有价值劳动的合作者；我们也愿意与世界各国分享在高速铁路建设和发展中的经验和成果，推动高速铁路在全球的发展。据日本媒体报道，日本计划在未来新建5条总长870公里的高铁。中国愿意按照有关国际法规和国际贸易规则，为日本提供相关技术帮助。"这个采访报道发表后，国外某些爱好没有根据地胡乱评价中国高铁的人士也不再明目张胆地制造新闻噱头了。大桥忠晴先生还特地向中国铁道部发了一封道歉信，并说明《朝日新闻》曲解了他的原意。

（三）在逆境中保持自信

坚定、自信是一种力量，不仅能振奋自己，也能感染他人。"人不自信，谁能信之。"对一名发言人来说，自信是一个不可或缺的起码素养。事物的发展，是一条波动的曲线，总是要经历从不成熟到成熟的过程，出现低谷和反复的现象符合事物发展规律。有多少失望就会有多少希望，有多少压力就会有多少动力。重要的是不要轻易妥协，更不要随意放弃，不能因暂时的挫折而放弃责任和信心，也不能因偏激舆论的压力而改变正确的看法和动摇内心的坚定。在逆境中练就对信仰和目标的坚持。面对困难和挫折时，要求发言人必须看到成绩，看到光明，努力把政府的决心与信心传递给媒体和社会。再困难也要坚持，再艰苦也要坚定，再严峻也要坚守。因为这是发言人的职责。

在"7·23"事故新闻发布会上，我就是基于这样一种信念坚持到最后的。在那次发布会上，我首先介绍基本情况，然后回答了记者十几个提问。其中第一个提问是："铁道部表示对高铁非常有信心，在'7·23'事故发生之后，这个信心从何而来？"发生了"7·23"重大铁路交通事故，损失惨痛，教训深刻。铁路愧对党和人民！这一重大挫折也让铁路工作和声誉进入了低谷。但我们能够放弃信心吗？回顾历史，人类社会、科技发展的哪一次进步是没有付出巨大代价，甚至付出血和生命的代价而臻于完善的？假如遇上错误和挫折就半途而废，那这些代价岂不成了无谓的牺牲？不仅是中国的高铁之梦遥遥无期，就是我们党的事业，中华民族的振兴之梦，不都成了纸上谈兵？偶然的事故非要以整个事业作为必然的代价这是不合适的。我只能用自己的信念来传递不可逆转的信号，我说："我们是不是对高铁仍然有信心？我在这里再一次重复，尽管这次发生了事故，对铁路的形象造成了影响，而且也会有很多人认为这是高铁产生的安全问题。事故还在调查之中，肯定有它特殊的原因。我想对社会说一声，中国高铁的技术是先进的，是合格的，我们仍然具有信心。"

后来有媒体朋友批评我说："我们不能把技术是先进的，就等于合格，就等于我们拥有信心。""不敢相信，不能相信。"我承认，我在对高铁的宣传中可能掺杂了一般铁路人都会有的特殊情愫。毕竟，我们曾经为改变"一车难请、一票难求"的局面而孜孜不倦，苦苦探索；我们曾经为延长国人人均铁路一根火柴的长度而含辛茹苦，节衣缩食；我们曾经为圆中国铁路"人便其行，货畅其流"的梦想而殚精竭虑、无私奉献。当高铁终于在我们手上建成并不断奉献给祖国和人民时，当高铁终于为中国人民的运输需求提供前所未有的便利和快捷时，当高铁横空出世而让中华民族扬眉吐气时，我们确实有一种溢于言表的自豪感。

就我本人而言，我是中国高铁的见证者、参与者和宣传者。我曾经到京津城际铁路、武广高铁、郑西高铁、京沪高铁、沪昆高铁等高铁的开工现场进行宣传；我曾经深入中国中铁、中国铁建等高铁施工现场为建设者鼓劲；我曾经到中国南车集团、中国北车集团等动车生产单位为劳动者喝彩；我曾经与清华大学、中国铁路科学院、东南大学、北京交通大学、上海交通大学、西南交通大学、兰州交通大学、中南大学等参与高铁设计实验课题的高校研究人员一起座谈；我曾经在开行时速300多公里、400多公里的高速试验列车上接受采访；我曾经在几乎每一条高速铁路正式开通运营的日子里发布新闻；我也曾在中南海聆听中央领导同志有关高铁建设和发展的指示和要求。与中国高铁有关的许多大事、要事我都有幸亲身经历过。我明白自己怀有一种激情，而且这种激情很自然、很真实地渗透在我组织和参与的各类宣传活动中，当然也包括在新闻发布中。特别是建设高铁，无论对现状还是对长远都有战略意义，对我国的经济建设、文化建设、国防建设以及提高人民的生活品质都将起到重要的基础作用。怎么可以因为一个动车追尾——这本与高铁并无太大关系的事故——就把这来之不易的事业用轻飘飘的一句"没信心"而断送了呢？

就技术上讲，按照中央的部署，中国高铁在不到六年的时间内，跨越了三个台阶。第一个台阶，通过引进消化吸收再创新，掌握了时速200/250公里高速列车制造技术，标志着中国高速列车技术跻身世界先进行列。第二个台阶，在掌握时速200/250公里高速列车技术的基础上，自主研制生产了时速350公里的高速列车，标志着中国高速列车技术达到世界领先水平。第三个台阶，中国铁路以时速350公里高速列车技术平台为基础，成功研制生产出新一代高速列车，标志着世界高速列车技术发展到新水平。特别是 2008 年 2 月，科技部、铁道部联合开展《中国高速列车自主创新联合行动计划》，汇集了"863 计划""973 计划"以及全国上百个基础、应用及产品研发方面的院所力量，对高速列车进行技术攻关。参加研发生产的有国内一流重点高校 25 所，一流科研院所 11 所，国家级实验室和工程研究中心 51 家，63 名院士、500 余名教授、200 余名研究员和上万名工程技术人员。中国南车青岛四方机车车辆公司、中国北车长春轨道客车有限公司、中国北车唐山轨道客车有限公司等装备生产企业数十万人参与生产制造我国高速列车。我国高铁不仅在高速列车技术创新方面取得了重大成果，而且在系统总结研究成果的基础上，通过大量工程试验和实践制定了 100 余项高速铁路建设标准规范，覆盖了工务工程、牵引供电、通信信号、系统设备、运营调度、客运服务六大系统，实现了各系统的协调衔接，形成了具有世界先进水平的中国高铁技术标准体系和成套工程技术。而且这种技术发展势头方兴未艾。这就是信心所在！

很多事情要站在历史的高度才能看得更清楚。今天，中国成为世界上高速铁路建设里程最长、运行速度最高、运营场景最丰富、对自然环境适应性最强的国家。当中国高铁突破了 29 000 公里营业里程，占了世界高铁总里程三分之二时，当中国高铁实现了四纵四横再向八纵八横豪迈挺进时，当中国高铁在造福中华民族的同时走向世界、让世界刮目相看时，当中国高铁让中国老百姓从此不再为出行而犯愁时，作为一名中国人，哪能不豪情满怀？虽然一路走来不容易，但我们终于走到了今天并将继续走下去！我们由衷地感谢我们这个时代，感谢这个让我们始终信心满满的改革开放的好时代！怀有希望，抱有信心。希望与信心，始终赋予我们前行的力量。

九论：站大局之位

（一）政治站位要高

肃立发布台，实际上给予了发言人一个政治站位。既然是政府发言人，就应该站在政府的位置上考虑问题，回答问题，处理问题。有时，授权回答一个提问，就是授权回答政府的一种态度，就是授权回答政府的一项政策，就是授权回答政府的一个决心。由此决定了发言人站位要高，境界要高。只有站得高，才能看得远，才能说得准。

2010 年春运期间，由于客流爆满，东莞东站工作人员帮助乘客爬车窗上车，造成列车大量超载，站领导因此被免职。这件事立即引起了热议，中央电视台即刻对我进行专访。央视记者从这件事入手，就买票难、黄牛党炒票、火车票实名制、服务质量，特别是高铁建设等社会关注的问题对我一一提问。对此，我客观坦诚地进行了回应。最后我说："再过十年，当铁路营运里程达到 12 万公里以上，其中高速铁路达到 1.8 万公里，京广、京哈、京沪这些主要的干线都可以实行客货分流，到那个时候我们梦寐以求的人便其行、货畅其行的目标就可以实现。"记者问："那您向我们通俗地描述一下，您认为那时的春运是什么样子呢？"我描述："我觉得大家买票已经比较方便了，乘车更加舒适了，铁路的人文关怀会变成普遍的一种感受。我们将有足够的运输能力保证旅客出行，各类舒适的列车可供大家选择，随到随走就会成为一种常态。"记者说："您确定吗？十年之后，我们今天谈论的这些焦点问题会成为历史？"我回答："那我们拭目以待，我有信心，我们铁路人有信心。"记者说："那好吧，十年之后请您还是坐在这里。"我说："那个时候我都已经退休了。"记者坚持说："我们一样可以回头看历史。"我回应："如果我们都还能够在这个地方对话的话，我们会兑现今天这样一个期愿。"今天回过头去看这场采访，不仅兑现了当时的预见，而且中国铁路的发展速度和质量更是超出了预期。可以说，这实际上是立足于改革开放大背景下对中国铁路发展的一次没有多大难度的预测。

（二）大局观念要强

格局是发言人眼光、胸襟、胆识等心理要素的内在布局。大境界才有大胸怀，大视角才有大目标，大格局才有大作为。面对媒体的关注，发言人的应对必须立足大局，关注大局，了解大局，胸怀全局。不仅要知其然，还要知其所以然，照应事业的系统性、整体性、协同性，充分考虑不同部门、不同行业、不同群体的利益诉求，准确把握各方利益的交汇点和结合点。不能言此失彼，言表失里，突出部门利益而淡忘国家利益，强调自我声誉而损伤他人声誉，从而在权衡利弊中趋利避害，做出最佳的抉择和回应，从容面对各种复杂问题，胸有成竹、灵活自如，在发布台上扛起事业的大局。2008 年 2 月 19 日，我做客人民网强国论坛，介绍了铁路部门应对冰冻雨雪灾害情况，并就关心的问题做了回答。当时网友连续问了几个有关铁路与其他部门关系的问题，我都坦诚以待，严谨作答，始终从大局上考虑，维护铁路与各方正常而珍贵的工作关系。

开始有网友问："听说灾害期间，对广州地区几百万滞留旅客是'运'还是'留'的问题，铁路部门和广州当地政府有些分歧。铁路方面承诺节前想办法把旅客送回家过年，广州方面则希望滞留旅客在广东当地过年。"对此我回答："在关心、爱护、帮助滞留旅客这样一个重大问题面前，铁路部门和广州当地政府没有分歧。在劝留旅客的同时全力疏运旅客，这是铁道部和广东省、广州市根据中央精神共同做出的决策，这一点双方是完全一致的。根据灾情的变化和铁路抢通的情况，双方实施各种应急预案，采取多种方法组织旅客疏运或不得已时进行劝留，在当时抗击灾害的极特殊的阶段，都是非常必要的，也是非常现实的。无论采取什么方法完全是替旅客着想，是为了维护旅客的根本利益。事实上，决策形成后，铁路和地方政府密切配合，各尽其职，团结协作，共同努力，取得了成功疏运广州地区节前350万持票滞留旅客的阶段性胜利。"

又有网友问："铁路部门和气象部门如果沟通好了就不会造成铁路中断的严重后果，你们是否从中吸取了教训？"我回答："事实恰恰相反，正是因为铁路部门与气象部门在这场突如其来的灾害面前，互相支持和配合，才保证了这场战役的阶段性胜利并将取得最后胜利。我们认为，我国气象部门提供的服务是良好的，对铁路运输提供了有力的支持。铁路部门历来高度重视气象预报，各级组织与各地气象部门保持着密切的联系和良好的合作关系，特别是遇到灾害性气象时，铁路系统与气象部门会直接沟通，研究分析恶劣天气可能给铁路运输造成的影响。铁路对任何冰雪天气的影响都是有准备的，在春运期间更是高度戒备。当然，对于某些突发性极端自然灾害，我们在预测和快速应对上还须进一步加强。"

接下来又有网友问："因为电力线路中断造成很多列车停运，是不是意味着铁路电力输送和地方电力之间的联动存在问题？"我回答："铁路电力来自国家各大电网。铁路与电力部门的合作是十分紧密和良好的。电力部门为保证京广动脉的畅通，付出了艰苦努力，甚至还有职工付出了宝贵的生命，我们向他们表示崇高的敬意。长期以来，各大电网公司和铁路部门紧密配合、相互支持。各大电网公司积极支持电气化铁路项目建设，统筹规划电气化铁路供电工程，满足电气化铁路快速发展的用电需求；铁路部门积极支持各大电网公司发展，在电气化铁路建设中积极采用新技术、新设备，维护公共电网安全可靠运行，开创了和谐发展、互惠双赢的新局面。"

最后还有网友问："民航飞机停飞、高速公路关闭给铁路部门造成极大的交通压力，铁路部门是如何承担这种压力的？"我回答："现代交通是一个综合交通体系，各种交通方式紧密联系，相互配合，优势互补，增强了整体能力。当一种交通方式出现障碍，其他交通方式义不容辞地要承担起更大的社会责任。中国铁路是人民铁路，我们必须始终把国家利益和人民利益放在第一位，敢于面对挑战，敢于承担压力，敢于战胜困难。公路和民航在这次抗灾救灾中做出了重大贡献，给铁路运输以很大支持，我们由衷感谢。"后来有的媒体朋友评价我面对这次接连提问，做到了兵来将挡，水来土掩，四问四答，滴水不漏。我告诉他们，这是因为我说的都是无须装饰的大实话。

（三）战略视野要宽

方寸发布台，连接大世界。视野洞悉一切，视野决定一切。视野小了，小事就大了；视野大了，大事都小了。只有视野大，才能容天下之物、观天下之事、论天下之理、应天下之变。对于新闻发言人来说，必须具备内知国情、外知世情、小中见大、见微知著的视野和能力。

我担任铁道部发言人期间，会经常性地对中国铁路的历史、现状和未来进行纵向的分析，也会把中国铁路与世界各国的具体情况进行横向比较，这种立体式背景资讯的思考和掌握，往往在运用时会使自己所表达的观点更具纵深感和说服力，从而以平实理性的事实和分析，给媒体以准确前瞻的信息，彰显出政府部门的影响力与公信力。京沪高铁通车初期，常有故障发生。媒体很关注，特别是日本等境外媒体也借机炒作中国高铁，说这样不断发生故障，安全哪有保证？谁还敢去坐中国高铁？对此，我告诉中外媒体，京沪高铁技术是先进成熟的，工程主要质量指标达到世界先进水平。所有系统都是按照"故障导向安全"的理念设计的，具有非常高的安全可靠性。京沪高铁刚刚开通运营不久，各种设备、人员等还处于磨合阶段。特别是像京沪高铁 1 318 公里这样的长距离和持续 300 公里以上高速运行，从全世界来看，没有先例。由于高铁是高科技的产物，是一个复杂的技术系统，受气候、环境等诸多因素的影响，在运营过程中会面临各种各样的挑战。从国际铁路运营历史来看，通常在铁路新线开通运营的时候，也是问题逐渐显露的时候，这是一个相对集中的发现问题、处置问题的阶段，符合新生事物发展规律。事实上，法国、德国、日本高铁刚开通时，都曾出现过类似的故障。日本新干线在全线开通的第一天就曾经出现停车一个小时，导致沿线列车大规模晚点。就在近两年，新干线也经常出现故障导致停运的问题。据日本媒体报道，2010 年 12 月 4 日，日本东北新干线开通运营首日，就因故障停运一小时。2011 年 1 月 15 日，日本东北新干线接连发生两起故障，造成东北新干线、山形新干线和秋田新干线停运，经过四个多小时的抢修，才恢复运行。1 月 17 日，东京新干线列车控制系统又发生故障，导致东北、上越、秋田、山形和长野五条线路的新干线列车全部停止运行，最长延误时间 2 小时 13 分，八万多人出行受到影响。我这样有事实、有数据，而且从世界各国高铁发展的历史和现状来说事，比较有说服力，各种非议逐渐减少。

经常会有媒体朋友问我，为什么每年只有中国才有春运？为什么不学习借鉴国外的模式和经验？每当遇上这类提问时，我都会就事论理，借题发挥，尽可能把问题解释清楚。我告诉大家，外国有好的经验和做法，当然要学习和借鉴。但中国有自己的国情，有很多成功的经验，也会让别人刮目相看。没有必要对别人盛赞若悬河，对自己弃之如敝屣。春运确实是中国特有的历史现象，一个春运下来，将有几亿人次通过铁路出行，这个数字显然会让国外感到不可思议，而我们把这种他们认为不可能的事变成了真切的现实。这是我们党和政府的坚强领导，是全国人民的大力支持，也是具有光荣传统的铁路职工辛勤奉献的结果。这当中也有千千万万的网友在感情上、道义上的理解和支持。

2011 年年底，我被派到总部设在波兰华沙的铁路合作组织工作，出任中方委员，并提名通过为这个政府间国际组织的副主席。走出去后，视野更加开阔。我虽然不再是新闻发言人，但发言人的经历，特别是在与境外媒体打交道的经历中，使我学会了如何用西方人的思维考虑问题，如何用西方人的眼光观察问题，如何用西方人的语言表达问题，这为我在国际舞台上长袖而舞打下了意想不到的基础。作为一名在外工作的中国人，我给自己做了一个新的定位，不仅是中国派驻铁路合作组织的委员，也应该是中国声音的传播者、中国高铁的推介者、中国故事的讲述者、中国形象的塑造者。所以，一切可以发声的讲坛，一切可以利用的场地，我都不会轻易放弃。在波兰、俄罗斯、白俄罗斯、阿塞拜疆、以色列、泰国、波罗的海三国等国召开的国际会议上，我都被授权代表中国发言，在许多问题上阐述中方的立场和观点，传递中方的信息和资讯，表达中方的意图和诉求，特别是介绍中国高铁的砥砺和成果。三年后，我完成任期就要回国，各成员国委员都热情地为我送行。俄罗斯委员朱可夫先生与我紧紧拥抱，对我说："感谢您总是及时而准确地传递中国的信息和态度。从您这里，我们了解了中国各个方面特别是中国高铁的令人钦佩的发展成就。"而我在这三年里，也对欧洲文化和欧洲铁路发展有了更加真实而深刻的了解。根据自己的考察和分析，我向铁道部领导和有关部门撰写了 20 多篇考察报告，为国内铁路的发展开放以及参与国际事务活动，特别是理解和推进"一带一路"提供参照。同时，我还坚持不懈笔耕，在外三年，正式出版发行了纪实文学集《行走在亚欧大陆上》、散文集《维斯瓦河畔》和诗集《在诗的王国里》，向国内读者介绍自己在国外的政治观察、生活体验和文学创作成果。也许，正是那段新闻发言人经历，才使我保持了对外界事物的敏感性、观察力和表现力。这难道不是一个新闻发言人生命疆界的拓展和延伸？

十论：塑良好之形

（一）保持良好的颜值与气质

发言人的形象，是指社会公众、社会舆论对发言人的基本印象与总体评价。发布台是发布信息的平台，也是聚焦发言人的展台，理性感性寄于声线，真诚虚伪映在瞳仁。站姿看出才华气度，步态可见自我认知。发言人在发布台上展示的形象不可避免地要接受媒体和社会的审视及评价。塑造自我良好的形象，就是争取媒体良好的印象。发言人的外在形象，应当是端庄得体、干练精明、朴素大方、温文尔雅的良好形象。在发布台上，那些特质往往更容易获得认可。

外在形象是直观的、可感的。发言人的脸面是与记者打交道的第一张名片，很可能会优先于他给记者带来的资讯。英国文学家罗素说："一个人的脸，就是一个人价值的外观。它不仅藏着你自律的生活，还藏着你正在追求着的人生。"五官显审美，发型表个性。更重要的是，发言人的形象不仅仅属于自己，发言人在发布台上的形象实际上就是一种公众形象。作为政府新闻发言人更是政府的形象代表，应该具备良好的形象意识和形象素质。所以，在走向发布台前，有必要对自己的颜面、发型进行整理，不能容忍自己有一丝一毫的怠慢，力求以最佳的颜值、焕发的容光出现在媒体的镜头里，展现在公众的视野中，实现态度、尺度、风度的完美一致。有一次，我与几位媒体人初见，他们都说我在电视中的身材比实际身材更显高大，因为面对镜头，他们都看到我昂首挺胸，颇有些气场。我从这里得到了启示，以至于后来在日常生活中，比较自觉地去塑造和保持一种乐观自信、健康向上的心智模式。待人接物，也总是有意识地挺直腰身。久而久之，形成了习惯，融入了意识，成为长在心底的力量。我想，今后即使身躯佝偻了，精神风骨也许依旧挺拔。

媒体记者对新闻发言人的认可，始于颜值，尊于才华，近于气质。比颜值更重要的是气质，虽说通过化妆能够使发言人的容貌得到一定的改观，但从根本上说那还只是在做一些表面功夫，真正打动人的是发言人无与伦比的气质。气质虽然看不见，摸不着，但一举手，一投足，一张嘴，就展现得淋漓尽致。气质，不是浮躁作秀，而是沉淀和积累出来的优雅。相由心生。静心学习，耐心沉淀，能够滋润和美化发言人的形象。发言人应当有着更高标准，始终保持本领恐慌、本领不足的危机感，一刻不停增强本领。当才华还撑不起发言人责任的时候，就应该静下心来学习；当能力还适应不了媒体和社会的期待时，就应该沉下心来历练。"腹有诗书气自华"，古今中外、天文地理、文学艺术，广泛涉猎。在求知中扩展自己的生命履历，丰富自己的内心世界，提升对自己的容颜和气质的自信力。同时，要深入体验生活实践、深刻提炼生活本真、生动表达生活意象，将见识、智慧与品质融入学习成长全过程。凭着对新知识、新信息的不断吸纳、拥有和储备，带着一种优雅自信的精神面貌、一种从里到外的韵律肃立于发布台，将获得媒体发自内心的好感和钦佩。气质烘托台风，台风滋养气质。在一次与网友聊天时，有位叫"登泰山而小鲁"的网友问我："你觉得做名新闻发言人，需要具备哪些素质。我是大学新闻专业学生，你能提点意见吗？"我在给了他四个方面的具体建议后，对他说："新闻专业是一个很好的学科。如果你今后有意选择新闻发言人作为自己的职业，那么现在最重要的就是努力学习，广泛学习各方面的知识，政治、经济、文化、历史、地理、法律、国际关系等方面都要涉及，深厚而宽广的知识储备和积累，将为你走向发言人的讲坛夯实基础。"从我自己来说，也努力在这方面要求自己，身处纷扰的舆论圈内，我会挤时间学习，尽可能用文学、音乐、书法来使自己的内心处于平静与充实的状态，不断增大厚积薄发的人生积淀。我知道，对一个发言人来说，越是学识广泛，越会有智慧；越是有智慧，越会愿意接受有挑战性的问题；越是有挑战性的问题，越碰撞出思想火花；越是碰撞出思想火花，越会与媒体、与社会各个层面实现双赢和多赢。

（二）选择得体的服装与配饰

发言人的着装，是其展示外在形象的一个重要视点。合适的着装更容易被赋予某种好的特质，有着一定的引荐作用和辐射作用，让媒体感受到一份尊重与欣赏。没有人会乐意从你不修边幅的外表走进你不同凡响的内心，没有人有义务必须透过连你自己都毫不在意的邋遢外表去发现你优秀的内在。面对镜头，发言人的着装应庄重、大方、朴素、自然、得体，符合自己的气质和身份，给人一种稳重和可信赖的感觉。衣服不一定是名牌，但要合身、干净、有品位。选择衣服的式样和颜色要与身份、场合以及发布内容相吻合。一般情况下，政府发言人在正规场所应该选择着正装，避免穿着式样奇异、颜色花哨、图案夸张、质地反光的衣服。当然，在特殊的场合也有例外。在一次事故现场发布会上，由于来不及换衣服，我惴惴不安地穿了一件 T 恤衫直接进入会场发布信息，结果在着装这件事上不仅没有被指责，反而被媒体予以肯定。但那只是特例，因为在那种场面西装革履便不合时宜。

佩戴首饰对于发言人也是一个需要注重的细节。女性发言人平常可能因讲究美观、显示特性而佩戴自己喜爱的饰物，世界因此而显得更加多彩和靓丽。但是，发布台不是 T 台，不主张在这种场地佩戴太多饰物，耀眼的耳环、项链、胸针和发夹往往会将人们的注意力从发言人要表达的意思上转移开。男性发言人也应当在手表、戒指、皮带、领带等饰物的取舍上保持朴素而低调的风格，把自己的身份、审美、作风等因素都考虑进形象装扮和打造之中。我在担任铁道部发言人期间，为了随时接受记者采访和召开发布会，办公室里除了专备一套西装外，还配备了几条不同颜色的领带，各有一条代表喜庆的红色领带、代表庄重的蓝色领带以及代表沉痛的黑色领带。我会根据不同主题发布选用不同颜色的领带。2008 年 5 月 12 日，四川省汶川县发生了八级以上大地震，国务院新闻办公室紧接着召开了一系列新闻发布会，其中召开了一场运输行业的新闻发布会。我在这次发布会上代表铁道部做了铁路运输方面的情况介绍，并回答了中外记者的提问。为了表示自己的沉痛心情，在那次发布会上，我穿了一套深色西装，打了一条黑色领带，并采用了凝重的语调、缓慢的语速发布新闻和回答记者的提问。清华大学对那次发布会进行了专门的分析评估，对我在发布会上包括着装在内的整体表现给予了正面的评价。

（三）展露合适的表情与肢体动作

发言人面对媒体，理想的状态应当是举止大方，行为斯文，表情得当。得意不忘形，失意不失态，处乱不惊慌。杜绝以粗鲁为粗犷、以庸俗为通俗、以浅薄为幽默的言行。有经验的发言人都知道，镜头之下全是信息。发言人的语言固然传递着信息，而发言人的表情与肢体动作同样也在传递着信息。媒体会从发言人的表情中捕捉到其内心的真实，会从发言人的肢体动作中分析到其情绪的变化。这就倒逼着发言人在面对镜头时，做到语言与表情、与肢体动作互相配合、和谐一致，求得整体效应。

一般而言，发言人面对镜头都应保持微笑，让媒体和大众感受到发言人的亲切、放松和自信。但在灾难事故的信息发布中，如果仍然保持习惯性的微笑，则毫无疑问是一种笨拙的表情选择。这种表情哪怕再细微，一旦被镜头放大和定格，都会对发言人的公众形象产生极大的杀伤力。一次，有位记者采访我，问我在一次灾难事故发布会上有过短暂的微笑状态，是不是我的习惯？我坦言："我当时表情始终是凝重的。至于网络将我某个瞬间说话的表情截屏定格，认为代表了我当时的心态，这是不客观的。尽管发言人面对媒体保持微笑是对人的一种尊重，也是我的习惯。但这是一次有着重大伤亡的事故发布会，我的心情始终很沉痛，至于我出现了习惯性的微笑表情，我确实没有意识到。"虽然自己没有意识到，但网友捕捉到了，便产生了不好的社会传播和影响。在这种情况下，我自然没有理由去抱怨自己是躺着中枪。

举止行为是发言人修养的折射、文明的表现和态度的展示。要注意肢体语言的运用，肢体会表达情感，肢体会传递信息，肢体会强调立场，肢体会决定成败！发言人在发布台上，轻松与紧张、高兴与忧虑、诚实与虚假、文明与粗鲁、坚定与动摇等等，都会在有意识或下意识的肢体动作中完全地折射出来。没有肢体动作显得刻板，夸张肢体动作显得做作。很难想象发言人在发布台上正襟危坐、肢体僵硬会给人留下自信、自如的印象，同样很难想象发言人在发布台上手舞足蹈、张牙舞爪会给人留下自持、自重的印象。发言人在肢体语言的运用上，终归要自然得体，恰到好处，才能塑造良好的公众形象。

当今世界，色彩斑斓，众声喧哗。发言人站在社会发展的最前沿，任重道远，使命艰巨。在与媒体打交道中，需要讲方法、讲技巧、讲艺术、讲能力，更要讲觉悟、讲责任、讲担当、讲品行。发言人只有不断增强脚力、眼力、脑力、笔力，具备良好素养，顺应新闻传播规律，运用传播技巧，进行有效公关，才能向媒体借力、借道、借光，正确引导社会舆论，促进社会进步发展。伴随着中国特色社会主义进入新时代，每一个发言人都应以自己的生命质量撑起新闻发言人这个名字的隆重分量，都应以自己的生命光亮点燃新闻发言人群体的绚丽光华。

要想发好言，首先做好人

｜ 王旭明

🔅 2018 年 12 月 12 日，王旭明在钓鱼台
国宾馆主持 2018 年中国教育家年会。

王旭明

中国陶行知研究会求真教育实验研究院院长，中国语文现代化学会常务副会长兼真语文专业委员会理事长。

教育部前新闻发言人兼教育部办公厅副主任、新闻办公室主任，语文出版社原社长。

就任语文出版社社长期间，王旭明发起真语文活动，执教过多堂中小学语文示范课。多年来，他带领专家团队从听、说、读、写四个方面对语文老师的课堂教学进行指导，要求学生做到：诉真情，学诉真情；说真话，学说真话；写真文，学写真文。

作为舆情专家和口语交际专家，近年来，王旭明为浙江、江苏、北京、天津、陕西、河北、安徽、四川、湖北、湖南、海南、青海、河南等30多个省市的政府新闻发言人进行过专题培训，受到广泛好评，被誉为"永远的发言人"。王旭明的博客总点击量上亿，还拥有头条号"真语文王旭明"、一点号"王旭明"，其微信公众号"旭明有话"也受到关注。

著作有《王旭明说新闻发言人》《为了公开——我当新闻发言人》《再对教育发言》《明正言顺——王旭明谈官员的说话之道》《与领导干部谈文风》等。

什么人是好人，不同人有不同的标准，不同的标准又能选择出不同的好人。比如带着妹妹上学的优秀青年洪战辉，还比如累计为身边工友、特困学生和灾区群众捐款 12 万多元、资助了 180 多名特困儿童的全国"五一劳动奖章"获得者郭明义，还有扎根林场带领大家植树造林 7 万多亩的杨善洲等，他们都是好人。新闻发言人应该首先具有这些好人身上的基本素养，概括起来说就是真诚、善良和有一颗宽容之心。

我们必须明确，新闻发言人的核心是人，是一类干新闻发言工作的人。因此，我一向认为，新闻发言人在拥有许许多多技术手段的同时，应当也是有丰富情感和深刻思想，真诚、善良和美好的人。新闻发言人，尤其是当下中国非职业化的新闻发言人，与西方发达国家国情下的新闻发言人有很多不同，最大的不同之一就是我国的新闻发言人，更应该强调作为"人"的新闻发言人，而不是作为"职业"的新闻发言人。正是在这个意义上，我不大赞同有些专家学者过于强调技巧培训，把技巧训练当成新闻发言人第一要务，这与我国的实际国情不合，也与我国新闻发言人的实际情况不合。

事实说明，一个真诚善良和热爱媒体的人，即使在技巧方面有所欠缺，也可以得到公众的原谅、认可和理解，为所在部门增辉添色。反之，一个技巧圆熟、语言独到却不真诚、不善良也不热爱媒体的人，只会出现两种情况：一种是如希特勒的宣传部长戈培尔那样的人物，为非正义事业效劳，逆历史潮流而动，有技巧与否都不值得一提；另一种是为正义事业服务，但由于自身做人的缺欠，也很容易露出马脚，为媒体和公众所诟病，也为自己所从事的那份事业带来信誉上的损失。应该说，我国当前大量的情况是属于后一种，相当多的官员和发言人还不那么真诚，不那么善良，也还不那么热爱媒体。因此，在媒体和公众面前，虽然有一些表达技巧，但很快被人识破，甚至危害到某项事业的发展。

一句话，要想发好言，首先做好人。

一、做好人必须要真诚

真诚即真实诚恳的意思。真心实意，坦诚相待，能从心底触动他人而最终获得他人的信任。真实是对客观世界的客观反映，不掺杂主观因素，也不掺杂任何虚伪和矫情。真实包括对客观世界的了解、表达，也包括对自己不了解的东西、了解了而未被授权表达的东西以及自己内心活动情况的真实反映。概括说就是知之为知之，不知为不知，这是真实的全面含义。我在新闻发布会和接受记者采访时，多次有过"对不起，这件事情我还不了解""容我稍后了解后再给您答复""对不起我未得到授权"等表达，尽可能给公众展现一个真实的自我。

诚恳则是人们对客观世界反映的一种主观态度。大千世界万种事物，对新闻发言人来说，会引发各种不同的反应是很正常的，但无论是怎样的反应，面对公众都应该是一种诚恳的态度。诚恳包括内在的情绪情感，也包括外在的神态、语气、语调等等。内在与外在完美的结合，才是一个诚恳的新闻发言人形象。

真诚是衡量一个发言人优秀与否的重要标准，或者说是第一标准。由于多种原因，特别是受新中国成立以后（尤其是"十年动乱"期间）极左思潮影响，我国不少官员和新闻发言人还存在着严重的不能坦诚面对媒体和公众，也不能坦诚面对事实的情况，或虚张声势、无中生有，或矫情做作、故弄玄虚，还有不少文过饰非、推诿扯皮等。我们应该明白，今日的受众已经远非几十年前的，随着互联网技术的发展和现代传媒手段的丰富，人们越来越不满足于官员或新闻发言人的所谓权威或官方表达，而更愿听到多种声音。换句话说，今天的人们变得越来越聪明、智慧和"难对付"。因此，忽悠和糊弄受众的做法其实是自作聪明，自毁形象，势必招来人们的不满。

也许你会问，真诚又不是技巧，还需要学吗？我的回答是，要学，还需要好好学。学发言，首先学做人；学做人，首先要真诚。功利一点说，在新闻发布中，多一份真诚，政府或你所供职部门的公信力就会增加一分。

（一）发言人不能说谎

真实是新闻发言人永恒的生命。苏联著名作家、诺贝尔文学奖获得者索尔仁尼琴说过，"一句真话比整个世界的分量还重"，说得鞭辟入里，说得刻骨铭心。真实，对于发言人来说，是一条永恒的原则，而我们的许多发言人恰恰是在真实上犯了错误。

2007年10月12日陕西省林业厅召开新闻发布会宣布，失踪了20多年的野生华南虎在陕西省镇坪县被重新发现。事后在媒体的不断发掘下，发现"华南虎照片"是假的，有关当事人受到了法律的追究。有关部门在新闻发布会前没有组织有关专家对虎照认真鉴别，审慎地做出科学的鉴定结论；也没有组织有关专业技术人员按照技术要求，对拍摄现场进行认真核实，草率发布了未经核实的虚假信息。

人不可能不犯错误，政府部门也一样。坦诚地承认错误，实事求是地改正错误，这是政府部门的起码品质，也是社会公众对政府的要求。如果没有充分认识到社会公众真正关心的焦点是政府的公信力，以为只要公布了"华南虎照片"事件的真相就能"打发"公众，就万事大吉，那就大错特错了。

(二) 发言人不能提供模糊的事实

事物本来的样子就叫真实。真实既包括事物的原生态，也包括认识事物过程的原生态。简单说就是知道的就说知道，不知道的就说不知道，不假装知道，也不伪装知道，更不模棱两可地似是而非。

在我看来，新闻发言人主要做两个工作：一是提供事实，一是表明态度。新闻发言人首先要提供基本的事实，其次要表达基本的态度，这两点是核心。新闻发言人要以事实胜于雄辩和恳切的态度对待媒体，清楚的就说清楚，不清楚的就说待查，该认错的就认错，即使不是自己的错误也要表示协同有关方面解决。如果一个新闻发言人面对媒体和公众的质疑，提供的是模糊的事实，说明的是不准确的情况，表达的是模棱两可、爱憎不明的态度，这就是失败的新闻发布。

对于广大受众来说，机关和部门的概念是抽象、模糊的，而机关或部门的人员形象才是具体的，受众在特大事故面前更易于接受的是具体的、形象的、符号化的人物。重大事故发生后召开新闻发布会，受众最想了解和最愿看到的，我以为就是两个方面：一是态度，二是事实。一场发布会不能既无事实，也无态度。

要领

新闻发言人工作核心：提供事实，表明态度

新闻发言人主要做两个工作：一是提供事实，一是表明态度。新闻发言人首先要提供基本的事实，其次要表达基本的态度，这两点是核心。新闻发言人要以事实胜于雄辩和恳切的态度对待媒体，清楚的就说清楚，不清楚的就说待查，该认错的就认错，即使不是自己的错误也要表示协同有关方面解决。

（三）发言人可以说"无可奉告"

真实包括知道的就说，不知道的就不说，不装。真实还包括知道了但上司不让发言人说，发言人就老老实实本本分分地告诉公众，没有得到授权，不能说。真实还包括事件正在调查中，真实也包括无可奉告。如果在撒谎与无可奉告之间选择，我宁愿选择后者。

一些专家在授课中，告诫发言人在任何时候都不可以说"无可奉告"，出发点是好的，是想对发言人起到一种督促作用，但有点绝对化，从一个极端走向另外一个极端。

在外交方面，前美国国务卿约翰·里克在接受采访时表示，他经常需要使用"不予评论"或者"没有什么消息可以提供"之类的表述，因为很多外交方面的事务是不能公开讨论的。对此，大多数记者能够理解并给予尊重。

"没有得到授权"是"无可奉告"的另外一种表达，但听上去不那么生硬。"知之为知之，不知为不知"是检验一个新闻发言人是否真诚的最简单也是最直接的标杆。作为一个新闻发言人首先要搞明白自己发言的对象是谁，表面上看是记者，其实记者是代表民众来发问的。对于发言人而言，记者的提问没有刁钻或不刁钻之说，只有好回答的或不好回答的，新闻也没有负面的或正面的，新闻都是客观发生的。如果在胡说八道和"没有得到授权"之间选择，我宁愿选择后者。因为，在我看来，好的新闻发言人应该始终坚持一个原则，那就是"忠实说，迅速说，首先说"。

无论何时何地，新闻发言人的底线都是真实。当然，在表达"无可奉告"的时候，发言人可以采用更为委婉的语气和表达。

（四）发言人态度要诚恳

如果说真实是客观的，是事物的本来面貌，是事情的真相，那么诚恳则是主观的，是一种态度。在发生任何事情的时候，当事方对另外一方态度诚恳了，事情可以处理得更好。一场好的新闻发布会，一个合格的发言人，在事件没有完全调查清楚的时候，一定要有自己的诚恳态度。只有拿出诚恳的态度，才有可能在事件尤其是危机事件的处理过程中赢得记者的理解。因为事情的真相在事发后一般不会马上显现，此时，诚恳的态度有可能让事情往有利于自身的方向发展。

发言人应该明白，当坏事出现了的时候，再怎样巧舌如簧也不能把它变成好事。不能用说好事的办法去说坏事，也不能用说好事的思路去考虑如何去说坏事。

在任何危机事件中，与其竭尽全力为自己辩驳，不如坦诚面对所有媒体，拿出一张整改时间表或你采取的实际措施给公众，后者更有说服力。

（五）发言人的公关取代不了诚恳之态

无论是政府机关还是企事业单位发生这样或那样的危机事件是很正常的。尽管所有人都不希望灾祸发生，但许多灾祸不是人力能够避免的。现在的问题是，发生灾祸了，我们该如何应对？毫无疑问，从工作层面上来说，一定要积极组织施救，而在信息公开层面上，则必须及时发布有关情况，公开透明地面对媒体和公众。

当然，在处理这类事情的时候，可以进行必要的危机公关，以修复形象。但必须明确，实施任何危机公关手段的前提是真诚善良，是态度诚恳。没有了这个前提，任何危机公关手段不仅很难奏效，而且还有可能引发新一轮的公共危机，在这个过程中一定不要让公关之意超过诚恳认错之心。我们需要记住的是，再高明的公关技巧、再会说话的企业发言人，都不如面对错误拿出诚恳的态度、采取实际行动令公众信服。回顾哈药集团制药总厂污染历史以及企业应对行为，一个没有明确具体时间限制的、并无可衡量具体目标的公开表态，对于社会公众而言无异于"空头支票"。

（六）发言人忌喊大而空的口号

发生事件尤其是公共危机事件以后，发言人适时适度地表态，提出具体可行的改进措施和办法，甚至提出一两句鼓舞人心、振奋精神的标语口号，都是可以的，也是能够为媒体和公众所理解和接受的。这里有一个度的把握问题，千万不能过，过则引起负面效应，令人生厌。

值得注意的是，我们不少部门在处理危机事件中常常失去这样的度的把握，或者没有目标，没有改进措施，甚至更让人反感地提出脱离实际的大而空的口号。

2011年，中央电视台"3·15"晚会曝光了"双汇火腿"的质量问题，一时间引发媒体和公众的广泛关注。事后，双汇在内部召开了万人大会，有代表现场高呼"双汇万岁！"。事后，消息传出，有网友表示："这次大会竟然没有消费者代表，也没提购买了问题产品的消费者该怎么办。"

在双汇风波后期的表态中，双汇强调更多的是股票停牌、市值蒸发过百亿元、产品下架、直接经济损失、品牌美誉度下滑等等。在这种信息传递的姿态下，受害者的形象更鲜明，而肇事责任者的形象却模糊了。

"瘦肉精"事件曝光后，双汇对消费者和公众的许多"欠账"还没结清：混入

"瘦肉精"的产品种类和数量不清；按照国际惯例，急需召回的产品范围不清；对购买、食用"瘦肉精"产品的消费者而言，补偿措施不清；对双汇自身而言，对产品混入"瘦肉精"的自我反省不够深刻；甚至，双汇连最基本的"良心债"都未还清，即道歉的诚意还远远不够。

企业在发生各种危机事件时，必须牢记为消费者利益负责的宗旨，从自我反省和自我提醒中吸取教训，正视自己的商业道德污点，以一个自我救赎的形象上路，才能走得更远。如果抛弃这些，在缺乏足够道歉和反省诚意的姿态下，仅仅以利益结盟为出发点，以高呼"万岁"的勇气拼市场，恐怕难以走远。

二、做好人必须心存善良

善良即纯真温厚之意，没有恶意，和善，心地好。善良感本身就是一种情感，而这种情感是好的舒适的。法国作家雨果说得好，善良既然是历史中稀有的珍珠，善良的人便几乎优于伟大的人。

新闻发言人这一词组在语文教学上讲是偏正结构，偏是"新闻发言"，正是"人"。换句话说，新闻发言人的核心是人，是一类干新闻发言工作的人面对其他人的工作。因此我一向认为，新闻发言人在拥有许许多多技术手段的同时，应当也是有丰富情感和深刻思想，真诚、善良和美好的人。

善良包括很多含义，有丰富的内容，无论从伦理学上，还是从社会学上，善良可以有多角度和多维度的分析与提炼。作为新闻发言人的善良，我认为更多的是与同情、良知、忍耐、善解人意、利他性等相连。既然发言人是和人打交道的，因此离不开善良、离不开拥有一颗善良的心。

(一) 发言人要有同情心

在所有新闻发言人的教科书里，几乎没有人提出过善良这个要求。的确，善良听起来更多是对做人的要求，而不是对新闻发言人的职业要求。但是，对于新闻发言人来说，如果他的头脑中印着"善良"这两个字，在应对突发事件时，在面对遇难者家属、伤者、患者、权益受损者时，不管是在嘴上还是在心里，就会多一些温情，多一点理解，多一份同情。

对于新闻发言人来说，心存同情，就会在发布台上更平易、平和，更容易学会换位思考。也正是因为有了这种心态，新闻发布会才会具有"灭火器"的功能，才不会成为炮筒子，点燃人们的怒火。同情不是一种简单的技巧，而是需要新闻发言

要　领

出了问题，开新闻发布会，首先应就发生的事件、事故向当事人表示起码的同情。

当遇到记者提出问题、问责公司时，首先要表现出对当事人深深的同情和深感责任重大的态度，之后再进行补充说明。如果此时，记者获得的信息是谣传、错误信息等，要向他们耐心、仔细地说明，而不是急急忙忙为自己开脱之后就完成使命。

在危机事件面前，一定忌开玩笑，慎用修辞手段。

人由内到外的修炼。

出了问题，开新闻发布会，首先应就发生的事件、事故向当事人表示起码的同情。发生这样的事情，无论从哪个角度说，都是一个让人悲伤、值得同情的事情，最后才可以说："本公司（或单位）作为受害者，正在考虑向警方报案。"

此时，当遇到记者提出问题、问责公司时，首先要表现出对当事人深深的同情和深感责任重大的态度，之后再进行补充说明。如果此时，记者获得的信息是谣传、错误信息等，要向他们耐心、仔细地说明，而不是急急忙忙为自己开脱之后就完成使命。

（二）发言人要学会善意表达

事故发生后，官员和发言人就事故本身进行表态是正常的。在表态的时候，由于职业习惯和训练，不少发言人喜欢逗趣、开玩笑等，这在某些场合可以起到调节气氛、生动形象具体地传播信息的作用。但在危机事件面前，尤其是车毁人亡的重大事故中，一定忌开玩笑，慎用修辞手段。善意表达指的是心中对人对事要有敬畏之情，而敬畏之情要表现出来，这种表现可以理解为一种善意表达。在很多情况下，善意是必需的，善意表达更是必需的。

如果官员和发言人不能在发言中传递出这种信心和善意，而是说出一些不合时宜或者制造恐怖、感伤、忧虑、气愤的话，则是很不恰当的。这脱离了自己的身份，更无视公众的期待，是失职的表现。

2011 年 3 月 11 日日本东北部海域发生里氏 9.0 级地震并引发海啸，造成重大人员伤亡和财产损失。

9月10日，日本经济产业相钵吕吉雄因将福岛第一核电站周边的市町村称作"死城"以及做出意为"传染辐射"的发言引咎辞职。之前，他在考察时说，"很遗憾，周边市町村的街道上看不到一个人影，成了'死城'"。此话引发轩然大波。日本媒体随后又爆料，钵吕8日晚视察福岛核电站后，将身上的防辐射服蹭向一名记者，开玩笑说"我把辐射传染给你"。

在发生灾难之后，官员和发言人面对幸存者和其他民众的时候，一定要充满信念、充满善意、充满力量，鼓舞人们心存希望、面向未来、奋发努力。替对方想，也许是最大的善。

（三）发言人要有良知

对于发言人来说，善良还包含着一层含义，那就是良知。对于发言人来说，有些事是可说可不说的，有些态是可表可不表的，尤其是在记者打过来电话提问时，并不是问到的每一件事都得到领导的授权回答，或者领导有明确的回复口径。这时候，说还是不说，既取决于发言人的职业精神、道德操守，也取决于新闻发言人的良知。

良知是一个人的良心和知性的总和，饱含理性的内容，也有感性的成分，是一个人本性、知识和生活积累等的综合反映。一个具有良知的社会可以在法律不健全的情况下避免或减少犯罪；一个公民有良知，可以在制度不健全或约束不利的情况下对自己有所检点，时时反省，从而避免或减少犯罪行为的发生。良知对于社会的健康运转，对于公民的自我完善都是不可或缺的。一个缺少良知的社会，一群缺少良知的公民，一堆缺少良知的官员，即使再有制度约束，也很难使社会高效有序科学地发展。作为发言人，说什么和怎么说，除了有若干职务性要求之外，做到符合良知的要求亦十分重要。

在做新闻发言人期间，我的一句"人可以不崇高，但是不能无耻"的言论曾经招来一些人的"板砖"。2008年我卸任后，年末，"范跑跑"应北京一家培训公司的邀请，正预备在北京"上岗"，继续从事教师这一职业。我在腾讯博客上发布了《你可以不崇高，但请你不要做老师》的博文。经过网站的推荐，两天之内该文的点击量达到了64万，网民对此的留言达到了1.37万条，创造了我当天博文的点击量之最。在所有网民的留言中，有一位网友的留言是这样写的：

无论这个社会是多么地"金钱"化，教师这个职业必须是阳光下最灿烂的职业。

我相信王旭明在说这些话的时候发自内心。我相信不是每个教师都能做到大难临头的时候去舍身保护学生的安全，但我相信他们如果真的抛下学生自己逃命，回想起来的时候多半会愧疚不安，至少会耻于提及。能够像范跑跑这样的着实不多见，也仅此一位。

我宁肯接受虚伪的美丽，也不愿意接受真实的丑陋。如果世界上没有美丑的判断标准，那人们将生活得没有意义。支持楼主的观点，我们需要抑恶扬善！

我非常感谢这位博友的理解，在发言人的岗位时，其实我也可以对范某的行为不予评论，但我一直在思考：作为新闻发言人，是单纯做一个政府的传声筒，还是需要经过自己的思考，在信息中加入个人的想法，持有自己应有的良知，做个有血有肉的人。在这个思考中，我情愿选择后者。新闻发言人，在任何时候都不能丢掉自己的良知。

三、做好人还需要宽容

宽容是一种美德，也是一种修养，更是在不同意见发生时发言人应该表现出来的一种大度。所以说，发言人的宽容品质尤其重要，因为对于公众和媒体来说，发言人当然是他所做那一行的行家里手，而公众和媒体相对来说是外行，内行一般来说总是看不起外行，总是挑剔外行的"不懂"，也因此容易发生矛盾。发言人对公众和媒体的"不懂"表现出必要的宽容，不仅可以积极、正确、有效地面对媒体，还可以化解因此产生的不必要的纠纷。

应该特别指出的是，发言人的工作性质决定了发言人要经常处于风口浪尖上，接受别人的挑剔和指责，还会经常面对别人可笑的行为和错误。面对这些，既不能得理不让人，又不能抓住小辫子不放，更不能没完没了跟公众和媒体计较。因为，你是发言。屠格涅夫的著作《罗亭》中有这样一句话：不会宽容别人，是不配受到别人的宽容的。我喜欢这句话。

宽容是一种生存的智慧、生活的艺术。它不仅包含着理解和原谅，更显示着气质和胸襟、坚强和力量。

（一）发言人要宽容记者的过失

我做发言人时，有一个最刻骨铭心也是对我的人生造成重大伤害的经历，这个经历让我理解了宽容，也在宽容中释然并升华了人生。

2006年3月6日，某媒体发出了这样一篇文章：《教育部回应乱收费质疑：屡禁不止因教育投入不足》。

该文的开头是这样写的：

> 教育，这个备受百姓关心的问题，又成为今年"两会"的焦点话题之一。多位代表委员就教育乱收费等问题发表见解。记者将百姓和代表委员的质疑进行了汇总，择要转给教育部，教育部随即做出了回应。从问答情况来看，各方对某些问题的认识还存在一定差距，也许需要进一步沟通。

> **代表委员：现在上学太贵**

> **教育部：部分教育是一种消费，要量力而行**

> [百姓之声] 网友：我是一名北京学生的家长，收入不算高，一个月也就1000元，而且现在我们面临下岗。我们的孩子就读于一所重点高中，每个月光学费就800元，孩子还要上两年多的学，面对这么多的学杂费我们实在无能为力。况且，孩子还要高考。

> [代表委员意见] 全国政协委员徐心华：我家里以前很穷，却上了大学。如果到了现在，我可能反而上不起大学了。我很奇怪，为什么几十年前经济不怎么发展，贫困学生能上得起大学，而现在经济发展了，却反而上不起学？往届"两会"小组讨论时，有的委员为此拍了桌子。如果按照现在的收费标准，那么在座的委员，当年有几个能上得起大学？

> [教育部回应] 教育部新闻发言人王旭明针对群众反映的"上学贵"问题，对记者讲了自己的见解：人们对学费问题应当转变观念。在计划经济时代，孩子从小学上到大学花的钱很少，因为国家都给包了，但是在市场经济时代，形势已经发生变化。非义务教育阶段的教育已经成了家庭的一种消费，既然是消费，就要根据自己的经济、智力实力来选择。北大、清华这些优质教育资源是有限的，自然比较贵，不是所有人都消费得起的。就好比逛市场买东西，如果有钱，可以去买一万元一套的衣服；如果没钱，就只能去小店，买100元一套的衣服穿。现在很多人不考虑自己实力如何，都想让孩子往好学校里挤，这是非理性的，也是形成"上学贵"观念的重要来由之一。

> ············

这篇报道就是当年影响全国的"教育买衣论"的出处。文章发表的时候，正值"两会"期间，某媒体三位记者以教育部新闻发言人接受"两会"委员质询的方式发表此文，让我顿时处在了舆论的旋涡中，媒体一片质疑指责声，老百姓一片叫骂，论坛上、网上攻击我的言论随处可见。我那几天看着网上的骂声真是坐立不安，寝食难安。我只有一个字：冤！比窦娥还冤。

事情的经过是这样的。有一天下午，跑口教育部的某媒体记者带着两个同事说来找我坐坐，聊一聊有关教育方面的问题，我不假思索就欣然应允。在我任发言人期间始终把记者当成朋友，并始终真诚面对。那天下午，在没有摄像机镜头和麦克风的场合，谈话友好地进行着。我对他们说，今天咱们都是朋友，所以有些话是关起门来说的。我那天谈话的原意是应理性地对待教育，包括理性地对待升学等。理性就是科学，理性就是实际，理性就是实事求是。这才是我的本意。

还有，这些话的谈话背景不是在我正式接受记者采访时说的，也不是在新闻发布会上说的，最根本的也不是在回答"两会"代表质询等等。我只是在下面和几个记者朋友般聊天，作为一般的沟通和交流时表达的。经过记者高度提炼和概括，未经我同意和审读之后就拿出去发表，并变成了上面这样一段话。

不愉快的事情发生后，尽管对我的个人声誉造成了不可挽回的影响，但我没有与记者没完没了，也没有与记者断交并诉诸法律。直到卸任时，我没有在任何场合为自己就"教育买衣论"而申冤，或是鸣不平，把面对的批评诅咒之声都默默地嚼碎和着眼泪吞到心里，选择真正的宽容。

（二）发言人的宽容也包括批评

北京某报记者小戴，是一个非常敬业且善于提出各种"怪"问题的记者。在参加发布会之前做了大量准备工作的她，常常把发布会的内容变成抢眼球的几条新闻，对于这一点我十分欣赏。当然，因此她的报道也有惹恼官方的时候。比如，她写的一篇关于扩招的稿子，没有弄清楚毛入学率和当年入学率的关系，就"测算"出当年大学的招生人数，惹得有关部门十分恼火。此前，她还把教育部一位部领导没有讲的内容栽到了这位领导头上，当事人十分恼火，问责于我。我一气之下，也不顾多年的交情，只好公事公办，致函该报，要求严肃处理，并取消这个跑口记者的资格。

报社采纳了我们的建议，调配了另外一位记者同时跑口。

忽然一日，小戴和另外一位新来的跑口记者一起来到我办公室。当他们敲开我办公室门的时候，我见到她的手中捧着一束鲜花。小戴告诉我，她已经辞去报社记者职务即将远赴英伦读书，可能也不会再回国工作了。此时，我突然感觉心里沉甸甸的，甚至还有几分说不出来的失落。

公开批评记者并传达对于报道的看法其实是对记者的一种真正宽容，希望通过这种真诚的交流达到双方的沟通和理解。这是对记者业务的提升，也是对报社和部委关系的一种爱护。

（三）发言人的宽容包括欣赏记者的负面报道

负面报道是很多单位很忌讳的。我任教育部发言人期间，读到的有关教育方面的负面报道也不在少数，我包容并欣赏这样的报道。

很多负面报道立足现实，面向未来，兴利除弊，意在通过对社会问题或社会现象的深入调查、剖析，使问题得到关注，用建设性的主张求得社会共识，推动社会良性发展。从这个意义上说，很多负面报道报出了教育的死角和暗角，有利于部委制定相应的政策和加强管理。面对负面报道，能够读进去，并且能够肯定它们，对于媒体来说无疑是莫大的鼓励。部委能够给这样的报道而非正面高歌的报道评奖，是一种真正的宽容和进步。

舆情应对的"八原则"和"三分法"

| 吕大鹏

ⓘ 2018 年 12 月 11 日，吕大鹏在波兰
卡托维兹参加联合国气候变化大会
"中国角"边会，做《打造绿色企
业 勇担社会责任》的主题发言。

吕大鹏

中国石化新闻发言人，企业文化部、宣传工作部、新闻办公室主任。

曾任中国石化报社社长、党委书记、总编辑。

吕大鹏将危机管理、新闻传播、公共关系、品牌塑造、企业文化等方面丰富的理论和实战经验归纳提升为"企业声誉五连环管理法"，受邀在清华大学、中国人民大学、中国传媒大学等十多所大学和许多企业授课。被聘请为北京大学国家战略传播研究院顾问、中国传媒大学企业传播研究所首席学术专家、国务院国有资产监督管理委员会新闻中心舆情处置专家顾问。他带领的团队三次获得国际公关界最高荣誉"霍姆斯报告亚太地区品牌与声誉杰出成就奖"。

2014 年荣获最受网民欢迎的中国企业新闻发言人，位列"中央企业十大新闻发言人"第一名。

改革开放 40 年的实践带给中国太多的改变，而日益公开透明的舆论环境是其中真实可感的一个方面。新闻发言人制度在中国顺利运行的这些年，折射出改革开放带来的巨大变化，中国石化正是新闻发言人制度最明显的受益者之一。2012 年，中国石化被媒体报道的 55 万条信息中，负面信息占到 42.6％，占国资委总负面舆情的 18.7％，是负面舆情"重灾区"。十八大以来，我们遵照习近平总书记关于加大国企正面宣传和形象公关力度的指示，建立并创新、发展了企业新闻发言人制度，不断增信释疑，使负面舆情实现"六连降"，2017 年降至 5.9％，下降了 86％，改善了企业外部舆论环境，重塑了企业品牌形象。

在不断实践和摸索中，我们逐渐形成了舆情应对的一套基本方法，即"八原则"和"三分法"，总结出来和大家分享。

一、舆情应对"八原则"

我国经济建设的奠基人陈云副总理主张"不唯上、不唯书、只唯实"，对于舆情应对来说，也要摒弃"拖、否、急、抗、堵"的惯性思维，力求实事求是。为此，我们总结出舆情应对的八条原则。

（一）首次回应，重在表态

表态不是为事件定性定论，在有确切的调查结果之前，对于任何有关事件的原因、后果、责任方等信息都须抱着谨慎的态度，避免轻率言行给公众造成视听混乱。表态应包含以下三层含义：首先，告知公众已获知此事；其次，告知公众针对事件已采取哪些应对举措；再次，告知公众将会及时公布事件调查结果和最新进展，同时对公众监督表示感谢。

（二）通报事实，切忌不实

一条不实信息往往能引起"破窗效应"，诱发"次生危机"，非但不利于危机的化解，反而会导致公信力和权威性受损。通报切忌不实。

（三）快报进展，慎报原因

危机应对需遵循"快报"和"慎报"相统一的原则。一方面，通过不断发布权威可靠信息，以最快速度澄清和报告事件进展，牢牢掌握舆论话语主导权。另一方面，在调查尚未出结果的情况下，切忌盲目自信、主观推测原因向公众做出解释。

（四）公开透明，与谣言赛跑

谣言和无端臆测根源于信息不对称。危机应对时，要勇于披露事实，不能避重就轻，将掌握的情况尽量在第一时间向公众公开，防止相关信息被误解误读，彻底消除滋生谣言的"土壤"。

（五）统一口径，有效管理

回应舆论关切需要统一和规范的口径。若同一事件在不同部门、不同阶段得到的解释差异大、矛盾多，势必会给舆论留下话柄，质疑责难之声将接踵而至。回应内容务必及时、真实，在信息发布渠道上也应视舆情状况有所选择。

（六）甄别影响，分类处置

明确责任主体及影响范围，平衡整体与局部利益关系，不为价值观有问题、损害公共利益的人或事买单，不伤害企业的核心价值。在具体处置上遵循：属于的确有错的，虚心接受，马上改正；属于局部出错的，及时切割，厘清责任；属于误解误传的，及时沟通，解疑释惑；属于恶意诬陷的，坚决斗争，诉诸法律；属于特殊情况的，及时寻求上级管理部门支持。

（七）社会责任优先原则

当企业在舆情危机事件中未触及法律责任，即不是危机事件的主要责任方，但仍面临着社会责任等方面的监督时，需主动承担社会责任，维护品牌价值合法性。如"香港聚丙烯胶粒漏撒"事件中，我们虽也为受害方，但仍主动承担社会责任，从态度、资金、设备、志愿者等方面对聚丙烯胶粒清理予以支持，获得舆论高度认可。

（八）"生命首位"原则

当危机事件涉及公众生命安全时，一切处置均以"生命首位"为原则。若尚未出现人员死亡，所采取的处置措施应以保障生命安全为前提，对公众造成的财产损失积极修复赔偿，体现人文关怀；若已致人死亡，从态度到行为层面都应以死者为大，做好对当事人（家属）的善后工作，避免当事人（家属）的不满情绪扩大舆论的负面影响。

二、舆情应对"三分法"

舆情类型不同、影响不同，应对的渠道、方式亦有不同。我们经过长期摸索规律，根据八条原则，以分级、分类、分别的"三分法"积极处置负面舆情。

（一）分级应对，心中有数才能精准施策

舆情应对就像打一场战争，需要"谋定而后动"，"运筹帷幄之中，决胜千里之外"，全面、准确、客观的研判分析是舆情应对的必要环节。我们的做法是"分级应对"，从关注点、关注度、关注量、关注期、关注人等五个维度研判舆情级别，将舆情由低到高分为一至五级，并根据舆情级别，采取不同处置策略，以明确说什么、怎么说、什么时候说、谁来说。

1. 一级舆情（蓝色预警）——关注，暂时不用说

比如：内部员工发发牢骚，嫌工资低，说本单位领导态度不好、分配不公等；外部指责员工服务态度不好，或者在哪个加油站发现有人打手机而加油员熟视无睹不加管理。这类舆情有利于了解员工思想，改进内部管理。一般应该转给相关单位，由他们自己处理。

2. 二级舆情（黄色预警）——官方微博简短、轻松回应，或者企业的发言人、微博对外披露

比如：有企业违反法律规定，遭到通报批评；个别企业被地方检测到产品不合格；企业内部存在用人不公、用人不当等问题；有较为严重的内部管理问题被曝光；发生局部、未产生严重影响的违规违建、废水泄漏、废气排放等；发生较大法律纠纷案件。舆论对此类事件的关注有一定的热情，但事件持续时间不长，或集中在某一个行业、领域、地区引发广泛关注，抑或是事件仅在某一个舆论场中引发高度关注。此类事件会对企业形成一定的负面影响。

2014年7月25日早，某单位含油污水罐失火，微博网友手机拍摄事故照片并上传至网络，舆情开始发酵。事故发生一小时后，该企业官方微博回应称，已启动应急预案。随后，根据事情的发展情况，官方微博相应地、及时地公布了人员无伤

亡、公司运营未受影响、周边环境未受影响、疏散无关人员等情况，并且对附近居民道歉。由于企业的及时回应，有效地引导了舆论，舆情消退较快。

3. 三级舆情（橙色预警）——官方微博、新闻通稿、新闻发言人重点回应

主要包括：业绩下滑、利润下降；企业重大改革措施；海外业务出现重大亏损；发生质量问题、工程建设问题；项目施工破坏、污染环境；与产品或服务相关的群体性上访事件；等等。此类事件具有社会热点特征，或具有话题性，较易成为媒体、网友关注的焦点，可能对企业造成较大的负面影响。

自2014年2月集团公司宣布油品销售板块将实施混合所有制改革以来，"混改"便成为热点话题，相关舆情出现多轮关注热潮。2014年10月，某研究员公开表示民企参与"混改"是"傻瓜才干这种赔本的事情"。对此，我们及时在官方微博上回应：公司本轮增资扩股，共有127家机构的7 000亿元资金参与竞标，且面向普通民众推出的100亿元某基金也在一日内被抢购完毕。"某专家这么大的学者，不做调查就开骂众人，太低估民企和老百姓智商了。"中国新闻网以此为题，客观转载了我们的回应微博。该文一经刊出，立即被人民网、新华网等主流网站转载，媒体上涌现大量有利于我们的文章。除客观阐述事件外，大多援引了我们此前的回应。

4. 四级舆情（红色预警）——新闻发言人全面回应，公司高度关注、持续发布相关信息和措施

此类事件多涉及公众利益、制度建设等方面，如重大安全、环保、质量事故等，对企业造成巨大负面影响，不仅损害企业形象、品牌及口碑，还会对企业造成长期负面影响。

2012年7月底，香港发生了"聚丙烯胶粒漏撒"事件。由于遭遇台风，导致六个装有中国石化所属聚丙烯产品的集装箱坠海，部分包装袋及颗粒被冲到香港海域和离岛沙滩，引发当地居民和环保组织的猜疑和恐慌，影响不断扩大，香港多家媒体在关注，我们成了众矢之的。面对危机，我们迅速表态，立即在香港召开新闻媒体沟通会，向香港各界做出承诺："无论责任归属最终该如何认定，公司都将全力以赴，积极配合对漏撒胶粒的清理；无论责任归属最终如何认定，公司愿意先行垫付清理过程中发生的费用，并将承担自己应该承担的责任和社会义务，绝不推诿。"因为我们的真诚和担当，最后发布会变成了我们的宣传，记者的猜疑和斥责都变成了理解和善意。发布会结束后，报道都相对比较正面，不仅舆论很快就转向正面，更树立了企业勇于承担社会责任、积极契合公共精神的形象。我们因此获得了2013

年霍姆斯报告亚太地区品牌与声誉杰出成就奖。

5. 五级舆情（紫色预警）——公司领导出面，避其锋芒，侧面回应

主要是指和公众利益密切相关的重大舆情事件，这一级舆情就像"黄河之水天上来"，势不可当。企业置身其中，如果正面强硬回应就会导致公众情绪的反弹，所以要避免成为众矢之的，螳臂当车不如避其锋芒，需要有策略、有步骤地化解。

2013 年 1 月，由于出席某个内部会议，集团公司原董事长傅成玉关于对雾霾天气大家都要有担当的讲话被一些媒体曲解，"傅成玉承认炼油企业是雾霾责任者""油品不高怪国标"等观点见诸纸上。新华网、财经网等媒体相继发表报道或评论文章，直指"油品质量落后"为雾霾成因，事件受到舆论广泛关注。我们的策略是说具体的措施，我们公开回应："公司从 2012 年 5 月起开始向北京供应京标 V 车用油，它和欧洲现在实施的欧 V 排放标准相当，是全球最严格的，油品中硫含量都小于 10ppm，硫含量超欧洲 15 倍的说法不确切。"一方面，公司宣布 2014 年全面供应国 IV 标准油品，拉开油品升级的序幕。另一方面，"两会"期间，傅成玉就雾霾问题再次直面媒体，强调"保护环境，发展低碳经济，大企业责无旁贷，我们已经投入上千亿元改造设备，提高油品质量，现在每年的投入仍有两三百亿元"。这些举措使公众对雾霾成因的认识更加多元化。

（二）分类应对，找准病根才能对症下药

一个舆情甚至危机发生后，如果舆情分析确定是严重的、需要处置的，那么一定要冷静下来，弄清楚事件性质。只有分清楚类别，才能"对症下药、药到病除"。一般来说，根据发生事件的性质，总体上可分为五类：确有其事、局部出错、遭遇诬陷、误解误传和特殊情况。只要有针对性地采取相应措施，几乎不会出太大偏差。

1. 确有其事——态度诚恳，积极整改

确有其事，最关键的是态度、态度、态度。一定要态度先行，诚恳并负责任的态度是得到舆论谅解的关键。因为在"事实"层面已经犯错，之后任何有关事实的言说都可能沦为空洞的旁白，要么被弃之不顾，要么被用来煽动更炽烈的情绪之火。在这时，态度所代表的价值修复才更有力量。唯有以平等、开放、理性、建设性的态度，才能创造与利益相关者的对话空间，同时得到舆论的谅解。我们需要什么样的态度？主要是在公共价值上与大众保持一致，比如，尊重生命、公平正义、诚信坦诚等等。

青岛"11·22"事故发生后，集团公司主要领导公开道歉，表明态度，而这种态度在公共价值上与大众是保持一致的，体现了对生命的尊重，对错误的自责，对责任的担当，并把态度体现在及时采取的行动上，积极参与抢险，直面过错、迅速整改，尽可能地降低损失，避免次生灾害发生。此外，还举行了具有传统特色的默哀仪式，宣布将"11·22"永久作为公司的安全警示日。这些措施不仅使舆论风向逐步转向理性，评价也发生从完全否定到基本同意公司在事故中负有有限责任的转变，显示出舆论的逐步谅解和认可，我们通过有效应对为公司形象实现了加分。后来美国耶鲁大学的案例分析，把此事与墨西哥湾漏油的危机处理进行比对，认为我们这次的危机处理是"教科书般的经典案例"。

2. 局部出错——迅速切割，厘清责任

局部出错就是部分地方出错，要切割、切割、切割。这里说的切割，并非指切割责任，而是企业不为价值观有问题、损害公共利益的人买单，不伤害公司的核心价值。公共利益和公共精神是媒体评判危机事件的根本尺度，也应当是处理危机事件的一个标尺。局部切割就好像身体上某个地方出问题了，怎么办？做手术切掉，不能因为局部伤害整个身体。

2013年5月27日，湖北恩施某加油站发生了"拒为救护车加油"事件。首先得有个态度，这是一起严重违背企业价值观的事件，我们要表示道歉。其次，我们对这件事情中两名员工的做法表示愤慨，这叫切割。因为公司规定里面有，遇到特殊情况，遇到警车、救护车来加油，不受八小时上班限制。再次，公司的价值观是以人为本，人的生命高于一切，不管是客户还是我们的员工。因此，当天我们通过官方微博表态、致歉，接受央视等媒体采访表示，"按照公司所倡导的价值观，无论什么情况什么理由，抢救生命是第一位的，拒为救护车加油是不可原谅的"。我们一是表明态度，向公众道歉，二是跟全社会说，这两个人已经被免职开除。态度出来以后，很快舆情就平稳度过了。

3. 遭遇诬陷——坚决斗争，诉诸法律

遭遇诬陷，采取的措施一定是斗争、斗争、斗争。因为这时，事实层面的真相尤为重要，危机主体必须对真相负责，将对真相的查证视为一种责任。这既意味着讲真话的勇气和原则，同时也是让自己脱离危机的唯一正确方法。这个时候不解释，最后就会一直被陷害。

2012年12月30日晚网络上出现图文并茂的帖文，指公司"负责招标的女处长在某项目中接受性行贿"。对于这种恶意诬陷，我们第一个步骤是报案，并同时发布消息称某女处长已经向派出所报案。但是舆论风波并未平息。第二个步骤是起诉传谣网站。这样一来，公众因我们有底气的举动对之前的消息产生了怀疑。随着事件的发展，谣言制造者被警方抓获，揭开了造谣者因竞标失败而造谣报复的真相，有力威慑社会无良媒体和网络造谣者，通过法律手段起诉相关传谣网站，进一步扩大全媒体的传播和引导。该事件能够第一时间真相大白，有效提升和维护了公司声誉，就是由于我们认识到负面认知和形象已然形成，必须坚持客观、理性和正面的传播。

4. 误解误传——及时沟通，巧妙解释

还有一种是误解误传，完全没有错，我们采取的措施就是澄清，澄清，澄清。常识是形成共识的基础，如果公众对认知事物所需的常识信息存在较大的不对称，那么巨大的意见分歧就不可避免，而这个时候沉默就是默认。每一次不澄清的误解误传，都是对公众的漠视，就是看不起别人，就是对负面信息、负面形象的默认，对公司公信力的透支，对公司品牌形象的累积式伤害，所以面对误解误传一定要解释。

有些误解误传，比如说我们在国外建电厂的环保标准比国内高，这话特别伤害民族感情，老百姓特别反感这个。这时我们就需要及时出来解释，不是国外和国内之差，而是先后之差。国内原来有些炼油厂建得很早，当时的环保标准肯定不如现在。国内新建的炼油厂环保标准和国际上是完全一样的。我们在国外建炼油厂都比较晚，环保标准肯定是按现行标准。只要解释清楚，公众就容易理解其中的道理了。

5. 特殊情况——寻求帮助，综合施策

在实际舆情处置过程中，经常碰到一些较为敏感、较为紧急的舆情事件，或者经常有媒体恶意窜改标题，如果不及时修正或者处置，就有可能扩大负面传播，酿成更大的舆情事件。比如"和园酒店"误传一事，虽然已经辟谣起诉，但打官司需要一定时间，而谣言本身内容比较敏感，传播面较广，如果不控制就会严重影响企业形象。面对这种特殊情况，在判决书出来之前，两条腿走路：一是寻求新闻发布媒体，说明原因，请其帮助协调处置；二是寻求中央网信办、各地网管办等管理部门，通过公函，请求协调处置。这种处置，覆盖网站较广，效果比较明显。不过，这种情况必须有充足的证据理由。

（三）分别应对，因势利导才能事半功倍

分别应对是在处置技巧上分为幽默应对、正式应对和隐式应对。在网络阵地，对于误解误传的舆情，适合采用幽默应对；对于确实有错或者局部有错的舆情，适合采取正式应对，采用新闻发布会等官方正式发布平台；对于一些较为特殊、敏感的舆情，适合采用第三方发布的隐式应对。

1. 幽默应对

对于误解误传，我们需要幽默应对，采用幽默、调侃方式进行回击，达到辟谣和主导舆论的双重效果。2014 年 9 月初，《时代周报》报道，消息人士透露，很多石油石化系统中层官员，早在中纪委收网前已寻机移民外逃，预计转移的资金将为 200 亿至 400 亿元。对此，我们通过官微幽默回击："日前，网传'很多中石油中石化中层在中纪委收网前外逃，预计 200 亿～400 亿元的资金被外移'。小石头环顾四周，有埋头工作的，有出差办公的，有休年假的，就是没有携款外逃的。小石头又询问了人事、纪检部门，这个真没有！题目耸人听闻，内容浑水摸鱼。别'有啥没啥坏事都扯中石化'。小石头又躺枪了。"我们及时利用官方微博为自己澄清，用拟人化的表达方式与网友平等对话，夺回话语权。

2. 正式应对

对于确实有错或者局部有错的舆情，适合正式应对，采用新闻发布会等官方正式发布平台。比如英力士起诉我们侵权，这时候我们是非常斩钉截铁回应的，话说得都很硬。还有前面的不少案例，都是正式应对，这里就不赘述。

3. 隐式应对

对于一些较为特殊、敏感的舆情，适合采用第三方发布的隐式应对，明修栈道暗度陈仓。比如我们编辑了一条消息说："愧怍转起算是道歉了，为我们这些年懵转的十大谣言。"十大谣言里有雷锋生活奢侈，某商城女孩跳楼，顺便把"牛郎门"是谣言等巧妙地告诉社会。再比如，某调查性纪录片一出现就传播得特别迅速，里面提到环保问题、油品质量问题，但我们当时没有办法正式回应，只是借机介绍、解释我们这些年的绿色发展之路。结果那篇微博阅读量突破 450 万人次，借力打力。

其实，舆情应对的处置结果有三种境界：化危为险、化危为安、化危为机。最高的境界是化危为机，在看似危险的境地中得到平安，甚至获得进取的机遇。具体来说，化危为险，舆情处置全流程中的每一个环节都不能有问题，任何处理不当都有可能使事态越来越糟糕，陷入危险境地。化危为安，如果发生了危机，就要快说事实、诚说态度、慎说原因、多讲措施。化危为机是最高境界。一个企业，平常宣传说自己好，没有人关注，但是一旦遇到舆情危机，探照灯都在身上聚焦了。这时候如果能把舆情危机处理好，借机展示自己良好的形象，就可以起到免费广告的效果。希望我们的一些实战经验，能提供参考，产生效用，使每一次舆情都能化危为机。

职业媒体人对新闻发言人的期待与建议

| 李新民

① 2018 年 6 月 24 日，李新民在"新时代、新使命——中国新闻发言人制度化建设十五周年高峰论坛"上演讲。

李新民

新华社高级记者、新华社《经济参考报》研究院院长。中国人民大学新闻学院硕士生业界导师、中国传媒大学培训学院兼职教授、全国领导干部媒介素养培训基地高级研究员。

从地方媒体到中央媒体，新闻从业近30年，60余篇报道获得国内各类新闻奖，30余篇（组）深度调研报道为中央决策提供重要参考。多次参加全国"两会"、中共党代会等重大政治活动采访报道。四次参加中共中央办公厅督查室组织的暗访调研。"农民负担"问题调研，为国家取消农业税提供决策依据；"农民工"问题调研提出"提高农民进入市场组织化程度"的建议，被写入党的十六大报告。

长期致力于新闻学术研究，特别是在互联网时代舆论变革、领导干部媒体沟通、突发事件危机管理、新闻发言人队伍建设、新闻发布主题策划、新闻报道业务创新等领域有独到见解。近年来，应邀为清华大学、中国人民大学、复旦大学、浙江大学、中国传媒大学、中国政法大学及全国宣传干部学院（中宣部）、中新智库等高校和培训机构授课。应邀为中宣部、教育部、人社部、中国人民银行等10余部委，河北、江西、北京、重庆、广西、宁夏等近20个省（自治区、直辖市）以及中石油、国家开发投资集团、中国银行等上百家国企举办的新闻发言人培训班，进行主题授课或案例点评。

作为一个媒体人，谈及新闻发言人的话题，首先映入脑海中的是一首歌曲。这是电视剧《楚留香新传》中的插曲，名曰《朋友对手》：

> 重担在肩 危难当头 都一起感受/男人就该 抬起头 站在风口/恩怨情仇 喜怒烦忧 同命运合奏/抓不住风 就紧握拳头/一生难免 有太多争斗/百年之后 埋骨于山丘/一生有多少对手 有几个朋友/成和败都感受/浪花淘不尽成就 数不尽风流/拼搏过一生何求/你是最强的对手 最好的朋友/宁愿一生平手……

下面是一个媒体人送给发言人的八句话，是作为"朋友对手"之间的心与心的沟通与交流。

一、"采访您，因为您是发言人"——在记者眼中谁是新闻发言人

谁是新闻发言人？采访谁？这是新闻事件发生后记者须首先确定的问题。作为一名媒体人，笔者认为，一个机构或组织的新闻发言人可划分为三个层次。首先是一把手，这是最具权威性的人，也是记者最希望采访的人，即所谓"第一新闻发言人"。其次是兼职或专职新闻发言人，目前中国还没有专职发言人，很多单位都明确了兼职发言人，这是接受记者采访的最佳人选。第三个层次，即"人人都是新闻发言人"。也就是说，对于媒体记者而言，一个机构或组织的所有人，包括门卫，都代表着本机构和组织的形象，从某种意义上讲也都是这个机构和组织的新闻发言人。

（一）一把手是第一新闻发言人

2018年5月，笔者在广西南宁市调查一家国有企业改制问题时，来到南宁某工商局找到局长。局长不无困惑地反问："为什么要采访我？"

笔者回答："因为你是这个单位的一把手。"

是的，一把手作为一个机构和组织的主要负责人，自然是最具权威，也最有资格代表这个机构和组织发言的人，即所谓"第一新闻发言人"。

美国作为世界上最早设立新闻发言人制度的国家,1829 年上任的第七任总统安德鲁·杰克逊(Andrew Jackson)便开始自掏腰包聘用新闻助理,直到 1897 年威廉·麦金莱(William Mckinley)总统上台,新闻助理才开始领取政府薪水。但是在那个时代,真正直面媒体发言者基本上都是作为国家元首的美国总统,即第一新闻发言人。

在中国,以文件形式确立一把手作为第一新闻发言人的时间并不长。2016 年 2 月 17 日,中共中央办公厅、国务院办公厅联合印发实施的《关于全面推进政务公开工作的意见》明确规定:"领导干部要带头宣讲政策,特别是遇有重大突发事件、重要社会关切等,主要负责人要带头接受媒体采访,表明立场态度,发出权威声音,当好'第一新闻发言人'。"但实际上,我国视一把手为第一新闻发言人的历史并不短。早在 1945 年 11 月 5 日,新华社播发了一篇记者专访"中共新闻发言人"的文章——《国民党进攻的真相》,文中提到的接受"新华社记者询问"的"中共新闻发言人",就是中共中央最高领导人毛泽东。

无数事实证明,凡是遇有重大突发事件、重要社会关切,如果一把手作为"第一新闻发言人"直面媒体,发出的声音就会更加权威,引导舆论的效果也会更好。众所周知,2015 年,两大灾难性突发事件震惊国人。一件是 6 月 1 日晚发生的"东方之星"沉船事件,一件是 8 月 12 日晚发生的天津滨海新区爆炸事件。前者造成400 多人丧生,后者死难人数达到 165 人,而前者引导舆论的效果要比后者好得多。这其中一个重要原因是前者出席新闻发布会的发言人比后者更权威、更真诚。"东方之星"沉船事件发生后,时任交通部部长杨传堂在首场新闻发布会上便直面记者,真诚回答提问;而天津滨海新区爆炸发生后,召开了多场新闻发布会,天津市以及天津港口的领导人却迟迟不见身影。

(二)兼职或专职新闻发言人是最佳人选

尽管面对媒体发声十分重要,但众所周知,一把手事务繁忙,不可能事必躬亲,不可能事事都亲自出面接受记者采访。由此,一个新的角色诞生了——兼职或专职新闻发言人。

在国际传播历史上,首位兼职新闻发言人的产生缘于突发事件。1915 年 5 月 7 日,一艘英国邮轮——"卢西塔尼亚号"邮轮在爱尔兰海岸附近被德国潜艇击沉,邮轮上 1 198 名乘客遇难,其中有 114 名为美国人。噩耗传来,美国举国震惊,引起了强烈公愤。迫于舆论压力,托马斯·伍德罗·威尔逊(Thomas Woodrow Wilson)总统正式任命他的秘书约瑟夫·P. 图马尔蒂(Joseph Tumulty)担任政府新闻发言人，主持记者招待会，与新闻界沟通。图马尔蒂应该是美国历史上首位兼职新闻发言人。

第一个设立专职新闻发言人的是美国第 32 任总统富兰克林·罗斯福（Franklin D. Roosevelt）。这位具有高超媒体管理能力和舆论引导能力的卓越政治家，虽然平均每周召开两次新闻发布会并直面记者，但却依然感觉不够。他设立了一个新职位——总统新闻秘书。作为白宫首任新闻秘书，斯蒂芬·厄尔利（Stephen Early）不仅帮助罗斯福准备新闻发布会，甚至有时候还会代替总统回答记者们的提问。专职新闻发言人由此产生。

中国的新闻发言人制度创立于 1983 年。是年 2 月，中共中央宣传部、中央对外宣传领导小组联合发文《关于实施〈设立新闻发言人制度〉和加强对外国记者工作的意见》。同年 3 月 1 日，齐怀远作为第一任外交部新闻发言人举行了首次新闻发布会，当时发言人属于齐怀远的兼职，其职务是外交部新闻司司长。如今，中央和国家机构各部委，各省、自治区、直辖市及市县党委和政府，还有各大央企等，都设立了新闻发言人。据了解，除了证监会曾短时期任命专职新闻发言人以外，其他各机构的发言人基本上属兼职。包括中宣部（国新办）、外交部、国防部等重要部委的新闻发言人，一般都由新闻司局的正副司局长担任；在一些中央企业，新闻发言人常常由副总经理或新闻宣传部部长担任，上市公司的发言人往往是董事会秘书。

（三）人人都是新闻发言人

作为媒体人，笔者深知，往往在关键时刻，特别是遇到重大突发负面事件时，记者能够采访到涉事单位的"第一新闻发言人"即一把手很难，能够采访到兼职或专职新闻发言人也非易事。在这种情况下，记者常常会从涉事单位的相关人员那里了解情况。也就是说，此时该单位的所有接受采访的人事实上都是"新闻发言人"。

2009 年 10 月上旬，针对中国五矿邯邢矿山局下属两家铁矿非法排放尾矿造成污染一事，笔者来到当地政府主管部门——河北省武安市环保局采访主要领导。当时，局领导不在单位，局办公室一位负责人在跟记者聊天时透露说，对于非法排尾一事，当地政府不是不知道，但却管不了，因为"矿山局是中央企业，财大气粗，根本不把地方政府的执法人员放在眼里"。这位工作人员也许没想到，正是他的这番话成为记者报道的重点——《中国五矿两铁矿非法排尾 当地政府称"管不了"》[1]，也成为社会舆论关注的焦点，全国 40 多家媒体对此发表评论声讨中国五矿。

事实上，在记者眼中，一个机构或组织的所有人甚至包括大门口的保安，都代表着这个机构或组织的形象，都是"新闻发言人"。

2016年12月5日上午，针对河南鹿邑县法院发生的"网上显示判决书与实际生效判决书不一致"的怪事，河南电视台都市频道两名记者随同当事人前往法院采访。正在值班的法院法警大队长张某看到有记者在大门口用摄像机拍摄，便指使保安上前阻止。保安与记者发生冲突，在争夺摄像机过程中，将摄像机目镜损坏；另一名记者用手机继续拍摄，保安发现后将该记者的手机收走。记者摄像机记录的视频材料显示，保安出言嚣张："记者算什么，你以为你是中央级的啊！"此事被公开曝光后，鹿邑县法院形象受到重创。县委政法委最终做出处理：法院法警大队长张某，给予其党内严重警告处分，并建议法院免去其大队长职务；涉事保安则被治安拘留并辞退。

笔者认为，与其让记者从一位对新闻事件不太熟悉的普通官员那里获得消息，或者从值班门卫那里听到雷人的话语，而发出糟糕的报道，不如让记者从受过训练的职业新闻发言人那里获得准确而全面的信息，做出客观的报道。这也就是今天各个机构和组织都要确定新闻发言人并公开发言人联系方式的一个重要原因。

二、"互联网众声喧哗，需要您揭示真相"——全媒体时代发言人面临挑战

2014年4月，广州市纪委正在调查一起受贿案时，时任市纪委书记王某被人举报：涉嫌内幕交易且非法获利7 000余万元。网络上同时还传出王某涉嫌简历造假等消息。对此，有记者联系广州市纪委常委、新闻发言人梅某。梅某回答称：王书记目前一切工作正常，"请务必相信清者自清、浊者自浊"。

作为一个普通人，梅某的回答应该没错；但作为一个发言人，梅某的回应却似乎远远不够。互联网全媒体时代，人人拥有麦克风，舆论话语权发生了转移。特别是遇到突发事件或重大社会关切，谣言不再止于智者，事实难以胜过雄辩，尤其是对于党政领导或公众人物而言，要做到"清者自清"很难。事实上，还是王某本人的回应更靠谱，她说："对纪检干部违纪要零容忍，有问题要严肃处理，没问题要澄清是非。"

互联网新媒体时代，网民围观吐槽，众声喧哗。这个时候，需要新闻发言人及时而准确地澄清事实、揭示真相，主动承担起发布新闻、引导舆论的重任。

（一）新闻发言人的责任更重

对于互联网带来的新变革和新挑战，以习近平同志为核心的党中央始终保持着清醒的认识。2015年12月25日，习近平在视察解放军报社时指出："现在，媒体格局、舆论生态、受众对象、传播技术都在发生深刻变化，特别是互联网正在媒体领域催发一场前所未有的变革。"

正基于此，2016年2月19日，在党的新闻舆论工作座谈会上，习近平强调了新时代新闻舆论工作的重要性，提出了"加快构建舆论引导新格局"的新要求。他说："党的新闻舆论工作是党的一项重要工作，是治国理政、定国安邦的大事，要适应国内外形势发展，从党的工作全局出发把握定位，坚持党的领导，坚持正确政治方向，坚持以人民为中心的工作导向，尊重新闻传播规律，创新方法手段，切实提高党的新闻舆论传播力、引导力、影响力、公信力。"[2]

从"治国理政、定国安邦"的高度认识新闻舆论的重要意义，这是在新的舆论环境和历史条件下，中央高层领导人对新闻舆论工作的新认识；提出"切实提高党的新闻舆论传播力、引导力、影响力、公信力"的新要求，则为新时代新闻发言人工作提出了更高目标。

在这个舆论变革的时代，传播力决定影响力，引导力决定公信力，话语权决定主动权。如何在尊重新闻传播规律的前提下，发布新闻，引导舆论，已经成为新闻发言人必须面对的重大课题。对此，习近平总书记在党的新闻舆论工作座谈会上重要讲话中进一步明确，关键时刻，各级党委和政府要承担起新闻信息的及时发布者、权威定调者和自觉把关者的角色。特别是在出现负面事件时，早说比晚说好，自己说比别人说好[3]。

"及时发布者""权威定调者""自觉把关者"，这是新时代赋予新闻发言人的职责和使命。

（二）新闻发布的要求更高

2017年4月20日，由中央某部组织的全国县市区委宣传部部长培训班在北京怀柔举办。笔者应邀担任培训班情境模拟教学环节的点评专家。在一场模拟四川汶川地震情境而设定的"Y州特大地震新闻发布会"上，来自地方县市区的四位常委、宣传部部长模拟Y州地方相关领导人亮相新闻发布会。

"这是Y州特大地震发生后的首场新闻发布会。"模拟发布会主持人介绍说，"地震已过去30个小时。据初步统计，地震给灾区人民生命财产造成严重损失……"

笔者注意到，尽管身为地方新闻舆论的主管领导，这几位宣传部部长似乎对新闻发布会的相关规定并不熟悉。在 2016 年 2 月 17 日中办、国办《关于全面推进政务公开工作的意见》印发后，国务院办公厅于同年 11 月 10 日出台了《〈关于全面推进政务公开工作的意见〉实施细则》。该文件明确规定："对涉及特别重大、重大突发事件的政务舆情，要快速反应，最迟要在 5 小时内发布权威信息，在 24 小时内举行新闻发布会，并根据工作进展情况，持续发布权威信息，有关地方和部门主要负责人要带头主动发声。针对重大政务舆情，建立与宣传、网信等部门的快速反应和协调联动机制，加强与有关新闻媒体和网站的沟通联系，着力提高回应的及时性、针对性、有效性……"

事实上，在这份文件中，对于习近平总书记提出的"及时发布者"何谓及时、"权威定调者"如何权威、"自觉把关者"谁来把关等相关问题，都出台了具体翔实的规定。这意味着，在互联网新媒体时代，中央政府对新闻发布特别是重大突发事件新闻发布的要求和标准已经大大提高。

(三) 做好发言人的压力更大

20 世纪 80 年代，时任联合国秘书长佩雷斯·德奎利亚尔（Perez de Cuellar）的新闻发言人弗朗科易斯·居里安尼（Francois Giuliani）说过一句十分霸气的名言："作为发言人，有时候你可以对真相进行定义。"[4]

时至今日，新闻发言人不仅早已失去了"定义真相"的权力，而且连隐瞒真相都会承担巨大风险。因为，互联网新媒体时代到来了。

首先，就媒体而言，在今天这个现代通信技术高度发达的时代，真相已经不可能仅仅掌握在新闻发言人的口中，新闻记者知道的未必比发言人少。在众所瞩目的"7·23"甬温线动车事故首场新闻发布会上，及早赶到事故现场指挥抢险、对情况更为了解的铁道部"第一新闻发言人"不出面发布新闻，却把留守在北京的铁道部宣传部部长兼新闻发言人王勇平紧急调到温州应急发布。王勇平在很多方面当然比在事故现场采访多时的记者们知道的更少。因此，当有记者问及 24 日下午事故现场救出的女孩项炜伊时，对此不太知情的王勇平瞬间停顿了一下，做出"这是一个奇迹"的回答。

其次，就公众而言，互联网的普及让公众对新闻事件的认知度和参与度都空前提高。只要手中有一部智能手机，网民便可随时随地了解事件的进展，并发表自己的评论。这无疑为新闻发言人带来更为艰巨的挑战。

今天，作为新闻发言人，您不仅要说正确的话，而且还要说得准确又精彩。

三、"我提出的问题，多是公众关心的话题"——了解记者问题，准备相应口径

一起新闻事件发生后，记者必须获得信息。作为新闻发言人，向记者提供信息，接受记者采访，这是发言人的职责。那么记者会提什么问题呢？

一场新闻发布会，必须设置记者提问环节。笔者认为，不设提问环节的新闻发布会，不能叫新闻发布会。如果仅仅是为了单方面通报信息，那么完全可以把信息直接公布在官网、官微上，或者把新闻稿件直接发送到媒体。如果把记者聚在一起召开发布会，就要允许记者提问。那么，发布会上记者会问什么问题呢？

作为媒体人，笔者认为，无论是接受采访，还是召开新闻发布会，提前准备答问口径，是一名新闻发言人必须考虑的问题。因为，记者在参加发布会之前、在采访发言人之前，已经准备好了相关问题。而且，不同媒体的记者会提出不同的问题。但职业记者一般情况下会围绕新闻事件、结合媒体定位、立足公众关切，准备自己的提问。在此，笔者只能站在公众关切的角度针对重大突发事件大致总结以下几个常规问题。

（一）发生了什么事件？

新闻发言人在接受记者采访或召开新闻发布会之前，一项十分重要的工作就是根据新闻事件，整理舆情报告，准备一份问题清单，也就是预测记者可能提出的问题列表。问题清单要尽可能地涵盖舆情报告中体现的媒体和公众关注的热点问题，同时也要预测记者可能提出的敏感问题。这份清单中排在第一位的问题当然是新闻事件本身即发生了什么事件。

发生了什么事件，这是"新闻事实"，是公众关心的首要问题。作为新闻发言人，如果连发生什么事情都没有搞清楚，请千万不要马上接受采访，更不要召开新闻发布会。

在互联网新媒体时代，有时候记者获得新闻事实的时间可能比新闻发言人都早。有时候，为核实情况，记者会首先打电话向新闻发言人求证。发言人如果接到此类采访电话，可以"三步法"处置。第一步，新闻发言人接听电话时，一定要问明情况，了解记者要采访的问题，可以自己此时"正在开会"或"正在接待客人"等为由，请记者留下姓名及联系方式，然后告知记者一个小时或几十分钟之后，会电话答复。第二步，放下电话，随即联系相关部门，马上了解事实真相；迅速向领

导汇报，并召集相关人员，制定答问口径。第三步，按照约定，一个小时或几十分钟后打电话给记者，根据答问口径做出回应，告诉对方新闻"属实"或"失实"。如果有计划召开新闻发布会，则可明确告知记者，几月几号要开发布会，会邀请记者到发布会现场采访。

（二）导致了什么后果？

新闻事件特别是重大突发事件，产生了什么样的后果？是否导致人员伤亡？有无带来财产损失？这是公众关心的重要话题，也是记者在采访中重点提问的话题。新闻发言人须如实回答，有一说一。

2016年7月19日，河北邢台发生的洪水灾害导致34人死亡、13人失踪。然而，20日下午，面对河北经济电视台记者的采访，地方官员邢台经济开发区管委会党工委副书记王某却称："（受灾群众）一直在转移，没有发生人员伤亡。"如此表述，自然会激起百姓的强烈不满。22日上午，洪灾中已有多人死亡的邢台开发区东汪镇大贤村村民，开始封堵107国道及326省道，导致交通瘫痪。最后，王某现场向村民下跪以求理解。

重大突发事件导致的结果，往往是持续性的，甚至是隐性的。因此，面对媒体记者，表述口径不妨采取"阶段性描述"的方式。比如，"截至目前，死亡人数是多少""截至今天上午，共有多少房屋倒塌、多少车辆受损"等。如果情况尚未了解清楚，就要如实告诉记者，相关数据正在加紧统计之中，一有结果便会尽快告知记者。

（三）会产生什么影响？

新闻事件，特别是重大公共突发安全事件，往往会给周边环境和居民生活带来影响。这也是记者和公众关心的焦点问题。比如，爆炸事故可能造成大气污染、公共卫生事件可能影响百姓用水安全等等。

对于此类问题，新闻发言人要依据权威机构的监测报告做出回应。最好的做法是请出第三方监测机构直面记者，回答提问。如果能够向记者出示权威的监测报告，让数据说话，则更具说服力，引导舆论的效果会更好。

2014年6月30日18时58分，大连市金州区路安停车场附近，因一家建筑公司非法施工导致中石油新大一线输油管线原油泄漏，遇明火爆燃，浓烟滚滚，油味刺鼻。当晚22时20分，明火熄灭。有网友发帖称：情况万分危险，原油泄漏爆燃，会造成水污染、空气污染，请广大居民尽快撤离本区域。

此时，媒体记者紧急采访大连市应急办。应急办联系市环保部门发言人及时做出澄清：事故发生后，公安、消防、环保、安监等部门组织专业车辆和人员赶赴现场处置。经查，溢出原油流入市政雨、污水管网，未对自来水管网等形成污染。环保部门设置多处空气质量监测点，持续环境监测表明，VOC（挥发性有机污染物）超标 0.79 倍，其他指标均正常。目前，环保、消防、规划等部门正继续监测、处置溢油情况，中石油管道公司正在组织人员对事故溢油进行清理回收。这一由权威部门做出的有数据佐证的回应，起到良好的引导舆论、稳定民心的效果。

（四）事件发生的原因是什么？

新闻事件，特别是突发事件发生的原因，往往是公众最为关注的问题。

2017 年 4 月 1 日 18 时，四川泸县太伏中学发生学生赵某住宿楼外坠亡事件。闻听此讯，人们第一时间关注的问题是：赵某的死亡原因是什么？为何坠楼？是自杀还是他杀？4 月 2 日，泸县官方微博"@泸县发布"发出公告称："经公安机关现场勘验、尸表检验和调查走访，赵某损伤符合高坠伤特征，现有证据排除他人加害死亡，具体死亡原因需依法按程序待家属同意后尸体检验确认。"

既然是"具体死亡原因需依法按程序待家属同意后尸体检验确认"，又为何先得出"现有证据排除他人加害死亡"的判断？据了解，正是"泸县发布"中如此自相矛盾的表述，才引发网民胡乱猜测，并导致谣言愈演愈烈，甚至有境外势力参与造谣，酿成一场巨大的舆论灾难。

事实上，新闻事件特别是突发事件产生的原因，往往是复杂的，有时还是多方面的，需要时间经过调查后才能得出。因此，第一次接受采访或者召开第一场新闻发布会，可重点介绍事件本身，而须慎谈事件原因。如遇记者提问，可回答"原因正在调查之中"。特别是重大突发事件，可采取"滚动发布"的方式，查清一点说一点，循序渐进地说，实事求是地讲。

（五）采取哪些应急措施？

新闻事件特别是重大灾难性突发事件发生后，可能造成严重社会危害，应急措施是关键。按照《中华人民共和国突发事件应对法》等相关法律法规，不同性质的事件——自然灾害、事故灾难、公共卫生事件、社会安全事件等，都有相应的处置预案和救援要求。

在面对媒体采访或召开新闻发布会时，新闻发言人一般都会对此予以重点介绍：启动了哪些应急预案，采取了什么处置措施，实施了哪些救援行动，死者或伤者

要 领

第一场新闻发布会慎谈原因

新闻事件特别是突发事件产生的原因，往往是复杂的，有时还是多方面的。第一次接受采访或者召开第一场新闻发布会，可重点介绍事件本身，而须慎谈事件原因。如遇记者提问，可回答"原因正在调查之中"。特别是重大突发事件，可采取"滚动发布"的方式，查清一点说一点，循序渐进地说，实事求是地讲。

的救助情况如何，等等。当然也可以适当介绍一下有关领导的"高度重视"、相关部门的"全力以赴"。但是，有些地方把领导"高度重视"作为向媒体介绍的重点，这样的报道，反而会引起公众的反感。

2012年5月10日9时许，云南巧家县白鹤滩镇花桥社区便民服务大厅发生爆炸，致3人死亡、14人受伤。当地政府对媒体发出一份总计800字的《情况通报》，几乎通篇都是各级领导的"重要批示"和"高度重视"，从市委书记、市长、公安局局长到县委书记、县长、各副县长及县政法委、县宣传部、县民政局、县卫生局、县医院等部门，领导名字写了近20个，表达领导重视的内容达到678字。而在写到死者和伤者时则一笔带过。结果可想而知，舆论哗然，很快收到网民11万多条恶评。

（六）责任人是谁？如何处理？

重大负面新闻事件，特别是突发灾难性安全事件，公众还有一个十分关心的话题：责任人是谁，如何追责，怎样处理。

还以上面提到的云南巧家县白鹤滩镇花桥社区便民服务大厅爆炸事件为例。2012年5月10日9时发生，第二天，巧家县公安局抓到一个犯罪嫌疑人——洼落村村民赵登用。在5月14日召开的新闻发布会上，副县长兼公安局局长杨朝邦告诉记者："我可以以局长的名义和自己的前程来担保，赵登用就是此案的嫌疑人。"然而，3个月之后，真正的犯罪嫌疑人落网，副县长兼公安局局长的"担保"成为笑柄。

一般情况下，"什么原因""如何问责"，这是记者在采访中常常喜欢提出的问题，也是新闻发言人难以回避的问题。然而，事实上，许多新闻事件，特别是重大突发事件，因为事发原因的复杂，增加了调查的难度，也会加大责任认定的难度。

如果"事件原因正在调查中"，对相关责任人"问责和处理"的话题自然谈之过早。正由于此，江湖之上便出现了新闻发言人面对此类问题时的答问规则：慎说原因，缓谈责任。

但是，笔者以为，"慎说"不是不说，"缓谈"绝非回避。当有记者现场问及责任人的话题时，新闻发言人应该如何回应呢？笔者的建议是：给记者一个态度，给公众一份信心。可回答："目前，相关部门组成联合调查组正在紧锣密鼓地调查。""请大家相信，我们一定会查明真相，给公众一个交代。""对相关责任人，我们将严肃问责，严惩不贷！""这件事，不管涉及什么单位、涉及什么人，我们都将一查到底，决不姑息！"

这里需要提醒的是，在以人为本的中国，特别是在"以人民为中心"的今天，每当对百姓生命财产带来重大损失的重特大安全生产责任事故发生时，常常会受到党和国家领导人的关注和批示，并由国务院派出事件调查组赴现场调查处理。此时，一些基层政府或企业的领导在接受记者采访或召开新闻发布会时，如表态追责，便似有不妥。很有可能，最初的表态追责者后来会成为担责者。

四、"事实上我没问，您也可以说"——发言人不可被记者牵着走

在中国传媒大学全国领导干部媒介素养培训基地举办的"新闻发言人培训班"课堂上，经常发生这样的情景：模拟央视《面对面》栏目的"一对一"访谈演练正在进行。记者提问，受访者回答。记者的提问常常抓住一个问题或细节层层深入，甚至咄咄逼人；受访者的回答往往穷于应付，甚至漏洞百出。最终受访者满头大汗，败下阵来。

作为模拟演练教学现场点评专家，笔者问受访者："作为新闻发言人，在上场前也就是在接受采访之前，您应该是有准备的吧？"

"我感觉自己准备很充分，制定了不少口径。可是记者根本没问，我没机会说呀。"

"事实上，记者没有问，您也可以说。"笔者强调，"面对媒体，如果只是消极被动回答问题，这样就会陷入被记者牵着鼻子走的被动局面；要摆脱被动局面，首先要树立'以我为主'意识，掌握必要的'答问技巧'，积极设置议题，正确引导舆论。"

（一）树立"以我为主"意识，记者不问也说

为什么要召开新闻发布会？发言人为什么接受记者采访？当然不仅仅是为了回

答记者的问题。新闻发言人受访的目的是：发布新闻信息，回应媒体关切；澄清事实真相，引导社会舆论。这就是说，无论是接受记者专访，还是新闻发布会回答记者提问，发言人都应树立"以我为主"的意识。

很多发言人认为，在新闻发布会上"以我为主"意识还比较好体现。因为，发布会一般有两个环节，第一个环节是通报情况，发布新闻。借此，发言人可以"以我为主"发布新闻事实，澄清事件真相，引导社会舆论。相对而言，如果单纯接受记者采访，特别是电视专访，主要环节是问答对话，发言人"以我为主"难度较大。

作为新闻发言人，须搞清楚一个问题：接受记者采访，您的主要任务不是帮助记者获取"答案"。采访是一种沟通，在回答记者、解疑释惑的同时，您必须了解自己要向媒体和公众传达什么信息。针对记者问题中不确切甚至是谣传的部分，要及时澄清事实，揭示真相；针对一些重要的、必须向公众传达的信息，即使记者没有问，发言人也要说出来。

新闻发言人，只有"以我为主"，才能不被记者牵着走，才能变被动为主动。只有努力实现"答所未问"甚至学会"答非所问"，才能够侃侃而谈，展示风采。如何做到这些，其中自然有技巧可言。

（二）掌握"答问技巧"，学会"答所未问"

2016 年 3 月 8 日，在十二届全国人大四次会议新闻中心"中国的外交政策和对外关系"发布会在京召开。路透社记者提问："中国政府不允许外国人，包括外国记者访问自己在南海的岛礁，这给大家带来的一个印象是好像中国要隐藏什么，或者是中国对于自己的主张不够自信。是这样吗？中国政府什么时候会允许外国人，

要　领

新闻发言人应树立"以我为主"的意识

作为新闻发言人，须搞清楚一个问题：接受记者采访，主要任务不是帮助记者获取"答案"。采访是一种沟通，在回答记者、解疑释惑的同时，必须了解自己要向媒体和公众传达什么信息。针对记者问题中不确切甚至是谣传的部分，要及时澄清事实，揭示真相；针对一些重要的、必须向公众传达的信息，即使记者没有问，发言人也要说出来。

包括外国记者去访问南海的岛礁？"

外交部部长王毅："在回答你这个问题之前，我看首先还是要把我们在南海问题的基本立场再讲一讲……（略 180 字）""中国在南沙岛礁上不仅建设必要的防御设施，更多的是民用设施，是向国际社会提供公共产品。这些设施正在建设的过程当中，等将来建设完成，具备了条件之后，我们当然会考虑邀请各方面的记者，包括外国的记者到这些岛礁上去参观采访。""我想再谈一谈南海航行自由的问题……（略 128 字）""我还想利用这个机会介绍一下中国为维护南海和平稳定所做的各种积极努力……（略 153 字）"

在这里，针对记者的一次提问，王毅外长不仅做了正面回答，而且"答所未问"，"买一送多"。前后共"送"出三个相关问题：中国南海问题基本立场，南海航行自由，中国为维护南海和平稳定做出的努力。这就是"以我为主"，这就是答问技巧。

一般情况下，要做到"答所未问"，即把记者没问而自己想说的说出去，须掌握一些必要的过渡性短语。比如"在回答你这个问题之前，我想先介绍一下……""你的这个问题，让我想起了……""在这里我还想补充几句……"等等。

要做到"答非所问"，不妨学学美国第 35 任总统约翰·F. 肯尼迪（John F. Kennedy）。这位以擅长媒体沟通而著称的著名政治家，是美国历史上第一位允许电视直播白宫新闻发布会的总统。在发布会上，当遇到棘手的问题时，他常常采用的一种策略是重复一下记者的问题，借机调整记者问题的角度，并从自己的角度做出回答。

咱们的李克强总理也用过这一招。2015 年 3 月 15 日，总理记者会在人民大会堂三楼金色大厅召开。第一个问题是美国《赫芬顿邮报》记者提出的："柴静的《穹顶之下》说中石化、中石油这两个央企一直在妨碍环保政策的制定和执行……我的问题是，您认为这两个央企真的在阻碍环保政策的落实吗？如果这样，中央政府会怎么冲破这种阻力？"

李克强总理："我理解你刚才一连串的发问，问的是人们包括在座各位普遍关注的雾霾等环境污染这个焦点问题。可以说政府在治理雾霾等环境污染方面，决心是坚定的，也下了很大的气力，但取得的成效和人们的期待还有比较大的差距。我去年在《政府工作报告》中说，要向雾霾等污染宣战，不达目的决不停战。"随后，总理继续表态："对违法违规排放的企业，不论是什么样的企业，坚决依法追究……环保法执行不是棉花棒，是撒手锏。"

总理的回答堪称精彩！但是事后人们发现，这个回答根本没提中石化、中石油。

五、"您发言精彩，我的报道才精彩"——精彩的发言"有料、有趣、有金句"

新闻发言人发言精彩，记者的报道才能精彩。什么样的发言才算是精彩的？作为媒体人，笔者认为，从发言内容上讲应该具备三点，即"有料、有趣、有金句"。

（一）有料，就是有可供报道的新闻

所谓"有料"，是指新闻发布要有新闻性，既要有观点、有态度，还要有数据、有事实，言之有物，公众关注。记者最喜欢这种"发言有料、能写报道"的发言人，而讨厌那种"讲官话、说套话、放空话"的发言人。

2013年11月9日，在北京大学召开的一次"中国新闻发布实践与创新论坛"上，时任商务部新闻发言人沈丹阳讲了这样一段话："新闻发布会的内容要有料，有料的新闻发布才是受媒体欢迎的。""很多记者告诉我，让记者有料可报，比给记者车马费，请记者吃饭、喝酒更实际、更好。"什么是"有料"的新闻？沈丹阳认为，"在回答媒体提问的时候，我们的原则是尽量少用原则性的表态，尽量多用数据和事实说话，不仅有观点，而且有事实，用事实印证观点"。

记者喜欢"有料"的发言，只要"有料"，小会议也会写出"大新闻"。

2012年7月27日，一个"纪念中国人民解放军原第57师改编石油工程第一师60周年座谈会"在北京召开。包括笔者在内的多位记者在应邀参加座谈会时都颇为犯愁，这样一个会议该如何报道？没想到，时任中石油集团公司总经理周吉平出席会议，而且透露了一个大消息：作为国内最大的油气生产和供应企业，中石油资产总额已超过3万亿元，在全球500强排名第6位，在世界50家大石油公司综合排名第5位……中石油作为中国最大的油气生产和供应企业，为保障国家能源安全、发展我国石油工业做出新贡献。

有数据、有观点，而且是来自"第一新闻发言人"的权威"爆料"。这当然是记者及公众极其关注的新闻。于是，"中石油资产总额超3万亿元"成为包括笔者在内多位媒体记者报道的重点。

（二）有趣，就是风趣幽默，会讲故事

所谓"有趣"，是指新闻发言人风趣幽默，会讲故事。

风趣和幽默，对于普通人来说，是一种智慧和才华；对于新闻发言人来说，还是一种能力和技巧，一种化解尖锐问题的能力，一种"四两拨千斤"的技巧。

记者最喜欢风趣幽默的新闻发言人。在 2013 年 4 月 25 日国防部例行记者会上，当被问及"辽宁舰"何时远航时，时任国防部新闻发言人杨宇军风趣回答："航母不是'宅男'，不可能总待在军港里面，将来肯定要去远航。"赢得记者们普遍点赞。在 2014 年 3 月 2 日全国政协新闻发布会上，在回答香港记者有关周永康被调查的传闻时，时任政协新闻发言人吕新华在做出"无论什么人、职位有多高，只要触犯党纪国法，就要严厉惩处"的表态后，用"你懂的"三个字幽默回应，迅速成为"网红"。

对于新闻发言人而言，"会讲故事"是一种能力，也是一种魅力。美国著名政治传播学者哈罗德·D. 拉斯韦尔（Harold Dwight Lasswell）说："公众往往不会为你的逻辑所征服，而会为你的故事所打动。"[5]美国媒体沟通专家戴维·亨得森（David Henderson）也认为："最有影响力的领导者都有一个共同点，就是会讲故事。"[6]

诚如斯言，面对媒体，习近平总书记、李克强总理等中国领导人都是讲故事的高手。2015 年 3 月 15 日，在十二届全国人大三次会议总理记者会上，当有记者提出"中国已是世界上最大经济体，不能在国际事务中搭便车"的问题时，李克强总理用故事来回答："就在春节前，我去中国西部一个农村连走两户人家。一家母子二人，住在四面透风的破瓦房里。儿子 40 多岁了，因为穷还没有娶上媳妇。再到另一家，好不容易出了一个大学生，但是他的妹妹为了让哥哥更好地念书，春节还在外面打工没有回家。我看了很心痛。这样的例子还很多，如果按照世界银行的标准，中国还有近 2 亿贫困人口，中国是实实在在的发展中国家……"

故事最能打动人，故事最有说服力，一个真实感人的故事常常胜过千言万语。

（三）有金句，就是要有精彩的语句

金句，就是简洁有力、掷地有声、闻之感人、易于传播的精彩语句。对于新闻发言人而言，是发言时阐述新闻事实表达态度之"亮点"；对于媒体记者而言，是报道时可提炼制作新闻标题之"焦点"；对于公众而言，是舆论传播中过目难忘之"重点"。因此，无论是接受记者采访，还是召开新闻发布会，发言人都需根据发布主题，精心设计金句。

如果说金句是一个优秀新闻发言人的标签，那么习近平总书记无疑堪称中国最优秀最引人瞩目的"第一新闻发言人"。无论是重大场合发表重要讲话，还是参观考察即兴发言，他常常妙语连珠、金句频出。从"治国理政"到"打虎灭蝇"，从

实现伟大复兴的"中国梦"到提出构建"人类命运共同体",从"绿水青山就是金山银山"到"幸福都是奋斗出来的"……

在笔者的新闻生涯中,聆听过许多优秀新闻发言人的妙语金句,有许多至今萦绕在耳畔。比如,1998 年 3 月全国"两会"总理记者会上,朱镕基总理的那句话:"不管前面是地雷阵还是万丈深渊,我都将勇往直前,义无反顾,鞠躬尽瘁,死而后已。"发布会现场,一向吝惜鼓掌的中外记者们为这句话报以热烈掌声。

六、"如果您出丑,我的报道也会出彩"——了解记者心理,发言不可失言

记者采访新闻发言人,当然希望发言人侃侃而谈。发言精彩,记者的报道才会精彩。但是,如果发言人失言出丑,那么记者的报道同样也会出彩。笔者以为,面对媒体时,新闻发言人要做到不失言、不出丑,就需要努力做到:假话全不说,真话不全说,雷语不能说,官话套话要少说。

(一)假话全不说,真话不全说

"假话全不说,真话不全说"是季羡林先生的名言。前半句讲的是做人的道德底线,后半句讲的是人生处世的智慧和技巧。这是学富五车且曾经沧海的季先生给后人留下的处世之道。事实上,这也应该是新闻发言人的工作信条。

曾在联合国当了 17 年新闻发言人的弗雷德里克·埃克哈德(Frederic Eckhard)说:"(有人问我)做发言人的基本准则是什么,我的回答是'决不说谎'。"[7]同时,国内一些优秀的新闻发言人——黄毅、王勇平、武和平、王惠、杨宇军等,在谈到新闻发言人回答问题的底线时,也不约而同地说出四个字:"不说假话。"

无数事实证明,说假话的新闻发言人,付出的代价是巨大的。2003 年 4 月 3 日,在国务院新闻办召开的介绍"非典"情况记者会上,时任卫生部部长的张文康因为说假话,半个月之后即遭免职;2005 年 8 月 29 日,在遭遇卡特里娜飓风袭击之后,美国联邦紧急措施署署长迈克尔·布朗(Michael Brown)因为说假话,10天之后也被迫辞职;2015 年 11 月 20 日,面对央视记者的突访,贵阳市住建局刘局长因一时紧张脱口说出"我不是局长"的假话,3 天之后他便真的不再是住建局局长……

面对媒体,"假话全不说"即必须说真话,那么为何又要"真话不全说"?其实

道理很简单，敏感的、涉密的、涉及个人隐私的等等，即使是真话当然也不能说。还有一点，就是容易引起舆论误解的"真话"，也须慎言。

2010年3月1日晚，时为全国政协委员的体育名将刘翔抵京。当记者问及他的一份颇有质量的提案时，刘翔坦言："其实这个东西……是他们帮我写的。因为我训练比较忙，没有时间。"结果这句"真话"掀起一场巨大的舆论风波。而在陕西省绥德县发生"县长拘留校长"事件并引发网络舆论的声讨之后，面对记者的采访，县委宣传部部长随口发出一句感慨："以前没有网络的时候多好啊，想让他们怎么说就怎么说！"这句话应该是这位宣传部部长的"心里话"，结果却酿成二次舆情。

（二）雷语不能说，官话套话要少说

所谓"雷语"，原本是网络用语，是指名人说出来的一些令人震惊的语句。近年来，我们一些政府官员或企业领导，面对媒体也常常口无遮拦，一些雷人的话脱口而出，引发舆论热议狂炒。比如，河南郑州市规划局原副局长质问记者："你是准备替党说话，还是准备替老百姓说话？"苏州市信访局一官员："警察不打人，养警察干啥呀？"重庆市江津区原区委书记："你知道什么叫恶？跟政府作对就是恶！"山西古交市汽车客运管理办公室原主任："国家规定算个屁！"还有四平市某供电公司副经理："老百姓就是给脸不要脸的玩意儿！"

笔者印象最为深刻的"雷语"，出自江西省修水县人民医院副院长黄某之口。2016年3月25日，这家医院因一婴儿死亡导致医疗纠纷，县领导要求医院给予家属一定的经济补偿。随后记者赴医院采访，这位副院长指着记者的鼻子说出一句"一石二鸟"的狠话："你们记者是最坏的，比县领导都坏！"

面对记者的采访，既有人爆出"雷语"，也有人大打太极，满嘴套话、官话，就是缺少可供报道的真话、实话。谈及新闻事件，常常是"领导高度重视""第一时间做出重要批示""狠抓……狠批……""强调……落实……"；谈及突发事件，常常是"迅速成立抢险救援指挥部"，还下设"现场救援""医疗救护""善后处置""事故调查""后勤保障"等多个小组，甚至还把"应急维稳""舆论引导"等小组给公开抖搂出来；谈及伤亡人员，则常常是"全部妥善安置""家属情绪稳定"。

如果说"雷语"的背后往往是权力的无知和任性，那么"官话套话"的背后则常常是官僚主义和形式主义作祟。当然，也有发言人自身态度和沟通技巧等方面的问题。站在发言技巧的角度分析，为了避免说假话，避免说"不该说的真话"，避免说雷语，避免说官话套话，笔者建议新闻发言人至少要做到"三个不要"：不要在疲惫时接受采访，不要在愤怒时回答问题，不要在无准备时面对记者。

七、"我不止在听您说，还在看着您"——发言人须掌握"非语言传播技巧"

面对媒体，新闻发言人不仅要表达好，还要形象佳。因为，记者不止在听您说，还在看您。特别是电视采访，可能会有很多人在看您。这意味着，发言人面对媒体还须掌握"非语言传播技巧"。正如联合国新闻发言人弗雷德里克·埃克哈德所言："作为发言人……你说什么很重要，你怎么说也很重要。"[8]

所谓"非语言"又可称"无声的语言"。概括来讲，可分为服饰（语言）、肢体（语言）、环境（语言）等几大类。

（一）服饰，包括服装、饰品、发型等

美国国务院前新闻发言人理查德·布切尔（Richard Boucher）不是一个爱慕虚荣的人，但他在走向新闻发布会之前要做的最后一件事一定是照照镜子，整整衣角，梳梳头发。因为他知道，自己代表的是时任美国国务卿鲍威尔（Colin Luther Powell），代表的是美国。[9]

2014 年 8 月 28 日，时任美国总统奥巴马在出席一场新闻发布会之前，也照了一下镜子，但他没发现自己衣服存在的问题——今天他穿了一套浅色西装，而他所参加的新闻发布会要谈的是"伊斯兰国"和"乌克兰问题"等重大主题。随后，他的西装成为媒体和公众关注的焦点。《赫芬顿邮报》记者称奥巴马这套西装"让整个美国汗颜"，有网友则戏称奥巴马成功变身为"汽车推销员"。

作为发言人，穿什么样的服装才是庄重得体的呢？国务院新闻办印制的《政府新闻发布工作手册》对此做出较为详细的描述：男性发言人应穿纯色深色西装，搭配干净的浅色衬衫，以及配上醒目而又庄重的领带，擦亮的深色皮鞋和深色袜子也是常用的选择；女性发言人应穿适合的职业套装，落落大方，颜色不可过于鲜艳、花哨，也要避免古怪、前卫……还应避免佩戴闪光炫目的珠宝饰物。

（二）肢体，包括表情、眼神、举止等

美国传播学家艾伯特·梅拉比安（Albert Mehrabian）曾对于沟通提出一个公式：沟通时信息的全部表达＝7％语调＋38％声音＋55％肢体语言。可见肢体语言在沟通表达中何其重要。以沟通表达为己任的新闻发言人，自己的一个表情、一个眼神、一个手势，都在塑造自己的整体形象，并对新闻发布产生重要影响。

一般的新闻发布，发言人面带微笑，向记者和公众展示自己的和蔼是一种魅力。但在突发灾难性事件或负面新闻事件时，笑容便成为大忌。2016 年 3 月 23 日，在博鳌亚洲论坛上，时任国家食药监局副局长吴浈被记者追问山东省问题疫苗事件时，脸上居然绽放出灿烂的笑容。这一表情迅速引发记者的热报和公众的辣评。这位被公众斥责为"根本没把疫苗给百姓带来的伤害放在心上"的副局长，两年后受到中纪委查处。

眼睛是心灵的窗口。发言人接受采访时目光直视记者，会让记者感到被理解和被重视，同时也体现了发言人的自信。而动作举止则是发言人表达观点的最有力的辅助手段。特别是手势、眼神及表情等肢体语言相互配合，自然协调运用，将会起到意想不到的传播效果。比如，朱镕基、温家宝、李克强都用过同一个手势——举起食指，被网友称为"一指神"，但三位总理的眼神和表情不同，传递的情感也各不相同：朱镕基表达的是坚定，温家宝透出的是勤勉，而李克强展现的则是自信。

(三) 环境，包括背景、图案、灯光等

新闻发言人接受记者采访时，身后背景、周围环境、室内灯光等，都是无声的语言，都会帮助发言人传递相关信息，影响新闻发布的效果。

2011 年 7 月 23 日晚，甬温线动车事故发生后，时任铁道部部长盛光祖赶赴温州指挥抢险救援，并于 24 日上午接受了央视记者的采访。央视报道题目是《铁道部长事故现场接受本台采访》，然而，电视画面展示的却是在空调车里。这一镜头与车外动车残骸以及抢险的场面形成巨大的反差。一时间，这位中国铁路部门的领导人受到舆论的强烈指责。

2013 年 3 月 29 日，美国总统奥巴马在迈阿密港口发表演说，高声宣讲振兴美国制造，鼓动国民广泛使用美国产品。然而，突然刮起一阵大风，其身后起重机悬挂的一面美国国旗被吹落，露出了起重机上中国上海振华重工的标志——ZPMC，美国舆论一片哗然。

八、无"矛之利"，何显"盾之坚"——媒体人与发言人的关系定位

媒体记者与新闻发言人是什么关系？这一问题似乎在学界以及业界都存在不小的争议。有人说是"朋友"，有人说是"对手"。

要 领

新闻发言人和记者既是朋友也是对手

　　记者和发言人的关系是"朋友和对手"。记者与发言人一方面是朋友，相辅相成，彼此映衬；另一方面又是对手，你来我往，彼此交锋。但是，双方的目的便是以"矛之利"彰显"盾之坚"，共同演绎一场"传播新闻，引导舆论"的好戏。

　　作为媒体人，笔者以为，记者和发言人的关系是"朋友和对手"，形象一点比喻，如同"矛"与"盾"一样。记者与发言人一方面是朋友，相辅相成，彼此映衬；另一方面又是对手，你来我往，彼此交锋。但是，双方的目的便是以"矛之利"彰显"盾之坚"，共同演绎一场"传播新闻，引导舆论"的好戏。

（一）角色定位："制度"与"平台"

　　国务院新闻办公室原主任、全国政协原新闻发言人赵启正等学者认为，新闻发言人不是"人"，而是一种"制度"，是传播新闻、引导舆论的制度。如此，笔者也想说，采访发言人的媒体人也不是"人"，而是一个"平台"，是为发言人提供的表达观点、展示形象、发布新闻的"平台"。

　　对于媒体的"平台"职能，习近平总书记也曾有过精彩的论述。他在党的新闻舆论工作座谈会重要讲话中指出，领导干部要增强同媒体打交道的能力，不是应付媒体，也不是利用各种公关技巧"忽悠"媒体，更不是对付和"摆平"媒体，而是懂得尊重媒体，尊重新闻传播规律，充分运用好媒体这一平台。

　　在美国也是如此。华盛顿新闻俱乐部（Washington Press Club）主席玛格莱特·苏丽文（Margaret Sullivan）说："政府新闻发言人有两个任务：在与媒体打交道时，他们宣示政府的立场，解释政府行动的缘由与价值。他们纠正错误的信息，并努力改善对信息的解读和理解。同时，他们也是政府里为记者说话、传达记者需求的人。"白宫前新闻发言人艾里·弗莱舍（Ari Fleisher）甚至提出总统新闻发言人要"同时为两个主人服务"：一个是为总统阐明立场和想法，帮助总统推进议程；另一个是为媒体了解政府服务。[10]

（二）关系定位："朋友"与"对手"

首先，作为一名长期从事经济领域新闻报道的媒体人，笔者承认，自己和许多企业特别是骨干央企的领导人及新闻发言人是好朋友。而且，在很多企业召开的新闻发布会上，笔者曾应邀协助发言人"预设问答"，也就是说当过他们现场提问的"托儿"。同时，作为一名参与全国多家大学和机构新闻发言人培训教学的授课者，笔者坦言，尽管一些重要的新闻发布会为保证顺利进行可以设"托儿"，但笔者坚决不赞成发布会上提问的记者都变成"托儿"。

退一步讲，笔者即使答应承担新闻发布会现场提问"托儿"的角色，但一般也会要求选择那些更加尖锐的问题。因为，笔者始终认为，即使是预设问答，也要预设一些公众关注的、有质量、有挑战性的问答，这样更能吸引公众的目光，更能体现新闻发言人的水平，也更加彰显新闻发布会的意义。

事实上，一些精彩发布会、一些经典的媒体访谈都是如此。正是记者不断抛出的咄咄逼人甚至被认为尖酸刻薄的问题，才凸显了接受采访的新闻发言人的智慧和专业。记者与新闻发言人，由此共同完成了最具传播力和影响力的"新闻作品"，也完成了从"对手到朋友"的蜕变和升华。比如，法拉奇对邓小平的历史性专访、柴静与丁仲礼的"面对面"等等。

正缘于此，笔者耳畔才响起电视剧《楚留香新传》中的插曲——《朋友对手》……

注释

[1] 经济参考报. 2009 - 10 - 15：头版头条.

[2] 习近平. 在党的新闻舆论工作座谈会上重要讲话. 2016 - 02 - 19.

[3] 中共中央文献研究室. 习近平总书记重要讲话文章选编. 北京：中央文献出版社，党建读物出版社，2016.

[4] 埃克哈德，等. 为联合国发言. 杭州：浙江大学出版社，2010：2.

[5] 拉斯韦尔. 世界大战中的宣传技巧. 北京：中国人民大学出版社，2003：37.

[6] 亨得森. 管理者一定要懂媒体. 北京：新华出版社，2012：4.

[7] 同 [4].

[8] 同 [4] 9.

[9] 同 [4] 7.

[10] 苏丽文. 政府的媒体公关与新闻发布. 北京：清华大学出版社，2005.

新闻发布专业问题解答

一、新闻发布（19 条）

1. 新闻发言人是什么？

答：新闻发言人是本部门正确引导社会舆论责任主体的代言人，是政务公开的发布者、沟通者，是突发事件中对社会政策和法律的解读者，是政府职能部门公共关系构建的桥梁和纽带。其有六项任务：介绍事实真相，诠释法律政策，维护树立形象，表明立场态度，发出权威声音，赢得信任支持。（武和平）

2. 新闻发布需要做好什么准备工作？

答：首先树立正确的舆论引导观，即以科学的新闻观统领发布工作，以开放的胸怀面对新闻媒体，以党的方针政策和法律作为应答之本，以坚定的原则和准确的回应实现发言意图。（武和平）

3. 新闻发布会如何准备？

答：确定三要素：发布人、发布时间、发布主题。

准备三张纸：发布稿、新闻通稿、备答口径。

前后三件事：开好准备会、驾驭发布会，"复盘"评估。（武和平）

4. 发言人在发布会前应该准备什么材料？在发布会上怎么用好这些材料？

答：准备工作对发言人出席发布会至关重要。在我参与的数百场发布会上，与我一起登台的领导干部各有所长，表现出的水平则参差不齐。但有一个共同的特点：准备充分，就表现出色，驾驭从容，哪怕是第一次出席发布会；准备不足，就可能洒汤漏水说错话，不管他多有经验。这其中，材料的准备不可小视。

发布材料分为发布词、背景材料、备答口径、支持材料几种。我经常看到有些领导干部来参加发布会，带着一大堆文件和材料，还夹了红条绿条标注。这些都是他发布内容的支持材料，很重要。但是不是都应该带到发布台上来呢？我认为，带的材料越多，上了发布台越找不到。在记者的众目睽睽下翻找材料，会越找越着急，反而打乱了思路，不知该说什么。所以，带上发布台的材料必须精简，除非是要展示给记者的，如这是我们昨天刚刚出台的某条例、这是我们刚刚发布的吉祥物……其他的都要精简。

材料分为重点、次重点和一般材料。

重点材料就是核心信息，尤其是口径、标题句和重要的答问口径。发言人要在发布会前认真阅读重点信息，确保完全熟悉，不说错。在发布信息时，发言人可以参照发布词，但在说核心信息时最好不要念稿。因为这是我们希望被传播也是经过精心准备的，是发布会的重点内容，一定要清楚明了地告知记者，而不是低着头读出去。敏感的记者是能捕捉到重点信息的，他看你加重语气，一字一句地说出去，也会将其作为重点传播。所以，这几句话必须记住，抬着头说出去。回答重要问题更不要念稿子，记者既然问了，你的回答就会用。

这时候发言人要目中有人，目视提问记者，用目光与他交流，沉着镇定地把希望记者传播的话说出去，记者拍的照片和视频都是你说话的状态，是不是念稿子，效果大不一样。要记住，在电视机前听你发布的不仅是记者，更多的是民众，发言人要通过电视屏幕与他们沟通。如果他们看见一个头也不抬读稿子的发言人，不会接受和喜欢，甚至会蔑视：照本宣科谁不会呀？

次重点是发布词、背景材料、重要的支持材料和其他答问口径。这些材料不一定全记下来，但要通读过，记住重点句子。在准备的时候就把重点句子标出来，记住，也要清楚与它相关的内容。如果支持材料很多，又怕记不住，就把需要用的那一段或几段单独打印出来，也把核心句子标出来，念几遍，需要用的时候瞄一眼就不会出错了。总之，不管是什么材料，都是用来给发布信息做提示的，不是发言人依赖的读物。如果发言人在发布会上，从始到终趴在材料上不抬头，传播效果是很糟糕的。（王惠）

5. 发言人在发布会上应该注意什么环节？

答：对发言人来说，与媒体打交道的方式很多。为了借助媒体关注传播北京形象，我们采用了七种不同的发布方式，有例行发布会、系列发布会、权威发布会、专题发布会、定向发布会、立体发布会、百姓发布会，还有记者专访、记者接待日等。

发言人需要下功夫的并不仅仅是那一个小时的发布会。发布前、发布中和发布后都有大量的工作需要做。在北京市政府担任发言人和新闻办主任时，我和我的同事列出了发布会前、中、后三个阶段107个工作流程。这些流程是确保发布会成功、不出纰漏的重要基础。流程中也明确了发言人出席发布会的规定动作。

其中一个就是，发言人必须与一起出席发布会的其他领导进行沟通。尤其是重要的信息，一定要一致，绝不能你说东他说西，你说有他说没有。要让出席发布会的领导至少提前半小时到达等候室，再次确认哪些能说哪些不能说，哪些怎么说，说到什么程度。如果情况复杂，有些问题还没统一说法，就要提前一小时进行沟通，既分工明确，又统一说法。特别是不能说的内容，一定要一个一个确认。最怕有些领导来迟了，慌慌张张冲进发布厅，该说的不该说的不知道，张嘴就说，结果闯了大祸。遇到这样的人，一定要在他迈向发布台前一分钟，拉住他，在他耳边叮嘱几句。如果他已经坐在台上了，就赶紧写个纸条，递给他，务必让所有的人都明白什么是不能说的。

另外，要把握发布节奏和气氛，让现场气氛始终在我们需要的状态中，不能被记者的问题带偏。敬一丹说，王惠的眼睛在发布会上像电风扇似的，呼啦呼啦地转。外国记者说，她的眼睛像是机关枪，一下一下扫射过来。我说，不是。我是在和记者对眼神，为的是把控现场气氛。在我与记者对视的过程中，我对他们今天的打算已经了解了几分。我微笑地看他，他也对我微笑，我知道这个记者今天没什么特别。我微笑地看他，他却躲闪目光，这个记者就要特别注意，他可能要问我们不愿意被问的问题。什么问题呢？我会迅速搜索，意识到可能是什么，马上给台上的各位领导提示，请他们注意。记者一般在提问前，都有一些眼神和动作的反应。如果几个记者交头接耳，目光闪烁，肯定会扔出一个或几个难以回答的问题，必须马上做预案化解。

再有，发布会的结束才是真正的开始。发布会时间有限，并不能完全满足所有记者的提问要求。有些记者设计了比较特别的提问角度，不愿意被其他同行分享，想从他的角度切入做独家报道，他不会在发布会上提问。另外，记者知道发言人在发布会结束后就会放松，这时候提问，发言人说的话更为可信，有时还会脱口说出雷人之语。所以，记者特别喜欢在发布会结束的时候涌上发布台，将出席发布会的领导和发言人团团围住，甚至推到墙角，里三层、外三层包围起来。越是被关注的发布会，越是如此。这种状况必须在发言人的预案之中，不要一宣布发布会结束就长出一口气，放松了对自己的要求，要知道真正的挑战刚刚开始。

冲上来的记者问的问题常常比发布会中问的要尖锐艰难，问题的角度也会刁钻很多，这时候的发言人一定要沉着，听清楚记者的问题，更要清楚问题的弦外之音，回到核心信息的安全岛，借助记者的问题把有把握的口径说出去。有时候几个记者会同时提问，一定要先控制场面，让记者有序提问，不能顾此失彼。（王惠）

6. 发言人记不住口径怎么办？

答：有领导干部问我，记不住口径怎么办？也有人说，我本来知道怎么说，到发布会上被记者问到时就全忘了，脑子里一片空白，遇到这种情况怎么办？我的回答是：会准备就能记住，准备足就不会忘。

发言人对重点信息尤其是重要口径、核心词、标题句一定要认真准备，在发布会前念三遍，说三遍。如果不能脱口而出，就再念三遍，说三遍。还不能，再念三遍，说三遍。直至不用看就能说。实在记不住就写一遍。写的过程就是梳理和强化记忆的过程，写过的话比读过的话要记得更准确清晰。

在这样的准备和练习中，你的表达会越来越流畅，语气、语调和语速也都会越来越精准。如果拿到材料距上台的时间只有几分钟，来不及反复读，那就记核心词。一句话记一个最核心的词，实在记不住，就把这几个核心词写下来，放在台上，说的时候即使忘了，瞄一眼就可以了。（王惠）

7. 发布会前有没有必要和记者沟通，怎么沟通？

答：除充分准备核心信息外，发言人在发布会前和记者沟通是非常必要的。要知道出席今天发布会的记者都是谁，他们的关注问题、报道倾向是什么，哪些记者在需要的时候可以帮助我们。"非典"期间，每次发布会前我都会提前到发布厅或是签到处和记者交流。

我问记者："疫情期间，你还来出席我们的发布会，非常感谢！你冒着危险来，一定是有问题要问吧？能不能告诉我你关心什么？也许我可以给你一些帮助。"她说："我想知道北京的农民有没有得'非典'的？"我说："这个问题，我还不清楚，你可以坐前面，一会儿在发布会上问。"我赶紧去向领导报告，同时准备口径。发布会上记者问了，出席发布会的市领导从容回答了。

有些重要的发布会召开之前，我会给一些重要媒体的记者打电话，预告一些信息，吸引他们来出席发布会。也会约一些资深的记者在发布会前到我办公室喝茶，了解他们可能问的问题，启发他们提问的角度。知道记者问什么和全然不知道，答问效果是截然不同的。

不能只是被动地等着记者问，而要主动与记者沟通，通过沟通了解他的兴趣点，判断他的报道倾向。如果记者报道倾向是我们希望的，提问也比较客观，就围绕核心信息，多给他一些故事、数字、情况。如果感觉到记者的报道倾向有问题，提问的角度有失客观，就要站好位置，牢记口径，强调我们的核心信息，不受记者问题的影响，不被记者引导到不该说的内容上去。（王惠）

8. 发布会上发生意外情况怎么办？

答：发布会上如果出现意外情况，处理不当不仅会干扰发布会的正常进行，也会形成不利的新闻，被记者报道，被媒体炒作。如果出现意外情况，发言人要迅速处理，驾驭有度，处理和驾驭均基于有效的工作流程。北京市的发布会受关注程度高，不可预料的情况难免发生。为及时处置发布会上出现的意外情况，我们办公室的同事在发布会上都有固定的位置和任务。

2008 年 9 月 30 日，北京推出交通限行的 28 项措施。公布这一重要决定的方式是一场发布会。因为发布的内容重要，来的记者非常多。300 多个记者中，有一半是外国记者。

那天发布的信息量很大，发布会开了一小时四十分钟。但是从始到终，提问的都是中国记者。到最后一个问题时，我说，我建议给外国记者一个提问的机会。这时，几个举手的中国记者都放下了手，可是没有外国记者提问，他们可能被这么大量的信息打蒙了。只有坐在第一排的一个男士举着的手没有放下。此前这个人也一直在举手，因为我觉得他面生，不知他是哪儿的记者，没有给他提问的机会。

这时候，所有记者都放下手了，他依然举着，不能不给他机会了。我只好说："这位记者请提问。"他拿起话筒说："我是一个司机。"全场哗然，这个司机来交通限行的发布会上想说什么？记者们像是发现了大新闻一样兴奋，纷纷跑到他面前，给他拍照。我急忙说："对不起，这是发布会，只有记者可以提问。请你坐下。"他不坐，还要继续说话。我语气坚决地说："请你坐下！中央电视台记者请提问。"同时我迅速用目光指示我的两个同事过去。我的两个同事走到他身边，请他坐下了。

中央电视台记者提了一个问题，我请市政府副秘书长周正宇回答这个问题。但是很多记者仍然在关注那个司机，跑过来给他递名片。在周正宇回答问题的时候，我迅速地想怎么办。让人把他带出发布厅？记者们就会追拍、录像，大篇幅报道他被带离的细节。也许大标题就是"司机到交通限行发布会表达诉求，被制止并带离"，还会配图片。不行。让我的同事叮嘱他不能接受记者采访？也不可能阻止，倒是我的同事和他说话的情景被拍到，反而成了把柄。

我还没想好，周正宇已经答完了，我说："今天的发布会由于时间的关系，只能开到这里了。谢谢各位记者的关注！这位司机先生，请你跟我走，你的话我愿意听。"这个司机说"好"。我迅速走到他身边，拉着他走出发布厅，避免了记者借助这个意外报道干扰北京重大政策的消息。（王惠）

9. 如何向记者提供有价值的信息，从而保证你向记者提供的信息被记者采用并得到传播？

答：举办新闻发布会，回答记者提问，接受媒体记者采访，最直接的目的就是向媒体记者提供有新闻价值的信息，并确保其采用和报道，从而得到传播。为了达到这个预期效果，需要注意把握以下几个问题。一是要及时了解掌握记者的需求。不同媒体的记者对信息的需求是不一样的。时政类比较关注与民生贴近的社会热点问题，经济类比较关注带有政策取向的一些重要措施，法制类比较关注一些重要法律法规标准制/修订的相关情况，文史类比较关注一些带有理论研究探索的新观点，等等。此外，电视媒体比较注重画面效果，追求画面与语言的和谐统一；平面媒体则注重文字的凝练，追求吸人眼球的新闻爆点。总之就是要针对不同类型媒体的记者，提供他们所关心的情况，这样才能满足其不同的信息需求。二是要精心组织新闻发布的内容。举办新闻发布会，面对众多的媒体记者，要满足不同的信息需求，需要对发布的主体内容，以及围绕主题所涉及的具体问题，提前策划，精心准备，必要时应该提前征求媒体记者的意见，有针对性地拟定发布口径，而且要力求做到"新、实、准"。"新"，新闻发布讲究一个新字，一定要有新东西给大家，特别是紧紧围绕中央的重大决策部署，围绕社会关注的热点问题，你这个部门的工作有什么新进展、新举措、新变化。每次发布会都要有新内容，不能总是老调重弹，令人生厌。"实"，就是要讲求实际，实实在在，摆实情、亮实招、说实话。回答记者关心的问题，既不能夸大其词、胡吹乱捧，也不要空话连篇、漫无边际。"准"，就是对新出台的重大方针政策的阐释，对本部门将要实施的重大举措的表述，都必须精准，所提供的数据、案例都要准确无误，绝不能误导记者，也不要由于表述不准而产生歧义。三是尽可能为记者提供所需的信息。新闻发布会时间有限，不论是主旨发布，还是回答问题，时间都不可能太长。对记者的提问也只能有选择性地回答，不可能全部满足。在这种情况下，要尽可能为记者提前准备相关的文字材料，供其选用。如果有必要，也可以在发布会结束之后，对部分记者所关心的问题，在小范围内继续回答解释，满足不同的信息需求，对其提出深入采访的要求，不要拒绝，可以再适当安排时间予以满足。（黄毅）

10. 当记者提出的问题明显对你所在部门的工作带有指责性，这种情况下如何判断与应对？

答：在新闻发布会上，媒体记者对你所在部门的工作提出质疑，甚至带有指责的言辞，这是很正常的事情，一定要认真对待，妥善处理。首先，要有一种正确的态度，不能有对抗心理。在现代社会里，媒体对政府工作进行舆论监督，这是媒体的职责权利所在，也是推动政务公开、建设民主政治、满足公众知情权的必然要求。对媒体记者的监督，要持欢迎的态度。记者的提问对你所在部门的工作提出质疑，本身就体现了对你所在部门的关注，应该感谢。不要一听到指责的话就立即摆出一副防范对抗的架势，更不能现场对记者甩脸子、发脾气。有时记者的提问恰恰反映了社会上一部分群众的呼声，代表了一定的社情民意，应该予以重视。忠言逆耳利于行。面对带有批评或指责的言辞，此时摆出谦虚的态度，自觉接受媒体的监督，更能展示发言人的良好修养，也体现了所在部门敢于担当负责的社会形象。

其次，要对记者提出的问题认真分析。记者提出的问题带有指责性，这里面可能有几种情况，需要认真分析，区别对待。一是可能由于对你所在部门的工作不熟悉、不了解，或者对某些情况不清楚，道听途说，产生某种偏见而提出质疑。这种情况比较普遍。究其原因，还是平时宣传工作不到位，沟通不及时。针对这种情况，就要如实向媒体记者介绍相关情况，或提供相关资料，必要时也可直接登门拜访，当面沟通，以此消除偏见和误解，建立相互信任的友好合作关系。二是由于对你所在部门的一些工作不满意，心中憋着一肚子气，借发布会之机发泄一番。遇到这种情况也要理解对方，多从部门自身查找原因。切忌抵触，更不能文过饰非，百般抵赖，死不认账。要勇于承认工作中的某些失误，承认工作上的差距，坦诚接受批评。同时有针对性地提出下一步改进的措施，以及今后努力的方向。让记者看到所在部门知错就改、闻过则喜的一种开明态度。三是由于对发言人的某些表现有反感，故而迁怒于所在部门。遇到这种情况，更要处理好，自觉做到不失言、不失礼。因为新闻发言人在回答媒体记者的问题时，代表的是所在部门或机构的形象，而不是个人，所以对媒体记者的任何反映，包括带有指责性甚至攻击性的言辞做出回应，都不再是个人行为，绝不能把个人情绪掺杂到发布会上。要本着"有则改之，无则加勉"的态度，善意地接受批评，展示出发言人宽宏大度的胸襟和风采。（黄毅）

11. 企业在什么情况下适合组织新闻发布会？

答：我们要了解企业什么情况下需要组织新闻发布会，首先要明确企业召开新闻发布会的目标是什么。企业存在于社会中的根本意义，是通过一系列生产经营活动为社会提供价值，而这种价值本质上是由企业的顾客决定的，所以包括新闻发布会在内的一系列传播活动，最终指向都应该是服务于顾客价值的实现。我们通过新闻发布会，不断协调企业和企业关键利益相关者之间的利益，达成共赢。新闻发布，至少应该有正面信息传播、危机公关传播、对内宣传传播和营销广告传播等目标。其价值，是为了让公众获得更为充分的企业信息，以便让自由展开的公共舆论能够更加公允和理性。

企业组织任何类型的新闻发布会，都应该是预先设计好的，每一次发布都要力求天时、地利、人和。特别是对以危机公关为目的的新闻发布会而言，更要抓住时机，在第一时间发声。2016 年 11 月 10 日，国务院办公厅印发《〈关于全面推进政务公开工作的意见〉实施细则》，要求对涉及特别重大、重大突发事件的政务舆情，要快速反应，最迟在 5 小时内发布权威信息，在 24 小时内举行新闻发布会。危机发生后，若官方声音未能第一时间响应，就会造成谣言等不良信息的迅速发酵传播。可见，新闻发布工作滞后于企业行为和事态发展，不仅会引发次生舆论危机，还会严重损害企业信息发布的权威性和公信力。

根据我们舆情应对"三分法"的经验，面对不同等级事件，信息发布主体应有所不同：针对一般的负面信息可以通过微博发布应对，轻松回应；针对较为严重的负面信息，除了微博发布信息外，还需要新闻发言人出来说话；针对可产生重大危机的负面信息，就需要召开新闻发布会，甚至是"一把手"亲自上阵。例如"香港聚丙烯胶粒漏撒"事件，我们在香港及时召开新闻媒体沟通会，就事件向香港各界做出承诺，承诺声明照顾到了香港市民的利益且态度诚恳，得到了媒体的认可，以此有效缓和了外部舆论压力。（吕大鹏）

12. 正面信息的新闻发布会怎样吸引媒体？

答：正面信息的新闻发布会，可以在企业没有突发、重大事件的时候，使得媒体和公众继续关注企业，塑造企业的良好形象。

一场正面信息新闻发布会的成功，是需要经过调研才能够实现的。组织一次正面信息新闻发布会，实际上就是一次市场营销的过程：你向媒体兜售一件产品——有时是一项政策，有时是一个理念，有时就是你的形象；媒体接着再把这一产品推销给它的受众。那么，你的目标市场——媒体和受众对什么感兴趣呢？这便是需要调研的。

对媒体，需要研究：媒体报道过类似的活动吗？是如何报道的？它们是否还会对这类活动感兴趣？它们对我们企业感兴趣吗？对我们有过哪些报道？目前对哪些与我们相关的话题感兴趣？

对受众，需要研究：受众需要哪些与我们相关的信息？我们能够为他们提供哪些服务性的信息？哪种传播形式是他们喜闻乐见的？

为了问答这些问题，经过总结我们发现一场能够吸引媒体的正面信息新闻发布会，至少应该具备以下10项特征中的1项，而一场成功的正面信息新闻发布会，至少应该具备3项以上。

（1）差异。与同类发布会相比有独特之处。

（2）新鲜。与之前信息相比有新的内容或提出了新的角度。

（3）时机。与媒体正在关注的热点问题有关联性。

（4）极致。有"最"的、"第一"的信息公布。

（5）相关。公布与某个或多个群体紧密相关的信息。

（6）权威。有担任重要职务的人士、权威人士讲话。

（7）名人。有名人、明星出现。

（8）煽情。能够给现场媒体带来情绪的波动，如兴奋欢呼。

（9）娱乐。有令现场媒体轻松愉悦、赏心悦目的节目。

（10）馈赠。有足以引起媒体兴趣的馈赠活动。

一场成功的新闻发布会，考验的是相关部门和新闻发言人的新闻敏感和活动策划的能力，应该用记者的眼光审视新闻发布会的价值。（吕大鹏）

13. 企业新闻发言人在发布会中的角色有哪些？如何协调主发布人与辅助发布人的任务？

答：一场新闻发布会是否成功，很大程度取决于发言人。发言人不仅要熟悉本次新闻发布的相关业务，掌握大量资讯，还要具备应对媒体的专业素养，所讲所答不仅要切中要害，同时要有效地配合记者的工作，以达到企业预期的传播需求。

前面讲过，新闻发言人不是一个人，而是一种制度。企业新闻发言人制度是企业的信息发布制度，企业新闻发言人在一定时间、场合代表企业的整体形象，能够对内、对外及时稳定地发布企业的各种相关信息，以协调企业和媒体以及公众之间的关系。通过议程设置对舆论进行引导，隐蔽地引导舆论朝着有利于企业的方向发展，从而塑造企业良好形象，促进企业获得媒体和公众认可，避免失实性报道和误导性评述。

新闻发言人实际上是"制度人""发言人""自然人"三种角色的融合，三种角色有着三种全然不同的话语形式。一个成功的新闻发言人必须要处理好这三种角色之间的关系，在有限的话语空间里，如果对"制度人"的身份、"发言人"的任务以及"自然人"的话语把握恰当的话，会给新闻发布会增添很多色彩。

发布会的时间是有限的，尤其是在突发事件新闻发布会上，发言人要做的是把事件的事实信息传递出去，但是不免看到很多发布会上，从头到尾都是在讲"某某领导人如何如何""某某做出指示"等信息，不免有一些发言人受"官本位"思想的影响，没有把受众看成自己的服务对象，在心理上依然把自己的身份归结为片面的"企业公关者"，因此话语中满是官话、套话，真正有效信息的存在空间被占用。其实，在某种程度上，新闻发言人掌握的信息往往更加准确，他们对舆论环境和问题解决方式的了解很多时候比上级还要深刻。作为新闻发言人，应该时刻认识到本身所具有的身份，认识到新闻发布会传达信息、引导舆论的重要作用，应该认真履行新闻发言人职责，时刻严格要求自己。

新闻发布会一般由一位主发布人负责发布信息，必要时，比如涉及专业性强的问题，也可以有辅助发布人。在新闻发布会上，主发布人和辅助发布人是彼此支持、精诚合作的关系。主发布人和辅助发布人必须言论一致，不能相互拆台、言论相悖。主发布人的正式发言结束后，辅助发布人可以紧扣主题做进一步补充，确保

传达的信息全面、准确。在发布会过程中，主发布人和辅助发布人都要集中精神，开动脑筋，同心协力。（吕大鹏）

14. 突发公共事件的新闻发布需注意什么？

答：突发公共事件的应急"三步响应"：

其一，一套预案启动，一个平台运行，一个发布中心。

其二，"三同步"操作即事件处置、社会面控制与新闻发布同步。

其三，"三判断"即事实判断（真伪）、价值判断（对错）、趋势判断（舆论走向）。（武和平）

15. 突发公共事件新闻发布需掌握怎样的时、效、度？

答：第一时间：应急通报阶段（表态）。占领制高点，掌握定义权。完成三动作：核事实、拟口径、定谁说。掌握三要素：态度、措施、速度。兼顾三点论：上级意图、记者关注、公众利益。

第二时间：持续回应阶段（回应）。找准爆发点，站对立足点。批评曝光快核查，不实传言早回答。事态不止，回应不停。

第三时间：舆论导控阶段（解读）。明确质疑点，把握导控点。邀请第三方权威专家增信释疑，以公共话语设置议题（法律至上、公正在先、生命至尊、道义至高、科学为据）。

第四时间：善后处理阶段（举措）。扩大主阵地，赢得主导权。措施效果，追责处过，举一反三，善后整合。配合事件处理，介绍科学施策的新进展、秩序恢复的新状况、防范灾难重演的新举措。

第五时间：形象重塑阶段（引领）。释放正能量，构建新话语。善于从悲壮走向昂扬，将问题转化为议题，将危机引向机遇，将网意引向公意，将导向法意与引向公意衔接——激浊扬清，革除积弊。（武和平）

16. 记者提问问题与发布主题不一致或问到发言人不了解的情况怎么办？记者围追堵截领导怎么办？

答：基于单方面信息输出的"念稿式"新闻发布已经不适应当前的新媒体环境，答记者问环节的比重越来越大，新闻发言人需要灵活掌握回答记者提问的技巧，不仅对媒体和公众的意见做出恰当回应，还应该巧妙地将记者的注意力转移到企业想要发布的重点信息上来。

首先，重点是充分做好会前的准备工作，而准备工作的重中之重，是口径的准备。作为发言人，哪些能说哪些不能说、说到什么程度等，都必须会前认真准备。准备工作主要包括：一是发言人要尽可能多地参与并了解企业重大决策，收集并掌握更多的新闻事件第一手资料和相关背景资料，对于一些具体事件，熟悉其来龙去脉；二是会前与记者进行沟通，或从熟悉的媒体记者处了解目前媒体关注的焦点、热点，对记者的提问做积极全面的假设及模拟；三是了解并熟悉不同媒体记者的提问风格及方式，在此基础上锻炼发言人辨析提问中机会点及"陷阱"的能力。面对一些专业性较强的问题，尤其是自己不熟悉的知识领域的问题，发言人应同相关的专家一起研讨、座谈，虚心请教自己不明确的问题，理解、掌握相关的专业术语。

其次，要善于对问题进行分类。一般记者的问题都会从三个方面入手。一是提问敏感话题。发言人要做好准备工作，对各类敏感问题进行假设和模拟演练，以巧妙应对。二是提问流传的负面说法。要尽可能在记者提问时准确把握目前媒体对此类问题的看法，为应答做好准备，以便将准备的正面信息及时发布出去。三是提问发布会的重点主题。此类问题是发言人有效公关传播的极佳机会，要牢牢把握、巧妙诠释。

再次，灵活运用"桥梁法"和"旗帜法"。在各种问题中。敏感问题最棘手，应对敏感问题，"桥梁法"就是有效的策略。所谓"桥梁法"，就是发言人运用合适的过渡性言辞达到和记者沟通的目的，通常是"表态-桥梁语-转移到核心信息"的模式，具体分三种：如果对提问传递的信息不持异议，可以说"是的（表态），但是除了你说的情况（桥梁语），还有……（转移到核心信息）"；如果对提问的信息完全不能接受，可以说"不，情况不是你说的那样，请允许我说明一下……"；如果提问的信息发言人不掌握或者没有明确答案，可以说"关于这个问题我还没有得到更多的信息。不过，据我了解的情况是……"，或者"这个问题很有趣，但我想到另一个更有趣的问题是……"。使用"桥梁法"目的是以"我"为主，突出核心信息，确保发言人始终掌握话语主导权，不被记者的提问牵着走。

发言人还可以使用"旗帜法"，突出和强调新闻发布的重点，间接影响记者的提问和记者的报道角度，比如以下常用的"旗帜语"："今天我们谈了不少问题，可以归纳为三个方面……""最为重要的是……""请大家一定不要忽略这一点……""我想再次强调这个问题……"

还有一种情况也经常遇到，记者围追堵截领导，这种随机采访也不能随便。一是要谨记身份，无论是发布会期间，还是发布会前后，始终要谨记新闻发言人的身份。往往在发布会之后，记者会就有关问题进行追问，此时最好不要回避记者，可以这样答复："这个问题我刚刚已经回答过了。""时间关系，为给你一个负责任的、清楚的答复，我们可以在会后再沟通。"二是要谨慎表态，面对记者的追问，如果确有必要做出回应，则要按照事先制定的统一口径谨慎表态，把握好尺度，尽量简

洁清晰、简明扼要、简短有力。（吕大鹏）

17. 在发布会上，对记者提出的问题不知情，发言人应如何应对？

答：发言人在发布会召开前，应广泛搜集与此次发布会主题相关的问题，并准备好应对的口径，保证自己在发布会上对记者的提问能够做到有问必答、有问能答、有问巧答。

如果在发布会上遇上未准备到的提问，发言人不要惊慌失措，乱了阵脚。更不要凭着自己的主观想象贸然作答，不要给媒体不确定的、模棱两可的、含糊不清的信息，以免导致媒体进行猜测性甚至错误性的报道。正确的态度是，发言人坚持实事求是的原则，"知之为知之，不知为不知，是知也"。坦率诚恳地告诉媒体，自己没有掌握这方面情况。表示如果有必要，自己会在会后尽快了解详细资讯，再转告记者，并请记者留下联系电话，会后一定要兑现自己的诺言。（王勇平）

18. 在发布会上，如果遇上一家媒体提出多个问题的情况，发言人应该如何处理？

答：记者在发布会上一次提出多个问题，往往会对发言人构成一定的心理压力，容易使发言人在回答问题时瞻前顾后，分散精力，不利于说清、说好、说透记者所提的问题。同时，一家媒体占用太多的时间和机会，对其他在场没有时间提问的媒体也是不公平的。

所以，在发布会宣布召开前，主持人应当事先提出要求，提醒记者原则上一人只提一个问题。如果遇上有的记者在得到提问机会时仍然提出两个或两个以上问题时，发言人不要面露不悦之色，可以选取其中一个（最多不要超过两个）认为有必要回答的问题予以回应。（王勇平）

19. 已宣布发布会结束，记者仍围着提问，发言人应采取何种态度？

答：有两种态度可供参考。其一，留下继续回答。召开新闻发布会，旨在通过媒体广泛传播政府权威的声音，因此发布会应尽可能给记者多提供发问的机会。记者不愿离场，说明还有疑问需要解答。记者要提的问题，就是社会关注的问题，也是政府需要说明、澄清和回应的问题。发言人只要有底气，准备充分，胸有成竹，不妨留下来花一些时间继续回答记者的提问。

其二，毅然离席而去。一场发布会下来，既定的发布内容已经完成，预期的发布目的已经实现。如果没有更多的口径和资讯，心中也无底数，又无法把控好场面，留下面对七嘴八舌的发问，难免造成答非所问或忙中出错。在此种情况下，毫不犹豫离开现场，不失为一种务实的选择。（王勇平）

二、媒体采访（12 条）

1. 如何接受记者的采访，接受采访时应注意哪些事项？

答：新闻发言人日常许多工作是接受或安排媒体记者的采访，或者是应邀到媒体做客访谈。不论采取哪种形式，都需要注意以下几个事项。

一是要充分理解记者的采访意图，尊重记者的劳动。媒体记者总是希望通过采访，来获取他们需要的信息以写出具有新闻价值的稿件，产生良好的宣传效果。应该充分理解记者的需求，千方百计为采访提供便利条件，尽可能回答记者提出的所有问题，提供其所需的文字材料，甚至满足摄影记者、电视采访对镜头画面的要求。绝不能嫌麻烦，也不要摆架子，更不能发脾气。突发事件包括事故灾难发生之后控制现场，并非一概排斥记者现场采访。可以在不影响应急处置、不危及记者安全、不破坏现场的情况下，尽量安排记者进行实地采访。记者的亲眼所见，更能增强其报道的感染力、公信力。将心比心，你尊重记者的劳动，他就会积极配合你的工作。

二是既要提供有价值的信息，又要善于引导记者报道的方向。记者的采访不是找你闲聊天、侃大山，往往是针对某个重大事件、某起重大事故、某项重大举措出台，了解相关的细节或背景，从中选取报道的视角或侧重点。这种情况下，有的记者开始并没有成熟的思路，很需要得到你的启发开导。所以你要尽可能为其提供相关的素材，并试图提出一些新闻点，启发记者的思路，开拓报道的空间。有时记者的提问超出了对外口径的范围，遇到这种情况，也不必太介意，实事求是讲清楚，哪些可以公开报道，哪些目前不宜对外报道，请记者把握好度。必要时可以保留审稿的权利。只要把问题讲清楚，许多记者是通情达理的，千万不要糊弄搪塞记者。

三是注意严格把握对外口径，自觉遵守宣传纪律。记者群体素质不尽相同。一般讲，主流媒体记者还是比较讲规矩、可信赖的，采写的新闻报道不会出大的问题。但是个别的小报小刊记者，有时为了"抢头条"、追求所谓的"轰动效应"，往往不按常理出牌。有的记者随意给你打个电话，说是询问点事，你没有任何防备，披露了点内部消息，他就以电话采访的名义给你捅出去。有的在采访中，你明明反复叮嘱哪些内容目前不宜对外报道，他就是不听劝告，仍我行我素。有的甚至追风扑影，凭主观印象捏造虚假消息。遇到这种记者的采访，你虽嘴上不能拒绝，但脑子里一定要有根弦。回答问题，披露情况，要严守对外口径，尽可能做到滴水不漏、无懈可击，不授人以柄。（黄毅）

2. 一般和媒体记者打交道时有几种状况，如何处理好与媒体记者的关系？

答：新闻发言人与媒体记者打交道，通常有五种状况。一是举办新闻发布会时，面对面直接回答记者提问，要有问必答、开诚布公；二是发生突发事件和事故灾难时，接受记者突击性采访，要言简意赅，准确无误；三是就某一项重大事件、重要活动，做深入采访或做客访谈，要观点明确、叙述清晰；四是通过小范围的座谈通气会、联谊会等，在宽松的环境中互相交流探讨一些问题；五是共同参加某项宣传活动，相互见面交流一些信息。除此之外，与某些成为朋友的记者，私下也有些交流。五种状况，场合不一，交流方式也不尽相同。

日常注意处理好与媒体记者的关系，建立相互信任的友好关系，对做好发言人工作至关重要。如果关系处理得不好，关键时候就可能影响你的工作。和记者打交道，应该注意把握三个问题。

一是要善待记者，与人为善。举办发布会，回答记者提问，接受记者采访，实质是一种双向互动的交流。这个过程，既是信息的沟通，也是情感的交融。千万不要把记者当成对手，当成"敌人"，而应该当作朋友。事实上绝大多数媒体记者是能够客观地反映你所提供的事实真相的，成心刁难、恶意炒作的只是极个别。不要害怕媒体、躲避媒体，对有些热点问题不能"捂、掖、盖"。发言人在发布新闻时，对事件的陈述、评析要客观、真实、公正、全面又有立场，让媒体感觉到坦诚的态度，这不仅表明发言人具有优秀的品质，也是驾驭新闻规律能力的表现。

二是要有宽容的态度和胸襟。不能苛求于记者讲的百分之百正确。对媒体的一些负面报道，应该妥善处理，不要形成对峙的局面。尤其对其细节上的出入，最好不去理它，让其自生自灭。如果在一些枝节问题上与媒体争论不休，实际上正好强化了媒体"放大异见"的功效。当然，宽宏大度并非无原则地保持一团和气，在涉及原则问题上绝不能让步，丧失基本的立场。在处理这类问题时，要把握好分寸，有礼有节。

三是善于引导媒体记者的报道方向。作为新闻发言人，在满足公众知情权的同时，还要正确引导社会舆论，实现政府部门的意图。从新闻记者的角度来说，在媒体市场竞争激烈的强大压力下，有的记者不自觉接受了西方新闻商业化运作的一些理念，这就导致了有的记者容易将一些负面因素加以放大，人为制造新闻轰动效应，提高所谓的新闻"卖点"。在这种情况下，不能放任不管，要有意识地加以引导。可以在小范围经常开一些吹风会、通气会，尽可能为媒体记者提供较多的新闻素材，满足他们的信息需求。同时围绕一些重大的新闻选题，提前请媒体记者一起讨论商议，达成共识，并尊重媒体的特点来确定报道的重点，把握正确的报道方

向，从而达到正面宣传的效果。（黄毅）

3. 发言人如何接受记者的电话采访？

答：电话采访很危险。一个领导干部接了一个记者的电话，说错话被炒作的事屡屡发生。那能不能接受记者的电话采访呢？怎么接受电话采访才能安全呢？

当记者的电话打进来问了一个问题或几个问题时，发言人回答前必须清楚口径是什么。如果有口径，按照口径回答；如果没有口径，坚决不能回答。因为只要你开始说话，记者就会录音，甚至连线直播。这时候你如果说错话，被记者报道出去就覆水难收了。有的领导干部在没有口径的时候，为了避免说错话，一听是记者打来的，马上挂断电话关机。如果这样做，记者就会把你的行为报道出去，让民众认为你心里有鬼。

如果在没有口径的情况下接到记者的电话，听完他的问题后这样说："真对不起，我现在不方便接你的电话，请你过一会儿打给我，十五分钟或是二十分钟都可以。"没有贸然回答记者的问题，也没拒绝，但有了一段不长却非常重要的时间，赶紧用它去问情况，准备口径，请示领导。口径在手了，记者再打来电话时我们就有了把握，不会洒汤漏水说错话了。但是回答的时候不能念口径，要照着口径语气自然、语调平稳地说出去。（王惠）

4. 发言人遭到记者突然造访或拦截采访怎么办？

答：对于发言人来说，难度阶梯是：发布会中介绍情况，比回答问题容易；发布会上回答记者提问比发布会后被记者围堵容易；出席发布会，比接受记者专访面对记者的连环问题容易；专访又比被记者拦截采访容易。最难的是记者突然冲到我们面前，他已经有准备了，我们却没有准备。

突然袭击是记者经常采用的方法。如果记者突然走进你的办公室，把话筒指向你，问的问题恰恰又是你不知道的，怎么办？曾有领导说"我不是你要找的那个领导"，却被记者从手机里调出他的照片，证明他说了假话，因此被免职。有的领导不得不说话，说的话被记者抓住了把柄，被炒作。还有的领导转身就跑，又被记者截住，非常狼狈。因为不知道如何面对记者的突然袭击，吃了亏的领导干部太多了。如果记者突然出现，领导干部不掌握他问的情况，也没有口径，就要学会用"金蝉脱壳几分钟"的方法，合情合理地离开他的视线几分钟，去问情况，准备口径。

北京奥运会申办期间，国际奥委会公布了五个申办城市的名单，北京在其中。这个消息一发出，国际媒体高度关注，其他四个城市对外表态了，记者们不请自到，一大早就涌进北京奥申委。我一出电梯，就被在楼道里等候的记者包围，问我："北京对国际奥委会公布的结果如何评价？""北京对申办成功有没有胜算？"当时我还没有口径，也没有请示领导可否接受采访。我对他们说："谢谢你们关注北京！这样吧，你们到那边去布一下机位，我也回办公室放一下包，马上就出来好吗？"记者们一听我没有拒绝，转身到他们希望拍摄的背景前布机位了。

我赶紧回到办公室给领导打电话请示，能不能接受采访？领导同意了，我又把我认为应该说的几句话报告领导，是不是合适？领导说可以。放下电话，我把刚才向领导汇报的口径写下来，写的过程就是梳理、记忆的过程。写完之后，我又念了一遍，为的是把语气、语态、语速调整到我认为最合适的状态，然后我走向了记者："你们准备好了吗？请抓紧，我还要去开会呢。"记者们架好机器，我把准备好的话全部说出去了。说完跟他们告别："我开会去了啊，再见！"不仅全身而退，也利用他们的关切把北京的态度和优势传播出去了。（王惠）

5. 如何面对记者做负面新闻采访？

答：由单位新闻发言人出面，礼貌查验证件，热情接待采访，如实介绍相关情况。同时，详细阐述自己为"解决问题"已经采取或将要采取的措施。如果措施已有成效，须告知记者问题已经解决或正在获得解决。

就记者而言，其采访的首要目的（甚至唯一目的）就是获得真实信息，完成报道任务。如果正常采访渠道受阻，记者可能会改变采访方式，比如转为暗访，从侧面搜集信息，想方设法还原真相，甚至"拼凑真相"。正如克林顿总统时期曾在美国两个政府部门担任新闻发言人的苏珊·金（Susan King）所述，"危机发生后，记者必须获取新闻，如果你不给他们任何信息，他们就只有去报道谣言"。

特别是发生突发事件时，与其让记者"拼凑真相""报道谣言"，不如通过训练有素的新闻发言人之口把真相告知记者，尤其是在自身问题不是很大的情况下更应如此。因此，"积极接待采访，如实介绍情况"便显得十分重要。而且，发言人在接受采访的同时，表达态度，介绍采取的措施，还要不失时机地向记者提出合理诉求，即希望获得全面客观的报道。如果措施得当，或许还能达到"负面新闻正面报道"的效果。（李新民）

6. 如记者采访的话题重大，报道后果严重，怎么办？

答：记者采访的话题愈是重大、敏感，便愈应引起高度重视。

首先，在礼貌地查验记者的有效证件后，通过简短寒暄和交流，了解记者采访目的。一方面安排人员积极热情接待记者，另一方面迅速报请单位领导，敲定发言基调，对关键问题统一口径，同时迅速确定受访者——一般情况下应确定由有新闻发言经验的发言人接受采访。其次，发言人在受访前还要及时与相关部门沟通，掌握基本信息，以做到在接受记者采访时准确表达，正确表达。

由于采访问题较为重大，发言人在接待记者时，需要格外谨慎。该说的坚决说到位，不该说的绝不乱说。基本原则是：真话可以不全说，但假话一句都不说。任何采访活动，都是记者和发言人之间相互沟通、彼此了解的过程。发言人可通过与记者的交流，对其下一步的报道做出预判，并对报道可能引发的后果做出评估。如果后果严重，可能引发较严重的负面舆情，那么就要及时启动"战略公关"，尽最大努力阻止报道刊播。但须知，公关不是请吃请喝，更不是重金贿赂，而是沟通，特别是与记者所在媒体的领导沟通。（李新民）

7. 如记者采访的问题不存在，如何接待？

答：礼貌地查验记者的有效证件，请出新闻发言人积极热情接待采访。先问明记者采访的相关问题，如果发现记者所采访的问题根本不存在，则要及时如实说明情况。

所有记者的采访调查都须以事实为根据。一般情况下，在了解事件真相后，绝大多数记者会就此结束采访。或许还有个别记者，面对真相仍不肯罢手，受访者可以以公文形式，向记者本人及其所在媒体做出书面澄清。此时，如果记者再不住手，且有恶意寻衅、敲诈勒索之举，那么受访者便可抓其证据，向记协或党委宣传部门投诉之。（李新民）

8. 如遇假记者新闻敲诈，怎么办？

答：如果遭到假记者新闻敲诈，正确的做法是两点：一要报警，二要曝光。为什么报警？在中国，虽然有关部门对保护真记者正当新闻采访权的支持力度还不够大，但对假记者新闻敲诈的打击力度始终都不小。为什么曝光？因为对待假记者，媒体真记者也深恶痛绝，其新闻敲诈行为不仅伤害了受访者，也严重破坏了真记者的形象。

如何识别假记者？一方面，从外表看，假记者往往十分注意自我包装。穿名牌、抽名烟、手持照相机、肩扛摄像机，甚至还开着豪华小轿车，配得一身好"行头"，以抬高身价。另一方面，假记者往往喜欢吹大牛，说大话，什么领导都认识，什么事情都能"搞定"。有些人甚至还把省市领导甚至党和国家领导人的姓名挂在嘴边，以显示自己"手眼通天"。有时还要辅以与某某领导或者领导亲属的合影。他们经常摆架子、发脾气，让当事人诚惶诚恐。但假记者"采访"的目的几乎都不是报道新闻，而是"利益"——搞钱或办事。

识别记者真假，有一个简单易行的方法，就是上网查验证件——这也是要"礼貌地查验记者有效证件"的原因。只要登录国家新闻出版广电总局主办的"中国记者网"，所有记者的个人信息便一目了然。

互联网全媒体时代，自媒体人有时比媒体记者还要厉害，有人担心自媒体采访更"惹不起"。但按照目前中国相关规定，自媒体人没有采访权，如果其打着采访旗号，皆可以"假记者"举报。退一步讲，即使真记者，只要其涉嫌新闻敲诈，同样可以公开揭露。（李新民）

9. 如何处置已刊播的负面报道？

答：如果说面对记者负面采访，考验的是新闻发言人的媒体沟通能力，那么处置媒体已经刊播的负面报道，考验的则是新闻发言人的危机处置能力。现实中，面对媒体已经发出的负面监督性报道，大致有以下几种处置形式。

（1）上策：闻过则喜，化危为机。

媒体的所有负面报道都应该是站在解决问题的角度揭露问题。所谓负面报道的社会效果都应该是正面的。如何面对负面报道，从本质上讲就是如何面对新闻舆论监督的问题。对此，习近平总书记曾给出答案："以'闻过则喜'的态度，全力支持舆论监督。"[1]

"闻过则喜"是习近平总书记对领导干部提出的要求，同时也应该是处置媒体负面报道时的首选之策。对于政府部门和企事业单位而言，每一次来自媒体的负面报道和舆论监督，都意味着对单位工作的一次"体检"。如果抱着"闻过则喜"的态度，对报道反映的问题认真整改，对公众的批评和质疑积极回应，舆论危机便可能化危为机，媒体的负面报道反而会产生正面传播的效果。

2009 年 1 月 6 日，新华社《经济参考报》头版头条刊登了题为《风电设备招标公然指定韩国货》的报道，揭露两大央企——国电龙源集团和中国节能港建风电公司在设备招标中违反国家招投标法，公然指定韩国产品的问题。两家央企的反应截然不同：前者"闻过则喜"，表示"积极整改"；后者不仅置若罔闻，而且紧急修改招标文件应对舆论监督。结果在记者后续报道中，前者获得正面报道，赢得舆论赞赏，后者再遭到揭露，受到舆论谴责。

（2）中策：消极应对，即"冷处理"。

面对负面报道，能够做到"闻过则喜"者尚属少数，多数采取的策略是消极应对，即冷处理，让负面报道引发的负面舆情"大事化小""小事化了"，最终"湮没"在迅速出现的新的新闻热点之中。

在互联网新媒体时代，这种处置策略有时候是奏效的。这要归因于新媒体舆论热点的"速替性"——指舆论热点快速流动和漂移，某一新闻事件刚刚发生，还没来得及过多关注，就被新的舆论热点替代。舆论热点的速替性，使公众对热点话题的关注周期缩短了，公众似乎变得更加"喜新厌旧"。

但冷处理的方式也是有风险的。其反映的往往不只是领导干部应对舆论监督的一种态度，也折射出一些人掩饰问题、讳疾忌医的心理，甚至也有权力腐败的影子。特别是在进入新时代的今天，中央反腐力度空前加大，讳疾忌医暗蓄危险，一旦病入膏肓便悔之晚矣。笔者 2012 年 7 月在广东珠海市采写的深度调查报道《珠海民企填海造地 被政府强制收回转让国企》[2]发出后，虽引发巨大社会反响，但仍被地方领导"冷处理"。几年之后还是东窗事发，珠海市有关领导终被查处。

（3）下策：闻过则怒，对抗监督。

面对批评报道时，一些单位的领导不仅做不到"闻过则喜"，甚至连"闻过不怒"也很难做到。特别是在面对比较尖锐的负面监督性报道时，常常"闻过则怒"，或组织"新闻反调查"，或召开新闻发布会，公开歪曲事实，对抗正常的舆论监督。

所谓"新闻反调查"，是指针对记者采写的调查报道文过饰非，做出完全相反的调查报告，向媒体反馈。笔者曾有多次遭遇"新闻反调查"的经历。比如，《青海强推煤矿资源整合 非法矿成牵头企业》及《国企董事长与资本玩家联手导演长钢改制闹剧》[3]等，前者被青海省政府办公厅整出"反调查"，后者被山西长治钢铁集团整出"反调查报告"。庆幸的是，新华社总编辑何平等领导对记者真实客观的报道给予大力支持，同时中央主要领导也对报道做出重要批示。最终迫使地方政府做出整改，对相关责任人予以查处。

还有"闻过则怒"者，以新闻发布会的形式怒怼媒体。比如，中国五矿集团针对《经济参考报》刊发的一篇揭露其非法排放尾矿的报道，便召开新闻发布会，集团办公厅主任兼新闻发言人公开称"报道与事实严重不符"。在新华社总编辑何平同志指挥下，新华社再派记者赴现场调查核实，播发了《是"复垦造地"还是"非法排尾"？——中国五矿下属企业"非法排尾"追踪调查》《中国五矿非法排尾铁证如山》等多篇跟踪报道。五矿集团副总裁不得不承认报道属实并表态"立即改正"。集团新闻发言人马某后来也因违法被判刑。

（4）偏策：暗度陈仓，"水军"反击。

偏者，不正也。偏策，便是"不正之策"。当媒体出现负面报道时，不敢正面回应，企图"剑走偏锋"，组织"网络水军"暗度陈仓，制造对抗性舆论，以抵消负面报道的影响力。

网络原本是公众表达意愿宣泄情绪的平台。但由于受到商业利益的驱动抑或是某些势力的操纵，一些受雇于网络公关公司或受制于某些利益群体的"网络水军"，利用互联网平台恶意发声，兴风作浪，反成歪曲民意的力量。由此，中央网信办重拳整治网络环境，依法打击"网络水军"。与此同时，为弘扬正气、传播正能量，众多企事业单位和机构开始组织培育自己的"网评员"队伍。

当面对媒体负面新闻报道的时候，某些单位和机构有时候会"剑走偏锋"，使出"暗器"，把自身旗下的"网评员"队伍变为有组织的"网络水军"，发动大家发表歪曲事实的言论，以对抗舆论监督。

这其中，最典型的当数中铁建发动"网评员"对抗媒体负面报道事件。2016年8月3日，澎湃新闻发出报道披露中铁建十一局第一工程有限公司承建宜巴高速楚阳隧道工程，遗留弃渣数十万方，不仅影响下游发电站取水，还被当地政府列为重大安全隐患，威胁下游两千多人生命财产安全。报道发出后，中铁建新闻发言人直接向下属各子分公司"网评员"下达了"跟帖"命令，号召"把水搅浑"。这一愚蠢的做法迅速被媒体揭露，非但没把先前的危机公关掉，反而引发新一轮更大的舆论危机。

（5）正策：快速沟通，亡羊补牢。

面对媒体负面报道特别是涉及重大问题的监督性报道，如果没有"闻过则喜，积极整改"的胸襟，也缺少"置之不理，冷处理"的胆量，那么最好的危机处理方式是"快速沟通，亡羊补牢"。这里是指新闻发言人出面以坦诚的心态及时主动与当事媒体积极沟通，避免出现后续负面报道，把负面舆情在可控范围内化解。

笔者曾奉命赴上海调查一起房地产腐败事件，采写报道《一块地倒来倒去 真假合同暗藏玄机——上海一房地产项目腐败迷局》[4]，引起较大社会反响。笔者再接神秘电话爆料上海房地产腐败黑幕，于是奉命二次赴上海调查。此时，上海方面与笔者的领导迅速沟通，表示对报道反映的问题，上海市主要领导（时任中共中央政治局委员、上海市委书记俞正声，时任上海市市长韩正）已做出批示，国土资源部领导也做了批示，上海高度重视，坚决查处；同时提出，希望记者不要再做后续报道。笔者鸣金返京。

站在危机管理的角度来看，上海市针对媒体负面报道迅速沟通并表示"坚决查处"的做法，确实达到了亡羊补牢的目的。（李新民）

10. 如何处置媒体失实报道？

答：当遭遇媒体失实报道时，既不能忍气吞声，也不可暴跳如雷。而应冷静分析，果断处置，让事实说明真相。一般可分两种情况。

第一，如果能在第一时间确认报道失实，须立即公开发声，澄清事实真相。如果是虚假报道造成不良影响，还可保留进一步依法追责的权利。

人民币汇率问题极度敏感。2016年12月28日晚11时左右，一则彭博报价系统显示在岸人民币破7的消息横空出世。多家媒体援引彭博社数据发出报道称："在岸人民币兑美元突破7整数位心理关口。"

这是一则严重失实的虚假消息。当晚11时48分，央行便在官方微博上紧急发布声明："12月28日，境内银行间外汇市场人民币兑美元交易汇率在6.950 0～6.966 6元区间平稳运行。但却有个别不负责任的媒体报道'在岸人民币兑美元突破7整数位心理关口'，对此行为我们表示谴责，并保留进一步追究责任的权利。"

从失实消息出炉到官方发声辟谣，前后不到1小时。央行对虚假报道的处置及时、果断，声明措辞简洁、有力。不仅避免了更大的市场波动，而且迫使彭博社紧急发布声明，承认自己报道失实。

第二，如果第一时间难以确定报道失实，也要积极回应，表明态度。

首先，由新闻发言人公开表明态度：已注意到相关媒体的报道以及舆论的反馈，成立专门调查组对报道内容进行认真调查；如果问题属实，将对相关责任人依法依规严肃查处，决不姑息。随后，组织力量对报道内容认真调查核实，并对影响做出评估。

在掌握报道失实证据之后，迅速通报当事媒体，要求其做出更正，消除影响。如果报道已造成较大负面影响，可选择权威主流媒体对事件做出全面披露，也可召开新闻发布会，有针对性地做出公开澄清，依法依规维护自身权益。

按此步骤，如处置得当，不仅可消除失实报道带来的负面影响，而且还会进一步扩大战果，取得正面传播效果。

比如，2014年4月10日、11日，一家媒体根据网络举报材料连发两篇报道，曝光中国神华黄骅港煤炭运销存在"黑金链"，并导致9亿元国有资产流失。11日当天，神华在官网发布声明称："对相关报道高度重视"，"已向有关司法机关报案，请求司法机关介入调查"，"发现问题一定严惩"。

然而，由国家质检总局专家组、宁波市公安局经侦支队等权威机构参与、历时近两个月的调查结果表明，媒体报道的问题并不存在。6月初，神华将调查结果主动通报给刊发负面报道的媒体，使其刊发更正性报道；同时迅速联系主流权威媒体——新华社《经济参考报》，组织深度报道《神华黑金真相：实名举报还是实名造谣》[5]，不仅还神华以清白，而且还提高了这家能源央企的社会声誉。

"阳光是最好的防腐剂"，神华的上述做法证实，当面对媒体负面报道特别是虚假负面报道时，必须直面问题，公开揭示真相。这不仅是解决问题的正确选择，同时也是变负面舆情为正面传播的最佳途径。（李新民）

11. 面对媒体刁钻的提问，发言人应当如何回应？

答：记者提出某些刁钻的问题，一般可能会出人意料、难以应对，而且容易引起舆论场的关注和炒作。因此，这将极大地考验发言人的智慧和定力。

首先，发言人大脑要快速运转，机敏地分析清楚媒体的真实意图所在，切忌不明就里，匆忙作答，防止有可能掉进对方早就设计好了的陷阱之中。

其次，冷静淡定，顾全大局，不要以硬碰硬，以刁钻对刁钻，剑拔弩张、火药味浓的发布会绝不是一场成功的发布会。政府发言人应避其锋芒，不慌不忙，落落大方，心平气和而又鲜明果断地表达政府的立场和观点。只要回应机敏、得体、精准，难度再大的提问都不算刁钻。

再次，如果记者所提的刁钻问题，刁得有意义，钻得有道理，政府发言人不仅不能有抵触心理，反而应以欣赏的态度予以认可，并借题发挥，合理引申，相向而行，表明政府的立场和态度，形成双赢。（王勇平）

12. 遇上记者咄咄逼人的提问方式，发言人如何保持克制而不产生情绪波动？

答：记者提问风格各有特点，在发布台上遇上咄咄逼人的提问方式在所难免。对政府发言人而言，不能因此造成情绪波动，影响自己的正常发挥。能控制情绪的发言人，一定能够从容地控制发布台。因为发言人能否回应好记者的提问，一般不是能力问题，而是情绪问题。

首先，发言人在任何情况下都要保持情绪稳定。有经验的发言人，在发布台上喜怒哀乐都不会轻易形于色。也许，让发言人情绪激动以至动怒，恰恰是有的记者使用的激将法。镜头中传播出发言人生气的表情将会使其在公众视线中大为丢分。如果发言人是对的，没有必要生气；如果发言人是错的，没有资格生气。

其次，平和地坚持原则立场。情绪稳定的背后，是实力，是格局。如果事情无关紧要，发言人则不必在意，轻描淡写而过；如果涉及原则，则坚决、果断、明朗地表明立场，让对方明白事实的真相和政府的态度。

再次，外圆内方，刚柔相济。在此种情况下能保持正常情绪并取得最佳效果是很考验功夫的。如果以幽默作为沟通的润滑剂，轻松地处理突变的风云，平和地化解紧张的局面，不仅能维护对方的权利和体面，也会为自己留下智慧、大度和风趣的公众形象。（王勇平）

三、媒介素养（5条）

1. 公共危机事态呈现之际新闻发言人需要具备的心理素质和需要掌握的原则是什么？

答：公共危机事态呈现之际，往往把新闻发言人推到风口浪尖，这种情况下如何应对，正是对新闻发言人综合素质的一个检验。首先要遇事不慌、处变不惊。作为新闻发言人，在遇到涉及本部门的重大安全事故、重大自然灾害、重大突发事件之后，不能慌乱，要严阵以待，按照指挥部统一部署展开工作。一般情况下，应立即赶赴现场，暂时不能去的也要和前方建立直接联系渠道，以便及时了解掌握事态进展最新情况。同时要立即启动舆论引导应急预案，马上设立新闻中心，尽快与主流媒体取得联系，广泛搜集并分析社会舆论方方面面的反映，有针对性地研究制定应对措施。

其次要按照危机应对"三要素"搞好舆论引导。多年实践总结出事故灾难状态下舆论应对的"三要素"，就是"快报事实、慎报原因、重表态度"。"快报事实"，就是对已经发生的事件包括事故灾难，要快速报道出去，让大家知道发生了什么，最新的情况如何，千万不要等待观望，坐失良机。能马上开新闻发布会的要立即开，暂时不能开的要通过主流媒体第一时间发出新闻通稿，占领舆论引导制高点。"慎报原因"，就是对事件包括事故灾难发生的直接原因不要轻易披露，一定要慎重，而且要选择适当时机发布。即使凭主观经验认定可能是什么原因，也不宜过早说出去，以免引起各种非议。因为直接原因决定着事件的性质及主要责任的认定，是社会关注的敏感问题。"重表态度"，就是政府主管部门对事件包括事故灾难调查处理的态度，一定要明确表达，旗帜鲜明，不含糊其词，不模棱两可。如果第一时间发出权威性的声音，就能平稳舆论，防止各种杂音的干扰，从而把握舆论引导的主动权。

再有就是要追踪舆情，及时有效地进行应对。任何一起突发事件包括事故灾难，从发生到处置，到彻底平息，到最后结案，社会的关注度呈现一种波浪式递进的状态。要把握峰值起伏变化规律，及时分析研判舆情，未雨绸缪，主动回应，有时要提前做好引导工作，把公众期望的问题提前回答，把一些不清楚的疑点提前澄清，把负面的一些流言蜚语提前揭穿，把容易产生的舆论热点提前化解。这样就把握了舆论引导的主动权。切忌被舆论牵着鼻子走，始终处于被动应付的状态。（黄毅）

2. 新闻发言人及领导干部应该具备什么样的媒介素养？

答：新闻发言人本身就应该成为新闻人，要熟悉新闻业务，善于策划新闻选题，具有同媒体记者打交道的能力。领导干部特别是主要领导干部，作为本单位第一发言人，更要具有一定的新闻素质。否则就很难适应社会舆论环境对新闻发布工作的新要求。

首先要强化新闻媒介意识。随着现代传媒的快速发展和广泛运用，人们获取信息的渠道非常顺畅。当代大众传媒所拥有的发达的高科技手段，具有极强的延展力和渗透力，它的触角伸向了人类社会生活的各个领域。大众传媒交织而成的新闻信息网络，其影响力几乎控制着社会生活的方方面面。在这种信息开放的社会环境中，不论是新闻发言人还是领导干部，都不可能置身其外、独善其身。要做好新闻发布工作，必须通过信息交流，掌握方方面面的情况，及时向社会传递需要公开的信息，而这些都离不开各种新闻媒介的作用。所以，不论是新闻发言人还是领导干部，都要强化媒介意识，善于和媒体打交道。

其次要善待媒体，用好媒体。不论是新闻发言人还是领导干部，都不要害怕媒体记者，处处提防媒体记者。让媒体记者讲话，天不会塌下来。要充分尊重记者的劳动，支持配合媒体的工作，与媒体记者建立起相互信任、友好合作的朋友关系。要自觉接受舆论的监督，广泛听取媒体记者的意见。要充分发挥媒体记者在推动政务公开、打造阳光政府、建设民主政治中的作用。健全完善新闻发布制度，拓宽与媒体记者信息沟通的渠道。重大活动的开展，重大政策的出台，重大事件的处置，重大事故的调查处理，都要请记者参加，并与记者一起策划好新闻报道的选题，必要时要主动到媒体做访谈类节目。在自媒体时代，要学会运用网络媒体开展宣传工作，应该鼓励新闻发言人和领导干部建立自己的微博或微信，及时主动发布相关信息，搞好网上互动交流。

再有要善于把握遵循新闻规律。不论是新闻发言人还是领导干部，都要注意学习新闻业务，了解掌握新闻工作的一些规律特点，学会用新闻语言与媒体记者沟通，努力做一个新闻发布的行家里手。比如有些新闻传播的规律必须遵循。其一，先入为主。遇到重大事件和敏感问题，必须第一时间做出回应，先声夺人，占领舆论引导制高点。如果丧失良机，让负面消息占据上风，再去引导就困难得多。其二，内容为王。不论是新闻发布还是新闻报道，都要有实实在在的内容，有吸人眼球的东西，尤其是在标题的推敲上，要有画龙点睛之笔，要有振聋发聩之力，要有引人入胜之效。同时，要善于琢磨一些耐人寻味的"金句"，说出来发人深省，容易引起共鸣，也便于传播。其三，公开透明。谣言止于公开，信任来自透明，事实胜于雄辩。新闻的生命力在于真实。在信息社会，除了国家重大机密外，几乎没有什么是可以完全保密的。要勇于公开事实的真相，满足民众的知情权。要推动政务公开、信息公开，自觉把政府工作置于社会监督之下。诸如以上这些带有规律性的东西，必须自觉遵循。只有按照新闻规律办事，才能达到最好的传播效果。（黄毅）

3. 发言人面对记者应该说官话吗？

答：发言人是代表政府通过媒体向民众传递信息的桥梁，说的话一定是政府需要传播的核心信息，这些核心信息必须是非常完整和准确的。同时，在表达的过程中，必须用老百姓愿意接受的方式来与民众沟通，目的是让老百姓听得懂、记得住，并且帮我们传播。也就是说，涉及核心信息，一个字都不能错，该怎么说就怎么说，是官话就说官话。

但是说话的方式要让老百姓爱听，能接受。这一点，应该向我们的国家领导人学习。毛主席是多大的文豪啊！但是他说话的时候，从来不拿腔作调，永远说老百姓愿意听、听得懂、记得住、朗朗上口、易于传播的话。他年轻的时候组织秋收起义，到了农民中间，他没有说"雄关漫道真如铁，而今迈步从头越"。如果当时毛主席这么说，可能没有一个农民能听懂。毛主席面对农民说了"打土豪，分田地"这六个字，所有的人都听懂了，老百姓拿着棍棒铁锹跟随他。

改革开放之初，大家都不知道什么叫改革开放，邓小平同志用一句话把全国人民叫醒，把全世界招来了，他说，"黄猫、黑猫，只要捉住老鼠就是好猫"。习近平同志也是这样，他说"撸起袖子加油干"，鼓舞大家为中华民族的伟大复兴而奋斗。这些领导人说的话有一个人听不懂吗？不仅听懂了，也被民众记住和传播了，他们给我们做了与民沟通的榜样。（王惠）

4. 发言人怎么看待自己的形象？

答：有人问我，你出席这么多场发布会，谁给你化妆呀？你穿的衣服是谁给你设计提供的呀？每年国家给你多少置装费呀？其实，我担任发言人这么多年，从来没有化妆师为我化过妆，没有设计师给我设计和提供过服装，国家也没给我发过置装费。我听说有些地方的发言人有专职化妆师，还有发言人衣柜，有专门的服装提供商，我觉得有点矫情，大可不必。

媒体和民众对发言人的评价不是漂亮不漂亮，而是有没有公开信息的诚意，发布的信息是不是可信。发言人的形象重要吗？当然重要，是政府形象的代表和窗口。但我认为，发言人的形象不是靠化妆和服装来塑造的，是靠在媒体和公众关注政府信息的时候，落地有声，一锤定音，给出精准回应、解答，让记者用你的金句做新闻标题，传播出核心信息塑造的。化妆化不出目光的坦荡、笑容的真诚，也化不出温度和力量；衣装穿不出声音的亲和、语气的可信，也穿不出信息公开的穿透力。发言人代表政府与民众沟通，真实感越强越可信。发布台不是舞台，发言人把自己打扮得像演员一样，民众会觉得你在装、在演，难以信任。

发言人的衣着容貌当然不能随便，因为这是传递信息的一个部分，民众会评价。发言人的衣着要有精准的定位和严格的标准，定位只有一个——庄重得体而不落伍；标准也只有一个——简单大方而有知性。尤其是女性发言人，不能穿得太艳、太花，衣着不能太随便，也不能太过隆重；发式不能各色，整齐为好；首饰基本不戴，戴则谨慎选择。要把功夫下在说什么、怎么说上，拿捏好用什么方式、什么语气、什么表情表达，比琢磨穿什么戴什么更重要，也更容易被民众接受。

发言人也要管理好自己的声音，因为声音也是形象。语调不能太高，高了显得紧张；不能太低，低了没有底气。语速不能太快，快了显得慌乱；也不能太慢，慢了感觉你在编。遇到好事，衣着可以明亮一些，语调可以提高一度。比如北京奥运会开幕的那场发布会，我选了一件淡红色的套装，因为是喜事；也把语调故意调高了一点，把喜悦兴奋的情绪传递给记者和民众。汶川地震第二天的发布会，虽然五月中旬北京气温已经很高了，我还是选择了一件黑色的套装，也在回答记者问题时，降低了语调，放慢了语速，表达了哀悼之情。

除了管理好声音，也要管理好表情和动作。发言人的表情动作经常是记者捕捉的内容，目光是坚定还是犹疑，表情是自然还是慌张，都是他们镜头中的重点、笔下的内容。尤其是外国记者，我发现他们采访我之后，经常会描写我的表情。美联社报道称："在被问到北京是不是在利用城市宣传片做政治宣传时，王女士眉毛一挑，反问道，美国的城市不都有宣传片吗？都在做政治宣传吗？"《华尔街日报》的报道称："王惠在回答记者问题时，眼睛里闪着泪光。"英国《独立报》的报道称："听说北京奥组委有一个不怕记者问问题的铁娘子，我特别去挑战她。她真诚的目光给我留下难忘的印象。在去北京之前，我曾写过很多未经证实的北京报道，现在评价北京时，想到王女士的目光，我不再随意下结论了。"

发言人的动作也经常会被记者抓拍，切记不能在发布台上抠鼻子、挠耳朵、梳理头发，也不能交头接耳，这些小动作被记者拍到就会传播。有的领导干部由于紧张，会不停地翻纸、玩笔，或是在说话的时候吐舌头、翻眼珠，这些都要注意避免。发言人的手势不能多，只在必要的时候用手势强化语气和重要的内容。点记者提问的时候，不能随便指，而要请。

"非典"期间，我连续主持的九场发布会被中央电视台、北京电视台和网络直播。有一天我走在街上，被一个人认出。她说："你就是在发布会上的那个人吧？

我喜欢你这个手势。"她一边说，一边模仿我邀请记者提问的手势，还问我"是这样吗"。（王惠）

5. 发言人在网上和网民沟通应该是官还是民？

答：对于领导干部来说，通过互联网与网民沟通，是一个新的课题。领导干部和发言人习惯在会议室说话，用文件表达，站在媒体面前说新闻语言对他们已经是一个很大的改变，如果到网上与网民沟通，更是新的挑战。

发言人出现在网上，代表政府面对网民，当然是官。但是官和民说话的时候是不是就要说官话呢？这是一个需要解决的问题。

领导干部和发言人上网前必须先学会三件事：

一是了解互联网的山形地貌，熟悉网络生态，知道哪些话被欢迎，那些话被传播，哪些话会遭白眼甚至被骂，掌握网络沟通的能力和技巧。不要怕网民评论你，不管是夸还是骂，他评论你，说明关注你。也不要怕网民问你，他问你，说明相信你。

二是学会网络语言，用网民习惯并愿意接受的语言表达。如果你在网上说官话、套话、大话，网民不但不接受，反而会对你进行各种各样的挑剔、指责、攻击、谩骂，政府的信息不被网民接受，也影响了政府的公信力，更不可能利用网民的关注把我们需要传播的信息传播出去。

三是要放低身段，把自己当成一个普通的网民，尊重和你对话的每一个人。你尊重他，他才会尊重你。但是，领导干部和发言人不管用什么方式说话，所表达的立场必须代表党和政府，所传播的内容必须体现政府的态度。需要把握好亦官亦民的角色，拿捏好与民沟通的尺度。这个能力还需要领导干部和发言人下功夫去提高。（王惠）

注释

［1］2007 年 5 月 17 日，时任上海市委书记的习近平，前往中央驻沪新闻单位和上海各大媒体调研时的讲话。

［2］经济参考报，2012 - 07 - 27.

［3］经济参考报，2007 - 11 - 14；头版头条 . 经济参考报，2007 - 11 - 22.

［4］经济参考报，2010 - 07 - 12.

［5］经济参考报，2014 - 06 - 09.

来自学者的观察与思考

中国特色新闻发布体系的构建

孟 建

⊕ 2016 年 11 月，孟建参加国务院新闻办公室、
中国浦东干部学院合办的"中国新闻发言人
论坛"。

孟　建 ——————————————————————————

　　复旦大学新闻学院教授、博士生导师，享受国务院特殊津贴专家。担任复旦大学国家文化创新研究中心主任、复旦大学国际公共关系研究中心主任、中国传播学会副会长等职。

　　孟建在新闻传播、公共关系、文化研究等方面有着丰富的理论和实践经验。近年来，他在中国新闻发布制度建设理论与实践、国家与地区形象战略研究和实施、国家文化战略与文化产业研究等方面均有突出的成绩，多次受到省部级以上的嘉奖。

　　作为课题组组长，主持上海哲学社会科学重点项目"我国新闻发布制度建设研究"。作为主要负责人，为国务院新闻办公室编撰了我国第一本国家新闻发布手册《政府新闻发布工作手册》。

作为党的新闻舆论工作的重要组成部分，中国的新闻发布是伴随着改革开放发展起来的。20世纪80年代初，我国正式建立新闻发言人制度，新闻发布工作取得长足发展，经过多年的探索与实践，中国新闻发布工作的各项制度和机制已经日趋成熟，用较短的时间走过了西方100多年的发展历史。党的十八大以来，尤其是党的十八届三中全会提出"推进新闻发布制度建设"的重大决策以来，我国的新闻发布制度建设又上了一个大台阶，从特殊方面践行着"推进国家治理体系和治理能力现代化"这一全面深化改革的总目标。

一、中国特色新闻发布体系构建的时代背景

改革开放四十年来，我国的社会生产力得到快速发展，综合国力得到增强，国际地位显著提高。中国特色社会主义进入新时代，为中国的新闻发布工作提供了新的历史舞台。中国作为全球第二大经济体，在与世界深度融合、相互激荡的过程中，如何向世界展现真实、立体、全面的中国，是我国新闻发布工作面临的重要问题。"当今世界是开放的世界，当今中国是开放的中国。中国和世界的关系正在发生历史性变化，中国需要更好了解世界，世界需要更好了解中国。"[1]党的十八大以来，以习近平同志为核心的党中央高度重视对外传播工作，做出了一系列重要工作部署和理论阐述。习近平同志多次强调，要加强国际传播能力建设，精心构建对外话语体系，增强对外话语的创造力、感召力、公信力，讲好中国故事，传播好中国声音，阐释好中国特色，有助于增强国际社会对中国崛起的认同，从而为中华民族的伟大复兴创造更为稳定、友好、合作的国际环境。近年来我国在对外传播过程中取得了一定成就，中国领导人的执政风范和中国社会发展所取得的成绩得到了国际社会的极大认同，但是"西强我弱"的舆论格局还没有根本改变，"中国威胁论"等噪声杂音依然存在，我国的国际形象很大程度上都是"他塑"而非"自塑"，在国际话语权的争夺中仍处于较为弱势地位。我国对外传播整体水平与世界第二大经济体的地位还不相称，传播规模、话语体系、渠道范围、沟通方法的构建还有很大提升空间。

二、中国特色新闻发布体系构建的理论依据

我国的新闻发布工作既是党务、政务信息公开工作，又是新闻舆论工作的重要组成部分。习近平新时代中国特色社会主义思想为中国特色新闻发布体系提供了理论依据。

具体而言，作为新闻舆论工作的重要组成部分，中国特色新闻发布体系的构建主要以中国特色社会主义新闻舆论体系为理论依据。舆论是影响社会发展和政治稳定的重要力量。马克思主义者高度重视新闻舆论工作，在马克思、恩格斯的著作中，"舆论"的概念出现达300多次。我党历来重视舆论工作，从江泽民总书记提出"福祸论"到胡锦涛总书记提出"舆论引导正确，利党利国利民；舆论引导错误，误党误国误民"，一再强调了新闻舆论工作的重要性。十八大以来，以习近平同志为核心的党中央高度重视新闻舆论工作，发表了一系列讲话，多次做出重要指示，提出了一系列加强和改进新闻舆论工作的新论断、新观点和新要求，这是习近平新时代中国特色社会主义思想在新闻舆论领域的生动体现。

习近平总书记将党的新闻舆论工作提升到了"全局"的新高度，对党的新闻舆论工作性质做出新定位。他提出党的新闻舆论工作"是治国理政、立国安邦的大事"[2]。他强调，"做好党的新闻舆论工作，事关旗帜和道路，事关贯彻落实党的理论和路线方针政策，事关顺利推进党和国家各项事业，事关全党全国各族人民凝聚力和向心力，事关党和国家前途命运。必须从党的工作全局出发把握党的新闻舆论工作，做到思想上高度重视、工作上精准有力"[3]。

中国特色社会主义新闻舆论体系对党的新闻舆论工作的职责使命做出表述。党的新闻舆论工作要围绕"高举旗帜、引领导向，围绕中心、服务大局，团结人民、鼓舞士气，成风化人、凝心聚力，澄清谬误、明辨是非，联接中外、沟通世界"[4] 48字方针展开，必须自觉承担起"举旗帜、聚民心、育新人、兴文化、展形象"[5] 的使命任务，为新时代做好新闻舆论工作指明努力方向。

中国特色社会主义新闻舆论体系对党的新闻舆论工作的方针原则做出论断。党的新闻舆论工作必须坚持党性原则，坚持党性和人民性的统一，坚持党对意识形态工作的领导权，将马克思主义新闻观作为"定盘星"，坚持正确的舆论导向，巩固壮大主流思想舆论，坚持正面宣传为主，把团结稳定鼓劲作为基本方针和原则，坚持改革创新。

中国特色社会主义新闻舆论体系对党的新闻舆论工作的能力建设方面做出规

划。"做好宣传思想工作，比以往任何时候都更加需要创新"[6]。新闻舆论工作要牢固树立创新意识，"必须创新理念、内容、体裁、形式、方法、手段、业态、体制、机制"[7]，加强传播手段和话语方式创新，提高新闻舆论工作的传播力、引导力、影响力、公信力。

中国特色社会主义新闻舆论体系对党的新闻舆论工作的工作重点做出部署。中国特色社会主义进入新时代，必须把统一思想、凝聚力量作为工作中心环节，要将网上舆论工作作为重中之重来抓。随着移动互联技术的兴起与广泛应用，我国舆论的主阵地已经发生偏移，互联网已经成为舆论斗争的主战场。因此，要牢牢把握网上舆论工作的领导权和主动权，加强网络内容建设，把握网上舆论引导的时、度、效，做大做强网上主流舆论，要"提高网络综合治理能力，形成党委领导、政府管理、企业履责、社会监督、网络自律等多主体参与，经济、法律、技术等多种手段相结合的综合治网格局"[8]。

中国特色社会主义新闻舆论体系对党的新闻舆论工作的国际传播能力建设方面做出阐述。中国日益走近世界舞台中央，"争取国际话语权是我们当前必须解决好的一个重大问题"[9]。党的新闻舆论工作要提升国际传播能力，主动设置议题，增强国际话语权；要让中国声音真正走出去，加强创新力度，拓展渠道平台；要优化战略布局，加强顶层设计；要加强话语体系建设，构建融通中外的话语体系。

中国特色社会主义新闻舆论体系对党的新闻舆论工作的队伍建设方面提出新要求。党的新闻舆论工作队伍要"坚持正确政治方向，坚持正确舆论导向，坚持正确新闻志向，坚持正确工作取向"[10]，要"不断掌握新知识、熟悉新领域、开拓新视野，增强本领能力，加强调查研究，不断增强脚力、眼力、脑力、笔力，努力打造一支政治过硬、本领高强、求实创新、能打胜仗的宣传思想工作队伍"[11]，要深入开展马克思主义新闻观教育，造就全媒型、专家型人才。

三、中国特色新闻发布体系构建的发展阶段

新闻发布工作既是政府工作的重要内容，也是新闻舆论工作的重要组成部分，中国改革开放和民主政治建设取得的成就为我国的新闻发布工作提供了实践空间。

（一）我国新闻发布工作的发端阶段（1983—2003 年）

我国的新闻发布工作启动于 1982 年，开始于 1983 年。1982 年，时任外交部新闻司司长钱其琛针对苏联领导人关于改善中苏关系对话发表了简短声明。同年，中

央对外宣传领导小组（国务院新闻办的前身）起草了《关于设立新闻发言人制度的请示》。[12]

1983年2月，中央要求外交部和对外交往较多的国务院各部门建立新闻发布制度，定期或不定期发布新闻。[13] 3月，外交部首先设立新闻发言人，定期召开新闻发布会。4月，中国记协首次向中外记者介绍国务院各部委和人民团体的新闻发言人，正式宣布中国建立新闻发言人制度。[14] 6月，全国人大和全国政协六届一次会议首次举行新闻发布会，"两会"开展新闻发布工作延续至今。同年，国务院台办、外经贸部、国家统计局等部委纷纷设立新闻发言人。

此后，我国的新闻发布工作陆续开展起来，但并未有很大进展。这一时期的新闻发布工作主要以对外宣传为主，呈现出浓厚的"对外"色彩，主要是面向国外媒体和记者，"各种关于新闻发布的官方文件名称均含有'外国记者'和'对外新闻发布'等字眼"[15]。如1983年2月中宣部和中央对外宣传领导小组联合发布的《关于实施〈设立新闻发言人制度〉和加强对外国记者工作的意见》，1992年国务院新闻办公室起草《国务院新闻办公室关于开展对外新闻发布工作的设想》，这在很大程度上满足了境外媒体对国内信息的需求。同时，新闻发布工作主要局限在各部委和全国人大、全国政协以及全国总工会、妇联、文联等人民团体，而开展新闻发布工作的省市少之又少。1985年深圳建立三个层次的新闻发言人，开创地方政府新闻发布先河。1989年广州开始设立新闻发布制度。此后，我国的新闻发布工作主要采用"由国务院新闻办公室负责，以国新办记者招待会为主，新闻吹风会和集体采访等形式为辅"[16]的新闻方式，每年举办的新闻发布会由几场、十几场逐步发展为三四十场。而这一时段的新闻发布工作并没有相关的法律法规与之完善配套。

（二）我国新闻发布工作的发展阶段（2003—2013年）

2003年对中国新闻发布工作来说是个重要的时间节点，"非典"事件的出现推动了中国新闻发布工作快速发展，"使中国政府对新闻发布的重要性有了深刻认识，有力地推动中国政府新闻发布进入一个'快速发展、全面改进和提高的新阶段'"[17]。

首先，这一时期已经基本形成"横向到边，纵向到底"的新闻发布格局。所谓"横向到边"是指新闻发布的主体和内容已经涉及党、政、军、民、学等各个领域；所谓"纵向到底"是指我国的新闻发布形成了"国务院新闻办公室-中央和国家机关有关部门-省（市区）级政府"三个层次的新闻发布体系。除此之外，三个层次的新闻发布体系还不断延伸下沉，有些地市、区县甚至街道社区等基层政府部门也建立了新闻发布制度，形成了相应的新闻发布平台。在 2004 年 4 月，《中共中央关于加强和改进新形势下对外宣传工作的意见》中指出："建立中央对外宣传办公室、国务院各部委及省级政府三个层次的新闻发布工作机制，明确职责，注重策划，加大对新闻发言人的培训力度，做到经常化和制度化，提高新闻发布的效果和权威性。认真做好新闻发布会的评估工作，不断改进和提高新闻发布水平"[18]。截至 2004 年年底，中国政府三个层次新闻发布体制基本建立。

其次，发布场次显著增多，发布主题逐渐丰富，发布方式也更加灵活。这一时期的新闻发布工作范围开始扩展，由发端期的对外宣传扩展到政府传播与危机公关。新闻发布工作的发布场次明显增多，如"2005 年，国务院新闻办公室、国务院各部门和省级人民政府三个层次今年共举办新闻发布会 1 088 场"[19]；"2009 年，党中央、国务院各个部门举办新闻发布会 573 场，各省区市人民政府、新闻办公室举办新闻发布会 1 013 场，共计 1 646 场新闻发布会"[20]；"2010 年，国务院新闻办公室举行新闻发布会 66 场，中共中央、国务院各部门举行新闻发布会 595 场，各省（区、市）党委和政府共举行新闻发布会 1 215 场，总共 1 876 场"[21]。就发布主题方面，目前新闻发布主要包括日常新闻发布和突发事件的新闻发布两类。其中，日常新闻发布涵盖了政治、经济、文化、社会、生态等国内发展的方方面面，军事信息和党务信息也逐渐涉及，在向国外媒体和公众介绍中国的同时，也加大力度向国内公众介绍和阐释党和政府的路线方针政策、工作进展和重要措施等。在突发事件的新闻发布工作方面，能够较好地回应社会关切，尤其是关于突发卫生公共事件的新闻发布，已经积累了一定的经验，也逐渐得到广大群众的认同。新闻发布形式也较之前有所增多，除了常规的新闻发布会以外，还有背景吹风会、组织集体采访、发表白皮书、答复记者问询等方式。随着移动通信的使用和发展，我国的新闻发布工作开始转向移动互联网，纷纷设立网络新闻发言人，如"2009 年 7—12 月，广东、云南、贵州、江苏等地政府机构开通新闻发布网络平台"[22]。2011 年、2012 年政务微博、政务微信等政务新媒体的运用，为政府、媒体和公众搭建了信息沟通平台，尤其是在突发事件的新闻发布工作中发挥着重要的作用。

再次，陆续出台了若干与政府新闻发布制度有关的法规和文件，如 2003 年 5 月国务院出台《突发公共卫生事件应急条例》，2006 年 1 月国务院出台《国家突发公共事件总体应急预案》，2007 年 8 月全国人大颁布《中华人民共和国突发事件应对法》，2008 年 5 月实施《中华人民共和国政府信息公开条例》等。一系列具有针对性和操作性的条例的出台，为我国的新闻发布工作提供了强有力的政策保障。

最后，新闻发言人队伍逐渐扩大，并初步建立党委新闻发言人制度。我国新闻发言人队伍逐渐壮大，政府新闻发言人培训日益增多。2004 年 12 月 28 日，国务院新闻办公室首次公开了 62 个部委 75 名新闻发言人的联系方式，以后每年陆续公布，一直延续至今。在政府新闻发言人制度快速发展的过程中，我国开始加强党务信息公开的要求。2004 年 9 月，党的十六届四中全会指出"逐步推进党务公开，增强党组织工作的透明度"，"完善新闻发布制度和重大突发事件新闻报道快速反应机制"[23]。此后，中央纪委、中央组织部等部门开始建立新闻发言人制度。2009 年 9 月，党的十七届四中全会明确提出要"建立党委新闻发言人制度"。2010 年，中共中央办公厅印发《关于建立党委新闻发言人制度的意见》的通知。随后，13 个党中央部门和单位，31 个省（区、市）和新疆生产建设兵团党委都设立了新闻发言人。[24]除此之外，2009 年国务院新闻办公室与国资委一起推动中央企业新闻发布制度建设，已经有一大批央企建立了新闻发布制度。[25]

（三）我国新闻发布工作的提升阶段（2013 年至今）

党的十八大以来，我国的新闻发布工作进入快速提升阶段，体现了新的"政治传播"理念，顺应了以习近平同志为核心的新一代领导集体的新型执政方式的需求。尤其是党的十八届三中全会提出"推动新闻发布制度化"的命题，为我国新闻发布工作提供了权威的指引方向，信息公开力度持续加大、主动发布意识不断增强，在政策解读、回应关切、引导舆论方面表现较为突出。

第一，新闻发布工作的定期化与常态化开展。相较于上一阶段，我国的新闻发布工作更加定期化和常态化，实行例行新闻发布会制度。"2013 年国务院组成部门已实行例行新闻发布会制度的部门至少有 8 个，有些部委，虽然没有建立例行发布会，但是，已经建立了成熟的新闻发布制度，包括举行发布会、专题记者会等，内容则主要针对热点问题进行回应。"[26]2015 年起，国务院新闻办公室会同国务院办公厅建立国务院政策例行吹风会，"例行"意味着这项工作已经成为"新常态"，成为国务院新闻办公室新闻发布工作中全新的一套逐渐被常态化的机制。在这一过程中，党和国家最新的方针政策，借由"吹风会"这一机制进行很好的传播并得以权威地阐释，这为进一步沟通和密切政府、媒体、公众三者间的关系提供了更大的可能性。2015 年 5 月，国务院新闻办公室对与宏观经济、民生关系密切和社会关注事项较多的部门提出建立"4·2·1＋N"新闻发布模式的"刚性要求"，要求这些部门"每季度至少举行 1 次新闻发布会，每年 4 次；这些部门的负责同志，每半年至少出席国务院新闻办公室新闻发布会 1 次，每年 2 次；这些部门的主要负责同志，每年至少出席国务院新闻办公室新闻发布会 1 次"[27]。2015 年有 6 个部门全面达到"4·2·1＋N"新闻发布模式有关要求，2016 年有 14 个部门达到要求。

第二，创新工作方式，积极利用互联网新媒体等多种传播渠道开展新闻发布工作。2013 年 10 月，国务院颁布《关于进一步加强政府信息公开回应社会关切提升政府公信力的意见》，明确指出要"着力建设基于新媒体的政务信息发布和与公众互动交流新渠道。各地区各部门应积极探索利用政务微博、微信等新媒体，及时发布各类权威政务信息，尤其是涉及公众重大关切的公共事件和政策法规方面的信息，并充分利用新媒体的互动功能，以及时、便捷的方式与公众进行互动交流"[28]。截至 2015 年，各部门各地方基本都开设了政府官方网站，63 个部门和各省（区、市）、新疆生产建设兵团在微博、微信、客户端等新媒体平台开通了账号。[29]2016 年 12 月 15 日，国务院新闻办新闻发布客户端"国新发布"App 和"网上新闻发布厅"开始试运行。对互联网新媒体的应用，不仅有效缩短了新闻发布的时间，也积极占据了舆论主阵地，避免在重大决策问题、重大突发事件面前失语。

第三，新闻发言人队伍由"兼职化"向"专职化"过渡，"一把手"或主要领导担纲，彰显新闻发布内容的权威性。相较于国外的新闻发言人多是由媒体记者产生，我国的新闻发言人多从官员中产生，且具备一定的行政级别。最初的新闻发言人队伍多由官员兼职。"兼职化"的新闻发言人队伍在促进我国新闻发布工作快速发展的同时，也在一定程度上制约了新闻发布工作的升级与转型，如：新闻发言人的准入机制不明确，专业性有待提升；行政事务与新闻发布工作有冲突时，新闻发布工作则容易不受重视；各部门之间的协调不畅，在新闻发布工作中出现"不说话""乱说话""说错话"等局面。考虑到新闻发言人工作在部门、单位或地区的业务层面，以及新闻发布的传播沟通等方面，都具有较强的专业性，推进新闻发言人专职化建设，有利于提高新闻发言人的专业素质，推进新闻发布工作的进展。2015年 5 月 7 日，国务院新闻办公室召开新闻发布工作会议，贯彻落实《关于建立国务院部门主要负责同志主动及时回应社会关切机制的情况和建议》，积极推动国务院部门主要负责同志主动及时回应社会和国内外媒体关切，成为新闻发布工作制度建设进行突破的重要抓手。2016 年 2 月，中共中央办公厅、国务院办公厅印发《关于全面推进政务公开工作的意见》要求，"领导干部要带头宣讲政策，特别是遇有重大突发事件、重要社会关切等，主要负责人要带头接受媒体采访，表明立场态度，发出权威声音，当好'第一新闻发言人'"[30]。截至 2016 年年底，各部门、各省（区、市）和新疆生产建设兵团都设立了新闻发言人，由厅局级以上领导干部担任，共计 244 位，其中中国证监会设立了专职新闻发言人。65 个部门、27 个地区及新疆生产建设兵团为新闻发言人配备专门团队。[31]

第四，关于新闻发布和信息公开方面不断有新的管理规范出台。如 2013 年出台的《关于进一步加强政府信息公开回应社会关切提升政府公信力的意见》，2014 年出台的《关于建立健全信息发布和政策解读机制的意见》，2015 年出台的《关于建立国务院部门主要负责同志主动及时回应社会关切机制的情况和建议》，2016 年出台的《关于在政务公开工作中进一步做好政务舆情回应的通知》《〈关于全面推进政务公开工作的意见〉实施细则》，2017 年出台的《中国共产党党务公开条例（试行）》等文件等一系列管理规范的印发，针对新闻发布和舆论引导工作中的新情况、新问题进行了具体且具有操作性的规定，使我国的新闻发布工作在高位推动下更加有法可依。

最后，开始启动新闻发布评估考核机制。我国新闻发布制度实施效果如何，新闻发布工作进展究竟如何，对于我国新闻发布制度的建设和完善起到至关重要的作用。目前，国务院新闻办公室以及多个省（区、市）政府新闻办已经开始启动新闻发布效果评估，本着通过考核推进、鼓励新闻发布实体工作的原则，注重考核新闻发布的时效和实效，加大工作考核和问责力度，重点考核新闻发布与舆论引导的效果，并根据专家组评估效果等，对舆论引导效果好的发布主体进行表彰。

四、中国特色新闻发布体系的建设目标

新闻发布工作，作为党的宣传思想工作的重要组成部分，必须时刻坚守自己的职责与使命，适应时代变化，不断完善整体性的体系建设和具体的实施战略，使新闻发布制度更加科学、更加完善，从而实现党、国家、社会各项事务治理制度化、规范化、程序化，在实践中不断推进"国家治理体系和治理能力现代化"这一全面深化改革的总目标，在"强信心、聚民心、暖人心、筑同心"[32]方面发挥越来越重要的作用。

中国特色新闻发布体系的构建，是我党执政理念系统不可或缺的重要方面。执政理念是执政党在自身建设和执政活动中用以贯彻的指导思想、价值判断和执政宗旨的总和。[33]长期以来，我党的执政理念围绕"为谁执政、靠谁执政、怎样执政"的重要议题不断得到创新发展，党的执政理念的内容体系也不断丰富与完善，这既是党不断提升自身先进建设的重要体现，也是党执政能力构成的首要因素。我国的新闻发布工作，尤其是重大政治活动的新闻发布工作的顺利开展能够充分发挥信息发布、信息汇聚和舆论引导等功能，有效保障人民群众用直接明了的方式了解和把

握党的执政理念、执政方式和执政行为。

首先，中国特色新闻发布体系的构建，必须坚持党性原则。党的新闻舆论工作，要坚持党对意识形态工作的领导权，"要加强党对宣传思想工作的全面领导，旗帜鲜明坚持党管宣传、党管意识形态"[34]，"要体现党的意志、反映党的主张，维护党中央权威、维护党的团结，做到爱党、护党、为党"[35]，必须做到"与党同向、与人民同心、与时代同步"。我国的新闻发布工作必须坚持党性原则，增强政治意识、大局意识、核心意识、看齐意识。

其次，中国特色新闻发布体系的构建，是"以人民为中心"理念的具体体现。我们党一直以来强调"全心全意为人民服务"的宗旨。党的十八大以来，以习近平同志为核心的党中央将"以人民为中心"置于治国理政思想的最核心，明确提出，把"有利于提高人民的生活水平，作为总的出发点和检验标准"。这就要求我们在实际工作中要坚持人民主体地位，把党的群众路线贯彻到治国理政的全部活动中。我国的新闻发布工作起着发挥社会沟通职能、服务公众生活的重要功能。政府新闻发布制度理念层面的理论来源首先是公民知情权和政府信息公开理论。坚持党务、政务信息及时有效公开，是建立党、政府与民众之间信任，营造良性环境的重要前提。新闻发布工作既能宣介党和政府的政策、方针，又能有效服务公众，实现党和政府信息的有效公开和精准传播。因此，"以人民为中心"是中国特色新闻发布体系构建时必须遵循的基本原则和根本方法，这样才能结合民情民意，将民众关心的政策和问题讲清楚，在立场、情感上获得民众认可，增强民众对党和政府的信任感。

中国特色新闻发布体系的构建，是融入国家整体治理体系的重要部分，凸显国家治理能力现代化的重要途径。党的十八届三中全会明确指出，"全面深化改革的总目标是完善和发展中国特色社会主义制度，推进国家治理体系和治理能力现代化"[36]，其中"国家治理体系和治理能力现代化"的提出是"一个国家的制度和制度执行能力的集中体现"[37]，是适应社会发展和满足人民群众需要的必然选择。作为一项系统而庞大的工程，党的新闻舆论工作在其中起到不可或缺的作用。党和政府通过及时有效的新闻发布工作，充分发挥其舆论引导职能，以思想共识凝聚行动力量，用正确舆论引领前进方向，不断提升舆论引导力和舆论掌控力，营造有利于推动当前社会改革发展和有利于全社会和谐稳定的舆论环境。

首先，制度化建设是核心问题。中国特色新闻发布体系的构建，必须以制度建设为抓手，致力于推进新闻发布制度更加成熟更加定型。建设成熟完善的新闻发布制度，发挥新闻发布工作在推进国家治理体系和治理能力现代化建设过程中的作用，将新闻发布工作贯彻落实到治党治国治军、内政外交国防、改革发展稳定等各个方面，彰显新闻发布工作在信息公开、政策解读、回应关切等方面的核心地位，提高科学执政、民主执政、依法执政的能力与水平，不断提升党和政府的公信力。

其次，平台建设和话语建设是关键问题。习近平总书记在全国宣传思想工作会议上指出，"要加强传播手段和话语方式创新，让党的创新理论'飞入寻常百姓家'"[38]。中国特色新闻理论发布体系要注重平台建设，不断提升我国新闻发布工作的传播力、引导力、影响力、感染力，应用新媒体技术、整合媒体资源，提升运用大数据的能力，采用集约发展方式，拓展新闻发布平台，增强新媒体用户群的参与度和体验度，建设综合信息服务平台，强化信息服务功能和能力。同时，注重话语建设，讲究新闻发布工作的艺术性，将政策话语、新闻话语和公众话语三者互相打通并合理转化，使中国特色新闻发布体系真正助力党和政府工作，高效筑起党和政府与公众的信息沟通平台。

中国特色新闻发布体系的构建，是宣介中国主张，自觉践行中国特色社会主义道路自信、理论自信、制度自信、文化自信的重要体现。我国新闻发布工作所承担的一项重要职责就是宣介政府主张，传播引领政治决策的方向。一方面国内外媒体和公众可以通过新闻发布工作了解党和政府的执政主张和政策内容，另一方面党和政府需要通过信号释放了解国内外媒体和公众的意见或建议，从而实现双向有效沟通。

首先，有助于在国际国内舆论格局中争夺话语权。尤其是党的十八大以来，面对错综复杂的国内外形势，以习近平同志为核心的党中央主动认识新常态、适应新常态、引领新常态，不断提出"一带一路""人类命运共同体"等一系列全球治理的新思想、新观念、新主张。这些新思想、新观念、新主张的提出，不仅仅局限在经济利益的发展方面，更主要是追求政治上的互信，争取国际规则制定权和话语权，争取占据国内舆论场的主阵地，追求共同利益、国家利益、民族利益的共通性和一致性。

其次，是展现"四个自信"的具体要求。习近平总书记在庆祝中国共产党成立95周年大会上指出，"坚持不忘初心、继续前进，就要坚持中国特色社会主义道路自信、理论自信、制度自信、文化自信"。"四个自信"的提出，解答了我们举什么旗、走什么路、怎么办、如何走的问题。我国的新闻发布工作通过信息发布对国家政策进行解读，将国家、媒体、社会和公众紧密结合在一起，发布什么样的信息和内容、如何发布信息和内容都体现了党和政府治国理政的目标指向和价值导向。中国特色社会主义新闻发布体系的构建，是顺应时代潮流和发展、尊重公民知情权、服务改革发展大局的重要举措，有助于展现一个道路自信、理论自信、制度自信、文化自信的当代中国。

注释

［1］习近平致中国国际电视台（中国环球电视网）开播的贺信．人民日报，2017－01－01.

［2］习近平总书记党的新闻舆论工作座谈会重要讲话精神学习辅助材料．北京：学习出版社，2016：7.

［3］习近平谈治国理政：第二卷．北京：外文出版社，2017：331－332.

［4］同［3］332.

［5］习近平出席全国宣传思想工作会议并发表重要讲话．（2018－08－22）［2019－05－10］. http：//www. gov. cn/xinwen/2018-08/22/content_5315723. htm.

［6］习近平关于全面深化改革论述摘编．北京：中央文献出版社，2014：84.

［7］同［2］.

［8］习近平新闻思想讲义（2018版）．北京：人民出版社，学习出版社，2018：29.

［9］习近平．在全国党校工作会议上的讲话．求是，2016（9）.

［10］习近平对新闻记者提出4点希望 做党和人民信赖的新闻工作者．（2016－11－07）［2019－05－10］. http：//www. xinhuanet. com/zgjx/2016-11/07/c_135811858. htm.

［11］同［5］.

［12］冯春海．中国政府新闻发布变迁．北京：清华大学出版社，2015：55.

［13］李晓虎．中国政府新闻发布制度研究．上海：复旦大学，2007.

［14］中国社会科学院新闻研究所．中国新闻年鉴（1984）．北京：光明日报出版社，1984：482.

［15］同［12］59.

［16］同［12］57.

［17］根据王旭明的一些发言综合编写。冯春海．中国政府新闻发布变迁．北京：清华大学出版社，2015：64.

［18］王国庆．加强地方政府新闻发布制度的建设//汪兴明，李希光．政府发言人15讲．北京：清华大学出版社，2006：47.

［19］2005年中国政府三个层次新闻发布会共举办1 088场．（2005－12－29）［2019－05－10］. http：//www. scio. gov. cn/m/xwfbh/zdjs/Document/319823/319823. htm.

［20］国新办就2009年各项工作进展情况举行发布会．（2009－12－29）［2019－05－10］. http：//www. scio. gov. cn/xwfbh/xwbfbh/wqfbh/2009/1229/wz/Document/506624/506624. htm.

［21］国新办就2010年各项工作进展情况举行发布会．（2010－12－30）［2019－05－10］. http：//www. scio. gov. cn/xwfbh/xwbfbh/wqfbh/2010/1230/index. htm.

［22］侯迎忠．新媒体时代政府新闻发布制度创新与路径选择．暨南学报（哲学社会科学

版），2017（4）．

［23］中共中央关于加强党的执政能力建设的决定．北京：人民出版社，2004：36，22．

［24］同［21］．

［25］同［20］．

［26］国务院组成部门建例行发布会制度．（2014－01－02）［2019－05－10］．http：//www. scio. gov. cn/m/xwfbh/zdjs/Document/1358395/1358395. htm.

［27］2015年新闻发布工作取得新进展．（2016－04－12）［2019－05－10］．http：//www. scio. gov. cn/m/xwfbh/zd js/Document/1473954/1473954. htm.

［28］国务院办公厅关于进一步加强政府信息公开回应社会关切提升政府公信力的意见．北京：人民日报出版社，2013：5.

［29］同［27］．

［30］2016年度全国新闻发布工作评估结果揭晓．（2017－05－24）［2019－05－10］．http：//www. scio. gov. cn/m/xwfbh/zdjs/Document/1553273/1553273. htm.

［31］同［30］．

［32］习近平出席全国宣传思想工作会议并发表重要讲话．（2018－08－22）［2019－05－10］．http：//www. gov. cn/xinwen/2018-08/22/content _ 5315723. htm.

［33］梁巨龙，吴晓晴．改革开放三十年来中国共产党执政理念的演进．中共云南省委党校学报，2008（6）．

［34］同［5］．

［35］习近平的新闻舆论观．（2016－02－25）［2019－05－10］．http：//paper. people. com. cn/rmrbhwb/html/2016-02/25/content _ 1656513. htm.

［36］中国共产党第十八届中央委员会第三次全体会议公报．（2013－11－12）［2019－05－10］．http：//www. xinhuanet. com/politics/2013-11/12/c _ 118113455. htm.

［37］习近平：推进国家治理体系和治理能力现代化．（2014－02－17）［2019－05－10］．http：//politics. people. com. cn/n/2014/0217/c1024-24384975. html.

［38］同［5］．

与改革开放同行的中国新闻发布制度建设

| 程曼丽

⊕ 2018 年 11 月 11 日，程曼丽教授在山东大学
主办的"孔子学院研究与智库建设高峰论坛"
上做主题发言。

程曼丽

北京大学国家战略传播研究院院长，北京大学新闻学研究会执行会长，北京大学新闻与传播学院教授、博士生导师。

兼任中国新闻史学会名誉会长，国家食品药品监督管理总局食品安全风险交流专家组副组长，国家突发公共卫生事件专家咨询委员会委员，最高人民法院司法信息传播策划专家。同时兼任国内多所大学新闻传播学院客座教授。

2003年起作为主讲人之一受邀参加卫生部、农业部、铁道部、商务部、教育部、食品药品监督管理总局以及各级政府宣传管理部门相关人员的培训；2007年起参加国务院新闻办组织的"全国采访线"工程，作为主讲人之一讲授危机传播方面的课程；2011年2月参加中央外宣办组织的"全国党委新闻发言人首次培训班"，受委托担任"突发事件新闻发布"主题的授课任务。近年又受邀参加对主流媒体外派记者、"走出去"企业负责人以及孔院院长等相关人员的培训。其间完成"中国国际传播能力建设研究""中国互联网管理的对外传播研究""美国国家战略传播体系的形成与我国国家战略传播体系建设的构想"等研究课题。

中国新闻发言人制度在改革开放中建立，与改革开放同行，并与党和人民一起相伴进入新时代。

一、改革开放与新闻发布制度的建立健全

新中国成立至改革开放初期，中国很少以新闻发言的形式发布新闻，其间只举行过少数几次记者招待会，影响比较大的如下：1965 年 9 月 29 日，时任外交部部长陈毅在人民大会堂举行记者招待会，驳斥美苏超级大国对我国实行的军事包围，300 多名中外记者对此进行了采访。

1980 年 9 月 29 日，全国人大常委会副秘书长曾涛就五届人大常委会第 16 次会议决定成立特别监察厅和特别法庭审判林彪、江青反革命集团案 10 名主犯的主题举行了中外记者招待会，因事件重大轰动一时。

同年，中国政府还举行了另外一次重要的新闻发布会——向国内外公众发布关于"渤海二号"石油钻井船翻沉事故的调查处理结果，这是中国政府首次对突发事件进行新闻发布。这一时期政府还曾就其他一些重大事件举办记者招待会，但是严格地说，新闻发布并未形成制度。

1983 年 2 月，中共中央宣传部、中央对外宣传领导小组联合发布《关于实施〈设立新闻发言人制度〉和加强对外国记者工作的意见》，要求外交部和对外交往较多的国务院各部门建立制度，定期或不定期地发布新闻。1983 年 3 月 1 日，新任外交部新闻司司长齐怀远被正式任命为外交部发言人，举行了首次新闻发布会。1983 年 4 月 23 日，中国记协首次向中外记者介绍国务院各部委和人民团体的新闻发言人，正式宣布中国建立新闻发言人制度。

1991 年，为了加强对外宣传工作，国务院新闻办公室成立，它与先前恢复成立的中央对外宣传领导小组同时作为国务院新闻办公室，一个机构两块牌子。国务院新闻办公室由此成为政府新闻发布的管理机构。

2003 年是中国新闻发言人制度建设的一个重要时间节点。这一年，一场"非典"危机不期而至，暴露出政府信息收集和发布系统中存在的漏洞与问题，包括卫生管理部门信息系统不健全，准确的疫情数据迟迟统计不上来，地方医院与部队医

院之间缺乏必要的统筹协调，等等。这些问题引起政府方面的高度重视。在中央政府的要求与敦促下，国家各部委、各级政府机构纷纷设立新闻发言人，建立新闻发布制度，2003 年因此被称为"新闻发言人年"。

2003 年 9 月，国务院新闻办组织了第一期全国新闻发言人培训班，来自国家部委和地方政府的 100 多位新闻发言人参加了培训。紧接着，2004 年、2005 年国务院新闻办又在全国范围内分别举办四期新闻发言人培训班。到 2005 年年底，国务院近 70 个部门共设立 80 多位新闻发言人，31 个省、自治区与直辖市的新闻发言人也基本就位。

2006 年 1 月 1 日，中央人民政府门户网站（简称"中国政府网"）正式开通，这是政府信息公开的一个重要步骤。同一年，教育部、公安部、卫生部率先开始进行新闻发言人定时、定点、自主新闻发布。之后，更多的政府部门开始进行常态性的新闻发布。2008 年，《中华人民共和国政府信息公开条例》颁布，为新闻发布制度建设提供了法规支持和制度保障。

在政府新闻发布制度建设和不断完善的过程中，2009 年 8 月，中共十七届四中全会在新闻公报中提出"推进党的建设科学化、制度化、规范化"，要求"建立党委新闻发言人制度"。

到 2010 年年底，党中央 13 个部门、31 个省（区、市）以及新疆生产建设兵团的党委发言人基本就位，并开始了新闻发布活动。随后，大多数省会城市和计划单列市也设立了党委新闻发言人。

2011 年 2 月，全国首次党委新闻发言人培训班在北京举办，来自中央 13 个部门的新闻发言人以及来自全国各地相关部门共 200 多人参加了培训。与此同时，国资委直属 121 家大型央企通过新华网将各自新闻发言人的姓名及联系方式向社会公布。至此，各级政府、各级党委以及央企新闻发言人的岗位布局基本完成，新闻发言人制度体系已经成型。

2010 年被称为中国的"微博元年"。从 2011 年起，在宣传管理部门的要求与敦促下，各级党政机关和领导干部纷纷开通微博，利用这一新媒体手段进行信息发布。根据网信办的统计，截至 2011 年年底，政府部门和国家机关工作人员开通微博达到 6 万多个，2011 年也因此被称为"政务微博元年"。2012 年上半年，政务微博的开通数量以平均每月 3 500 个的速度猛增，成为官民沟通的一大渠道。为了充分利用这个更为直接的信息平台，政府部门对于一些重大事件也采取了微博直播的方式。例如在 2013 年 8 月 22 日的"薄熙来案"庭审中，济南中级人民法院的官方微博一开始便采用文字、图片、音频、视频手段，对"薄熙来案"进行充分详尽的全景展示。根据人民网舆情监测室的数据，济南中院官方微博直播"薄熙来案"当日，平均每十分钟约增长 7 094 个粉丝，在 38 条微博中平均每条发出后约带来 3 361 个新粉丝的关注。这足以说明，微博（今天则发展为"两微一端"）已成为当今热点事件的聚焦平台，成为政府信息发布的一个新的途径。

总之，新闻发布制度建设全面推进的几十年间，伴随着改革开放的进程，新闻发布在促进政务公开、优化国家治理方面发挥了重要作用。具体表现在以下几个方面：

第一，新闻发布制度的建立保障了公民的知情权，而知情权是公民实现参与权、表达权和监督权的重要前提。党和政府近年提出的"以公开为常态、不公开为例外"的要求，则进一步拓展了公民知情权的制度空间。

第二，新闻发布制度为政府与公众的沟通及公众意见参与搭建了有效的平台。政府信息是公共信息的重要组成部分，政府权威信息发布为公众全面了解社会现实、准确判断问题及理性行动提供了条件，也使公众参与公共事务及社会治理成为可能。

第三，新闻发布制度可以确保政府机构在面对重大突发性事件时迅速应对，不失声、不缺位。这有助于公众及时了解事实真相，减少各种猜测、臆断以及谣言和小道消息的传播，有利于安抚民心，稳定局势。

第四，新闻发布是舆论引导的一个重要手段。它既可以对应性地释疑解惑，消除事件本身的不确定性，也可以通过主动设置议题实现对社会舆论的引导，使公众关切聚焦到如何解决问题的现实考量上来，放大正能量，减少不利因素。

第五，新闻发布制度的建立在很大程度上改变了以往政府部门对于信息公开的消极态度和"封""堵""截"的传统做法，大大提高了政府信息传播的时效性和行政效率。这有利于树立各级政府在公众心目中的良好形象。

第六，随着中国日益走向世界，政府新闻发布向外国记者开放的程度越来越大，经由这一渠道传播出去的中国信息也越来越多。可以说，新闻发布已经成为世界各国了解中国社会的一个重要窗口。

二、社会变迁与新闻发布制度的日臻完善

随着改革开放的深入以及政府新闻发布制度建设的整体推进，中国的社会形态与媒介形态也在发生着变化。

首先是社会形态的变化。改革开放 40 年来，中国一直处在一个难得的发展机

遇期，或曰转型期。转型期同时也是社会矛盾的凸显期与高发期：社会观念的转变、多元思想的表达、各种利益的交织、不同诉求的呈现使舆论场空前复杂化；某些政府部门管理观念的滞后，服务意识的薄弱，沟通技巧的缺乏，又在某种程度上激化了矛盾，使得公共危机事件频频发生。对于新闻发言人和政府管理机构来说，这些不啻为严峻的挑战，而我们的新闻发布制度正是在这样一个特殊的发展机遇期经历了一次次锤炼和一场场洗礼，在不断突破原有局限性的过程中，逐步走上专业化、规范化的道路。当然，一些政府官员（包括新闻发言人）对这种变化难以适应，出于地方保护或政绩方面的考虑，当危机来临时，总是千方百计屏蔽真相，隐瞒事实，使得各种小道消息、谣言四处扩散，造成恶劣的社会影响。

其次是媒介形态的变化。20 世纪末期，中国进入互联网时代，2010 年以后又进入互联网技术应用的 Web2.0 时代（社交媒体广泛使用时代）。在传统社会中，信息流动是有规则的，公众舆论由零星话语到聚合、生成并受到媒体的关注，是一个可以预料的过程。在这个过程中，政府完全可以通过各种手段掌控舆论的走势，平抑舆论的强度，从而不至于对其决策及施政过程造成太大的影响，政府的信息发布也容易受到普遍关注。社交媒体的出现以及网民的意见参与，使公众舆论的形成过程大大缩短，它不再是由量变的缓慢积累而逐渐发生质变的过程，而是在短时间内就有可能因量的急剧增加而发生质变的不可控、不可测、不可逆的过程。网上舆论的这种特殊性，首先给政府的信息发布带来挑战，有可能出现传而不通、通而无效和网民不认账的情形。其次是增加了信息管理的难度，使政府在传统社会中那种从容应对的局面不复存在。对于新闻发布制度建设而言，这无疑是一个巨大的挑战。

这就不难理解，为什么经过持续多年的制度建设与系统培训，一些政府部门的新闻发布工作仍然存在明显的漏洞和不尽如人意的地方。面对变化了的社会环境和媒体环境，新闻发布管理机构（包括新闻发言人）在以下方面逐渐形成新的认识。

第一，新闻发布是一把手工程。

客观地说，新闻发布效果优劣与新闻发言人个人素质、能力、水平的高下有一定的关系，但它不是全部。换句话说，新闻发布不是或者不仅仅是新闻发言人的工程，而是主要领导的工程，是一把手工程。道理很简单，新闻发言人不是自然人，而是社会组织的代表，他的发言需要得到一系列制度和机制的保障，包括信息收集机制、应急反应机制、媒体协调机制、信息反馈机制、对策研究机制等等。而这些机制或制度的建立，是一个系统工程，需要在组织内部进行资源整合与调配，需要以组织的整体优势去争取外部资源。这显然不是新闻发言人的个人力量所能达到的，而是组织行为，是一把手的职责。大量事实表明，凡是一把手重视程度比较高的政府部门，其新闻发布制度大都比较健全，新闻发言人也能够充分履行职责；而在那些一把手对于新闻传播规律缺乏了解、对于新闻发布工作缺乏重视的部门，新闻发言人的职责往往难以履行到位。因此有人提出，持续多年的新闻发言人培训是不是可以换一个思路或者做一个调整——在对发言人进行岗位培训的同时，重点面向国家各部委、各级政府的一把手，对他们进行新媒体时代信息传播和危机应对意识的培训。所谓纲举目张，这才是关键所在。

第二，新闻发布是专业化运作。

为了提高新闻发布工作的专业水准，国务院新闻办采取了开放的管理方法，组织并鼓励政府新闻发言人出国考察学习，开阔眼界。在学习交流的过程中他们了解到，西方国家包括美国、英国、德国等的政府部门都是把信息发布工作作为一项专业化要求很高的职业对待，在人员配备、岗位编制、工作流程等方面进行专门安排。相形之下，我国的一些政府管理机构则无法达到这样的专业水准。首先，我们的新闻发言人岗位，是干部任用职级上的一级，具有流动性强的特点。这个岗位上的人干好了就要往上提拔，人一走，所有的经验、知识储备、人脉资源就被带走了，新的发言人还要从零起步。其次，我国政府管理部门的新闻办公室被视为一般性的行政机构，信息传播或新闻发布只是其多项职能中的一项，没有作为专业性的工作予以突出。再有，这一部门大都存在人手不足的问题，有相应学历背景和工作经验的人更是十分短缺。因此，要想实现专业化运作，体制、机制的调整，专业化的人才的供给和对现有人员进行专业化的培训，是必不可少的。总之，中国的新闻发布应当由职务行为转变为职业行为。

第三，新闻发布应从 1.0 走向 2.0。

在我们国家，除了传统形态的新闻发布外，不少政府部门和央企都开通了自己的门户网站，进行常态性的新闻发布。但是综观之下不难发现，我国政府的门户网站大都始建于互联网技术应用的 Web1.0 时代。这一时代的主要特征是，大部分网站由静态页面构成，信息发布也基本上是推送式的。从本质上说，这种信息传播方式与传统媒体环境下"点"对"面"的传播并无二致。所以，尽管政府信息传播采用了新媒体的手段，传统的信息发布和管理方式却保留下来，并延伸到政府网站中。今天，网络技术的发展已经把我们带入 Web2.0 时代。这个时代最突出的特征是网民的高度参与以及不同用户之间的交互作用。具有 Web2.0 特征的传播形态包括博客（微博）、播客、维基百科、社会网络、分享服务等等。也有不少政府部门敏锐地捕捉到这一变化，成为 Web2.0 时代的先行者。总之，新的传播技术和形态不但改变着人们传递、获取信息的方式，也全方位地改变着人们的思维方式和生活方式。面对这种变化，以传统基因延伸下来的政府门户网站不能不做必要的调整。

第四，新闻发布培训应为全员培训。

在传统媒体时代，新闻发言人主要借由主流媒体的平台发布信息。今天我们已经进入社交媒体时代，信息源的无处不在、潜在危机的无处不在成为包括新闻发言人在内的所有官员无法回避的问题。回顾以往政府信息传播的案例不难发现，公共舆论事件往往是在某个并不引人注目的节点上突然引爆，导致恶劣后果的；而原因恰恰在于这个节点上的政府官员（或一般公务员）不了解信息传播的规律与要求，因言贾祸，殃及池鱼。例如 2013 年 7 月 28 日，贵州省副省长陈鸣明在实名认证的微博上转发一起美国枪击案时，有网友提到"城管袭击案"，引发口水战。陈鸣明骂不爱国的人是"败类，人渣！""让他们赶快去美国"，此言引发网友"拍砖"。迫于舆论压力，陈发微博道歉，称"个别言语欠妥，有话好好说，从我做起"，网民却认为其道歉微博系官样文章，态度有所保留，于是继续揪住不放，舆论热度迟迟不减。此事虽为个例，但无形中却对政府形象及其公信力带来负面影响。在社交媒体上，此类事情并不少见。鉴于此，在专业培训的基础上，还应树立全员培训的观念，对广大政府官员进行 Web2.0 时代媒介素养及信息发布能力、危机应对能力的培训。

三、新时代新闻发布制度建设的未来走向

党的十九大做出中国特色社会主义进入新时代的政治论断。中国特色社会主义进入新时代意味着什么？从 2017 年的"7·26"讲话到党的十九大报告，习近平总书记从三个方面对此进行了阐释：一是从民族复兴的角度来看，意味着近代以来久经磨难的中华民族迎来了从站起来、富起来到强起来的伟大飞跃，迎来了实现中华民族伟大复兴的光明前景；二是从社会主义实践的角度来看，意味着科学社会主义在 21 世纪的中国焕发出强大的生机活力，在世界上高高举起了中国特色社会主义的伟大旗帜；三是从中国特色社会主义对世界发展中国家的贡献来看，意味着中国特色社会主义道路、理论、制度、文化不断发展，拓展了发展中国家走向现代化的途径，给世界上那些既希望加快发展又希望保持自身独立性的国家和民族提供了全新选择，为解决人类问题贡献了中国智慧和中国方案。

"三个意味着"有着丰富的理论与实践内涵，既强调了中国特色社会主义进入新时代对于民族复兴的重要意义，强调了中国社会主义实践的理论基础和应当坚持

的方向，也强调了中国特色社会主义对于世界发展中国家的贡献。包括新闻发布在内的我国政府信息传播的任务与方向也将由此决定。

进入新时代，政府新闻发布应当在哪些方面进一步拓展与提升？以下提出四点建议供参考。

第一，新闻发言人应树立大国自信。

按照习近平总书记的阐释，"新时代"首先意味着近代以来久经磨难的中华民族迎来了从站起来、富起来到强起来的伟大飞跃，而这一幕正在我们面前真实地上演。十年"文革"期间，国内政治局面混乱，经济发展几乎停滞，甚至濒于崩溃。1978年中国国内生产总值只有3 645亿元，就人均经济总量而言中国已经成为世界上最贫穷的国家之一。改革开放40年来，中国经济持续稳定快速增长，在世界各项经济指标中的排位不断攀升；经济上实现跨越式发展的同时，中国社会开始由封闭走向开放，由背向世界转而面向世界、融入世界。尤其是中共十八大以后，以习近平同志为核心的新一届中央领导集体走上中国政治舞台的前沿，并在国际社会的瞩目下走向世界舞台的中央，立足于地区和全球治理的新思想、新理念相继提出。这些新思想、新理念不仅是中国改革开放40年来的一种自我超越，同时也超越了长期以来占据国际社会主体地位的西方思想体系和发展模式。这种超越性的发展格局要求我们改变以往在国际政治格局中的被动状态，树立大国的自信与风范，把自身发展模式的"中国特色"与"世界意义"讲清楚，在有关人类发展的全球性议题上发出引领性的声音。

第二，新闻发言人应以人民利益为重。

党的十九大报告明确指出，中国特色社会主义进入新时代，我国社会主要矛盾已经转化为人民日益增长的美好生活需要和不平衡不充分的发展之间的矛盾。准确理解和把握新时代我国社会主要矛盾的内涵，是做好当下新闻发布工作的重要前提。

改革开放以来，随着我国经济的发展，人民生活水平的提高，城乡居民不仅对物质文化生活提出了更高的要求，在民主、法治、公平、正义、安全、环境等方面的要求也日益增长，并呈现出多样化、多层次的特点。

新闻发言人既是党和国家的代言人（喉舌），也是人民的代言人，是代表政府与人民群众沟通的桥梁，这是新闻发言人应有的定位。由此出发，新闻发言人（包括新闻发布管理者）应当想人民之所想，急人民之所急，及时回应社会关切，满足公众的知情权。只有这样，才能赢得公众的信任，才谈得上政府和国家的良好形象（形象是民众的印象）。反之，如果发言人将公众的诉求视为负担，对他们的疑问置若罔闻，或替责任人掩盖事实、隐瞒真相、敷衍塞责，以各种理由进行"冷处理"，就走向了人民的对立面，其结果必定是政府公信力的丧失和"塔西佗陷阱"效应的出现。在我国社会主要矛盾转化的当下，我们更应具有这方面的自觉意识。

第三，新闻发言人应有结果导向意识。

所谓结果导向意识，是指新闻发布的终极效果意识。作为新闻发布管理者和发言人，长期以来，我们对于"时效性"原则已经有了充分的认识："谣言止于真相"，"发言快，谣言止"。然而我们也时常面临一个困惑：事实真相及时披露后，不但没有平息舆论，反而引发了更大的社会负面效应。原因何在？原因就在于我们在进行新闻发布时，较多关注"起点"上的事情，比如信息是不是充分，数据是不是完整，采取什么发布形式更恰当，记者有可能提出哪些问题，等等；而对于"落点"上的情况，比如信息的发布、事实的披露会不会引起公众更深层次的疑惑，会不会刺激他们情绪，引起心理上的反弹，却缺乏必要的关切。这就难免出现一个落差："起点"是积极正面的，"落点"却是消极负面的。正因为如此，我们提出新闻发言人要有结果导向意识的问题。结果导向意识要求我们：首先，一手托两端，既代表党和政府及时发出权威信息，进行舆论引导，同时又不能缺少人文关怀和受众意识，多一点换位思考，切实做好政府与群众之间的纽带和桥梁；其次，要求我们努力提升话语能力，话语能力不仅仅是指口头表达能力，还包括对问题进行议程设置的能力以及对党和政府的政策、法规进行全面解读和深入阐释的能力。

第四，新闻发言人应创造性地开展工作。

为了提高新闻发布成效，近年来，国务院新闻办进行了一系列制度设计，包括针对性地提出建立"4·2·1＋N"的新闻发布模式等等。在我看来，"4·2·1＋N"等既是一种量的要求，也是一种质的瞩望。对于新闻发言人来说，所谓合规、达标是在完成规定动作，但是要想进一步提高新闻发布的质量与效果，就不能停留于此，而要有所创新、拓展。综观之下不难发现，在中国社会快速发展、传播科技日新月异的今天，我们的许多政府传播主体和主流媒体都在与时俱进，不断探索信息传播的创新模式。例如近几年风生水起的"复兴路上工作室"推出了讲述中国故事的系列短片，它们以生动的说唱形式出现，汇集卡通、快闪、美剧风、漫威风、饶舌神曲等多种风格，受到国内外网民的喜爱，并在 YouTube、脸书、推特等海外社交网站上得到大量转发。2017 年 5 月，在"一带一路"国际合作高峰论坛召开之际，《人民日报》、新华社、中新社几乎在同一时间各自推出不同曲风的《"一带一路"之歌》，通过年轻、时尚、国际化的表现形式，对"一带一路"的历史渊源和当代意义进行解读，让人耳目一新。我们同时也注意到，最近一段时间，一些部委和地方政府尝试利用抖音短视频发布政务信息，粉丝数和点赞量令人欣喜。这些尝试与探索本身就是一种创造性的工作，与被动式的工作态度形成强烈的反差，具有引领和示范效应。

总之，改革开放以来，尤其是 20 世纪 80 年代以来，我国新闻发言人队伍不断壮大，新闻发布制度日益完善，在服务国家发展战略、回应重大关切方面发挥了积极的作用。如今，基于媒介融合发展的趋势，党中央对新闻舆论工作提出了更高的期许，这就要求我们进一步完善并创新新闻发布体制、机制，拓展发布渠道，丰富发布内容，不断提高新闻发布的传播力、引导力、影响力和公信力。

智媒时代的危机传播与新闻发布：历史反思、理论创新与实践探索

① 2013 年 12 月，史安斌教授参加"中国政府
新闻发布工作制度化建设十周年暨全媒体时
代新闻发言人研讨会"。

史安斌

清华大学新闻与传播学院副院长，教育部青年长江学者特聘教授，博士生导师，清华-伊斯雷尔·爱波斯坦对外传播研究中心执行主任，美国宾夕法尼亚州立大学比较文化和传播学博士（2001）。主要著作有《危机传播与新闻发布：理论·机制·实务》《全媒体时代的新闻发布与媒体关系管理》《全球传播与新闻教育的未来》等六部以及中英文论文近百篇（详见作者新浪博客 http：//blog. sina. com. cn/anbinshi；新浪微博 http：//weibo. com/shianbin）。入选中宣部、中组部全国"文化名家"和"四个一批"人才（2017），北京市宣传文化系统"四个一批"人才（2014）。兼任中国应急管理学会舆情专业委员会主任委员、国务院新闻办新闻发布和对外出版专家委员会委员、中央外宣办/国务院新闻办人事局"全国新闻发言人培训班"和"全球传播高级研讨班"主讲教授等职。

2003 年以来作为主讲人之一受邀参与国务院新闻办主办的全国新闻发言人和全球传播高级研讨班，培训中央和地方各级外宣干部、政府新闻发言人和国际新闻记者近万人。应邀担任中央电视台英语频道新闻评论员，在《纽约时报》、《华盛顿邮报》、《新闻周刊》、半岛电视台等多家中外媒体上接受采访或发表评论。

　　新闻发布制度的建立和全面推进是改革开放 40 年来中国政治社会发生深刻变革的重要标志之一。1983 年 3 月 1 日，外交部正式设立新闻发言人和定期举办新闻发布会的制度。由于历史条件的限制，这项制度仅在外贸部等涉外部门和在个别届次的"两会"期间实施，并未形成政府部门全覆盖和常态化的机制。自 2003 年"非典"危机爆发以来，政府新闻发布机制建设的全面推进和新闻发言人的出现成为我国政治社会生活中一个引人注目的"亮点"。到 2004 年年底，国务院各部委和 31 个省、自治区、直辖市的政府部门都有了自己的新闻发言人，在公众较为关注的卫生、公安、教育、环保、应急等重要职能部门，基本建立了从中央到地方市县一级的定期新闻发布制度。2009 年 9 月召开党的十七届四中全会正式提出建立党委新闻发言人制度，这项工作在 2010 年在从中央到地方的各级党委部门全面推进。至此，新闻发布制度实现了"党政全覆盖"，中国建立起了世界上规模最大、体系最为完善的政府新闻发布和信息公开机制，成为改革开放 40 年的标志性成果之一。

　　从总体上看，新闻发布制度为我国各级政府部门有效地与媒体和公众进行信息传递和意见交流，从而通过继承"走群众路线"的优良传统，实现"立党为公""执政为民"的目标提供了有力的保障。同时，为适应"全球、全民、全媒"的传播生态变局，从中央到地方的各级党政部门在传播内容建设和手段拓展方面做出了许多具有开创性的探索，由传统媒体时代的新闻发布会转型升级为智媒时代以"两微两端"（微博、微信、移动客户端、算法平台号）等新兴"智媒"为核心的立体化矩阵式发布。

　　2017 年 10 月召开的党的十九大为中国特色社会主义建设进入新时代绘就了宏伟蓝图，吸引了全球新闻舆论圈的关注和热议。十九大的新闻发布工作充分体现了近十多年来在党务和政务信息公开的理念、机制、内容和手段上实现转型升级的最新成果，站在全球传播的高度、适应媒体传播发展的变局，成为人民大会堂之外与国内外媒体和公众进行有效沟通的"第二会场"，让以往居庙堂之高的党代会走进了国内外民众的荧光屏和移动端，有效解决了长期以来存在的国际舆论对党代会的强烈关注与我党现行的组织纪律和信息发布体制不能完全满足智媒时代新闻舆论传播变局的矛盾。

　　十九大期间，共有来自 134 个国家和地区的 1 818 名境外记者驻会采访，占比超过50%，创下了历次党代会的新高。为了满足全球媒体和受众的信息期待，中宣部、国新办作为牵头单位，中央各部门、国务院各部委和北京市等地方宣传系统配合，以新闻发布会、党代表集体采访、代表团媒体开放日、党代表通道、实地采访等多种形式全方位、多角度地"展现了一个真实、立体、全面的中国"。尤其是基层党代表和"80后""90后""千禧一代"党代表的频繁亮相和出镜改善了国际媒体对中国共产党的刻板印象，让各国媒体和受众对"中国共产党为什么能"有了感同身受的体验。

按照十九大报告对我国当前社会基本矛盾的判断，当前我国对外传播工作的基本矛盾是国内外民众对大力提升中国国家形象的美好期盼与当前我国社会发展不平衡、不完全现状之间的矛盾。十九大的新闻发布工作运用全球化、全民化、全媒化的思路为解决这个基本矛盾、有效提升中国对外政治传播的效果做出了有益的探索，提供了具有启示意义的范例。"十九大模式"在2018年3月、2019年3月召开的全国"两会"期间得以延续和提升，成为智媒时代中国政府新闻发布的新范式。

从学理的层面上看，新闻发布制度的建立和全面推进也为新闻传播学这一新兴学科在我国的进一步完善提供了历史性的机遇。作为来自西方的舶来品，传播学1978年乘着改革开放的东风进入中国学界，并在21世纪之初携新闻传媒业的蓬勃兴起之势实现了跨越式发展，结合中国自身的历史积淀和现实考量创立新闻传播学这个一级学科。

据教育部新闻传播学教育指导委员会发布的数字，截至2018年年底，全国有681所大学开设了1 244个新闻传播本科专业点，本科生的规模超过23万，教师超过7 000人，在短短十几年的时间里迅速成长为我国人文社会科学领域规模最大的学科之一，也建立起了世界上规模最大的新闻传播教育体系。据笔者对国内20所主要新闻传播院校的调研，近十年来到各级各类政府和企业的相关部门从事新闻发布和公共传播的相关工作也成为新闻传播专业毕业生的主要去向之一，这个比例约占毕业生总数的40%。

2003年，"非典"危机推动了中国政府新闻发布制度的全面建立，危机传播从一开始就成为政府新闻发布的一项重要内容，为近年来在我国蓬勃发展的新闻传播学研究开辟了一个新的领域，提出了许多带有鲜明本土色彩的研究课题。毫无疑问，对建立中国特色的危机传播和新闻发布机制进行理论上和实践上的探索，必将有助于我们将以西方为中心的新闻学和传播学理论运用于中国的具体语境之中，从而为推动中国的政治和社会变革、促进新闻传播学学科建设的本土化提供一个新的话语平台。

从世界范围来看，1913 年 3 月，美国白宫在威尔逊总统的倡议下建立了新闻发布机制，迄今已有 100 多年的历史。在世界各国，新闻发布业已成为政府和企业等组织与媒体、公众进行沟通和交流的主要平台。从学术界来看，"危机传播"（crisis communication）研究自 20 世纪 80 年代初在美国发端至今 30 余年，业已成为传播学领域当中的一门"显学"，在英文学术期刊发表的各类相关论文就超过五万篇。

笔者 2004 年出版《危机传播与新闻发布》一书，首次将"危机传播"的理念引入内地学术界，[1] 这也是第一本在学理和实践层面上探讨新闻发布制度的专著，时机上又恰逢我国首批政府新闻发言人面世。笔者有幸参与了发言人"黄埔一期"的培训工作，迄今已经参与培训各级政府和企业的新闻发言人一万多名。将自己的学术研究与社会需求联系在一起，并亲身参与中国政府新闻发布制度的理论创新和实践探索，这是一个传播学者梦寐以求的理想和良机。近 10 年来，中央各部委和省级政府部门举行的新闻发布会都保持在每年 1 500 场以上。我国学术界在危机传播与新闻发布的教学和研究上也形成了一定的规模效应，出版的专著在 50 种以上，论文超过 3 000 篇，500 多所高校开设了相关的本科和研究生课程，针对政府官员、企业高管和发言人进行的新闻发布和媒体沟通方面的各级各类培训业已常态化的更是难以胜数。经过学界业界同人十余年来的共同努力，打造出了一条以"智媒时代"为背景与坐标，"危机传播"提供学理基础，"新闻发布"成为实践平台的融通中西的学科发展路径。

虽然改革开放以来尤其是近 15 年来政府新闻发布制度建设取得了一定的成效，也在一定程度上带动了新闻传播学科建设的深入推进，但是智媒时代带来新闻传播生态的全方位变革为危机传播和新闻发布的理论创新和实践探索带来了更为艰巨的挑战。

一、智媒时代危机传播和新闻发布的新趋势：跨国化、社交化、情感化

自 2003 年"非典"疫情暴发至今十余年间，"危机传播"的理念在我国经历了由引入、接受、普及到常态化实施的过程，相关的学术研究和实务探索也在蓬勃发展。2009 年以来先后兴起的微博、微信等社交网络浪潮和 2012 年以来以今日头条、抖音等人工智能算法为推手的"智媒"时代的到来给危机传播和新闻发布带来了新挑战和新机遇，提出了许多亟待解决的新课题。

人类社会进入 21 世纪，随着德国社会学家乌尔里希·贝克（Ulrich Beck）预言的"全球性风险社会"（global risk society）日渐成为人类社会的"新常态"，以社交网络和算法平台为代表的"智媒"深度嵌入人类生活的方方面面，危机传播和新闻发布出现了跨国化、社交化和情感化等三大新趋势。首先，跨国危机的案例呈现显著增加之势。危机事件造成的影响不再受到国界疆域的限制，而是借助于无远弗届的移动互联网和社交平台迅速传遍全球，跨国界、跨地域、跨文化的"蝴蝶效应"愈发凸显。[2]学界对跨国危机传播表现出了越来越浓厚的兴趣，发表了大量相关的研究成果。例如，2008 年北京奥运会圣火传递在巴黎等地受到了干扰，法国企业家乐福遭遇中国消费者的抵制。家乐福针对管理部门和抗议者进行了有效的危机传播，扼制了负面影响的蔓延。[3]瑞典企业宜家在土耳其遭遇了跨文化管理上的冲突，引发了当地职员和消费者的抗议。[4]这方面最新的典型案例是 2018 年 11 月意大利时尚品牌杜嘉班纳（D&G）的带有东方主义色彩的视频及其创始人的辱华言论引发中国网民的强烈抵制，导致其在上海举办的盛大时装秀成为跨国公关的"大型车祸现场"。

其次，危机事件中智媒的"放大器"功能凸显，危机传播和新闻发布呈现出"社交化"的特征。在罗尔"诈捐门"、日本 APA 酒店放置右翼政治书籍、马里兰大学中国留学生毕业演讲等诸多危机事件中，以"两微两端"为代表的智媒成为直接反映民意、左右舆情演变的主要渠道。因此在近年来的危机传播研究中，社交网络和算法平台所扮演的角色也受到了越来越多的关注，其中发表的典型案例研究如下：2012 年和 2014 年麦当劳在中国贩卖过期食品被媒体曝光，它借助于新浪微博进行了及时的危机传播和议题管理[5]；美国警方在数次商场枪击案后以推特为危机传播的主渠道获得了立竿见影的效果[6]；等等。

再次，智媒用户的情感表达更加丰富，相近的立场倾向产生了强大的"聚合"效应，导致以"情感压倒事实"为特征的"后真相"成为舆情走向的主导性因素。研究表明，在危机爆发时，公众诉诸智媒平台的主要原因在于其独特的情感支撑作用[7]，而在对危机情境的分析和对组织责任的归因中，"情感"这一变量与这两者显示出愈来愈明显的关联性。[8]因此通过对智媒平台的舆情监测把握公众在危机中的情感变化，对于制定形象修复策略而言至关重要。[9]

在危机传播和新闻发布的三大新趋势中，"跨国化"比较显著，因而也较容易理解。限于篇幅，这里不做展开，在此重点对"社交化""情感化"进行详细的解读。根据心理学的界定，情感是"个体根据自身的关注重点对内部或外部的刺激因素进行评估后产生的有机反应"。依据传播学的基础理论——符号互动论，"自我身份"的建构是情感唤起的根本动因。具体而言，现代人通过人际沟通和媒体传播寻求对自我形象和社会角色的肯定和认同。如果获得他人或社会的认可，则倾向于表达积极的情感，反之则是消极的情感。根据社会心理学的研究，在当今人类社会生活中占据显要地位的情感类型包括恐惧、愤怒、羞耻和自豪等等。[10]

近年来兴起的以社交网络和算法平台为代表的"智媒"是 Web2.0 时代"用户生成内容"（UGC）模式的典型代表，是最能体现情感空间属性的媒介平台。[11]在社交网络和算法平台上，情感表达与信息传输具有等量齐观的地位。2016 年美国大选和英国脱欧等重大事件中甚至出现了以"情感压倒事实"为特征的"后真相"（post-truth）改变主流政治走向的局面。在此背景下，"情感"成为传播学研究的一个新重点。例如，美国学者基于数据挖掘技术研究了社交网络和算法平台上有关教育议题的情感表达，其基本情感标签为幸福、惊讶、伤心、恐惧、厌恶和愤怒。此外，针对教育议题的特殊性，研究者又补充了愉快、希望、自豪和无聊等类型。[12]显而易见，智媒平台上的表达和分享往往是以负面情感为主导的。

另一个不容忽视的特征是，智媒平台上的情感化传播与内容的病毒式传播往往是相伴相生的。对一些热门网络视频的传播规律的分析显示，网民之所以愿意分享这些"网红""爆款"，一方面是由于其内容本身满足了用户自身的心理和情感需求，另一方面也取决于内容本身包含了具有诱导性和刺激性的元素。网络传播研究者把这些元素称为"米姆"（meme）——在互联网上"疯传"的文本（段子）、图像（表情包）、恶搞图片和音视频等，如中国网民熟悉的"姚明脸""葛优瘫"等等，都属于数字米姆的范畴。

米姆与遗传学的核心概念"基因"（gene）一脉相承，意指人类的"文化基因"，可以被传播、扩散、复制，也会衍生和变异。在智媒时代，米姆正在发展成为媒体文化传播的主导力量，在公共领域发挥越来越重要的作用。[13]与早期的病毒式传播大量使用复制粘贴手段不同，米姆传播更多地体现了用户的主动性、创造性和参与性。米姆不是文化单位的简单复制，而是加工、创造并赋予意义的过程。[14]

大量案例研究表明，数字米姆不仅能够在社交网络和算法平台上掀起舆论狂欢，而且带动了电视、广播、报纸等传统媒体的议题共振。从总体来看，智媒传播经历的是"米姆→个人→社交网络→社会→地理/技术空间"的扩散过程，数字米姆作为融入人类主观情感和文化背景的表征符码，已成为主导线上和线下人类传播的重要因素之一。[15]

二、智媒时代危机传播和新闻发布的理论创新：RAT 与 ICM 的兴起

近年来，"跨国化""社交化""情感化"等三大趋势成为智媒时代危机传播和新闻发布理论创新的重要驱动力，学界在此基础上对传统的理论和研究方式进行了修正和创新，形成了"修辞话语场理论"（rhetorical arena theory，RAT）和"整合危机图式"（ICM）等新的理论和研究范式。

危机传播的传统研究范式分为两类：一类为"修辞/文本导向"，主要关注危机主体为挽回受损的形象和声誉所采取的措施（how）和表达的内容（what），以威廉·伯诺伊特提出的"形象修复理论"（image restoration theory，IRT）为代表；另一类为"策略/情境导向"，主要关注危机发生的情境，研究组织运用危机传播策略的最佳时机（when）、场合（where）和目标受众（whom），以库姆斯提出的"情境式危机传播理论"（situational crisis communication theory，SCCT）为代表。

丹麦学者约翰森和弗兰德森认为传统范式存在研究主体单一化和传播过程简单化的局限性，两位学者在 IRT 理论和 SCCT 理论的基础上提出了"修辞话语场理论"[16]（如图 1 所示）。该理论强调危机传播的复杂性和动态性，在宏观层面采取"复调传播法"（multi-vocal approach），将与危机传播过程中所有"利益攸关方"（stakeholder）都纳入研究范畴；在微观层面则纳入了危机传播、传者、受者三大核心要素和调剂危机传播活动的四项指标，分别为语境（context）、媒介（media）、体裁（genre）和文本（text）。

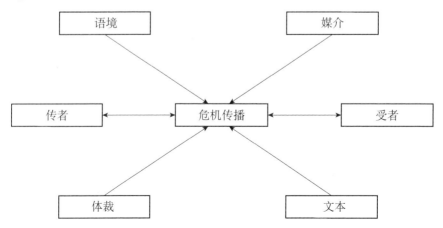

图 1　修辞话语场微观模型

RAT 理论对于修辞话语场的分析使我们能够厘清舆论传播过程中的不同角色与功能。该理论模型显示，危机一旦发生，修辞话语场即我们通常所说的"舆论场"就产生了（但可能在危机正式显现之前就已经发生）。用"复调传播法"可以看到多个传播者以及多个接收者（不同于以往单一的官方与受众一对一互动）的多方互动，其基本形态为：组织（如发布会的承担者）；媒体（作为把关人）；受众（将信息变为谈话内容）。多个组织、媒体与受众（比如还可以有政府、活动方、专家、市民等）就构筑了危机传播的复杂性。该路径可以研究出修辞话语场上信息发出者及接收者在危机传播中的每一个交流活动所具有的特征，其四个分析维度具体如下。

语境：语境包括内部心理语境和外部社会语境。内部心理语境指认知方式，即人们如何解释（解码）危机事件，如何辨别其发生的原因与结果。外部社会语境包括社会文化背景（一国的文化、政治、经济、社会、法律条文）、组织背景（公私、规模、结构、文化）、事发情境（时间、地点、如何、何人）等。

媒介：媒介是指传播者运用书面还是口头方式、运用何种技术辅助手段（印刷媒介、电子媒介、智媒等）。不同媒介类型拥有不同的特征，如报纸与网络的可信度对受众而言是不同的。

体裁：在内容、结构、修辞手法上相近有着相同传播目的的一类文本，是不同群体进行信息传播的体裁。

文本：文本是由发出者通过对语言、视觉符号和修辞策略的选择和应用形成的结果，使用者在文本中可以用不同的语言符号或非语言符号表达相同的内涵，也可以选择新的表述方式或者已有的表述方式。

微博、微信、头条、抖音等新兴智媒平台区别于传统媒体的一大特点是"情感压倒信息"，即所谓的"后真相"。因此，情感化传播成为学界关注的新重点。由传统的"舆论"到"舆情"的概念演变也体现了智媒时代出现的这一重要变化。起初研究者主要关注的是：在互联网主导的传播生态中，积极和消极的两大类情感如何影响了对危机责任的认定，从而为组织制定危机传播策略提供参照。其中较有代表性的有 SCCT 的创立者、得克萨斯农工大学教授库姆斯（Timothy Coombs）。他将危机传播理论建构的重点由传统媒体生态中的"情境"（situation）转移到了新媒体生态中的"情感"（emotion）。这是由于在社交网络主导的传播生态当中，"情感"成为政府、企业等"当事方"——危机传播学者常说的"组织"或"利益攸关方"——准确把握危机情境和进行"责任归因"的重要指标。他依据归因理论提炼了与社交网络主导的危机传播高度相关的三种情感——同情、愤怒和幸灾乐祸，并通过后续的实证研究发现，社交网络上广泛传播的负面情感往往会急剧降低公众对组织的支持意愿。[17]

目前在危机传播"情感化"研究方面最为领先的是公共关系学研究的泰斗级人物、密苏里大学教授卡梅隆（Glen Cameron）和他的弟子们，其中尤以其华裔弟子金燕（现为佐治亚大学副教授）最为活跃。他们在库姆斯 SCCT 的基础之上发展出了一套较为成熟的"整合危机图式"（ICM）理论（如图 2 所示）[18]，旨在揭示在智媒生态中，情感因素是如何影响公众对危机情境的解读的。通过大量的实证研究，ICM 提炼了社交平台上的危机传播中占主导地位的四种情感：愤怒（anger）、伤心（sadness）、恐惧（fear）和焦虑（anxiety）。研究表明，这四类情感在很大程度上影响了公众对政府、企业等"利益攸关方"所采取的危机传播策略的接纳度和偏好度。

依据 ICM 理论，"危机管理的参与度"（纵轴）和"危机传播策略"（横轴）是评估社交化、情感化趋势下危机传播效果的重要依据。当危机发生时，组织的高参与度意味着紧密、统一和持续的投入，低参与度则意味着相对较少的资源和精力投入。从危机传播策略来看，以问题为导向的"意动型"（conative）策略旨在改变公众与组织之间的关系，而"认知型"（cognitive）策略则旨在改变公众对组织的态度。[19]

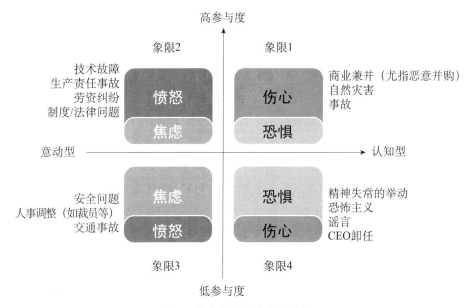

图 2 整合危机图式理论模型

资料来源：Jin Y，Pang A. Future directions of crisis communication research：emotions in crisis-the next frontier//Coombs W T，Holladay S J. The handbook of crisis communication，London：Wiley-Blackwell，2010：677-682.

在 ICM 的概念和理论框架下，结合智媒的具体情境，金燕等学者通过实验的方法，将网民在危机传播中表达的情感归纳为三类：（1）与归因无关的情感，如焦虑、伤心、顾忌等，此类情感往往不具有指向性；（2）与归因有关的情感，如愤怒、厌恶、蔑视等，此类情感往往针对危机的"责任主体"；（3）自我归因的情感，如尴尬、内疚和羞耻等，此类情感往往针对公众自身，与危机的"责任主体"关联不大。[20]

三、智媒时代危机传播与新闻发布的实践探索：以深圳滑坡事件为例

在跨国化、社交化和情感化的新趋势下，2015 年年末的"12·20"深圳山体滑坡事故（简称"深圳滑坡事故"）成为政府根据智媒时代传播生态变化及时调整危机传播策略、提升传播效果的一个较为成功的"教科书"式案例，值得深入挖掘和认真借鉴。这场危机致 73 人遇难、4 人失联，可列入"特别重大安全生产责任事故"的级别。加之发生于年终岁尾的时间节点，愈发引起舆论的广泛关注，导致舆情的病毒式爆发。从总体来看，深圳市政府及其相关部门能够尊重智媒时代的新闻传播规律，通过新闻发布会、媒体报道、政务微博等多种形式及时发布信息、开展情感疏导，为这场危机的处理创造了较为理性和宽松的舆论氛围，同时通过"形象修复""声誉管理"等手段降低了这场危机所带来的负面影响。这里以前文介绍的"情境式危机传播理论"（SCCT）、"修辞话语场理论"（RAT）和"整合危机图式"（ICM）等前沿理论为框架，通过分析深圳市政府的危机传播策略及其对公众情感的影响，力图填补智媒生态下理论研究中的一些盲点，同时为相关实践提供可资借鉴的经验。

（一）危机情境

深圳市是我国改革开放的前沿阵地，仅用 30 年时间从一个小渔村发展成为一座国际化大都市。但是，快速发展的背后也带来了各种新的矛盾和问题，埋下了风险的隐忧。这场滑坡事故便是各种矛盾、问题和风险积聚而爆发的结果。滑坡事故的直接原因是建筑垃圾的过度排倒。事后调查，深圳仅有 9 座受纳场，随着城市化建设的不断加快，根本无法满足需求，这也导致建筑垃圾偷排乱倒现象猖獗。事发地点在光明新区的垃圾受纳场，周边居住着外来务工人员和社会底层人士，因而使这场事故在社交网络中具备了较强的话题效应。如果危机传播的策略使用不妥当，必然激化社会矛盾，有可能引发"次生舆情"。

（二）媒介

深圳市政府主要使用了官方网站和新浪微博两种媒介渠道进行危机传播。

官方网站"深圳市政府在线"包括中文简体、中文繁体、英文三个版本，自 2015 年 12 月 24 日起至 2016 年 1 月 2 日，共发布 13 篇关于滑坡事故的新闻稿，明确表达了积极承担责任、开展救援和善后工作的立场。

深圳市政府的新浪微博账号为"@深圳微博发布厅"，粉丝数为 178 万。自 2015 年 12 月 20 日至 2016 年 3 月 30 日，共发布 89 条相关微博，充分利用了 140 字微博、长微博、网页链接、视频、图片、转发等多种功能。相比于官网，微博跟进更早、频率更高、持续时间更长。

（三）体裁

从总体上看，深圳市政府通过口语、文字、图像、音频、视频等多种传播体裁进行了及时的信息传播和危机公关。在口语传播方面，政府于事发后 5 小时左右召开了第一场新闻发布会，并在 12 月 20 日至 12 月 25 日内密集地举办了共 10 次新闻发布会。在文字传播方面，政府通过官方网站、政务微博、手机短信等形式及时提醒险情、汇报进展等。此外，政府发布的图像主要为新闻图片，包括事故现场、消防警官、伤者救治等。官方发布的音视频资料相对较少，主要为新闻发布会实录和对在逃嫌犯的通缉。

同时，政府根据不同的媒介属性调整了表述方式。在新闻发布会中，政府表述正式、措辞严谨、立场明确，如"市委市政府高度重视受灾害影响群众的安置工作，坚持以人为本、注重细节，动员各方面资源和力量"。在微博上，政府采用图文结合的方式刻画故事，期望达到动之以情、晓之以理的目标。例如："救援人员还在现场拼命搜寻，还在争分夺秒地与时间赛跑……这几天的深圳，有痛心，有震撼，有温暖，有感动，有爱，有希望！如今已经有 1 人被救出，我们会继续坚持和努力！"体裁的多样和灵活体现了政府在危机传播中积极回应的态度，把握了信息发布的主动权。

（四）文本和传播策略

文本维度主要考察传者有意或无意选择的修辞策略，约翰森和弗兰德森借鉴了库姆斯在 SCCT 中基于危机情境提出的危机传播策略。这里对上述学者建立的概念框架加以整合和提炼。

　　SCCT 总结了四种危机传播策略，分别为"否认型""淡化型""重塑型""支持型"。其中，"否认型"策略包含回击指控、直接否认、指名替罪羊三个子策略；"淡化型"策略包含寻找借口和寻找合理性两个子策略；"重塑型"策略包含进行补偿、矫正过失和郑重道歉三个子策略；"支持型"策略包含提醒、迎合、共鸣三个子策略。在具体操作方面，库姆斯又补充了向所有的受害者（包括潜在的受害者）提供"指导性信息"和"调适性信息"的对策。以该理论为框架，这里对 10 场新闻发布会（如表 1 所示）和 89 条政务微博（如表 2 所示）进行了文本分析，总结和提炼出了深圳市政府采取的危机传播策略。

表 1　　　　　　　　　　　　对深圳滑坡事故新闻发布会的分析

发布时间	危机内容	危机类型	危机传播策略	发布用语
2015-12-20	深圳滑坡事故发生。	受害型	提供调适性信息 + 支持型（提醒）	深圳市和光明新区立即启动救援应急预案，迅速成立现场救援指挥部，全面开展搜救工作。中央、省、市、区各级高度重视……中央领导做了重要批示……省长李强和副省长黄旭明亲临现场指挥。
2015-12-21	公众质疑公开的死伤人数过少。	事故型	支持型（提醒）	设立失联人员核实点两个，组织属地街道、公安、出租屋综管办及受灾的三个工业园企业负责人对辖区工作、居住的人员逐一核对，走访灾害现场周边出租屋业主，对失联人员逐个进行了登记造册。
	搜救进展较慢，公众批评政府能力不足。	事故型	淡化型（寻找合理性）	深圳这次灾害是发生在城市地区的丘陵地带，这么大的灾害是过去很少见到的，在国内这是第一次。在国际上也只有印度尼西亚在 20 世纪 90 年代发生过一次垃圾填埋场滑坡。
2015-12-22	发现第一名遇难者遗体。	受害型	支持型（共鸣）	深圳市副市长刘庆生："我提议：我们一起向这位在滑坡灾害中遇难的同胞兄弟表示深切哀悼！"
2015-12-23	黄金 72 小时已过，仅发现一名幸存者。	受害型	支持型（提醒 + 迎合）	现在是尽一切力量，我们决不言放弃，这就意味着我们有希望，只要有希望我们就会全力以赴地救援。在此，我向关心救灾、关爱灾民、支持救灾、关注灾区的社会各界致以崇高敬意，感谢大家。
2015-12-25	事故性质变为生产安全事故。	错误型	重塑型（矫正过失、郑重道歉）	依法依规依纪，该负什么责任就负什么责任，该接受什么处理就接受什么处理，该处理什么人就处理什么人。深圳市委、市政府向所有遇难者表示哀悼，向所有遇难和失联人员家属、受伤人员和其他受灾群众，向全社会做出诚恳道歉！

表 2　　　　　　　　　深圳市政府政务微博中的危机传播策略

深圳政府的危机传播策略（网站与微博）	
早期：处理"受害型"危机	1. 提供"指导性信息"：警告、防护措施等。 例：我们对 3 条线路实行紧急停电……请受影响的小伙伴多多理解。♥（2015.12.20）
	2. 提供"调适性信息"：关切、慰问及抢险措施等。 例：马书记批示要求组织各方力量实施救援，防止次生灾害发生，许市长批示第一时间全力解救被困人员，救治受伤人员。（2015－12－20）
中后期：处理"事故型"和"错误型"危机	1. "淡化型"传播策略。 寻找合理性：淡化伤害、破坏和其他负面效应。 例：昨日 6 位岩土工程方面资深的专家第一时间赶到了现场勘察……目前主轴上的能量基本已释放，处于相对稳定阶段。（2015－12－21）
	2. "重塑型"传播策略。 （1）郑重道歉：公开宣布承担全部责任，请求宽恕。 例：马兴瑞与许勤等市领导一起起立、深深鞠躬，向所有遇难者表示哀悼，向所有遇难和失联人员家属、受伤人员和其他受灾群众，向全社会做出诚恳道歉！（2015－12－28） （2）进行补偿：补救和改正措施，展现新形象。 例：【光明怎么发展，由你说了算!】为"防控风险、服务发展"，深刻吸取光明"12·20"滑坡事故教训，市委市政府决定成立派驻光明新区工作组，围绕经济社会发展、城市管理治理等焦点难点问题，开展基层调研，指导推动试点改革等工作。（2016－3－30）
	3. "支持型"传播策略。 （1）提醒：强调组织曾做过的相关"好事"、组织获得的正面评价。 例：【新华社评深圳滑坡：灾害不幸，应急表现可圈可点】当不幸降临的时候，考验的是城市的危机应对能力，人们也从事发后的表现中窥见这座城市的底色。深圳的此次灾害是不幸的，但应急表现是可圈可点的。（2015－12－25） （2）迎合：支持、称赞或感谢所有的"利益攸关方"。 例：志愿者的身影无处不在，他们用汗水、用爱心，向受困群众传递着温暖，传递着力量。（2015－12－28） （3）共鸣：强调政府也是危机的受害者。 例：【灾害降临，记录一座城市的表情】20 日突如其来的滑坡，就像一座移动的大山，淹没了光明新区事发地工厂宿舍，打破当地群众的平静生活……深圳，面对轰然而至的突发事件，彻夜未眠。（2015－12－22）

　　本次事故是包含了受害型、事故型、错误型多重情境的复杂危机，以政府方应承担责任的事故型和错误型危机为主。面对人们的恐慌、民众对政府管理不力的质疑、深圳作为国际化大都市形象的受损等，深圳市政府在早期使用了针对"受害型"危机的应对策略，在明确事故责任后主要使用了"淡化型""重塑型""支持

型"的危机传播策略。

从总体上看，深圳市政府采取的主要策略与SCCT的建议基本一致。尤其是深圳市政府在国务院调查组介入后第一时间表明愿意承担责任、勇于承认错误的态度，在多个媒介平台通报本次事故并非自然地质灾害，而是生产安全事故，并进行公开正式道歉。虽然政府在事故面前难辞其咎，但是这一系列举动经过主流媒体的报道，在微博上获得了"道歉也是一种进步""至少有人站出来，而不是互相推诿，有勇气，有担当"等言辞较为平和理性的肯定。深圳滑坡事故所导致的舆论风波之所以能够较为顺利地平息下去，离不开政府及时、恰当、坦诚的危机传播策略。

（五）公众的情感表达

在深圳滑坡事故中，政府的主要危机公关对象和主要利益攸关方是公众。智媒时代舆情发酵的一个重要平台就是社交网络，在近年的天津滨海新区爆炸案、"东方之星"沉船事故等众多危机事件中，以微博为代表的社交网络正是直接面向民意、推动危机传播的重要渠道。在本次危机中，公众通过微博平台积极地参与到危机发酵过程中，由"@新浪广东"主持的＃深圳山体滑坡＃话题共收到3亿阅读量和14.2万讨论量，话题粉丝数达到2.6万人。

研究发现，公众在危机中产生的情感直接影响其对政府危机传播策略的认知[21]，公众在危机发生时诉诸社交网络的主要原因在于其独特的情感支撑作用[22]。为理解公众面临危机时产生的复杂情感，ICM理论提炼了四种主要的负面情感：愤怒、伤心、恐惧、焦虑。这些情感将影响公众对危机传播策略的偏好，以及对组织所采取策略的接纳度。

基于ICM理论，研究者将社交媒体环境下公众的负面危机情感分为三类：（1）与归因无关的情感，如焦虑、伤心、顾忌，此类情感往往不具有指向性；（2）与归因有关的情感，如厌恶、轻视、愤怒，此类情感往往针对危机主体；（3）自我检视的情感，如尴尬、内疚、羞耻等。[23]特定的危机情感会对危机处理结果造成负面影响，如"愤怒"情绪会导致消费意愿降低、组织口碑传播变差，对于由内因引发的危机，"恐惧"情感也会使组织的口碑受损。

关注公众的情感表达，并在此基础上判断危机传播策略是否对公众的情感起到了作用，是智媒时代提高危机传播的"时、度、效"的一门"必修课"。微博热门话题是网友自发参与讨论、表达意见与情感的舆论场，能够较好地体现出网友的个人态度。这里以上述危机情感研究为参考，选取＃深圳山体滑坡＃热门话题下225条原创、有实质性内容和情感表达的公众微博作为研究样本，进行内容分析。

在研究样本中，网友最常表达的情感为悲伤（108 条，48％）、支持（45 条，20％）和愤怒（41 条，18％）。此外，有 16 条微博表达了恐惧，7 条表达了焦虑，6 条表达了怀疑，2 条表达了内疚。总体上看，负面情感占 80％，是正面情感的 4 倍。在负面情感中，与归因无关的情感为悲伤、焦虑、恐惧共 131 条（73％），与归因有关的情感为愤怒和怀疑共 47 条（26％），自我检视的情感为内疚共 2 条（1％），如图 3 和表 3 所示。

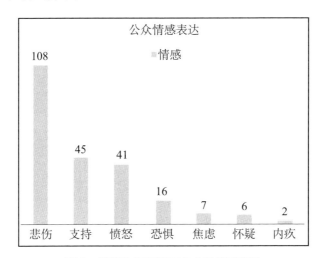

图 3　微博热门话题下公众的情感表达

悲伤，在四大基本危机情感中触动悲伤情感的核心要素是那些不可抗拒且不可逆转的损失。当公众意识到尽管他们的生存、幸福、尊严、理想等受到不可抗力的威胁，但是他们却束手无策且无人可指责时，往往表达出悲伤的情感。[24]在造成重大伤亡和严重后果的滑坡事故面前，占主导地位的情感是哀悼逝者、表达悲伤。其中，有 4 条微博内容显示作者在事故中失去了亲人或朋友，占总数的 1.8％，绝大多数网友并非损失的直接承受者，他们的悲伤情感源自整个事故中遇难者和受害者的不幸。在微博上集体哀悼有助于公众相互提供情感支撑和心灵慰藉，对平复情绪起到积极作用。此外，悲伤是与归因无关的情感，相比于愤怒、怀疑等指向危机主体的情感，当悲伤占据微博的主要议题时，政府形象受损的压力也得到一定程度的缓解。

支持，表达支持的微博数量仅次于表达悲伤的微博数量。这类情感主要表现为感激搜救一线的工作人员、支持政府的举措、感动于亲友的关怀和健在、灾难让人们更加感恩生命和珍惜爱人等。这在一定程度上表现了公众对深圳市政府的危机应对措施的认可，也体现出与政府的情感共鸣。公众的正面情感有助于政府更顺利地修复受损的形象，尽快恢复正常的工作流程。

愤怒，愤怒的表达往往具有对抗性，当公众感到组织侵犯了他们的福利和权益时，为提高存在感或扭转不利局面，他们往往会表达愤怒的情绪。[25] 在滑坡事故中，网友愤怒的对象主要是深圳市政府，以及刻板印象中的无作为政府形象。公众表达愤怒的微博主要分为四种：（1）反感滑坡事件发生之初政府以"山体滑坡"对其定性，认为有故意掩盖人工渣土偷排乱倒之嫌；（2）谴责探望受灾群众的政府官员大腹便便、抽烟的照片形象；（3）反感政府报喜不报忧，怀疑政府对死伤人数隐瞒不报；（4）将滑坡事故归咎于有关部门问责不力、执法不严、反思不足、贪污腐败等。

表3　　　　　　　　　　　微博热门话题下公众的情感表达

情感	关键词	典型表达
悲伤（48%）	默哀、安息、难过、渺小等关键词；蜡烛、祈祷等表情符号。	谁都不知道明天和意外哪个会先到来，生命的脆弱和世事的无常让我们逃无可逃。祈福，愿安好。
支持（20%）	致敬、骄傲、感恩、珍惜、幸福等关键词；心、赞等表情符号。	战士们，辛苦了！向在搜救第一线的消防官兵、公安民警、医护人员、志愿者、记者们致敬！👍生活已不易，且活且珍惜，把握当下，活在当下！回家，好好抱一抱想珍惜的人吧！活着，在一起，已经是最大的幸福！
愤怒（18%）	黑暗、心寒、推卸责任、束手无策等。	多少条鲜活的生命能唤醒你的良知/多少个痛苦的家庭能唤醒你的冷漠/多少次问责能唤醒你的责任/多少场事故能唤醒你的决心。每次过后都说在反思，每次反思过后又接着发生。你们平时到底都在干些什么？不想听你的歌功颂德，我们只想安全地活着。
恐惧（7%）	可怕、震惊、震撼等。	♯深圳山体滑坡♯太吓人了，瞬间倒塌。
焦虑（3%）	生死未卜、担心等。	甚是担心，你们那里没有波及吧？
怀疑（3%）	疑问词与反问词等；多用惊叹号和问号。	♯深圳山体滑坡♯为什么现在没人再关注天津塘沽爆炸！那些英雄、那些逝者就这样无人问津！真相不再公开吗?!
内疚（1%）	对不起、无法帮忙等。	我没有户外救护的经验，同时不能去现场帮忙，只能为遇难者和失联者祈祷，愿他们多点平安!!!

为了直观地分析政府的危机传播策略是否对公众起到了情感引导的作用，本研究将对比公众在相对无引导的热门话题中的情感表达和在政务微博下评论区的情感表达，考察二者是否存在差异。

深圳市政府为修复组织形象采取了多种危机传播策略，包括提供指导性信息、提供调适性信息，采取淡化型、重塑型和支持型传播策略等。下面将在每一类危机传播策略中随机抽取样本，对有情感表达的网友评论进行分析（如表 4 所示）。

表 4　　　　　　研究政府不同危机传播策略下公众情感表达的抽样方法

危机传播策略	相关微博内容	样本选取方式
指导性信息	为配合政府部门对光明红坳山体滑坡的救援，"@深圳供电"对 3 条线路实行紧急停电，影响光明新区光明街道塘家社区、长圳工业区、红坳恒泰裕工业园、红坳村一带，请受影响的小伙伴多多理解。♥（12 月 20 日）	以全部 13 条评论为样本。
调适性信息	光明新区长圳红坳村凤凰社区宝泰园附近山坡垮塌，导致煤气站爆炸，20 栋厂房倒塌，多人被困，伤亡尚无法估计。公安消防已赶赴现场开展抢救工作。市领导指示光明新区、卫计委全力救援，住建局调动机械设备全力支持。公安交警疏导现场交通。（12 月 20 日）	以全部 260 条评论为样本。
淡化	截至 21 日下午 6 时，接报失联人数下降为 85 人，现场救出被困人员 7 人，住院救治伤员 16 人生命体征平稳，安排居住 600 人，安全疏散 900 人。（12 月 21 日）	以全部 57 条评论为样本。
重塑（矫正过失）	"12·20"光明新区滑坡灾害发生后，"@深圳市规划和国土资源委"组织专业巡查队伍全面开展各辖区安全大排查。截至目前，全市已重点排查地质灾害和危险边坡隐患点 738 处，废弃石场 24 处。已现场发出地质灾害隐患预警通知书 2 份，废弃石场均已封场关停。（12 月 22 日）	以全部 22 条评论为样本。
重塑（进行补偿）	在深圳滑坡救援现场，连续几天高强度的搜寻及挖掘作业后，事故现场的消防战士、搜救犬的体力和精力都大量地消耗。他们当中不少人在换班后继续留在救援现场附近的区域，在地上铺上纸壳睡一会儿，醒来继续工作。（12 月 24 日）	以全部 220 条评论为样本。
支持（共鸣）	今天是光明滑坡事故发生第七日，在东四作业区附近现场，胡春华、朱小丹、马兴瑞等省市领导手捧白色菊花，全体鞠躬，为遇难者默哀 3 分钟。默哀毕，胡春华等依次缓步上前，往土堆上献上白菊，寄托哀思。（12 月 26 日）	在 521 条评论中随机抽取 300 条，获赞数最高为 92，最低为 0。
支持（提醒）	【"12·20"特别重大滑坡事故救援处置情况通报】深圳市光明新区渣土受纳场"12·20"特别重大滑坡事故抢险救援已进入第 40 天，现场指挥部通报最新情况。（1 月 28 日，长微博）	以全部 135 条评论为样本。
支持（迎合）	上午，马兴瑞从滑坡灾害现场直奔失联家属住处，分别看望慰问了失联人员林孝义、赵凯的亲属，换位思考、推心置腹与他们谈心、安抚，亲切询问他们家庭及在深吃住情况，强调党委政府一定会负责，全力搜救，决不放弃一丝希望！（12 月 24 日）	以全部 76 条评论为样本。

总体上看，在 1 083 个样本中，有情感表达的微博为 942 条，占全部样本的 87%。在表达了情感的微博中，表达悲伤的有 248 条，占 26.3%；表达支持的有 422 条，占 44.8%；表达愤怒的有 168 条，占 17.8%；表达焦虑的有 15 条，占 1.6%；表达怀疑的有 79 条，占 8.4%；表达恐惧的有 10 条，占 1.1%。与无引导下的公众情感表达相比，悲伤占全部情感表达的比例明显下降，支持的比例明显上升（如图 4）。

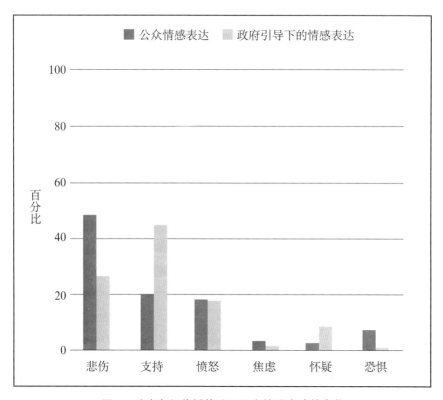

图 4　政府危机传播策略下公众情感表达的变化

具体而言，在不同的危机传播策略下，网友的情感反馈也不尽相同。滑坡事故早期，政府主要采取提供指导性信息和提供调适性信息的策略。综合来看，公众在这两种策略下表现出的负面情感多于正面情感，样本在得到指导性信息时表现出更多的支持情感（如图 5）。由于滑坡事故的突发性和严重性，多数微博样本表达了悲伤情感，如感慨"天啊，快过年了出现这种事情，不知该说什么"等。悲伤情感不具有指向性，这体现出多数网友在事故初期将这场事故作为自然灾害而非"人祸"看待。

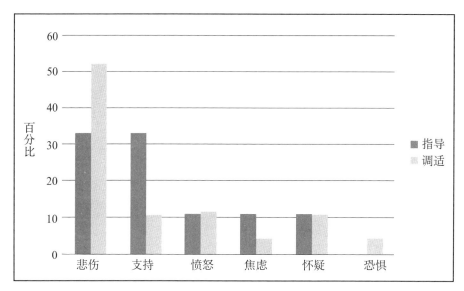

图5 滑坡事故早期策略下的情感表达

在滑坡事故中后期，淡化型策略、提醒的支持型策略和进行补偿的重塑型策略是较为成功的传播策略，公众的支持情感较多（如图6）。矫正过失的重塑型策略是较为失败的传播策略，它激发了网友的愤怒情绪，这种具有明确指向性的危机情感会损害政府的形象。

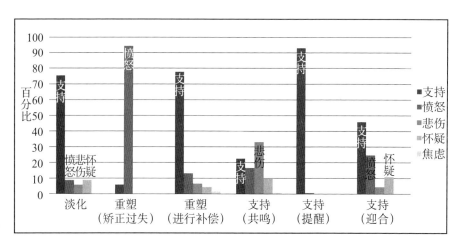

图6 滑坡事故中后期策略下的情感表达

在淡化型策略中，政府的表述弱化了灾情的严峻性，给公众积极的救灾信息，样本情感主要表现为支持，占有情感表达评论的75.5%。多数表达对政府工作的满意，如网友"@immea"："看到这个消息好欣慰，加油，希望有更多的人得到救助。"这体现了在灾难面前，政府的有作为和救援工作的进展是民心所向。

在重塑型策略中，矫正过失的子策略和进行补偿的子策略获得了截然不同的情感反馈。在矫正过失的策略中，虽然深圳市政府传达了积极排查废弃石场安全隐患的信号，但是大多数网友认为为时已晚，超过90％的样本持愤怒情绪，如网友"@请叫我候西"："为什么等出事了再检查？这脸打得真好。"一方面，政府排查隐患是必要且必需的补救措施，民众的愤怒情绪体现出一定的非理性；另一方面，安全隐患的长期存在是政府治理不力直接导致的，民众的指责并非毫无根据，也警示政府方面更加重视民众的监督和批评，提高工作水平。

与之相对，进行补偿的子策略则取得了较大的成功。时任深圳市市长马兴瑞探望失联家属的迅速、真实和亲切，凸显了以人为本，获得了网友的一致好评，避免了割裂群众、高高在上的刻板印象。尽管有网友质疑政府在作秀，但是支持和感动的声音远远超过愤怒的声音，占全部微博的78％，如"@逐月寒鸦"："对于失联人员家属来说，政府的态度就是他们现在能抓住的唯一希望，从灾难发生后至今深圳市委市政府的表现来看，还是没有让大家失望的。"近年来，官场中的部分贪污腐败、无作为、滥用职权等错误典型使得"官员"这个标签被整体抹黑，一定程度上加剧了官民矛盾。而深圳市政府在灾难面前表现出真心实意为灾民考虑的态度，从样本反馈来看，这一举动重新树立了民众对政府的信心，也呼吁政府部门不断改进工作方法，为人民做实事。

支持型策略包含共鸣、提醒和迎合三个子策略。其中，共鸣子策略的意见分化最大，提醒子策略是所有策略中最成功的案例。在共鸣子策略中，政府在事故头七之际发布了默哀信息，在评论区的300个样本中，表达悲伤的微博占33％，支持占23％，愤怒占18％。对于政府的默哀、鞠躬和献花，共鸣者表达了对逝者的哀思，支持者表达了对政府负责行为的赞同，愤怒者认为人命问题远非默哀能解决的，质问政府死亡人数和追责进展等。值得注意的是，政府的默哀微博下面反对者和拥护者形成两派，公众评论存在明显的分化和对骂现象。如"@大男人源"："不要再作秀了，赶紧谢罪吧，该处理哪些人立即处理，立即执行，该怎么处罚就立即点。😑"
"@容易幸福168"："怎么就作秀了，一场场救援，十次发布会，事故现场调集了那么多的救援官兵、消防人员、医护人员都是空气吗？听听受灾群众怎么说再来吧！政府的态度摆在这，不了解情况就不要乱喷！大家还在全力救援，处置善后工作。我们不应该给予支持吗?!"该样本的评论充分体现了微博舆论"就事论事者少，借题发挥者多"的非理性。

在最成功的提醒子策略中，深圳市政府于 2016 年 1 月 28 日通报了救援处置的情况。该微博发布于事故的沉寂期，体现了政府发布最新进展的锲而不舍，给社会和公众一个交代。微博主要包括 4 条关键信息。（1）灾情信息：救出受困群众 14 人，紧急疏散 900 余人，遇难 73 人，失联 4 人，医院收治 17 人，其中 11 人治愈出院。（2）善后工作：安置受影响企业员工 4 630 人，遇难者家属全部签订经济补偿协议。（3）事故追责：犯罪嫌疑人 42 人全部到案。（4）未来展望：深刻反思，举一反三，打响"城市管理治理年"的攻坚战。[26]在评论区，表达支持的微博高达 93%，认为政府正面回击了质疑和批评，塑造了知错能改、积极负责的形象，让人们对深圳的未来充满希望。如"@熊猫哥哥爱和平"："通报得很及时，体现出了深圳速度和深圳效率。希望深圳直面问题，抓紧整改，让我们过上更好、更安全的生活。相信深圳的明天是美好的，我们有能力解决违法建筑等城市顽疾。"

在迎合子策略中，政府发布了一组消防官兵和警犬在废墟中席地而睡的照片，表达方式偏煽情。评论区 47% 的微博样本表达了对救援人员的感谢、关怀与敬意。25% 的微博样本表达了愤怒之情，主要理由包括认为政府提供的后勤保障不足，消防官兵的待遇过差，照片有摆拍之嫌，以及政府试图通过煽情来转移注意力等。相比于直面问题并针对公众的疑问进行明确回应，这种"曲线救国"的方式反而更不受认可。

从总体来看，将微博中公众的自发讨论和政府引导下的讨论相对比（见图 7），不难发现公众负面情感占比明显下降，正面情感占比明显提升，体现出政府危机传播策略取得了一定的成效。

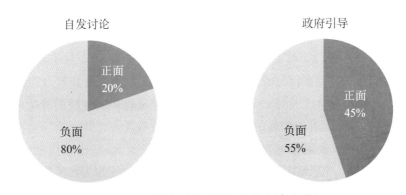

图 7　自发讨论与政府引导下的公众情感对比

在深圳滑坡事故中，政府面临着渣土滑坡、人员伤亡、经济损失的重大灾情。作为一起典型的突发公共事件，它使深圳市非法受纳场猖獗、废弃物处理设施不足等城市建设和行政管理的硬伤充分暴露。在危机发酵过程中,政府还面临着事故性质由地质灾害恶化为生产安全事故的公关压力,以及公众不信任政府的舆论压力。

参与深圳滑坡事故微博讨论的公众大致分为两类,一类是事件亲历者及遇难者家属,另一类是没有直接参与滑坡事件的其他公众。其中,少部分事件亲历者利用社交网络上传了滑坡现场照片以及坍塌过程中伴随的爆炸视频,在引爆舆论的同时,也推动了信息的第一时间公开。遇难者家属在修辞话语场中并不活跃,主动讲述个人遭遇的也在少数。其他公众大多通过社交网络表达对遇难者的哀悼,并要求政府尽快查清事故原因,严肃处理相关责任人。

在此情况下,政府迅速展开了多渠道的危机管理。一方面,有序地组织抢险救援工作,配合检察院彻查事故责任,并处理善后和赔偿问题等。另一方面,政府也吸取了以往在危机中信息公开不及时的教训,主动进行危机传播。本研究表明,在突发公共事件中,政府部门积极的危机传播和情感引导会对公众的情感和认知产生有利的影响,让公众以更加正面的心态看待危机主体的补救措施和未来发展。

从受众角度看,政府一方面要安抚亲历者情绪,在善后工作中展现出负责任的形象;另一方面要保障绝大多数非亲历公众的知情诉求,对事故细节和救援情况进行公开和跟进,查因究责。只有公众的诉求得到满足,政府方才有可能达到挽回形象、降低负面影响的目标。从传播角度看,深圳市政府利用新浪微博开展迅速的危机公关,并最终赢得较多支持的声音,启示着危机所在组织应当认清智媒的重要作用,厘清其传播规律,从而掌握危机传播的主动权,以更有效的方式影响舆情走向。此外,在事故型和错误型危机中,危机主体主动承认过错,不逃避责任,采取积极负责的态度展现新的形象,有利于危机的逐渐平息和组织回归正常的运行程序之中。

四、智媒时代危机传播和新闻发布实务的对策建议

基于对智媒时代危机传播和新闻发布的三大发展趋势和相关的理论梳理、案例分析,这里对如何改进相关实务提出以下一些对策建议:

其一,完善危机期间舆情全方位监测机制,尤其是根据智媒用户的使用习惯,加强对22:00—24:00和周末时段的舆情监测。例如2018年7月的国产疫苗危机便是由一家自媒体公众号在周末推送"旧闻"导致舆情爆发,针对社交网络和算法平台上具有显著性和相关性的"热点""痛点""爆点""槽点"和公众的情绪变化应开展实时监测并制定相应发布预案。

其二,秉持"策略性公开"(即"实话实说,但不全说")的原则,避免一次性

事无巨细、缺乏重点的信息发布，应针对上述的"四个点"和舆情走向，采用"掰开揉碎"的策略"喂新闻"，尽可能做到"时时有信息"，适应智媒时代碎片化传播的特点，牢牢把握舆情的话语权和主导权。

其三，新闻发布应根据"时、度、效"原则加强议题管理，针对"四个点"规避争议性议题，避免由于议题的"泛社会化""泛道德化"而引发"次生舆情"。如深圳滑坡事故案例中，政府的新闻发布采用"支持""补偿"等策略规避了城市化过程中产生的"社会分层""垃圾处理失当"等负面舆情的发酵。

其四，智媒时代新闻发布的内容应当是"有温度"的事实、数字和故事，将事实说明与情感引导有机结合，尽可能采用"网言网语"，根据具体情况为社交网络、算法平台和境外媒体量身定制具有不同受众指向的新闻发布稿，避免"一份通稿包打天下"的做法，贯彻差异化、精细化传播的策略区分对象、精准施策，更好地适应"跨国化、社交化、情感化"的新趋势。

其五，以政府部门的权威发布为主，根据"第三方传播"原则和"复调传播"的原则，充分发挥大V、大号"关键性意见领袖"（KOL）的引领作用，尊重算法推送的原则和规律，打造上下回应、优势互补、合纵连横的立体化传播矩阵，强化政府新闻发布的传播力、引导力、影响力和公信力。

（作者的研究助理、清华大学新闻与传播学院硕士生邱伟怡为相关文本和数据的梳理给予了大力支持，在此致谢。）

注释

［1］史安斌. 危机传播与新闻发布：理论·机制·实务. 北京：清华大学出版社，2013.

［2］史安斌，孟冬雪. 跨国化·社交化·情感化：危机传播研究的新视域. 全球传媒学刊，2015（3）.

［3］Coombs W T. The changing landscape of corporate crisis communication：life in the omni-media era. Global media journal，2015，2（3）：26 – 36.

［4］Akcay D，Bagcan S. Intercultural communication and crisis management：Ikea case study. Global media journal，2016，13（7）：169 – 185.

［5］Zhu L，Anagondahalli D，Zhang A. Social media and culture in crisis communication：McDonald's and KFC crises management in China. Public relations review，2017，43（3）：487 – 492.

［6］Fowler B. Stealing thunder and filling the silence：Twitter as a primary channel of police crisis communication. Public relations review，2017，43（4）：718 – 728.

［7］Choi Y，Lin Y H. Consumer responses to Mattel product recalls posted on online bulletin boards：exploring two types of emotion. Journal of public relations research，2009，21（2）：198 – 207.

［8］Coombs W T，Holladay S J. An exploratory study of stakeholder emotions：Affect and crises//Ashkansay N，Zerve W J，Härtel C E J. The effect of affect in organizational settings：research on emotion in organizations. New York：Elsevier，2005：263 – 280.

［9］Jin Y，Pang A. Future directions of crisis communication research：emotions in crisis-the next frontier//Coombs W T，Holladay S J. The handbook of crisis communication，London：Wiley-Blackwell，2010：677 – 682.

［10］Bericat，Eduardo，The sociology of emotions：four decades of progress. Current sociology，2016，62（3）：491 – 513.

［11］Serreno-Puche，Javier. Emotions and digital technologies：mapping the field of research in media studies. London：LSE，2015.

［12］Ranellucci J，et al. Understanding emotional expressions in social media through data mining，in emotions//Sharon Y. Tettegah，technology，and social media. London：Elsevier，2016：85 – 102.

［13］史安斌，满玥."米姆"传播与数字化媒体奇观的兴起.青年记者，2015（11）.

［14］郭小安，杨邵婷.网络民族主义运动中的米姆式传播与共意动员.国际新闻界，2016（11）.

［15］Spitzberg B H. Towards a model of meme diffusion（M3D）. Communication theory，2014，24（3）：311 – 39.

［16］Frandsen F，Johansen W. Crisis communication，complexity，and the cartoon affair：A case study//Coombs W T，Holladay S J. The handbook of crisis communication. London：Wiley-Blackwell，2010：425 – 445.

［17］同［8］.

［18］同［9］.

［19］Jin Y，Pang G，Cameron G T. Toward a public-driven，emotion-based conceptualization in crisis communication：unearthing dominant emotions in multi-staged testing the integrated crisis mapping（ICM）model. Journal of public relations research，2012，24：266 – 298.

［20］Jin Y，Liu B F，Austin L. Examining the role of social media in effective crisis management：the effects of crisis origin，information form，and source on publics' crisis responses. Communication research，2014，41（1）：74 – 94.

［21］同［8］.

［22］同［7］.

［23］同［20］.

［24］McDonald L M，Sparks B，Glendon A I. Stakeholder reactions to company crisis communication and causes. Public Relations Review，2010，26：263 - 27.

［25］同［9］.

［26］深圳微博发布厅. 深圳市光明新区"12·20"特别重大滑坡事故救援处置情况通报.（2016 - 01 - 28）［2019 - 05 - 10］．http：//weibo. com/2892786960/DfcqWDDAq? type＝comment ＃_rnd1464163147903.

新闻发布体系建设的社会历史语境与新闻发言人的作为

| 胡百精

① 2018 年 11 月，胡百精教授在央企新闻
　发言人培训班授课。

胡百精

中国人民大学新闻学院执行院长、教授、博士生导师，教育部青年长江学者。主要研究方向为传播学与公共传播，代表著作有《说服与认同》、《中国公共关系史》（中、英文版)、《危机传播管理》（第三版)、《公共关系学》等，译著有《宣传》《取悦公众》《舆论的结晶》《制造认同》等，主编"中国危机管理研究年度系列报告"。

曾荣获教育部高校优秀科研成果奖（人文社科类三等奖)、国家教育教学成果奖二等奖、北京市教育教学成果奖一等奖、教育部霍英东青年教师奖、宝钢优秀教师奖，获评中国人民大学十大教学标兵。曾多次为国家部委、地方政府部门、大型企业开展新闻发布方面的培训。

　　新中国的新闻发布活动肇端于新中国成立之初，20 世纪 80 年代亦不鲜见。而体系化的新闻发布机制、队伍和平台建设，则始自 2003 年之后。历史总是以大事件为节点连缀时空。2003 年暴发的"非典"就是这样的历史节点之一。它以"流行病"为能指和隐喻，表征了人与自然、个体与共同体、民族国家与全球化等诸多二元范畴之间的紧张对立，同时也显现了中国在现代性转型中所遭遇的多重悖论，诸如危机与繁荣，变革与秩序，断裂与认同，等等。随后十年间，这些悖论搅动了社会变革的旋涡，激荡、沸腾于"改革的深水区"。正是作为时代标签和集体记忆的"非典"，激发了我们对新世纪社会历史语境的重新想象：现代性转型与风险社会来临，互联网革命重构权力话语，全球化深度铺展并可能再造文明秩序，对话成为时代主题。它们构成了我国新闻发布体系建设的宏观语境，也是这一代新闻发言人言说和行动的时空背景。

一、现代化转型与风险社会

　　自 20 世纪 70 年代末 80 年代初始，中国社会一以贯之的发展主题是现代化。作为现代性的实践过程，现代化在中国主要表现为工业化、城市化及社会主义市场经济体制的建立和发展。"非典"暴发前后，正值中国改革开放二十五年、建立社会主义市场经济体制约十年、成功申办北京奥运会和加入世贸组织（WTO）近两年，"现代化建设即将迎来新高潮"。尽管一路曲折，1978 年以来的中国现代化建设成就堪称壮盛、辉煌。新千年、新世纪激发的历史情愫，更加让人们对未来心怀无限憧憬。如果没有发生"非典"，如果"非典"只是一个"小插曲"，那么有关繁荣和复兴的宏大叙事将一如既往、无可争议地统摄社会理想和共识。

　　然而，"非典"和紧随其后的禽流感、甲型流感等公共卫生危机，水污染、空气污染、土壤污染、核辐射等生态环境危机，地震、洪水、干旱、泥石流等天灾，技术、产品、企业、市场、金融等领域爆发的管理和财经危机，拆迁、征地、民生未济、社会保障缺位等因素引发的大规模群体性事件，民主、法制、公平、正义诸领域累积的关涉政治信任和决策合法性的结构性危机，道德理想、人文教化和精神信仰危机，以及持续不断的国际政治、经贸、军事和宗教冲突，皆在辉煌的现代化图景上投下了斑驳的阴影。随着阴影越拉越长，我们不得不对现代化本身做出反思，并寻找针对风险社会的矫正、补救方案。

从西方的经验和教训看，现代性抱持由低级到高级、由落后到发达、由简单到复杂的线性进步观，强调中心、权威、秩序和效率，希望通过统一的规治、稳定的结构实现因果明晰的宏大叙事。但是，对进步和繁荣的片面追求使现代性在一开始就为自己埋藏了危机的种子：掠夺自然发展经济，导致人与自然尖锐对立，后者看起来一度被征服，却时刻可能报复人类；财富的生产和分配机制一旦失调，便会造成严重的贫富分化、利益板结和阶层对抗，"这种从不应有的贫困和依赖中解放出来的承诺，都是以社会不平等范畴进行行动、思考和研究的基础"[1]；理性消解了信仰、道德、神话和艺术的灵韵，滋生了价值危机，现代性"只处理了人类文明表层的文化现象，并未深入人类精神性的、理想性的，亦即人灵性生命的深层价值"[2]。

按照英国社会学家吉登斯和德国社会学家贝克等人的观点，现代性将由此超越至第二阶段，即从简单现代性发展到反思现代性。"我们正在见证的不是现代性的终结，而是现代性的新开端——这是一种超越了古典工业设计的现代性。"[3]简单现代性所对应的社会形态是工业社会，其发展逻辑是"现代化-工业化-物质繁荣"；反思现代性则对应风险社会，吉登斯和贝克断言我们进入了由现代性构建的风险社会。现代性的每一个关键范畴都制造了自己的反面，或者说酝酿了冲抵、湮没自己的风险。"技术-经济"发展所提供的最后一把钥匙，未必打开新的知识和财富宝库，反而可能触发文明自毁的旋钮。"我们越是想拓殖未来，未来便越可能给我们带来意外。"总之，现代性随着自身在广阔历史时空中的充分延展，制造了人与自然、主体与客体、精英与大众、利益与意义、效率与公平等二元关系的尖锐对立。"风险社会不是一种可以接受或拒绝的选择，它产生于不考虑其后果的自发性现代化的势不可挡的运动中。"[4]

在"非典"暴发的21世纪之初，"风险社会"一词尚停留在中国学者解读贝克和吉登斯的学术文章里。而随后数年，中国政府、企业和民众普遍且深切地感受到了"我们面临的发展机遇和风险挑战前所未有"[5]。在风险社会语境下，危机既是一种日常化、公共化的客观存在，也逐渐成为一种主观上的认知框架、思维方式和价值想象，即我们认为自己生存在危机中，并以应对危机的方式运行社会系统、打理日常生活。

在风险和危机语境下，沟通以达成共识、建立信任，已成为政府、企业等各类社会组织专门性、系统化的迫切需求。"非典"证明了这一点，它既提出了问题——风险社会降临，也提供了答案——在对话、协商中应对危机。在"非典"暴发的前半段，有关部门封锁消息，招致了国内外巨大的舆论压力和强烈不满。一直到 2013 年 4 月 20 日，国务院召开"非典"疫情新闻发布会才改变了这一切。有媒体还原了这场发布会的三个关键细节[6]：

一是发布会召开之前一刻，卫生部部长和北京市市长引咎辞职，这是中国政府官员问责制的正式开端。二是在这场发布会后，针对"非典"疫情的官方口径从"完全有能力控制"转变为"决心打一场硬仗"。自此，政府面对重大公共危机的遮掩和过度承诺逐渐减少，把"灾难"表述为一场"胜利"亦有所减少。三是政府通过发布会公开疫情后，非但没有引发社会恐慌，反而赢得了广泛赞誉。在国内，"人民群众在享有知情权的同时，对政府表示出充分信赖，对政府的决策和各项措施高度认同并积极配合，呈现出全民动员、群防群控的局面"[7]。在国际上，几乎所有主流媒体都采用了类似"中国在行动"的新闻标题，肯定中国的勇气和智慧。

危机带来了变革的契机。自"非典"始，政府新闻发布体系建设进入辉煌十年。2004 年 4 月，《中共中央关于加强和改进新形势下对外宣传工作的意见》提出，"建立中央外宣办（国务院新闻办）、国务院各部委及省级新闻发布工作机制，明确职责，注重策划，加大新闻发言人的培训力度，提高新闻发布的效果和权威性，做到经常化和制度化"[8]。此后，全国性的多级新闻发布体系得以建立，大量政府部门设立了例行新闻发布会，发布会的数量和质量显著提升。而在突发事件和公共危机中，新闻发布会已然成为政府必不可少的工作手段和环节，更是关乎信心和信任的公共仪式。

十几年间，新闻发布会已成为中国政治生活的常规内容，是官民对话、化解危机的重要机制，也是国务院新闻办原主任赵启正提出的"向世界说明中国"的基本途径。赵启正指出，"多年来，中国的新闻发布制度逐步健全，对内起到了加强舆论引导、推动政务公开、保障群众知情权和监督权、密切政府与群众关系、促进社会和谐发展的积极作用；对外则承担了一定的公共外交责任，向世界说明中国的真实情况，解疑释惑"。在一定意义上，各级政府新闻发布会记录、呈现了"非典"以后中国社会发展的重大事件、关键节点和价值选择。

中央宣传部、国务院新闻办主导并推动了中央和国务院各部委、地方政府的专业新闻发言人培训工作。2003 年 9 月，国新办举办了首届中央和国家机关新闻发言人培训班，受训发言人被业界和学界称为"黄埔一期"。之后，各个部委和各级地方政府纷纷设立新闻发言人，其中一些人成为家喻户晓的公众人物。他们极尽观念和体制的可能性，充当了官民对话、中外对话的桥梁。在一些紧要时刻，他们负重千钧，也因此成就了历史。实际上，他们的全部努力皆是为了确立和奉行现代政府治理的一些基本准则，譬如及时、主动、公开。反反复复之间，官民对话、中外对话的门打开了，新闻发言人就站在门口，未必每一场表演都精彩，却不可或缺。

二、互联网革命与话语权再分配

在 20 世纪 90 年代初，互联网基本上还是一些科学家和专业机构的实验品、"大玩具"；在 2000 年年初，互联网初步改变了人们的工作和生活路线图，在技术和工具层面推动了社会创新；及至新世纪第二个十年，互联网已经变得和水、电、道路、空气一样重要，成为人类不可或缺的知识来源、交往平台和行动空间，并因此引发了政治、经济和文化诸领域剧烈而深刻的变革。

从宏观上看，互联网高速发展加剧了社会学家贝克、吉登斯所宣称的风险社会的挑战和危机。在宏观层面，互联网实时遍在的信息传播功能进一步虚化了人类社会的时空边界。它在推动不同阶层、族群和文化相遇、交流的同时，也会加剧社会主体之间的分化和部落化，以及不可避免的对立和冲突。同时，互联网实现了海量信息生产、存储和传播，极大地加速了知识更新和社会变革，而任何变革在抵达新的共识和秩序之前皆是一场充满不确定性的危机。在微观层面，互联网的海量信息生产、实时传播、用户贡献和人人发言等机制使世界上每一个角落的新闻事件都可能"公开上演"，瞬时处在数亿网民的"围观""凝视"和"直播"之下。

信息激增、人人发言是一个对普罗大众赋权的过程——使之掌握信息，表达意见。在此过程中，传统信息传播秩序必然发生重大转变：普罗大众逐渐获得传播者地位，并拥有越来越多的话语权；政治、商业和知识精英的话语权则相对削弱，他们不再是真相和真理的绝对垄断者。尽管精英仍然占据表达优势，但由其完全主导信息生产和传播的时代一去不复返了，话语权再分配的时代正在展开。在传统时代中，普罗大众特别是其中的弱势群体几无可能获得与精英对等的媒体话语权，并且也缺少充分的公共表达训练。即使是在所谓民主传统悠久的国家，精英话语也在大多数情况下处于支配地位。互联网改变了这一状况，初步实现了话语权再分配。"历史上从未有哪一个时代，如今天这样，能让普通个体拥有如此之大的话语权。"[9]类似的看法已然成为互联网时代的共识和现实，传统意义上的受众如边缘弱势群体、非政府组织、民间压力团体，凭借新媒体获得话语权，形成了多级化的传播格局。

话语权转化和再分配何以发生？这主要归功于互联网独特而强大的信息生产和

关系生产机制。互联网带来的最直接的变革是信息激增，Web1.0 就造成了所谓"信息爆炸"和"信息海洋"，Web2.0 则使亿万网民获得了更多内容生产的权力和便利，"人人发言"进一步扩充了信息海洋。不仅如此，Web2.0 时代成就了诸如Facebook、Twitter、微博、微信等社交媒体（social media）。它们不仅拓展了信息生产机制，而且还促进了多元社会关系的生产和重构。基于社交媒体，亿万网民可以迅速形成信息共同体，并进而形成开放、平等、多元互动的关系共同体。个体的话语权由此汇聚为更加有力量的共同体话语权。在互联网的信息生产和关系生产两种机制的作用下，普罗大众以其数量优势和道德优势——动辄成百上千万网民以"人民"的名义对官、商、知识分子和其他传统权威进行全景围观和"舆论审判"。他们利用互联网赋予的表达资源和机会，让自己成为"在场"的旁观者、表达者和行动者。"互联网帮助边缘群体——曾经被排除在公共领域的主流话语之外的人们，发展了属于自己的各种协商平台、联系方式，并与宰制性的意义和实践相竞争。"[10]

话语权再分配及其带来的多元意见竞争，无疑是了不起的社会进步，但其进步性最终要体现在利益各方就如何达成共识而确立的科学和民主原则上。否则，众声喧哗本身并不值得追求。换言之，意见竞争的价值在于促进理性、建设性的协商和决策，倘若背离民主和理性原则，喧哗的舆论就可能沦为非理性的狂欢和"多数人的暴政"。近年一些公共危机个案表明，虚耗无功、失范失序的意见竞争经常导致"绑架司法"或"反对一切"的舆论暴力。人们沉湎于初步占有话语权的快感之中，卷入情绪化的舆论旋涡，并因此滥用了技术、社会进步提供的话语平台和民主机制，错失了解释和解决问题的关键机遇。

更重要的是，虚拟空间的话语权再分配、意见竞争正在向现实空间转移和扩散。当亿万网民越来越习惯在意见竞争中发现真相和真理——尽管有时事与愿违，就必然产生将虚拟空间的民主与话语权"挪用"、复制到现实社会的强烈冲动。人们渴望依循互联网上的技术民主观念和原则重构社会关系、再造社会结构。如今，社交媒体使虚拟和现实空间的边界变得日益模糊，虚拟空间不再只是现实空间的简单投射和延展，而是反过来按照它自身的哲学、价值和方法"格式化"现实社会。早在互联网初兴的 20 世纪 90 年代后期，人们就预言了它具有把"平等接近知识的权利"转化为获得各种平等的社会权利的惊人力量。

对政府部门而言，应对意见竞争往往比遏制危机事态本身更为艰难，"不确定性和破坏力的真正来源乃是传播，沟通困境才是危机中的最大困境"[11]。面对如是境况，政府新闻发布体系发挥了无可替代的作用，直面传统信息传播秩序和话语权格局的变革，及时、主动、公开地参与意见竞争，并做出了直接且重要的贡献：一是化被动为主动，重构互联网时代的主流话语权，避免在"人人都有麦克风"的时代失语、失声，做到了高举旗帜、引领导向，围绕中心、服务大局；二是坚持以人民为中心，团结人民、鼓舞士气，成风化人、凝心聚力；三是尊重新闻传播规律，积极构建新时代舆论生态，澄清谬误、明辨是非，培育理性、建设性的公共传播体系和公共理性。概括而言，此间的新闻发言人逐步掌握了在公共讨论、协商中成就自身公信力、话语权和影响力的能力，越来越成熟地引导理性、建设性的公共讨论和社会行动。

以政务微博为例，政府机构微博在 2013 年上半年达到 17 万个，部分微博成为官民沟通的常规平台。譬如，北京市公安局官方微博"@平安北京"在涉警信息发布和警民关系协调方面发挥了重要作用，该局在 2010 年设立了公共关系领导小组。当年，全国有 13 个公安局设立了公共关系处（科）。事实上，新媒体制造的"麻烦"使一些政府部门空前重视"宣传"和公关工作。解放思想、构筑平台、建立团队，推进开放的官民对话成为共识。2013 年春，歌唱家李双江之子李某某卷入一起轮奸案。面对汹涌激烈的网络舆论，北京市海淀区法院官方微博及时发布事实，主动引领议题，充当了权威信源角色。同年 8 月 22 日至 24 日，济南市中级人民法院通过微博直播了举世瞩目的"薄熙来案"庭审。在审理过程中，济南中院共发布了 150 多条微博、近 16 万字图文，"亿万人得以围观部分实况"。

2008 年 5 月 1 日，《中华人民共和国政府信息公开条例》正式施行。该条例在原则上确立了政府信息公开的范围、方式和程序，一度被期许为"阳光法案"。2013 年 10 月 1 日，国务院办公厅发布《关于进一步加强政府信息公开回应社会关切提升政府公信力的意见》，从平台建设、机制建设、保障措施等三个维度十个方面规定了政府信息公开细则。该意见要求："各地区各部门要把做好政府信息公开、提高信息发布实效摆上重要工作日程，做到政府经济社会政策透明、权力运行透明，让群众看得到、听得懂、能监督，不断把人民群众的期盼融入政府决策和工作之中，努力增强提升政府公信力、社会凝聚力的'软实力'。"

三、全球化与作为国家公关手段的新闻发布

自 1978 年改革开放始，中国就主动参与了全球化进程。此间四十余年，国际社会大抵确立、维持了和平与发展的时代主题，对话、合作成为主流。西方发达国家从工业社会过渡到后工业社会，并逐步开拓了全球产业分工体系和全球市场；大多数发展中国家也在全球化进程中经历了巨变，由传统经济或计划经济变革为市场

经济，并加入了全球产业分工。在一定意义上，改革开放就是中国主动介入全球化、积极参与全球产业分工的过程。但是，全球化绝不只是一个经济一体化问题，而且意味着政治、文化的深刻变革。"现代性内在就是全球化的……现代性的全球化倾向，既是客观的也是主观的，它们在地方和全球两极所发生的变迁的复杂辩证法中，把个人同大规模的系统联结起来。"[12]新旧世纪之交的人类社会变革充分证实了吉登斯的预言。

但是，全球化进程不可能一帆风顺，而是充斥着矛盾和冲突。科技、资本、信息穿越民族国家的边界，重构了全球范围内的经济和社会关系；而在政治和文化上，民族国家与外部世界的屏障消失了，国家主权的完整性、文化认同与文化的多样性受到冲击和挑战。近年发生的朝核危机、英国脱欧、中美贸易摩擦等重大全球事件已证明了这一点。"世界"成为繁荣与不满、认同与分裂、合作与对抗、同一性与多样性的"共生矿"。全球传播、跨文化交流乃至构建人类命运共同体成为新时代的必然选择。具体而论，全球化强烈需要并积极促进了国家公关的发展。国家公关既是一国与他国全部交往关系的一个组成部分，同时也是润滑、激活、理顺、整合其他国际关系的重要手段。在全球化时代，就像企业需要公关定位、传播"我是谁"一样，国家亦需要公关确立身份认同，传播观念、推销政策和表达利益。

对中国而言，国家公关至少与如下重要问题缠结为一体：国家形象塑造、软实力构建、文化交往与价值协商、意识形态合法性的维护与革新、公共外交、企业"走出去"，以及政治、经济、环境、能源、军事诸领域的国际议题管理。此中，国家形象筑基于软实力，而软实力则仰仗于硬实力，后者主要解决是否"挨打"的问题，前者则要解决是否"挨骂"的问题。国家公关有利于增进硬实力，同时是培育和表达软实力的重要手段，也是塑造和传播国家形象的基本途径。

国家形象可以理解为"一个国家留给他国公众的总体印象和评价"，也可以理解为"他国公众对本国特征和表征的感知或投射"[13]。第一种理解属自我本位，即"本国"自主的形象建构；第二种理解属他者本位，即从他国公众视角考察一国形象之得失成败。20世纪末，与国家形象紧密关联的软实力（soft power，又译软权力）概念开始流行，成为"全球化时代游荡在世界各个角落的一个幽灵"[14]。软实力就是与经济、军事、能源等"硬实力"相对应的文化、价值、信念等内在的软性国家力量。最早提出"软实力"概念的是哈佛大学教授约瑟夫·奈，他认为软实力即"一个国家所具有的让别国心甘情愿支持其所做事情的权力"[15]。

进入新世纪后，北京奥运会成为国家公关、国家形象和软实力建设的一个标志性历史节点。"北京奥运会的一个重要特点是，它是在全球化时代真正到来而非将至状态下举办的一场人类共享的文明仪式。"[16]在中国人看来，北京奥运会是中国摆脱一百多年贫穷落后的屈辱，奋力追求现代化，并已经取得了丰硕成果的一个隐喻，是中国由现代世界的边缘奔向中心的一个仪式。中国人期待通过这样一场仪式证明自己，并从此在世界舞台的中心与他者和谐共生。除了文化和历史考量，北京奥运会其实就是一场超级宏大、华丽的国家公关运动，对内宣示成就、感召人心、整合民意，对外展示成就、塑造形象、融入主流。而从西方视角看，北京奥运会所体现的 13 亿中国人的"现代化雄心"，未免令人惶惑和焦虑。

在临近北京奥运会的 2008 年 3 月，西方的焦虑终于爆发。部分西方媒体大肆利用"3·14"事件搅动国际舆论，采取"社会议题奥运化、奥运议题政治化"的报道框架，发起对北京奥运会和中国社会的持续批评。一些媒体甚至不惜造假攻击中国。当年三四月间，北京奥运会火炬传递在法国、英国遭遇暴力袭扰。经历了这一系列不愉快的事件后，中国政府、媒体和知识精英意识到，奥运会和全球化皆非浪漫之旅。中国需要站在战略高度，更专业、更系统、更有效率地与世界对话。

2009 年年初，新华社主办的《国际先驱导报》发表数版专题文章，宣称刚刚过去的 2008 年为"国家公关元年"，理由是中国在拉萨打砸抢烧事件、奥运火炬袭扰、汶川地震、北京奥运会、三鹿问题奶粉等重大事件中付出了巨大的公关努力，并且取得了足以载入史册的成就。在"5·12"汶川地震中，中国政府发挥举国体制优势，全力抗震救灾，及时、主动、公开发布信息，赢得了广泛赞誉。当年 8 月8 日，北京奥运会盛大开幕，中国一扫拉萨事件、火炬事件、地震的阴霾，开放、热诚地拥抱了整个世界。在北京奥运会期间，中国政府实施了更加开放的媒体政策，提供了优质的媒体服务，最大限度争取了海外媒体的善意。[17]借由 3 万多名海外记者的镜头和笔头，一个并不完美却真实、真诚的中国得以呈现给全世界。

总体而观，国家公关即一国与别国利益相关者之间的利益对话和价值协商。首先，国家利益是国家公关的逻辑和实践起点。在核武器对峙、经济全球化语境下，国家公关致力于各国之间以最低成本解决冲突，借由对话谋求最大限度的共同利益。拉萨事件、北京奥运会之所以使国家公关成为一个问题，就是因为它们表征了中国崛起以及由此引发的全球利益格局变革。"中国刚在往特大大国的方向走，这回已经体会到了做大国的滋味了。以后这个滋味会越来越强，随时随地伴随着"，大国的烦恼呼唤中国"真正的全面的开放，要疏通，交流"[18]。

其次，作为一种利益表达，国家公关是一国"言说-修辞""行为-管理"的整体性话语建构。英国学者梅赫（L. H. Mayhew）认为，除了财富（property）、权力（power）之外，公关最重要的力量在于通过修辞技巧（rhetorical skill）获得信任（trust）、魅力（charisma）和影响力（influence）。[19] 同时，公关不只要"说得好"，也要"做得好"，追求内与外、言与行的均衡。因此，国家公关既不片面地强调行胜于言，也不企图通过谎言编造一个并不存在的净土。

最后，国家公关承认国际权力和利益斗争的复杂性，而比权力和利益问题更微妙、更深刻的乃是价值、信仰层面的对话。作为构建软实力和国家形象的重要手段，国家公关应立足而又超越政治和经济表达，走向文化和价值表达。党的十八大之后，习近平总书记基于中国智慧提出了"人类命运共同体""人类共同价值"等新时代大国外交思想的核心范畴，为全球传播、国际传播和国家公关指明了方向，提供了方法。以国家公关视角看，全球对话既要以我为主，又要寻求国际交往的"最大公约数"，即契入、引领共同价值。这些价值既要承载中国特色社会主义价值体系，也要映射超越具体利益和文化差异的共同价值追求。譬如，中国传统文化中的天人合一观念，强调人与人、人与社会、人与自然的三位一体。这与西方自由主义的个体至上观念、社群主义的人与社会重新相遇的价值诉求可以形成多元互镜，以解释和解决全球范围内的现代性危机。

党的十八大以来，新闻发布工作成为我国对外传播、国家公关的重要手段，在国家形象塑造和软实力建设方面发挥了重要作用，担当了"联接中外、沟通世界"的重要使命。在中美关系、中俄关系、中欧关系、中非关系、周边国家关系和"一带一路"建设、朝核问题解决、中美贸易谈判等一系列重大国际关系和国际事务中，新闻发布皆为其间的关键一环。新闻发言人及其团队、平台及时发布信息，表明中国立场，捍卫国家利益，促进国际交流和全球对话，推动合作共赢和问题解决，已成为全球公共领域中响亮、独特、不可或缺的"中国声音"。正是由于对包括新闻发布活动在内的各种对外传播手段的统筹运用，一个真实、全面、立体的中国形象得以展示于世界舞台，有利于中国改革发展的国际舆论生态正在形成，致力于构建人类命运共同体的大国外交思想正在得到积极响应。

注释

[1] 贝克，威尔姆斯. 自由与资本主义：与著名社会学家乌尔里希·贝克对话. 杭州：浙江人民出版社，2004：73.

[2] 曾春海. 中国现代化与后现代展望. 中共中央党校学报，2011（5）.

[3] 同 [1] 3.

[4] 阿赫特贝格，周战超. 民主、正义与风险社会：生态民主政治的形态与意义. 马克思主义与现实，2003（3）.

［5］胡锦涛．坚定不移沿着中国特色社会主义道路前进 为全面建成小康社会而奋斗：在中国共产党第十八次全国代表大会上的报告．北京：人民出版社，2012：1.

［6］刘洋硕．孟学农们的后非典十年．南方人物周刊，2013（6）.

［7］中共中央文献研究室本书编写组．中国1978—2008．北京：中央文献出版社，长沙：湖南人民出版社，2009：324.

［8］王国庆．加强地方政府新闻发布制度的建设//汪兴明，李希光．政府新闻发言人十五讲．北京：清华大学出版社，2006：47.

［9］聚焦网络舆论生态系列访谈（编者按）．人民日报，2011-10-25.

［10］Dahlberg L. The Internet, deliberative democracy, and power: radicalizing the public sphere. International journal of media and cultural politics. Bristol: Intellect Ltd., 2007, 3（1）: 47-64.

［11］胡百精．危机传播管理．北京：中国人民大学出版社，2009：28.

［12］吉登斯，皮尔森．现代性：吉登斯访谈录．北京：新华出版社，2001：69.

［13］Lee S. A theoretical model of national image processing and international public relation// International Communication Association. 2005 Annual Meeting. New York, 2005: 1-46.

［14］张晓慧．"软实力"论．国际资料信息，2004（3）.

［15］Nye J S. The paradox of American power. New York: Oxford University Press, 2002: 8-11.

［16］冯惠玲，胡百精．北京奥运会与文化中国国家形象构建．中国人民大学学报，2008（4）.

［17］孙维佳．北京奥运会与媒体政策的历史性变革//冯惠玲，等．北京奥运的人文价值．北京：中国人民大学出版社，2010：67-190.

［18］西藏事件改变世界，重要性不亚于911．参考消息，2008-05-12.

［19］Mayhew L H. The new public: professional communication and the means of social influence. U. K: Cambridge University Press, 1997: 51.

致敬：中国新闻发言人制度化建设的先行者

——写在《新闻发布实训》出版发行之际

万 里

缘起与初衷

终于——《新闻发布实训：新闻发言人的使命与智慧》正式出版了，此书从动议到正式出版，历时五年。记得 2013 年举办"风雨十年·砥砺前行——中国政府新闻发布工作制度化建设十周年暨全媒体时代新闻发言人研讨会"之际，中国人民大学新闻学院高钢教授、郑保卫教授及复旦大学新闻学院孟建教授就建议，将十年以来新闻发言人制度化建设的理论成果和实践成果编撰成一本书，后由于其他一些原因，此提议未能付诸实施。

2018 年，是中国新闻发言人制度化建设十五周年，又恰逢改革开放四十周年，以"新时代、新使命"为主题的中国新闻发言人制度化建设十五周年高峰论坛于 6 月 24 日在北京隆重举行。

6 月 24 日这天正好是 2003 年世界卫生组织解除对中国北京旅游警告、解除中国北京"非典"疫区名单的"双解除"之日。在这样一个特殊的年份、特殊的时刻，论坛对中国新闻发言人制度化建设十五年来的历程做了一个历史的回顾与评价，推举出了八位"中国新闻发言人制度化建设——贡献人物"，论坛还一致推举 2003 年积极倡导、组织并推动了中国新闻发言人制度化建设，时任国务院新闻办公室主任的赵启正先生为"中国新闻发言人制度化建设——示范者、引领者"，以表达对赵启正先生的敬意。

正是有了中国新闻发言人制度化建设十五周年论坛这样一个契机，编撰出版《新闻发布实训》的提议得到了新闻学界、业界（著名新闻发言人与资深媒体人）

等专家学者、知名人士的积极响应和参与。可以说，《新闻发布实训》是一代新闻发言人和知名学者优秀代表集体智慧的结晶，也是一本集众人经验之大成的作品。

在当代这样一个信息高度融通的舆论生态环境下，此书的出版，能提升政府机关企事业单位领导干部和管理人员的媒介素养，为他们认识当代新闻传播规律、适应当代全新的舆论生态环境、提高同媒体打交道的能力提供一些有益的帮助，这也是此书出版的初衷与目的。

特点与价值

《新闻发布实训》是一本教科书，但不是传统意义上的教科书；这是一本集成了新闻发布实践经验总结和学者理论阐述的教科书。

在当今全新舆论生态环境下，对于提升领导干部乃至提升公民媒介素养来说，它是一本知识型的教科书；对于指导新闻发布、媒体采访、舆情引导、危机传播控制等方面来说，它是一部应用型的工具书。本书力图通过学者的理论分析与观点阐述、新闻发言人的经验讲述与案例分享，使读者能够对当代信息传播格局、新闻传播特点有一个初步的认识与了解，并学会运用新闻传播规律来做好我们的信息公开、舆论引导、危机传播控制和新闻宣传工作。

基于如此定位，全书在内容设置和框架结构上呈现三大特点：

其一，内容的丰富性和差异性。

本书的内容主要包括三个部分：一是中国著名新闻发言人的经验讲述与经典案例复盘指导。二是新闻发布领域专业问题与常见问题的答疑解惑。三是中国知名学者的理论阐释与新闻案例分析。

著名新闻发言人和知名学者，根据自己多年从事新闻发布工作的经验体会和专业研究的学术成果，就从事新闻发布工作最重要的经验、最危险的陷阱、最深切的感悟、最需要具备的素质等，用自己的故事（案例）来进行阐释和解读。

其二，实践的针对性与实操性。

作为当代著名新闻发言人、知名学者的经验、智慧的精华荟萃，本书对真实案例的感悟与解读、案例解析与方法提炼，无不显示出内容的权威、前沿与实用。

本书作者这个群体，在长达数年的工作中，各自所遭遇的各类复杂状况、所处置过的各种突发事件，应该说不是任何一个个人、一个行业、一个领域、一个地区的新闻发言人所能遇到的。

当然，他们的感悟、认知必然是多层次、多方位的。他们所总结出的方法、技巧、措施必然是合理有效的，所指出的路径、渠道必然也是便捷通畅的。

这本书既有理论阐述，更有方法指导。可以说是一部集知识性、故事性（案例）、实用性于一体，可以急用先学的新闻发布实用手册。

当你遇到问题时，当你感到困惑时，或许他们的经验、他们的智慧可以帮你答疑解惑，告诉你为什么和怎么样！

其三，作者的权威性与多元性。

参与本书撰写的 12 名作者中，领军人物是中国人民大学新闻学院院长，曾任国务院新闻办主任、全国政协新闻发言人的赵启正先生；四大名校（人大、清华、北大、复旦）的知名新闻学者 4 人；新华社资深媒体人 1 人；来自不同行业、领域的著名新闻发言人 6 人。无论在业界还是在学界，他们都是中国新闻发言人制度化建设进程中有着重大影响的见证者、亲历者和研究者。

当年，作为中国新闻发言人制度化建设的先行者，他们一边学习，一边实践，一边工作，一边成长。他们品尝了痛苦，经历了磨难，接受了考验，也积累了经验，取得了成绩。在中国改革开放伟大历史进程中，为政府转变职能、提升执政能力做出了独特贡献，为中国新闻发言人制度化建设探索、开拓出了一条成功之路。

他们在各自的领域都有着辉煌的经历和骄人的业绩，正是他们的探索与实践，为中国新闻发言人制度的形成与发展奠定了基础。他们中的很多人著书立说，对自己工作的心得体会、经验教训进行总结、分析，形成理论和观点，为社会留下了宝贵的知识财富和精神财富。

今天，各领域多位重量级人物同时为一本书来贡献自己的知识与智慧，足见他们对中国新闻发言人制度建设、人才培养的热忱与重视，这也成为新闻发言人教育培训领域的一件盛事。

回顾与展望

2003 年，一场突如其来的"非典"灾难降临，由于信息的阻滞和认识的滞后，让北京市乃至于整个中国陷入了一场严重危机。面对国际国内严峻形势，在这个公共危机的应急管理过程中，信息发布和信息公开的重要性第一次如此广泛深刻地为社会各界所感知。正是在这种历史背景下，国务院新闻办公室积极倡导、组织、推动，开始了中国新闻发言人制度化建设的艰难起步（这里特别强调制度化建设，以区别于 2003 年之前的情况。当时国家有关部委已经设立新闻发言人，但在整个国家机关各部委并没有形成规范化和常态化；2003 年"非典"后在国新办的推动下，国家机关各部委及省市政府才逐步开始了新闻发言人制度化建设）。

当年 9 月 22 日国务院新闻办公室在北京举办了首期政府新闻发言人培训班（史称"黄埔一期"），由此拉开了中国新闻发言人制度化建设的序幕，中国政府部门制度化、成规模的第一批新闻发言人登上了历史舞台。

他们在没有专业知识背景，没有历史经验可循的状态下，开始了他们具有中国特色的新闻发言人的职业生涯。

全国各地政府及企事业单位也逐步开始设立新闻发言人，摸索着进行一些新闻发布、信息公开的尝试和探索。

在这个过程中，中国新闻发言人制度化建设经历了从试点到推广，从个别到普遍的过程。中办、国办持续就政务公开、回应社会关切、新闻发布等事项颁布相关条例、办法、通知等，政务公开、新闻发布的原则、程序、形式、内容，乃至发布的平台、渠道、方法等都有了相应的规定和要求。中国新闻发言人制度化建设的逐步健全、规范和完善，为转变政府职能、提升政府执政能力提供了新的路径和模式。

在中国已经进入新时代中国特色社会主义的今天，改革开放已经呈现出全新形态。新闻发言人如何提升自己的能力素质，承担新使命，做出新贡献，新闻发布如何更好地适应中国经济发展与社会变革的需要，已经成为新闻发言人，乃至各级地方政府部门领导干部、企事业单位领导和高层管理人员所共同面临的新挑战和新课题。

如果说中国新闻发言人制度化建设走过的道路是风雨兼程、砥砺前行，是从起步到成长，那么，今天我们眼前已是另一番景象，我国新闻发言人制度化建设取得了长足发展。国家层面的制度规范、措施办法等，已经基本建立和出台。各级地方政府、企事业单位大多建立了新闻发言人制度，开展了新闻发布、政务公开等相关活动，在推动政府信息公开，回应社会关切，引导社会舆论，化解社会矛盾，促进社会和谐，推动经济社会发展等方面都发挥了积极而特殊的作用。

尽管这一期间有过挫折与教训，也有过困惑与质疑。曾经的一段时间，特别是 2011 年"7·23"甬温线动车事故后，社会上一度对中国新闻发言人制度的成功与失败、经验与教训，有过许多的不同意见与争议。

但毕竟"两岸猿声啼不住，轻舟已过万重山"。

我们相信，在中国改革开放的伟大进程中，在中华民族走向文明进步、走向复兴的伟大历史中，中国新闻发言人制度必将发挥更加积极的作用，展示这个制度更加深刻的历史意义和历史价值。

2019 年 1 月

图书在版编目（CIP）数据

新闻发布实训：新闻发言人的使命与智慧/高钢，万里主编 ．—北京：中国人民大学出版社，2019.5
ISBN 978-7-300-26985-6

Ⅰ.①新… Ⅱ.①高… ②万… Ⅲ.①新闻公报-手册 Ⅳ.①G210-62

中国版本图书馆 CIP 数据核字（2019）第 089095 号

新闻发布实训

新闻发言人的使命与智慧

高　钢　万　里　主编

Xinwen Fabu Shixun

出版发行	中国人民大学出版社			
社　　址	北京中关村大街 31 号		邮政编码	100080
电　　话	010 - 62511242（总编室）		010 - 62511770（质管部）	
	010 - 82501766（邮购部）		010 - 62514148（门市部）	
	010 - 62515195（发行公司）		010 - 62515275（盗版举报）	
网　　址	http://www.crup.com.cn			
经　　销	新华书店			
印　　刷	涿州市星河印刷有限公司			
规　　格	170 mm×240 mm　16 开本		版　　次	2019 年 5 月第 1 版
印　　张	21.75 插页 2		印　　次	2021 年 12 月第 3 次印刷
字　　数	391 000		定　　价	78.00 元